Auf dem Weg zu einem zwischenstaatlichen
*ne bis in idem* im Rahmen der Europäischen Union

Europäische Hochschulschriften
Publications Universitaires Européennes
European University Studies

**Reihe II**
**Rechtswissenschaft**

Série II Series II
Droit
Law

**Bd./Vol. 4579**

PETER LANG
Frankfurt am Main · Berlin · Bern · Bruxelles · New York · Oxford · Wien

Susanne Fee Jagla

# Auf dem Weg zu einem zwischenstaatlichen *ne bis in idem* im Rahmen der Europäischen Union

## Zugleich ein Beitrag zur Auslegung der Artikel 54 ff. Schengener Durchführungsübereinkommen

PETER LANG
Internationaler Verlag der Wissenschaften

**Bibliografische Information der Deutschen Nationalbibliothek**
Die Deutsche Nationalbibliothek verzeichnet diese Publikation in der Deutschen Nationalbibliografie; detaillierte bibliografische Daten sind im Internet über <http://www.d-nb.de> abrufbar.

Zugl.: Münster (Westfalen), Univ., Diss., 2007

D 6
ISSN 0531-7312
ISBN 978-3-631-56671-8



www.peterlang.de

*Meinen Eltern*

**Vorwort**

Die vorliegende Arbeit entstand während meiner Tätigkeit als wissenschaftliche Mitarbeiterin am Lehrstuhl für Öffentliches Recht, einschließlich Völker- und Europarecht an der Universität Münster sowie während meiner daran anschließenden Tätigkeit als wissenschaftliche Mitarbeiterin am Max Planck Institut für Ausländisches und Internationales Sozialrecht in München. Sie wurde im Wintersemester 2006/07 von der Juristischen Fakultät der Westfälischen Wilhelms-Universität Münster als Dissertation angenommen. Die Arbeit berücksichtigt Gesetzgebung, Literatur und Rechtsprechung bis Juli 2006.

Ein ganz herzliches Dankeschön geht zunächst an meinen Doktorvater, Herrn Professor Dr. Stefan Kadelbach, der die Anregung zu dem Thema gab und die Fertigstellung der Arbeit in vielfacher Weise unterstützte und förderte. Während meiner Tätigkeit als wissenschaftliche Mitarbeiterin an seinem Lehrstuhl für Öffentliches Recht, einschließlich Völker- und Europarecht an der Universität Münster - aber auch danach - konnte ich mich jederzeit vertrauensvoll an ihn wenden. Ich habe viel von ihm gelernt und er wird mir auch weiterhin immer ein großes Vorbild sein. Frau Professorin Dr. Ursula Nelles möchte ich für die zügige Erstellung des Zweitgutachtens danken.

Dank verdient auch Niels Petersen, der stets bereit war, die Arbeit kritisch durchzulesen und sie mit mir zu diskutieren. Weiterhin danke ich meiner Mutter, die die Arbeit des Korrekturlesens auf sich genommen hat.

Eine sehr große Hilfe bei der Fertigstellung dieser Arbeit war mir Jérôme Six. Insbesondere bei den vielen technischen Problemen konnte ich jederzeit auf ihn zählen. Er hat mir den Rücken freigehalten und war immer für mich da. Merci beaucoup!

Schließlich möchte ich mich von Herzen bei meinen Eltern Helmut und Angelika Jagla bedanken, die mich bei meiner Promotion sowie allen anderen Vorhaben meines bisherigen Lebensweges immer uneingeschränkt gefördert und liebevoll unterstützt haben. Ohne sie wäre dieses Projekt nicht möglich gewesen. Ihnen ist diese Arbeit gewidmet.

München, im März 2007

*Susanne Fee Jagla*

# Inhaltsverzeichnis

**Abkürzungsverzeichnis**

| | |
|---|---|
| a.A. | andere Ansicht |
| Abl. | Amtsblatt |
| Abs. | Absatz |
| Abschn. | Abschnitt |
| Abt. | Abteilung |
| A.C. | Law Reports, Appeal Cases |
| a.E. | am Ende |
| AG | Amtsgericht |
| AJLH | American Journal of Legal History |
| All E.R. | All England Reports |
| allg. | allgemein |
| Anm. | Anmerkung |
| AöR | Archiv des öffentlichen Rechts |
| Art. | Artikel |
| AT | Allgemeiner Teil |
| Aufl. | Auflage |
| ausl. | ausländisch/-es |
| BayLVerf. | Bayerische Landesverfassung |
| BayObLG | Bayerisches Oberstes Landesgericht |
| BayObLGSt | Entscheidungen des Bayerischen Obersten Landesgerichts in Strafsachen |
| BB | Der Betriebsberater |
| B.C. | Bulletin Criminel |
| Bd. | Band |
| Beschl. | Beschluss |
| BGBl. | Bundesgesetzblatt |
| BGH | Bundesgerichtshof |
| BGHSt | Entscheidungen des Bundesgerichtshofs in Strafsachen |
| BGHZ | Entscheidungen des Bundesgerichtshofs in Zivilsachen |
| BK | Bonner Kommentar |
| BMJ | Bundesministerium der Justiz |
| BrandenbLVerf. | Brandenburger Landesverfassung |
| BR Drs. | Drucksache der Bundesregierung |
| BremLVerf. | Bremer Landesverfassung |
| BT-Drs. | Bundestagsdrucksache |
| Bull. Crim. | Bulletin Criminel |
| BVerfG | Bundesverfassungsgericht |
| BVerfGE | Entscheidungen des Bundesverfassungsgerichts |
| BVerfGG | Bundesverfassungsgerichtsgesetz |
| bzw. | beziehungsweise |

| | |
|---|---|
| C.A. | Court of Appeal |
| CCPR | United Nations Covenant on Civil and Political Rights |
| C.C.R. | Crown Cases Reserved |
| CIC | Code d'instruction criminelle |
| CJA | Criminal Justice Act 2003 |
| CMLR | Common Market Law Review |
| Co.Rep. | Coke's King's Bench Reports, 1572-1616 |
| Cox | Cox's Criminal Cases, 1843-1945 |
| CP | Code Pénal |
| CPIA | Criminal Procedure and Investigation Act 1996 |
| CPOA | Criminal Justice and Public Order Act 1994 |
| CPP | Code de Procédure Pénale |
| CPS | Crown Prosecution Service |
| Cr.App.R. | Criminal Appeal Reports, 1908 – |
| Crim. | Chambre Criminelle |
| Crim.L.R. | Criminal Law Review |
| | |
| D. | Receuil Dalloz |
| D.C. | Divisional Court |
| ders. | derselbe |
| d.h. | das heißt |
| dies. | dieselbe / -n |
| Doc. | Document |
| DÖV | Die öffentliche Verwaltung |
| D.P.P. | Director of Public Prosecution |
| Drs. | Drucksache |
| dStGB | Dänisches Strafgesetzbuch |
| DStR | Deutsches Steuerrecht (Zeitschrift für Praxis und Wissenschaft des gesamten Steuerrechts) |
| | |
| EAG | Europäische Atomgemeinschaft |
| EG | Europäische Gemeinschaft(en) |
| EGKS | Europäische Gemeinschaft für Kohle und Stahl |
| EGMR | Europäischer Gerichtshof für Menschenrechte |
| EGMR E | Entscheidung des Europäischen Gerichtshofs für Menschenrechte |
| EGV | Vertrag zur Gründung der Europäischen Gemeinschaft |
| EMRK | Europäische Konvention zum Schutze der Menschenrechte und Grundfreiheiten |
| Einl. | Einleitung |
| endg. | endgültig |
| etc. | et cetera |
| EU | Europäische Union |
| EuAlÜbk | Europäisches Auslieferungsübereinkommen |
| EUG | Europäisches Gericht erster Instanz |
| EuGH | Europäischer Gerichtshof |

| | |
|---|---|
| EuGHG | EuGH-Gesetz |
| EuGHE | Entscheidungen des Europäischen Gerichtshofs |
| EuGRZ | Europäische Grundrechtezeitschrift |
| EuLF | The European Legal Forum |
| EuR | Europarecht |
| EUV | Vertrag über die Europäische Union |
| EuZW | Europäische Zeitschrift für Wirtschaftsrecht |
| EWG | Europäische Wirtschaftsgemeinschaft |
| EWS | Europäisches Wirtschafts- und Steuerrecht |
| f., ff. | folgende, fortfolgende |
| Fasc. | Fascicule |
| Fn. | Fußnote |
| frz. | französisch(-e/-er) |
| FS | Festschrift |
| GA | Gotdammer's Archiv für Strafrecht |
| GB | Großbritannien |
| gem. | gemäß |
| GG | Grundgesetz |
| GLJ | German Law Journal |
| GRC | Charta der Grundrechte der Europäischen Union (Grundrechtecharta) |
| GVG | Gerichtsverfassungsgesetz |
| GWB | Gesetz gegen Wettbewerbsbeschränkungen |
| HansOLG | Hanseatisches Oberlandesgericht |
| HessLVerf. | Hessische Landesverfassung |
| HRR | Höchstrichterliche Rechtsprechung |
| Hrsg. | Herausgeber |
| Hs. | Halbsatz |
| ICC | International Criminal Court |
| ICLQ | International and Comparative Law Quarterly |
| ICTR | International Criminal Tribunal for Rwanda |
| ICTY | International Criminal Tribunal for the Former Yugoslavia |
| i.d.R. | in der Regel |
| i.d.S. | in dem Sinne |
| i.E. | im Erscheinen |
| IGH | Internationaler Gerichtshof |
| IJEP | The International Journal of Evidence & Proof |
| ILC | International Law Commission |
| IMT | Internationaler Militärgerichtshof von Nürnberg |
| int. | international/-es |
| IPbpR | Internationaler Pakt über bürgerliche und politische Rechte |

| | |
|---|---|
| IPR | Internationales Privatrecht |
| i.R.d. | im Rahmen des |
| IRG | Internationales Rechtshilfegesetz |
| i.S.d. | im Sinne des |
| IStGH | Internationaler Strafgerichtshof |
| i.S.v. | im Sinne von |
| i.V.m. | in Verbindung mit |
| i.w.S. | im weiteren Sinne |
| IZPR | Internationales Zivilprozessrecht |
| JBl. | Juristische Blätter |
| J.C. | Justiciary Cases, Scotland, 1916- |
| JCP | Jurisclasseur périodique (Semaine juridique) |
| JiR | Jahrbuch für internationales Recht |
| J.O. | Le Journal officiel de la République Francaise |
| JR | Juristische Rundschau |
| JuS | Juristische Schulung |
| JZ | Juristenzeitung |
| Kap. | Kapitel |
| K.B. | King's Bench |
| KJ | Kritische Justiz |
| KOM | Dokumente der Kommission der Europäischen Gemeinschaften |
| Leach | Leach's Crown Cases (1730-1815) |
| LG | Landgericht |
| lit. | litera |
| L.R. | Law Reports |
| L.R.C.C.R. | Law Reports, Crown Cases Reserved |
| MPI | Max Planck Institut |
| m.w.N. | mit weiteren Nachweisen |
| n° | Nummer |
| NATO | North Atlantic Treaty Organisation |
| NATO-TS | NATO Truppenstatut |
| NJ | Neue Justiz |
| NJW | Neue Juristische Wochenschrift |
| No. | Nummer |
| Nr. | Nummer |
| NStZ | Neue Zeitschrift für Strafrecht |
| n.v. | nicht veröffentlicht |
| öARHG | Österreichisches Auslieferungs- und Rechtshilfegesetz |

| | |
|---|---|
| ObLG | Oberlandesgericht |
| ÖJZ | Österreichische Juristenzeitung |
| OLG | Oberlandesgericht |
| öStPO | Österreichische Strafprozessordnung |
| o.g. | oben genannte/n |
| OLG | Oberlandesgericht |
| | |
| p. | page (Seite) |
| PACE | Police and Criminal Evidence Act 1984 |
| PC | Privy Council |
| PJZS | Polizeiliche und Justizielle Zusammenarbeit in Strafsachen |
| Proc. Pén. | Procedure Pénale |
| | |
| Q.B. | Queen's Bench |
| Q.B.D. | Law Reports, Queen's Bench Division |
| | |
| R. | Regina; Rex |
| RabelsZ | Rabels Zeitschrift für ausländisches und internationales Privatrecht |
| RAF | Rote Armee Fraktion |
| RdC | Recueil des cours de l'Académie de Droit Européen |
| RGBl. | Reichsgesetzblatt |
| RGSt. | Entscheidungen des Reichsgerichts in Strafsachen |
| Rheinl-PfLVerf. | Rheinland-Pfälzische Landesverfassung |
| RIDC | Revue de droit international et de droit comparée |
| RIDP | Revue internationale de droit pénal |
| RL | Richtlinie |
| Rn. | Randnummer |
| Rs. | Rechtssache |
| R.S.C. | Revue de science criminelle et de droit pénal comparé |
| RStGB | Strafgesetzbuch des Deutschen Reiches |
| RStPO | Strafprozessordnung des Deutschen Reiches |
| | |
| s | section |
| S. | Satz / Seite / Siehe / Receuil Sirey |
| S.a. | Siehe auch |
| Sachsen-AnhLVerf | Landesverfassung von Sachsen Anhalt |
| SchwJbfIntR | Schweizer Jahrbuch für Internationales Recht |
| SDÜ | Schengener Durchführungsübereinkommen |
| SEV | Sammlung der Europäischen Verträge (Verträge des Europarats) |
| Slg. | Sammlung |
| s.o. | siehe oben |
| sog. | sogenannte /-r /-s |
| STC | Sentencia del Tribunal Constitucional (Urteil des spanischen Verfassungsgericht) |

| | |
|---|---|
| StGB | Strafgesetzbuch |
| StPO | Strafprozessordnung |
| StraFo | Strafverteidiger Forum |
| StV | Der Strafverteidiger |
| | |
| ThürLVerf. | Thüringer Landesverfassung |
| | |
| u. | und |
| u.a. | und andere / unter anderem |
| U.N. | United Nations |
| UNTS | United Nations Treaty Series |
| Urt. | Urteil |
| u.U. | unter Umständen |
| | |
| v. | versus / von / vom |
| v.a. | vor allem |
| verb. Rs. | verbundene Rechtssachen |
| vgl. | vergleiche |
| VO | Verordnung |
| Vorb. | Vorbemerkung |
| | |
| Web JCLI | Web Journal of Current Legal Issues |
| WiRO | Wirtschaft und Recht in Osteuropa |
| wistra | wistra-Zeitschrift für Wirtschafts- und Steuerstrafrecht |
| | |
| W.L.R. | Weekly Law Reports, England & Wales |
| WVK | Wiener Übereinkommen über das Recht der Verträge |
| | |
| z.B. | zum Beispiel |
| ZEuP | Zeitschrift für Europäisches Privatrecht |
| ZEuS | Zeitschrift für europäische Studien |
| ZfRV | Zeitschrift für Rechtsvergleichung, Internationales Privatrecht und Europarecht |
| ZP | Zusatzprotokoll |
| ZPO | Zivilprozessordnung |
| ZRG KA | Zeitschrift für Rechtsgeschichte, Kanonistische Abteilung |
| ZRG Rom. Abt. | Zeitschrift für Rechtsgeschichte, Romanistische Abteilung |
| ZRP | Zeitschrift für Rechtspolitik |
| ZStW | Zeitschrift für die gesamte Strafrechtswissenschaft |

## A. Einleitung

Das stetige Voranschreiten der europäischen Integration lässt auch das Strafrecht nicht unberührt. Besonders augenfällig wird das durch die Erleichterung der Grenzüberschreitung, die nicht nur Touristen, Studenten und Arbeitssuchenden zugute kommt, sondern auch Straftätern neue Tätigkeitsfelder eröffnet.

Grundsätzlich ist der Bereich des Strafrechts zwar den einzelnen Nationalstaaten zugewiesen - sind jedoch Beschuldigter, Opfer oder Tatort nicht nur einem, sondern gleich mehreren Staaten zuzuordnen, entsteht schnell eine zwischenstaatliche oder internationale Dimension.[1] Beispiele dafür sind die terroristischen Anschläge in Madrid im März 2004 und in London im Juli 2005, aber auch geradezu „alltägliche" Ereignisse, wie der Diebstahl eines Fotoapparates einer deutschen Touristin durch einen französischen Taschendieb in Italien. Denkbar sind viele weitere Fallkonstellationen aus dem Bereich der international operierenden Organisierten Kriminalität, wie Rauschgifthandel, Waffenschmuggel oder eben dem Terrorismus. Mit zunehmender Internationalisierung des Handels kommt es auch vermehrt zu grenzüberschreitender Wirtschaftskriminalität, wie z.B. der transnationalen Bestechung im Geschäftsverkehr. Dass sich immer mehr Autoren mit diesem Thema befassen[2], zeigt dessen wachsende Bedeutung.

Aufgrund der Ausweitung nationalstaatlicher Strafbefugnisse durch die unterschiedlichen Anknüpfungskriterien des jeweiligen nationalen Strafrechts, wie z.B. dem Territorialitäts-, Personalitäts- oder Universalitätsprinzip, über das eigene Staatsgebiet hinaus, kann ein und dieselbe Tat in mehreren Staaten der Strafverfolgung unterliegen. Aus der Konkurrenz zwischen der Gerichtsbarkeit des Heimatstaates des Beschuldigten, derjenigen des Heimatstaates des Opfers und derjenigen des Tatortstaates entsteht die Gefahr der mehrfachen Strafverfolgung oder sogar der mehrfachen Verurteilung oder Vollstreckung der Strafansprüche. Es stellt sich demnach die Frage, welcher der Staaten dazu berechtigt ist, seinen Strafanspruch zu realisieren.

Auslieferung und sonstige gegenseitige Unterstützung von Rechtshilfe als klassische Methoden der zwischenstaatlichen Zusammenarbeit auf dem Gebiet der Verbrechensbekämpfung reichen lange nicht aus, um eine mehrfache Strafverfolgung desselben Beschuldigten wegen derselben Straftat zu verhindern.

Bei einem Blick in die nationalen Regelungen der Mitgliedstaaten der Europäischen Union zum Verbot der doppelten Strafverfolgung erstreckt sich dieses dort - mit einigen wenigen Ausnahmen - lediglich auf eine wiederholte *nationale* Strafverfolgung.[3]

---

[1] Diese Problematik sah Pauli bereits *1978* in seiner Dissertation über „Das Europäische Übereinkommen über die Internationale Gültigkeit von Strafurteilen".

[2] S. nur Eser, FS BGH, 3ff.; Pieth, ZStW 1997, 756ff.; Sieber, Kriminalistik 1998, 97ff.; ders., ZRP 2000, 186ff.; Wagner, Kriminalistik 2000, 473ff.

[3] In Deutschland zum Beispiel ist der Grundsatz „ne bis in idem" in Art.103 III GG geregelt. Mit Hinblick auf die nationale Souveränität gilt diese Regelung jedoch nur hinsichtlich Entscheidungen, welche in Deutschland ergangen sind (BVerfGE 12, 62ff.; 75, 1, 15f.; Rüping in: Dolzer/Vogel/Graßhof, BK, Art.103 III Rn.68f.; a.A. Schorn, JR 1964, 205, 206). Lediglich § 51 III StGB sieht vor, dass eine neue Strafe auf eine wegen derselben Tat im Ausland vollstreckte Strafe anzurechnen ist. Begründet wird das damit, dass Inhalt und Zustandekommen von ausländischen Urteilen vom Standpunkt der

Das sog. *„internationale Strafrecht“* hilft ebenfalls nicht weiter.[4] Im Gegensatz zu den Normen des Internationalen Privatrechts, die Regelungen darüber enthalten, welches nationale Recht zur Beurteilung eines bestimmten Sachverhaltes mit Auslandsbezug heranzuziehen ist, handelt es sich bei den Normen des *„internationalen Strafrechts“* eben nicht um Kollisionsregeln. Sie stellen vielmehr nationales Strafanwendungsrecht[5] dar, welches bestimmt, ob bezüglich einer im Ausland begangenen Tat ein nationaler Strafanspruch besteht.[6] Als Anknüpfungspunkt werden die bereits vorher genannten Prinzipien, wie Territorialitätsprinzip, Personalitätsprinzip etc. herangezogen, welche jedoch zu Überschneidungen führen.

Gleichwohl existieren verschiedene Abkommen auf europäischer und internationaler Ebene, welche den Grundsatz *„ne bis in idem“* (nicht zweimal wegen desselben)[7] - also das Verbot der doppelten Strafverfolgung - beinhalten.[8] Diese Regelungen schließen allerdings zum größten Teil nur eine erneute Strafverfolgung desselben Beschuldigten wegen derselben Tat durch den Staat aus, der schon das erste Strafverfahren durchgeführt hat.[9] Anhand von *Artikel 4 I des Protokolls Nr. 7 zur EMRK* wird zum Beispiel deutlich, dass „ne bis in idem“ immer nur innerhalb eines Staates und nicht zwischen mehreren Staaten Geltung erlangen soll.[10] Auch das Bundesverfassungsgericht stellte in einem Beschluss vom 31.3.1987 fest, dass (noch) keine allgemeine Regel des Völkerrechts existiert, die es gebietet, die Strafverfolgung gegen eine Person zu unterlassen, die wegen eines bestimmten Sachverhaltes bereits in einem anderen Staat verfolgt und rechtskräftig abgeurteilt wurde.[11]

---

deutschen Rechtspflege aus Bedenken erwecken (Schorn, NJW 1965, 1899; vgl. auch Berner, Der Gerichtssaal 1866, 31ff.). Rein nationale Verbote der Doppelbestrafung gelten u.a. auch in Österreich, Griechenland und Spanien. Ausnahmen dazu sind England und mit gewissen Einschränkungen auch Frankreich.

[4] Hackner/Schomburg/Lagodny/Wolf, Internationale Rechtshilfe, Rn.5; Vogler, FS Maurach, 595ff.; Hecker, StV 2001, 306; vgl. ferner Schultz, FS von Weber, 305, 307ff.; Linke, FS Grützner, 85, 86.

[5] Der Begriff ist umstritten, s. dazu Oehler, Internationales Strafrecht, Rn.1 m.w.N.; Li, Internationales Strafrecht, 25ff. m.w.N.

Der Anwendungsbereich des deutschen Strafrechts wird durch die §§ 3-9 StGB geregelt. Demnach erstreckt sich das deutsche Strafrecht unter bestimmten Voraussetzungen auch auf Auslandsstraftaten.

[6] Ein *„Strafanspruch“* ist das Recht eines Hoheitsträgers, auf eine an einem bestimmten Ort geschehene Handlung eines Täters strafrechtlich zu reagieren. – Lagodny, ZStW 1989, 987, Fn.2.; Hecker, StV 2001, 306, Fn.6.

[7] Oft wird dieser Grundsatz auch als *„non bis in idem“*, *„autrefois acquit“*/*„autrefois convict“* oder *„double jeopardy“* bezeichnet.

[8] S. z.B. der Internationale Pakt über bürgerliche und politische Rechte (IPbpR) und das 7. Zusatzprotokoll zur EMRK.

[9] Van den Wyngaert/Stessens, ICLQ 1999, 779, 781; Radke/Busch, NStZ 2003, 281.

[10] S. dazu Kadelbach in: Konkordanzkommentar EMRK, Art.4 ZP 7 EMRK, i.E.

[11] BVerfGE 75, 1, 10 und 18ff.; BGHSt 34, 334, 340; so auch der italienische Corte Constituzuonale in einer Entscheidung vom 18.4.1967 – hierzu: Luther. NJW 1968, 1026, 1027; ebenso: Maunz/Dürig, GG, Art.103 III Rn.309ff.; Lagodny, ZStW 1989, 987, 1004.

In einem „Europa ohne Grenzen“ ist ein solcher Zustand nicht aufrechtzuerhalten. Die Freizügigkeit der Unionsbürger darf nicht durch die Furcht vor einer erneuten Bestrafung in anderen Mitgliedstaaten beeinträchtigt werden. Je mehr der Einzelne als „*civis europaeus*“ erscheint, desto schwerer erträglich ist die Mehrfachverfolgung wegen derselben Tat durch unterschiedliche Staaten.[12]

Abgesehen von den Nachteilen, die auf den Einzelnen zukommen, können aber auch leicht zwischenstaatliche Konflikte entstehen. Als das LG Düsseldorf in der Mitte der 80er Jahre einen Holländer wegen Drogenhandels zu einer Freiheitsstrafe von zehn Jahren verurteilte, obwohl er bereits von einem niederländischen Gericht wegen derselben Sache zu einer Freiheitsstrafe von 20 Wochen verurteilt worden war, war das niederländische Gericht der Ansicht, dass Deutschland den Niederlanden das deutsche Drogenbekämpfungsmodell aufoktroyieren würde. Es empfand diese Handlung als eine Einmischung Deutschlands in innerstaatliche Angelegenheiten.[13]

Ein zwischenstaatliches Verbot der Doppelbestrafung könnte zu der Lösung dieser Problematik beitragen.[14]

Es ist somit zu erforschen, ob und welche Regelungen heutzutage für ein „ne bis in idem“ existieren, welches zwischen verschiedenen Staaten innerhalb der Europäischen Union zur Anwendung gelangen kann, welche Probleme damit verbunden sind und wie eine Verbesserung erfolgen kann.

Zunächst wird in der Arbeit ein Überblick über die rechtsgeschichtliche Entstehung und die Rechtsnatur des Grundsatzes „ne bis in idem“ gegeben (B). Daraufhin wird die Notwendigkeit einer zwischenstaatlichen Geltung dieses Grundsatzes innerhalb der EU untersucht, die einzelnen Argumente, die sich sowohl dafür, als auch dagegen aussprechen, näher beleuchtet sowie Alternativen dazu betrachtet (C).

Nach Annahme einer solchen Notwendigkeit wird die Entwicklung eines zwischenstaatlichen „ne bis in idem“ innerhalb der EU dargestellt und daran anschließend untersucht, inwiefern bereits Ansätze eines zwischenstaatlichen Verbots der Doppelbestrafung im Europa- und Völkerrecht bestehen (D).

Anschließend soll die „ne bis in idem“-Regelung in den Artikeln 54ff. SDÜ näher untersucht und Kritikpunkte daran aufgezeigt werden (E).

Die dabei entstehenden Auslegungsprobleme werden anhand des Strafprozessrechts der drei EU-Staaten Frankreich, England und Deutschland aufgezeigt. Durch eine rechtsvergleichende Studie der „ne bis in idem“-Regelungen in diesen Ländern wird abschließend ein eigener Vorschlag zu einer einheitlichen Auslegung und Ergänzung der Artikel 54 SDÜ entwickelt, um einen vollumfänglichen Schutz vor Mehrfachverfolgungen und – bestrafungen im Rahmen der EU zu garantieren (F).

---

[12] Nolte in: v. Mangoldt/Klein/Stark, GG, Art.103 III Rn.198.

[13] S. BGHSt 34, 334ff.; Rüter, JR 1988, 136ff.; Hecker, StV 2001, 306, 307.

[14] Oehler, Internationales Strafrecht, Rn.960; Lagodny, ZStW 1989, 987, 1004.

## B. Entstehung und Rechtsnatur des Grundsatzes „ne bis in idem“

### I. Rechtsgeschichtliche Entstehung des Grundsatzes „ne bis in idem“

In der europäischen Rechtsgeschichte ist der Grundsatz des Verbots der Doppelverfolgung bzw. -verurteilung keine neue Entwicklung: Seit der griechischen und römischen Antike wurde er immer wieder anerkannt, teilweise aufgegeben, neu begründet und schließlich in der Mitte des 20. Jahrhunderts in die Verfassungen aufgenommen.[15]

Zurückdatieren lässt sich das Prinzip „ne bis in idem“ bis auf das römische Recht, auf dessen Übernahme durch die Kanonistik und auf den Sachsenspiegel.[16] Die älteste Formulierung des Grundsatzes findet sich in dem Repetundengesetz, häufig als *Lex Acilia repetundarum* bezeichnet, welches aus der Zeit von Gaius Gracchus stammt (wahrscheinlich 123/122 v. Chr.).[17] Auch im *älteren deutschen Recht* macht sich der Einfluss des römischen Rechts schon früh bemerkbar. Bereits 1368 findet sich eine Bestimmung im Glogauer Rechtsbuch, welche besagt, dass ein Urteil einen Prozess endgültig beendet, sofern das Urteil nicht unmittelbar nach seinem Erlass angegriffen wird.[18]

#### 1. Das römische Recht

Bereits im *römischen Recht* bestand also Rechtskraft für verurteilende und für freisprechende Erkenntnisse; richterliche Feststellungen waren unabänderlich, sobald der Instanzenweg erschöpft oder von Rechtsmitteln kein Gebrauch gemacht worden war.[19]

Erwähnt werden muss an dieser Stelle, dass es im römischen Recht keine Staatsanwaltschaft gab, sondern jeder Bürger befugt war, als Ankläger das öffentliche Interesse - welches zugleich das Interesse eines jeden Bürgers war - zu verteidigen; die öffentliche Klage war demnach eine Popularklage.[20]

Es galt also zunächst der Grundsatz, dass sich der Richter nur einmal mit einer durch den Angeklagten und das entsprechende Delikt charakterisierten Strafsache befasst.[21] Allerdings gab es auch Ausnahmen dazu: Eine erneute Anklage konnte zum Beispiel von einem neuen Ankläger erhoben werden, der ein besonderes Interesse an einer nochmaligen Verfolgung hatte. Eine solche wurde ebenfalls zugelassen, wenn der erste Ankläger sich selber nicht treu geblieben war oder wenn die Anklage willkürlich auf-

---

[15] Schmidt-Aßmann in: Maunz/Dürig, GG, Art.103 III Rn.257 m.w.N.; Rüping in: Dolzer/Vogel/Graßhof, BK, Art.103 III Rn.1; Specht, Zwischenstaatliche Geltung, 7.

[16] Schulze-Fielitz in: Dreier, GG, Art.103 III Rn.1 m.w.N.; Specht, Zwischenstaatliche Geltung, 7; Sellert in: Erler/Kaufmann, Rechtsgeschichte, Spalte 940; Landau, ZRG KA 56, 124; Liebs, ZRG Rom. Abt. 84 , 104ff.

[17] Heffter, Non bis in idem, 6; Landau, ZRG KA 56, 124.

[18] Schwarplies, Rechtsgeschichte, 21.

[19] Schwarplies, Rechtsgeschichte, 14.

[20] Berner, Archiv für preußisches Strafrecht 1855, 472, 478; Rüßner, Archiv für preußisches Strafrecht 1855, 198; Siegert, DStR 2 (1935), 283, 285.

[21] Rüping in: Dolzer/Vogel/Graßhof, BK, Art.103 III Rn.2; Rüßner, Archiv für preußisches Strafrecht 1855, 198, 199.

gegeben wurde. Schließlich konnte eine nochmalige Untersuchung auch auf kaiserlichen Befehl hin erfolgen.[22]

Weiterhin wurde der Grundsatz der *res iudicata* gelockert, weil sich zum Teil mehrere Kläger einfinden konnten - ein Fremder, der von der Popularklage Gebrauch gemacht hatte und natürlich der Verletzte selber - und letzterer, sollte er erst später erscheinen, für höher berechtigt gehalten wurde.[23]

Es wird allerdings schnell deutlich, dass diese Ausnahmen überflüssig gewesen wären, hätte damals schon die Akkusationsmaxime existiert; dann hätte der „ne bis in idem"-Grundsatz bereits damals schon so gegolten wie er heute in den Ländern der Europäischen Union verankert ist.

### 2. Die Kanonistik

Die *Kanonistik* orientiert sich am römischen Recht, ohne jedoch dessen Ausnahmen zu übernehmen. Außerdem gilt der „ne bis in idem"-Grundsatz vorerst nur für den Freigesprochenen.[24] Später wird dem Grundsatz der Sinn verliehen, dass in demselben Verfahren mehrfache Strafen nebeneinander ausgeschlossen sein sollen.[25]

### 3. Das Inquisitionsverfahren

Infolge der Religionskriege und der Herausbildung des modernen Territorialstaates wurde der Anklageprozess nach und nach durch das *Inquisitionsverfahren* verdrängt. Die Anklageerhebung wurde dem Einzelnen entzogen und dem Staat alleine zugeordnet.[26]

Strafurteilen wird jede Rechtskraft abgesprochen; Prozessziel ist einzig das Streben nach materieller Wahrheit, der Staat will jeden Verbrecher gerecht bestrafen und deshalb können Verfahren jederzeit fortgesetzt oder neu aufgenommen werden.[27]

Die *res iudicata* wurde abgeschafft. Um diese Abschaffung aufrechtzuerhalten, wird das Institut der Instanzenentbindung - die *absolutio ab instantia* - erfunden.[28] Die Geltung des „ne bis in idem"-Grundsatzes geht dadurch, dass die Wahrheitsfindung so sehr in den Vordergrund gestellt wird, im *Inquisitionsprozess des gemeinsamen Rechts*

---

[22] Schwarplies, Rechtsgeschichte, 17f.; vgl. dazu auch Berner, Archiv für preußisches Strafrecht 1855, 472, 480f.; Siegert, DStR 2 (1935), 283, 285.

[23] Berner, Archiv für preußisches Strafrecht 1855, 472, 479.

[24] Schwarplies, Rechtsgeschichte, 20; Specht, Zwischenstaatliche Geltung, 8; Berner, Archiv für preußisches Strafrecht 1855, 472, 482.

[25] Heffter, Non bis in idem, 1873, 13.

[26] Schwarplies, Rechtsgeschichte, 23.

[27] Rüping in: Dolzer/Vogel/Graßhof, BK, Art.103 III Rn.5; Nolte in: v. Mangoldt/Klein/Stark, GG, Art.103 III Rn.175; Rheingans, Rechtskraftlehre, 73; Specht, Zwischenstaatliche Geltung, 9; Rüßner, Archiv für preußisches Strafrecht 1855, 198, 199.

[28] Schwarplies, Rechtsgeschichte, 23; vgl. Siegert, DStR 2 (1935), 283, 285.

verloren.[29] *Berner*[30] beschreibt, dass es im Strafprozess zwar auf die materielle Wahrheit ankomme. Seiner Ansicht nach wurde darüber hinaus aber aus den Augen verloren, dass im Interesse der Freiheit, Menschlichkeit und Gerechtigkeit an einem bestimmten Punkt formelle Wahrheit angenommen werden muss. Das wurde aber in der damaligen Zeit damit abgelehnt, dass die Wahrheit an keine Termine gebunden sein könne.[31]

**4. Die Constitutio Criminalis Carolina**

Die *Constitutio Criminalis Carolina* von 1532 lässt den "ne bis in idem"-Grundsatz unerwähnt; die in der kommenden Zeit vorherrschende Theorie des gemeinen Rechts leugnet die *res iudicata* von Strafurteilen.[32] Eine Inquisition konnte aufgrund bekannt gewordener belastender oder entlastender Umstände jederzeit fortgesetzt werden.[33]

**5. Die Aufklärung**

Neu begründet wurde das „ne bis in idem"-Prinzip mit der *Aufklärung* im 18. Jahrhundert, die das individuelle Interesse gegenüber der Strafgewalt der Gesellschaft betonte; politisch verfestigt wurde es mit der Verfassungsbewegung.[34]

Zunächst wandte man sich dagegen, dass Urteile ständig wieder aufgehoben werden konnten und setzte sich dafür ein, dass sie ab einem bestimmten Zeitpunkt unabänderlich werden. Dem Angeklagten soll damit Gewissheit gegeben werden, dass er sich nicht ständig in Gefahr befindet, Gegenstand eines erneuten Verfahrens zu werden.[35]

Die Aufklärungsbewegung lehnt also den Inquisitionsprozess und das Institut der *absolutio ab instantia* ab.

Neben dem Streben nach Rechtssicherheit, als einem Hauptgedanken der Aufklärung, standen auch die Unschuldsvermutung des Verdächtigen bis zu seiner Verurteilung und Humanitätsbestrebungen im Vordergrund und verhalfen letztendlich der Anerkennung der Rechtskraft zu ihrem Durchbruch.[36] Dennoch wird die Rechtskraftlehre nicht schriftlich festgehalten - allenfalls werden die ihr zugrunde liegenden Gedanken erwähnt und behandelt.[37]

---

[29] Schulze-Fielitz in: Dreier, GG, Art.103 III Rn.1 m.w.N.; Nolte in: v. Mangoldt/Klein/Stark, GG, Art.103 III Rn.175.

[30] Archiv für preußisches Strafrecht 1855, 472, 485.

[31] Berner, Archiv für preußisches Strafrecht 1855, 472, 485.

[32] Rüping in: Dolzer/Vogel/Graßhof, BK, Art.103 III Rn.3.

[33] Thomas, Einmaligkeit, 32.

[34] Rüping in: Dolzer/Vogel/Graßhof, BK, Art.103 III Rn.4; Nolte in: v. Mangoldt/Klein/Stark, GG, Art.103 III Rn.176; Schwarplies, Rechtsgeschichte, 65ff., 99ff.

[35] Schwarplies, Rechtsgeschichte, 64.

[36] Schwarplies, Rechtsgeschichte, 69.

[37] Schwarplies, Rechtsgeschichte, 66, 73.

In der *Französischen Revolution* wird der „ne bis in idem"-Grundsatz in Frankreich in den Katalog allgemeiner Grundfreiheiten der Verfassung von 1791 und darauf folgend in die StPO von 1808 aufgenommen.[38]

Durchgesetzt hat sich in *Deutschland* der „ne bis in idem"-Grundsatz erst nach der Revolution von 1848.[39] In der RStPO[40] von 1877 ist er zwar nicht ausdrücklich geregelt, er wird jedoch als selbstverständlich zugrunde gelegt[41], was sich auch in der Judikatur des Reichsgerichts bemerkbar macht.[42] Lange Zeit galt der Grundsatz also nur gewohnheitsrechtlich.

Ebenfalls war bereits damals anerkannt, dass auch ausländische Urteile den Strafklageverbrauch bewirken können.[43] Dazu war im materiellen Strafrecht - in § 5 RStGB[44] - geregelt, dass eine Verfolgung ausgeschlossen ist, wenn

1. von den Gerichten des Auslands über die Handlung rechtskräftig erkannt und entweder ein Freispruch erfolgt oder die ausgesprochene Strafe vollzogen,
2. die Strafverfolgung oder die Strafvollstreckung nach den Gesetzen des Auslandes verjährt oder die Strafe erlassen oder
3. der nach den Gesetzen des Auslandes zur Verfolgbarkeit der Handlung erforderliche Antrag des Verletzten nicht gestellt worden ist.

Dadurch konnte ein Urteil, welches in einem anderen Staat erlassen worden war, zu einem Strafklageverbrauch führen. In Deutschland war somit zur damaligen Zeit ein internationales „ne bis in idem" anerkannt.[45]

Aufgehoben während des Nationalsozialismus – dessen Ideologie auf individuelle Rechte dem „gesunden Volksempfinden" zum Wohle verzichtete[46] - taucht der „ne bis in idem"-Grundsatz erst 1946 in den Verfassungsurkunden auf[47], die ihn so übernahmen, wie er vorher gewohnheitsrechtlich gegolten hatte.[48] Verfassungsrechtlich veran-

---

[38] Najarian, L'autorité de la chose jugée, 41f.

[39] Schwarplies, Rechtsgeschichte, 104; Rheingans, Rechtskraftlehre, 84.

[40] Strafprozessordnung v. 1.2.1877, RGBl. 1877, 253 ff.; s. dazu Hahn, Die gesamten Materialien zur Strafprozessordnung und zum Einführungsgesetz derselben, I. Abt. 1880, II. Abt. 1881.

[41] Vgl. dazu Hahn, Die gesamten Materialien zur Strafprozeßordnung, I. Abt. 1880, S.205ff., 271

[42] So in RGSt 2, 347, 348; 49, 272, 274; 56, 324; Rüping in: Dolzer/Vogel/Graßhof, BK, Art.103 III Rn.5.

[43] Heffter, Non bis in idem, 25; Specht, Zwischenstaatliche Geltung, 12.

[44] Strafgesetzbuch für das Deutsche Reich v. 15.5.1871, RGBl. 1871, 128ff.

[45] Grotz, StraFo 1995, 102.

[46] Specht, Zwischenstaatliche Geltung, 12f.; Fliedner, AöR 1974, 242, 254.

[47] Rüping in: Dolzer/Vogel/Graßhof, BK, Art.103 III Rn.6f.; Nolte in: v. Mangoldt/Klein/Stark, GG, Art.103 III Rn.174 m.w.N.; Schwarplies, Rechtsgeschichte, 3.

[48] BVerfGE 3, 248ff., 252; Mayer, Ne-bis-in-idem-Wirkung, 21; Fliedner, AöR 1974, 242, 246f.; a.A. BVerfGE 23, 191, 202f.

kert wurde das Prinzip vor allem deswegen, weil im Dritten Reich die Rechtskraft von Urteilen regelmäßig zum Nachteil von Betroffenen gebrochen wurde.[49]

Heutzutage ist der „ne bis in idem"-Grundsatz in den Verfassungen oder im einfachen Recht aller EU-Mitgliedstaaten verankert.[50]

## II. Rechtsnatur

Die Frage nach dem Geltungsgrund und der Rechtsnatur des „ne bis in idem"-Grundsatzes erfordert zunächst eine begriffliche Klärung des Umfanges der Regelung: Bedeutet „ne bis in idem", dass keiner für dieselbe Tat zweimal bestraft werden darf oder ist schon die erneute Einleitung einer Strafverfolgung ausgeschlossen?

Beide Verbote beruhen auf unterschiedlichen Grundgedanken: Während sich das Verbot der mehrfachen Bestrafung aus dem Schuld-, Gerechtigkeits- und Verhältnismäßigkeitsprinzip herleiten lässt, entstammt das Verbot einer erneuten Strafverfolgung dem Gedanken der Rechtssicherheit und deren Vorrang vor Gerechtigkeit.[51]

Früher wurde „ne bis in idem" nur im Sinne eines Doppelbestrafungsverbots angesehen. Heutzutage besteht Einigkeit in Rechtsprechung und Literatur, dass jede Form von erneuter Bestrafung *und* Verfolgung unzulässig ist[52].[53]

Zweck der Regelung ist auf der einen Seite die Vermeidung einer unnötigen Anhäufung von Prozessen im Interesse staatlicher Gerichtsbarkeit, auf der anderen Seite – und das ist auch der Schwerpunkt des Grundsatzes – steht die Schutzfunktion, mit der der Einzelne vor der Gefahr mehrfacher Strafverfolgung bewahrt werden soll.[54]

Der Grundsatz „ne bis in idem" ist Ausfluss der Rechtskraft eines Strafurteils[55], er ist deren notwendige Folge, soweit jene im Strafprozess anerkannt ist.[56] Das rechtskräftige Urteil entfaltet eine Sperrwirkung, und dadurch wird der Angeklagte davor bewahrt, dass sein einmal beurteiltes Verhalten Gegenstand eines erneuten Strafverfah-

[49] BGHSt 5, 323, 329f.; Fliedner, AöR 1974, 242, 254.

[50] S. z.B.: Art.103 III des deutschen Grundgesetzes, Art.29 V der portugiesischen Verfassung, Art.369 des französischen Strafgesetzbuches, Art.68 I des niederländischen Strafgesetzbuches, Art.360 der belgischen Strafprozessordnung.

[51] Rüping in: Dolzer/Vogel/Graßhof, BK, Art.103 III Rn.11; vgl. Jarass/Pieroth, GG, Art.103 Rn.56; Schroeder, JuS 1997, 227, 228.

[52] Manchmal wird aber auch heute noch in Rechtsquellen oder im Schrifttum auf das „Verbot der Mehrfachbestrafung" abgestellt, obwohl eigentlich das „Verbot der Mehrfachverfolgung" gemeint ist.

[53] BVerfGE 12, 62, 66; BGHSt 38, 54, 57; Jarass/Pieroth, GG, Art.103 Rn.63; Nolte in: v. Mangoldt/Klein/Stark, GG, Art.103 III Rn.173 m.w.N.; Hein, Zuständigkeitskonflikte, 50.

[54] Sellert in: Erler/Kaufmann, Rechtsgeschichte, Spalte 940; Rheingans, Rechtskraftlehre, 36.

[55] Fliedner, AöR 1974, 242, 252.

[56] Rüping in: Dolzer/Vogel/Graßhof, BK, Art.103 III Rn.38.

rens wird.[57] Es soll Sicherheit bestehen, dass mit der einmaligen strafrechtlichen Behandlung einer Tat die Sache endgültig beendet ist.[58]

Zugrunde gelegt wird dem Prinzip der Gedanke, dass ein Rechtsbruch durch den Staat zwar geahndet werden darf – bzw. sogar muss – dieser Strafanspruch aber zugunsten der Rechtssicherheit nur ein einziges Mal besteht. Wurde ein Rechtsbruch geprüft und unter Umständen auch geahndet, soll das Ergebnis Endgültigkeit besitzen.[59] Zwar muss die materielle Wahrheit mit der größten Sorgfalt erforscht werden, dennoch muss einmal der Augenblick erreicht sein, in dem die Mittel zur Überprüfung des Gegenstandes erschöpft sind und das gefundene Ergebnis als Wahrheit betrachtet wird.[60] Dadurch wird Rechtsfrieden gewährleistet. Strebte man immer weiter nach einer *absoluten* Gerechtigkeit, würde darüber „die Verwirklichung der einzig möglichen, endlichen und beschränkten Gerechtigkeit“ aufgegeben.[61]

Außerdem besteht bei gerichtlichen Erkenntnissen aufgrund von menschlichen Unzulänglichkeiten immer die Gefahr eines Irrtums.[62] Der Staat hat den Behörden zahlreiche Möglichkeiten und Mittel zur Hand gegeben, einen Sachverhalt aufzuklären; das öffentliche Interesse wird damit gewahrt. Irgendwann müssen aber auch diese Mittel einen Abschluss finden.[63]

Absolute Gerechtigkeit kann also nie erreicht werden, es sei denn, man würde eine totale Einbuße der Rechtssicherheit hinnehmen (und selbst in diesem Fall wäre eine absolute Gerechtigkeit zweifelhaft). Dann schwebte aber über jedem, der einmal mit dem Staat „in Konflikte geraten ist“, ständig das Damoklesschwert einer erneuten Aufgreifung des Verfahrens. Gerade für den unschuldig Verfolgten oder Angeklagten bedeutet das aber eine große Ungerechtigkeit. Er könnte ohne eine unwiderrufliche Abschließung des Verfahrens nie wieder in Ruhe und Frieden leben. Zwar besteht dadurch auch die Gefahr, dass tatsächlich Schuldige freigesprochen werden und dann von der Rechtskraft des Urteils profitieren, ungleich wichtiger ist es aber doch, die zahlreichen Unschuldigen vor erneuten Verfolgungen zu schützen. Das eine aber ist ohne das andere nicht erreichbar.[64]

Und auch der - obwohl schuldig - dennoch Freigesprochene hat ein Recht auf Sicherheit. Auch er ist bereits durch den einmal durchlaufenen Prozess bestraft.

Das führt zu dem Aspekt der Würde des Menschen, zu dem Schutz des Einzelnen und dessen Recht auf freie Entfaltung seiner Persönlichkeit. Könnte ständig ein wieder-

---

[57] BGHSt 5, 328; Fliedner, AöR 1974, 242, 252 m.w.N.

[58] Nolte in: v. Mangoldt/Klein/Stark, GG, Art.103 III Rn.172.

[59] Fliedner, AöR 1974, 242, 253.

[60] Berner, Archiv für preußisches Strafrecht 1855, 472, 473.

[61] Berner, Archiv für preußisches Strafrecht 1855, 472, 473.

[62] Fliedner, AöR 1974, 242, 253.

[63] Berner, Archiv für preußisches Strafrecht 1855, 472, 476.

[64] Berner, Archiv für preußisches Strafrecht 1855, 472, 475.

holtes Verfahren eingeleitet werden, würde er zum bloßen Objekt staatlicher Gewalt degradiert.[65]

*Berner*[66] bezeichnet deshalb die Rechtskraft als den Anker der Gesellschaft, den Hafen, ohne den man dem Schiffsbruch nicht entgehen kann.

Da aufgrund der Regelung eine erneute Strafverfolgung nicht mehr möglich ist, gehört das klassische Menschenrecht „ne bis in idem" zu den verfahrensrechtlichen „Grundrechten".[67] Es handelt sich um ein sogenanntes Prozessgrundrecht.[68] Gleichzeitig ist es aber auch ein Freiheitsgrundrecht, ein Abwehrrecht des Einzelnen gegenüber dem Staat.[69] Das folgt schon aus seinem Inhalt, wonach staatliche Handlungen abgewendet werden sollen.

Der „ne bis in idem"-Grundsatz ist somit im Spannungsfeld zwischen Rechtssicherheit und materieller Gerechtigkeit angesiedelt[70]: Hindert der Gesetzgeber ein neues Verfahren, obwohl Indizien vorliegen, die für eine andere Sachentscheidung sprechen, nimmt er zwar Einbußen an materieller Gerechtigkeit hin. Dafür wird jedoch die für den Einzelnen und auch für die Allgemeinheit so wichtige Rechtssicherheit verwirklicht[71] sowie der Schutz vor Addition einer weiteren Strafe.

---

[65] Fliedner, AöR 1974, 242, 254.

[66] Archiv für preußisches Strafrecht 1855, 472, 474.

[67] Nolte in: v. Mangoldt/Klein/Stark, GG, Art.103 III Rn.182; Sellert in: Erler/Kaufmann, Rechtsgeschichte, Spalte 940.

[68] Fliedner, AöR 1974, 242, 246 m.w.N.

[69] Fliedner, AöR 1974, 242, 254.

[70] Jarass/Pieroth, GG, Art.103 Rn.56; Hill in: HStR Bd.6, § 156 Rn.68; Schwarplies, Rechtsgeschichte, 1; Fliedner, AöR 1974, 242, 252ff.

[71] Rüping in: Dolzer/Vogel/Graßhof, BK, Art.103 III Rn.68.

## C. Erforderlichkeit eines europäischen „ne bis in idem"

Da alle Staaten der EU die ne bis in idem-Gewährleistung in ihren Rechtsordnungen vorsehen, dies sich aber hauptsächlich auf innerstaatliche Urteile und Freisprüche bezieht, stellt sich die Frage, ob ein zwischenstaatliches Verbot der Doppelbestrafung überhaupt gewollt bzw. erforderlich ist.

Im Rahmen der Europäischen Union finden sich zwei Problemfelder: Einmal stellt sich die Frage nach dem Verbot der Doppelbestrafung vertikal im Verhältnis gemeinschaftsrechtlicher zu mitgliedstaatlichen Sanktionen und weiterhin nach demselben Verbot horizontal im Verhältnis der einzelnen EU-Staaten untereinander.

### I. Verhältnis von EG-rechtlichen zu mitgliedstaatlichen Sanktionen

Zwar besteht zurzeit noch keine eigene Strafgewalt der EG[72], jedoch existiert die Möglichkeit, dass die EG in einigen Teilbereichen gemeinschaftsrechtliche Sanktionen verhängen kann.[73] Vorausgesetzt, dass es sich bei diesen Sanktionen um Strafen handelt, existiert die Gefahr, dass sich gemeinschaftsrechtliche und mitgliedstaatliche Sanktionen wegen desselben Sachverhalts überschneiden und somit eine Doppelbestrafung erfolgt.

Geldbußen, welche durch die Europäische Kommission im EG-Kartellrecht verhängt werden können, haben gemäß Artikel 23 V VO 1/2003[74] (Artikel 15 IV VO 17/62[75]) „keinen strafrechtlichen Charakter".[76] Das sagt aber noch nichts darüber aus, ob sie dennoch strafrechtlichen Grundsätzen unterliegen können und somit dem Strafrecht im weiteren Sinne zugerechnet werden oder ob sie rein verwaltungsrechtlicher Natur sind.[77]

Für eine Einordnung als Strafen i.w.S. spricht sowohl deren repressive und präventive Zweckbestimmung[78] im Vergleich zu den in Artikel 24 VO 1/2003 (Artikel 16 VO

---

[72] Nolte in: v. Mangoldt/Klein/Stark, GG, Art.103 III Rn.196; Oppermann, Europarecht, § 8 Rn.35; Hecker, Europäisches Strafrecht, 140ff. und 150; Dannecker, JZ 1996, 869; Pieth, ZStW 1997, 756, 766.

Der EG fehlt sowohl die Befugnis zur „jurisdiction to prescribe" als auch zur „jurisdiction to enforce". – Kühne, Strafprozessrecht, Rn.54; Tiedemann, NJW 1993, 23, 24.

[73] Biancarelli in: What Kind of Criminal Policy, 249ff.; Ebensperger, ÖJZ 1999, 171, 179.

[74] Abl. EG L 1 v. 4.1.2003, 1ff.

[75] Abl. EG L 13 v. 21.2.1962, 204ff.

[76] Gegen eine Einordnung als kriminalstrafrechtliche Sanktionen spricht zudem, dass sie nicht durch ein Gericht, sondern durch die Europäische Kommission verhängt werden, dass das EUG bei der Überprüfung in einem Verwaltungsverfahren entscheidet und dass bei Nichterbringung keine Ersatzfreiheitsstrafe vorgesehen ist und keine Eintragung ins Strafregister erfolgt. – Hecker, Europäisches Strafrecht, 144; Satzger, Europäisierung, 81ff.

[77] Ausführlich zu dieser Frage: Liebau, Ne bis in idem, 35ff.

[78] Dannecker/Fischer-Fritsch, EG-Kartellrecht, 78.

17/62) geregelten Zwangsgeldern[79] als auch die Schwere der Sanktionen, welche verhängt werden können[80]. Folge dieser Zurechnung ist, dass auf das EG-Kartellverfahren ebenfalls die rechtsstaatlichen Garantien des materiellen Strafrechts und des Strafverfahrensrechts angewandt werden müssen[81] und ein etwaiges Verbot der Doppelbestrafung auch für sie Geltung erlangen würde.

Der EuGH entschied bisher allerdings nicht in diesem Sinne. Beispielhaft ist hier nur der Fall *Walt Wilhelm u.a. gegen das Bundeskartellamt*[82] zu nennen. Dabei ging es um die Akkumulierung von Sanktionen im Bereich des Wettbewerbsrechts: Sowohl von der Kommission der Europäischen Gemeinschaften als auch vom Bundeskartellamt wurden gegen ein Unternehmen aufgrund desselben Sachverhaltes Sanktionen verhängt, weil es sich wettbewerbsbeschränkender Praktiken bedient hatte.

Der EuGH entschied, dass das mitgliedstaatliche und das nationale Verfahren unterschiedlichen Zielen dienten. Aus Billigkeitsaspekten dürften die Strafen jedoch nicht addiert werden - bei der Festlegung des Strafmaßes müsse die frühere Strafe berücksichtigt werden. Eine zweite Verfolgung eines Rechtsverstoßes sei somit nicht ausgeschlossen. Diese Rechtsprechung änderte sich auch im Laufe der vergangenen Jahre nicht.[83]

Unabhängig von der Rechtsprechung des EuGH scheinen auf den ersten Blick auch ansonsten keine EG-rechtlichen Regelungen zu existieren, welche das Verbot der Doppelbestrafung zwischen der EG und den Mitgliedstaaten reglementieren.[84] Demnach besteht im Verhältnis von gemeinschaftsrechtlichen zu mitgliedstaatlichen Sanktionen zwar ein Anrechnungsgebot, eine doppelte Strafverfolgung ist jedoch weiterhin möglich.

In Artikel 11 und 13 VO 1/2003 ist zwar geregelt, dass die Behörden der Mitgliedstaaten, sollten sie aufgrund von Artikel 81 und 82 EG tätig werden, die Kommission da-rüber zu unterrichten haben. Leitet die Kommission ein Verfahren ein, entfällt die Zuständigkeit der Behörden der Mitgliedstaaten; ist eine mitgliedstaatliche Behörde bereits tätig geworden, leitet die Kommission ihr Verfahren erst ein, wenn sie die Behörde konsultiert hat. Sind die Behörden mehrerer Mitgliedstaaten mit einem Verfahren nach Artikel 81 oder 82 EG befasst, und stellt sich heraus, dass eine Behörde den Fall bereits bearbeitet, sollten die anderen Behörden das Verfahren aussetzen.

Mit diesen Regelungen ist zumindest ein Versuch unternommen worden, parallel laufende Verfahren zu verhindern und mehrfache Sanktionen wegen desselben Verhaltens zu vermeiden. Da es sich dabei jedoch nur um Vorschriften zur Zusammenarbeit han-

---

[79] EuGH, Urt. v. 15.7.1970, Rs. 41/69, Slg. 1970, 661 Rn.172/176 – *ACF Chemiefarma NV*; vgl. auch Satzger, Europäisierung, 80.

[80] Liebau, Ne bis in idem, 39.

[81] Hecker, Europäisches Strafrecht, 156.

[82] EuGH, Urt. v. 13.2.1969, Rs. 14/68, Slg. 1969, 1ff. – *Walt Wilhelm*.

[83] Vgl. EuGH, Urt. v. 9.7.2003, Rs. T-224/00, Slg. 2003-II, 2597ff. – *Archer Daniels Midland Company (ADM)*.

[84] Specht, Zwischenstaatliche Geltung, 76ff.

delt und nicht um obligatorische Ausschlussregelungen, ist grundsätzlich weiterhin die Verhängung von mitgliedstaatlichen Sanktionen neben Geldbußen der Kommission möglich.

Demnach existiert zurzeit noch kein vertikales Verbot der Doppelbestrafung innerhalb der EU. Ein solches ist jedoch unerlässlich, um Mehrfachbestrafungen im EG-Kartellrecht zu vermeiden.

## II. Verschiedene Prinzipien des internationalen Strafrechts

Die Gefahr einer Doppelverfolgung oder –bestrafung kann weiterhin durch die Anwendung der unterschiedlichen Prinzipien des internationalen Strafrechts, welche in den Strafgesetzen und Strafprozessordnungen der einzelnen Staaten enthalten sind, entstehen.

Begründet sind die einzelnen Prinzipien im Selbstschutz, in der Solidarität der Staaten und im Individualrechtsgüterschutz.[85] Dem völkerrechtlichen Souveränitätsprinzip folgend liegt es an den einzelnen Staaten, zu entscheiden, welche der Prinzipien für sie Geltung erlangen sollen und in welchem Umfang dies geschieht.[86] Je nach Rechtsordnung kommen diese also entweder alternativ oder nach Ausschließlichkeitskriterien zur Anwendung. Es handelt sich dabei um das Territorialitätsprinzip, das aktive und passive Personalitätsprinzip, das Schutzprinzip, das Universal- oder auch Weltrechtsprinzip sowie – als subsidiäre Zuständigkeit – um das Prinzip der stellvertretenden Strafrechtspflege.

Im Folgenden werden die einzelnen Prinzipien kurz dargestellt und es wird untersucht, inwiefern sie zu einer Doppelverfolgung oder –bestrafung führen können.

### 1. Territorialitätsprinzip

Das in der Staatengemeinschaft am meisten anerkannte Prinzip hinsichtlich der Ausübung von Staatsgewalt ist das Territorialitätsprinzip. Es resultiert unmittelbar aus der Gebietshoheit der Staaten und greift ein, wenn eine Straftat auf dem Staatsgebiet eines bestimmten Staates begangen wird oder sich dort auswirkt, unabhängig davon, ob die Tatbeteiligten In- oder Ausländer sind.[87]

Das Prinzip ist deshalb von so großer Bedeutung, da der Straftäter und die strafrechtliche Norm des Staates, auf dessen Gebiet er eine Straftat begeht bzw. auf dessen Gebiet sich die Straftat auswirkt, die stärkste Beziehung zueinander haben - es besteht sowohl in örtlicher, als auch in persönlicher und sachlicher Hinsicht eine Bindung der Tat an den Territorialstaat.

---

[85] Vgl. Mayer, Ne-bis-in-idem-Wirkung, 157ff.; Oehler, FS Grützner, 115ff.

[86] Schroeder, NJW 1969, 81ff.

[87] Ambos, Internationales Strafrecht, § 3 Rn.4ff.; Satzger, Internationales Strafrecht, § 4 Rn.5; Verdross/Simma, Universelles Völkerrecht, Rn.1184; Herdegen, Völkerrecht, § 26 Rn.4ff.; Traub, Das universelle Schutzprinzip, 4ff.; Oehler, Internationales Strafrecht, Rn.152ff.; ders., FS Grützner, 110, 117; Nuvolone, ZStW 1954, 545, 546.

Bei der Frage, wo ein bestimmtes Verbrechen oder Vergehen begangen worden ist, kommt in den meisten europäischen Staaten das sog. *Ubiquitätsprinzip* zur Anwendung. Danach werden bei räumlichem oder zeitlichem Auseinanderfallen von Tathandlung und -erfolg sowohl der Handlungs- als auch der Erfolgsort als Tatort im Sinne des Territorialitätsprinzips betrachtet.[88] Somit taucht bereits innerhalb des ersten Prinzips das Problem von sich überschneidenden Strafgewalten auf.

Die Strafgewalten überschneiden sich außerdem bei diesem Prinzip, wenn einzelne Teilhandlungen von mehraktigen Delikten oder Dauerdelikten in verschiedenen Staaten begangen werden oder wenn das sog. *Flaggenprinzip* zur Anwendung kommt. Danach gelten Taten, die an Bord von Schiffen oder Flugzeugen begangen werden, als in dem Staat begangen, in dem das Schiff oder Flugzeug eingetragen ist – „unter dessen Flagge" es fährt bzw. fliegt.[89] Gleichzeitig ist aber nach dem Territorialitätsprinzip auch die Strafgewalt des Staates gegeben, auf dessen Hoheitsgebiet sich das Schiff bzw. Flugzeug befindet.

Bei dem Territorialitätsprinzip handelt es sich um das einzige Prinzip, welches allen Staaten zu eigen ist[90]; schließlich sind die einzelnen Staaten sowohl ihren eigenen Staatsbürgern als auch der Staatengemeinschaft gegenüber verpflichtet, für die Aufrechterhaltung der Rechtsordnung auf ihrem Gebiet zu sorgen.

Probleme treten dementsprechend auf, wenn Staaten sich weigern, ein fremdes Urteil anzuerkennen, welches sich auf eine Straftat bezieht, die (auch) auf ihrem Territorium begangen wurde. Unter anderem verweigern Frankreich[91] und Deutschland[92] - um nur zwei Beispiele aus dem europäischen Rechtsraum zu nennen - die Anerkennung eines ausländischen Urteils, soweit dieses eine ihr Territorium betreffende Straftat behandelt.

## 2. Aktives Personalitätsprinzip

Das aktive Personalitätsprinzip setzt fest, dass ein Staat seine Strafgewalt über Straftaten ausüben darf, die von seinen eigenen Staatsangehörigen (im Ausland) begangen werden.[93] Es handelt sich dabei um den ältesten Anknüpfungspunkt für die Strafgewalt eines Staates.[94]

---

[88] Hein, Zuständigkeitskonflikte, 31f.; Nuvolone, ZStW 1954, 545, 555f.; Markees, SchwJbfIntR 1985, 121, 122 – In Deutschland findet sich das Ubiquitätsprinzip in § 9 I StGB wieder.

[89] Satzger, Internationales Strafrecht, § 4 Rn.6.

[90] In Deutschland galt es allerdings von 1940 bis Ende 1974 nur für ausländische Staatsangehörige, wohingegen für Deutsche das aktive Personalitätsprinzip in Anspruch genommen wurde. Seit dem 1.1.1975 ist das Territorialitätsprinzip in Deutschland sowohl für Inländer als auch für Ausländer allgemein in § 3 StGB verankert.

[91] Art.113-9 i.V.m. 113-6 und 113-7 CP; s.a. Pralus, R.S.C. 1996, 559ff.

[92] BVerfGE 75, 1.

[93] Ambos, Internationales Strafrecht, § 3 Rn.39ff.; Satzger, Internationales Strafrecht, § 4 Rn.7; Verdross/Simma, Universelles Völkerrecht, Rn.1184; Herdegen, Völkerrecht, § 26 Rn.9; van den Wyn-

Das Prinzip basiert auf zwei Grundgedanken, nämlich staatlicher Souveränität, nach der ein Staat das Recht haben sollte, das Verhalten der eigenen Staatsangehörigen auch im Ausland zu überwachen, und internationaler Solidarität, wonach ein Staat mit demjenigen Staat zusammenarbeiten soll, auf dessen Staatsgebiet die Straftat begangen wurde.[95]

Sinn und Zweck ist zudem, dass der eigene Staatsbürger sich einer Strafbarkeit nicht entziehen kann, indem er sich nach einer im Ausland begangenen Tat wieder zurück in seinen Nationalstaat flüchtet, von dem aus er unter Umständen nicht ausgeliefert werden kann. Ziel des Grundsatzes ist somit auch, dass möglichst lückenloser Rechtsschutz gewährt wird und Straftäter nicht unter Berufung auf ihre nationalstaatlichen Verfassungen straflos bleiben können.

### 3. Passives Personalitätsprinzip

Nach dem passiven Personalitätsprinzip kann ein Staat seine Strafgewalt über Straftaten ausüben, die im Ausland gegenüber seinen eigenen Staatsangehörigen begangen wurden.[96] Es schützt also die Inländer im Ausland und beruht auf dem Gedanken, dass ein fremder Staat auf den Schutz der in ihm befindlichen Ausländer unter Umständen nicht die genügende Sorgfalt walten lässt.[97] Außerdem muss es einem Staat möglich sein, seine Staatsbürger vor widerrechtlichen Angriffen seitens Dritter zu schützen.

Im Einzelnen ist jedoch die zulässige Reichweite dieses Prinzips umstritten.[98] Es wird zumindest gefordert, dass die verfolgte Tat sowohl am Ort des verfolgenden Staates als auch am Tatort strafbar ist, da bei einer Straflosigkeit der Tat am Tatort eine Einmischung in die inneren Angelegenheiten des Tatortstaates vorläge.[99] Ferner ist das passive Personalitätsprinzip in vielen Staaten gar nicht anerkannt und auch ansonsten von nicht so großer Bedeutung wie das aktive Personalitätsprinzip.[100]

### 4. Schutzprinzip

Das Schutzprinzip erlaubt einem Staat, seine Strafgewalt hinsichtlich solcher Straftaten auszuüben, welche sich gegen seine eigene Sicherheit oder gegen andere wichtige

---

gaert, International Criminal Law and Procedure, 131, 134; Traub, Das universelle Schutzprinzip, 7; allgemein dazu: Schmitz, Das aktive Personalitätsprinzip im Internationalen Strafrecht.

94 Vgl. Hein, Zuständigkeitskonflikte, 34.

95 Van den Wyngaert, International Criminal Law and Procedure, 131, 134.

96 Satzger, Internationales Strafrecht, § 4 Rn.11; Verdross/Simma, Universelles Völkerrecht, Rn.1184; Oehler, Internationales Strafrecht, Rn. 632ff.

97 Oehler, FS Grützner, 110, 118.

98 Herdegen, Völkerrecht, § 26 Rn.11; van den Wyngaert, International Criminal Law and Procedure, 131, 135.

99 Rosswog, Das Problem der Vereinbarkeit, 136f.

100 Im deutschen Strafanwendungsrecht spielen sowohl das aktive als auch das passive Personalitätsprinzip nur noch eine untergeordnete Rolle. Das aktive Personalitätsprinzip ist in § 7 II Nr.1 StGB und in § 5 Nr.8 und 9 StGB verankert, das passive Personalitätsprinzip in § 7 I StGB.

öffentliche Belange richten, wie z.B. Hoch- und Landesverrat und Straftaten gegen die Landesverteidigung.[101] Maßgebend sind in diesem Fall weder die Staatsangehörigkeit des Delinquenten noch der Ort des Verbrechens, sondern allein das angegriffene Rechtsobjekt.

Die Ausdehnung der Strafgewalt über das eigene Staatsgebiet hinaus wird in diesem Fall durch den Selbstschutz der Staaten gerechtfertigt, da die zu schützenden Rechtsgüter durch fremdstaatliche Rechtsordnungen, ähnlich wie beim passiven Personalitätsprinzip die eigenen Staatsbürger, keinen oder keinen ausreichenden Schutz erfahren.[102]

### 5. Universalitätsprinzip / Weltrechtsprinzip

Einige Rechtsgüter sind von so hoher Bedeutung, dass die gesamte Staatengemeinschaft ein Interesse an ihrer Verteidigung hat.[103] Straftaten die sich dagegen richten, werden deshalb als „delicta iuris gentium" bezeichnet. Darunter fallen Völkermord, Sklavenhandel, Kriegsverbrechen und terroristische Gewaltakte, um nur einige von ihnen zu nennen.

Das Prinzip, welches einen Strafanspruch hinsichtlich dieser Taten begründet, wird Universalitätsprinzip oder auch Weltrechtsprinzip genannt.[104] Zurückgeführt werden kann es auf die internationale Solidarität der Staaten untereinander.[105] Im Verhältnis zum Territorialitäts-, Personalitäts- und Schutzprinzip ergibt sich bei dem Universalitäts- oder auch Weltrechtsprinzip die Besonderheit, dass eine Anknüpfung an die Tat in Gestalt von Tatort oder Beeinträchtigung inländischer Interessen, Rechtsgüter oder Rechtsgutträger fehlt[106]; die dem Staat zustehende Strafkompetenz ist gänzlich unabhängig von objektiven oder subjektiven Begebenheiten, sie kennt im Rahmen dieses Prinzips keine Schranken.

---

[101] Satzger, Internationales Strafrecht, § 4 Rn.9; Verdross/Simma, Universelles Völkerrecht, Rn.1184; Oehler, Internationales Strafrecht, Rn.542ff.; van den Wyngaert, International Criminal Law and Procedure, 131, 135; Pauli, Übereinkommen, 24; Oehler, FS Grützner, 110, 117.

[102] Mayer, Ne-bis-in-idem-Wirkung, 165; Hein, Zuständigkeitskonflikte, 36.

[103] Werle, Völkerstrafrecht, Rn.171ff.

[104] Verdross/Simma, Universelles Völkerrecht, Rn.1184; Herdegen, Völkerrecht, § 26 Rn.11; Oehler, FS Grützner, 110, 125; Nuvolone, ZStW 1954, 545, 546; ausführlich: Hsiao-Wen, Weltrechtsprinzip; Fischer-Lescano, KJ 2005, 72ff.; Kreß, ZStW 2002, 818, 828ff. – In Deutschland ist das Weltrechtsprinzip in § 6 StGB normiert.

[105] Oehler, Internationales Strafrecht, Rn.147; Werle, Völkerstrafrecht, Rn.174.

[106] Satzger, Internationales Strafrecht, § 4 Rn.12; Hecker, Europäisches Strafrecht, § 2 Rn.51; Ambos, Internationales Strafrecht, § 3 Rn.93; ders., NStZ 2001, 628, 630 m.w.N.; Oehler, JR 1977, 424. Einen legitimierenden Anknüpfungspunkt, der einen unmittelbaren Bezug der Strafverfolgung zum Inland herstellt, fordert jedoch BGH, Beschl. v. 13.02.1994 – 1 BGs 100/94. Auch Werle, Völkerstrafrecht, Rn.174, ist der Ansicht, dass der Staat von Völkerrechts wegen seine Strafgewalt nur auf solche Straftaten erstrecken darf, „die eine Verbindung zu ihm aufweisen, vermittelt durch Tatort, Person des Täters oder Opfers oder durch das betroffene Schutzgut".

Das Motiv dieses Prinzips liegt darin, dass kein völkerrechtliches Verbrechen ungeahndet bleiben darf und deshalb jeder Staat als Glied einer funktionierenden Staatengemeinschaft seine Strafgesetze auch auf extraterritoriale Delikte erstrecken kann. Es werden demnach Delikte verfolgt, welche die Norm eines jeden Staates verletzen, es werden Verbrecher als Feinde nicht nur der Einzelstaaten, sondern der gesamten Menschheit und der Zivilisation bestraft.[107]

### 6. Prinzip der stellvertretenden Strafrechtspflege

Bei dem Prinzip der stellvertretenden Strafrechtspflege geht es - wie beim Personalitäts-, Schutz- und Weltrechtsprinzip - um die Anwendung des nationalen Strafrechts auf Auslandsstraftaten.[108] Wie beim Weltrechtsprinzip fehlt die hinreichende Beziehung zu der Tat. Ein Staat wird für den Tatortstaat tätig, wenn dieser seinen Strafanspruch aus tatsächlichen oder rechtlichen Gründen nicht durchsetzen kann.[109] Aus diesem Grund ist das Prinzip auch subsidiär zu den anderen Prinzipien. Es beruht auf dem „aut dedere aut iudicare“-Gedanken zur Schließung von Zuständigkeitslücken, wenn z.B. das Weltrechtsprinzip nicht eingreift, da dieses nur für einige schwerwiegende Verbrechen gilt. Begründet ist das Prinzip demzufolge in der Solidarität der Staaten bei der Verbrechensverfolgung.

Gefordert wird – anders als jedoch beim Weltrechtsprinzip –, dass das Verhalten nach dem Recht des ausländischen Tatorts strafbar ist und der ausländische Täter in dem Land festgenommen wird, welches die Bestrafung durchführen will. Weiterhin muss es sich um eine auslieferungsfähige Tat handeln und der ausländische Staat darf von seinem Auslieferungsrecht noch keinen Gebrauch gemacht haben. Daraufhin darf „stellvertretend“ die Strafgewalt ausgeübt werden.[110]

### 7. Konkurrenz der Anknüpfungspunkte

Bei einer Betrachtung der verschiedenen Prinzipien ergibt sich zusammenfassend Folgendes: Die einzelnen Staaten haben, sofern sich die entsprechenden Prinzipien in ihren Rechtsordnungen vorfinden, Strafansprüche, wenn

a. eine strafbare Handlung auf ihrem Territorium oder auf einem ihrer Schiffe oder Flugzeuge vorgenommen wurde oder sich der Erfolg der Handlung auf ihrem Territorium ausgewirkt hat,

b. eine strafbare Handlung im Ausland von eigenen Staatsangehörigen gegenüber Fremden oder

c. im Ausland von Fremden gegenüber den eigenen Staatsangehörigen begangen wurde,

---

[107] Traub, Das universelle Schutzprinzip, 16; Binding, Handbuch, 379f.

[108] Ausführlich dazu: Pappas, Stellvertretende Strafrechtspflege; Eser, JZ 1993, 875ff.

[109] Ambos, Internationales Strafrecht, § 3 Rn.116; Jescheck/Weigend, Strafrecht AT, 170; Hein, Zuständigkeitskonflikte, 45; Eser, JZ 1993, 875ff.

[110] In Deutschland ist dieses Prinzip in § 7 II Nr.2 StGB geregelt.

d. eine strafbare Handlung sich gegen die eigene Sicherheit oder eigene Rechtsgüter von hoher Bedeutung richtet,
e. von der gesamten Staatengemeinschaft als schützenswert erachtete Interessen bedroht werden
f. oder – subsidiär – wenn ein anderer Staat seinen Strafanspruch nicht durchsetzen kann oder nicht durchzusetzen bereit ist.

Dabei drängt sich das Bild von einem nahezu lückenlosen, die ganze Welt umfassenden Netz verschiedener, sich zum Teil überschneidender Zuständigkeiten auf.[111] Für jede denkbare Situation scheint zumindest ein Strafanspruch vorhanden - allgemeiner Rechtsschutz ist gewährleistet. Gleichzeitig zeigt sich allerdings, dass die verschiedenen Prinzipien - gerade bei Strafrechtssachverhalten mit Auslandsberührung - nur allzu leicht zu Überschneidungen führen können und damit der Gefahr einer Doppelverfolgung oder –bestrafung Nahrung gegeben wird. Zwar finden sich nicht alle Prinzipien in allen Rechtsordnungen der Mitgliedstaaten der Europäischen Union wieder[112], dennoch fällt auf, dass alle Staaten hauptsächlich ihre nationalen Interessen berücksichtigt sehen wollen und deshalb der Anwendungsbereich der Prinzipien möglichst weit gehalten wurde, auch wenn dies bedeutete, mit den nationalen Interessen eines anderen Staates zu kollidieren.[113] Überschneidungen können vor allem bei einem Zusammentreffen von Personalitäts- und Territorialitätsprinzip[114] entstehen, aber auch bei Kollisionen von Schutz- und Territorialitätsprinzip sowie allen anderen Prinzipien. Hinsichtlich der Anwendung des Ubiquitätsprinzips im Rahmen des Territorialitätsprinzips ist zu beachten, dass dieses gerade hinsichtlich der internationalen organisierten Kriminalität viele verschiedene Tatorte entstehen lässt. Unter Berufung auf das immer noch am stärksten anerkannte Territorialitätsprinzip fällt es schwer, eine Doppelverfolgung oder gar –bestrafung zu vermeiden.

Dasselbe Problem ergibt sich bei der Anwendung des Weltrechtsprinzips. Zwar werden so Regelungslücken vermieden, da bestimmte Taten von jedem Staat bestraft werden können und somit keine Tat ungesühnt bleibt, andererseits entstehen aber gerade dadurch, dass neben diesem Prinzip zwangsläufig zumindest auch das Territorialitätsprinzip und das Personalitätsprinzip zum Tragen kommen - denn *irgendwo* und von *irgendwem* muss die Straftat ja begangen worden sein - auch Zuständigkeitskonflikte.

Vorstellbar ist demnach ein Szenario, in dem ein Staatsangehöriger des Landes A von Land B aus eine Briefbombe in Land C verschickt, die in einer in Land C stationierten Behörde des Landes D detoniert und dabei Staatsangehörige der Länder E, F und G verletzt. Zuständig wären in dem Fall für die Verfolgung des Straftäters Land A (*aktives Personalitätsprinzip*), Land B (*Territorialitätsprinzip*, weil es sich um den Hand-

---

[111] Vogler, FS Maurach, 595, 599.

[112] In Frankreich zum Beispiel existiert das Prinzip der stellvertretenden Strafrechtspflege nicht; vgl. Art 113-1 bis 113-12 CP, die die Anknüpfungspunkte für das französische Strafrecht abschließend regeln.

[113] Vgl. dazu Oehler, Internationales Strafrecht, Rn.152ff., 955.

[114] Vgl. dazu auch Bühler, Die Bedeutung ausländischer Strafurteile, 11; Nuvolone, ZStW 1954, 545, 546 und 567.

lungsort handelte), Land C (*Territorialitätsprinzip*, denn dort trat der Erfolg ein), Land D (*Schutzprinzip*, denn seine Behörde wurde angegriffen) und ebenso die Länder D, E und F (*passives Personalitätsprinzip*). Qualifizierte man die Handlung als terroristischen Gewaltakt sind nach dem *Weltrechtsprinzip* zudem auch alle anderen Länder der Welt zuständig. Aufgrund dieser vielen sich überschneidenden Strafgewalten, könnten nicht nur Doppel- sondern gleich Drei-, Vier- oder Fünffachbestrafungen erfolgen.[115]

Solange also jeder Staat selber entscheiden kann, welche Prinzipien für ihn anwendbar sind, kommt es immer zu einer Überschneidung der Strafgewalten. Eine mehrfache Verfolgung von Straftaten ist unvermeidlich.

### III. Zwischenergebnis

Es lässt sich also feststellen, dass sowohl im Verhältnis der EG zu den Mitgliedstaaten durch die dort einzig vorhandene Anrechnungslösung als auch im Verhältnis der Mitgliedstaaten untereinander durch die Überschneidungen der Prinzipien des internationalen Strafrechts, Doppelverfolgungen und –bestrafungen jederzeit möglich sind.

Sobald eine Tat nur einen gewissen Auslandsbezug besitzt, wird der einzelne Straftäter keine Ruhe und keinen Rechtsfrieden mehr finden, da er ständig der Gefahr einer erneuten Strafverfolgung oder sogar Verurteilung ausgesetzt ist. Für ein zwischenstaatliches „ne bis in idem“ können demnach dieselben Argumente angeführt werden, wie für ein innerstaatliches Verbot der Doppelbestrafung: Rechtssicherheit und Verhältnismäßigkeit sollten Vorrang haben vor dem Sühnebedürfnis der einzelnen Staaten und manchmal auch vor materieller Gerechtigkeit, um einen strafbaren Sachverhalt einmal zu behandeln und dann endgültig abzuschließen. Im innerstaatlichen Bereich ist das allgemein anerkannt[116], bei zwischenstaatlichen strafrechtlichen Sachverhalten besteht die Gefahr der Mehrfachverfolgung – wie sich aus den oben stehenden Ausführungen ergibt – weiterhin.

### IV. Argumente für und gegen ein zwischenstaatliches „ne bis in idem“

Nachdem festgestellt wurde, dass viele Möglichkeiten für eine Doppelverfolgung oder gar -bestrafung bestehen, werden Argumente gezeigt, welche sich für ein europäisches „ne bis in idem“ aussprechen, gleichzeitig sollen aber auch die Kritikpunkte an einer europäischen „ne bis in idem“ Regelung nicht unerwähnt bleiben. Schließlich versperren sich viele Staaten nicht umsonst der Anerkennung eines internationalen „ne bis in idem“.

#### 1. Rechtssicherheit

Das Ziel in einem jeden Strafprozess soll die Schaffung von Rechtsfrieden und –sicherheit auf dem Weg eines ständigen Strebens nach Gerechtigkeit sein.[117] Aus diesem

---

[115] Vgl. auch Ambos, Internationales Strafrecht, § 4 Rn.9ff.

[116] S.o. B.II.

[117] Brüner/Hetzer, NStZ 2003, 113.

Grund sind auch Rechtssicherheit und Gerechtigkeit an erster Stelle in der Argumentation für ein europäisches „ne bis in idem" zu erwähnen.

Der Rechtssicherheit, als eines der fundamentalen Rechtsprinzipien, widerspricht der Gedanke, dass sich einmal Verurteilte der Gefahr aussetzen müssen, sich mehrere Male für dieselbe Straftat zu verantworten.[118] Im Strafrecht ist das Bedürfnis nach Rechtssicherheit noch stärker als in anderen Rechtsgebieten und deshalb müssen sich auch rechtskräftig Verurteilte darauf verlassen können, dass sie nach einmal verbüßter Strafe nicht Gefahr laufen, noch ein zweites Mal bestraft zu werden. Weiterhin muss im Falle eines Freispruches Sicherheit bestehen, dass nicht ein erneutes Verfahren zu einer erneuten Verfolgung eingeleitet wird.[119]

Auch für den Staat hat eine endgültige Aburteilung den Vorteil, dass weitere Ermittlungen unterlassen werden können und somit ein Verfahren – von einigen wenigen Wiederaufnahmegründen abgesehen – definitiv abgeschlossen wird.

Das „ne bis in idem"-Prinzip stellt demnach sicher, dass bereits gefällte Entscheidungen unangetastet bleiben und somit respektiert werden.[120]

### 2. Gerechtigkeit

Auch Gerechtigkeitserwägungen sprechen für eine Anerkennung des „ne bis in idem"-Grundsatzes. Selbst ein juristischer Laie würde die mehrfache Bestrafung eines einmal Verurteilten für dieselbe strafbare Handlung als mit der Gerechtigkeit nicht vereinbar ansehen.

Weiterhin hätte die Staatsanwaltschaft bei einem zweiten Verfahren einen entscheidenden Vorteil gegenüber der Verteidigung.[121] Sie könnte sich zu Beginn des Falles genauestens über das bereits erfolgte Gerichtsverfahren informieren und sich der Aspekte bedienen, die im vorherigen Verfahren zu der Verurteilung oder einem Freispruch des Angeklagten geführt haben. Ihre gesamte Position wäre viel stärker als die der Staatsanwaltschaft im ersten Verfahren und würde die erforderliche Gerechtigkeit vermissen lassen.

Das Ergebnis einer juristischen Verhandlung muss von anderen Gerichten akzeptiert werden, damit es auf der Grundlage derselben Fakten nicht zu sich widersprechenden Ergebnissen kommen kann. Schließlich wirken sich Konflikte zwischen den Rechtssystemen verschiedener Staaten immer nachteilig aus – nicht nur für die betroffenen Personen, sondern auch für eine friedliche Koexistenz der Rechtsstaaten.

---

[118] Rüping in: Dolzer/Vogel/Graßhof, BK, § 103 III Rn.11; Baauw, Ne bis in idem, 75; van den Wyngaert/Stessens, ICLQ1999, 779, 780; Tansey in: Anagnostopoulos, Internationalisierung des Strafrechts, 115, 119f.

[119] S. dazu auch: EuGH, Schlussanträge des Generalanwalts Dámaso Ruíz-Jarabo Colomer vom 19.09.2002 in den Rechtssachen C-187/01 (*Gözütok*) und C-385/01 (*Brügge*), Rn.49; vgl. auch „The „non bis in idem" principle in criminal law in the EEC", European Parliament, Report of the Legal Affairs Committee of 20 February 1984, Human Rights Law Journal 1984, 391.

[120] Van den Wyngaert/Stessens, ICLQ 1999, 779, 781.

[121] Tansey in: Anagnostopoulos, Internationalisierung des Strafrechts, 115, 121.

Hinsichtlich der Gerechtigkeitserwägungen bemerkte schließlich auch der Strafprozessrechtler *Glaser*[122] bereits gegen Ende des 19. Jahrhunderts, dass

> *„die schrankenlose Möglichkeit, denselben Menschen wegen derselben Sache in die ohnehin gedrückte und bedauernswerte Stellung eines Angeklagten nochmals zu versetzen und das so zum Spiel gewordene Verfahren (...) so lange zu erneuern, bis es einmal nach Wunsch des Verfolgers ausgeht, mit der bürgerlichen Freiheit ganz unverträglich wäre".*

Andererseits nimmt der Gesetzgeber mit der Verwirklichung der Rechtssicherheit durch das Verbot der Doppelbestrafung Einbußen an materieller Gerechtigkeit hin, wenn er – obwohl unter Umständen konkrete Indizien vorhanden sind, die für eine andere Sachentscheidung sprechen – ein neues Verfahren verhindert.[123]

Dagegen spricht jedoch, dass sich dieser bekannte Konflikt zwischen materieller Gerechtigkeit und Rechtssicherheit[124] durch den Gesetzgeber lösen lässt. In Deutschland beispielsweise kann trotz bestehender Rechtskraft bei Vorliegen bestimmter Voraussetzungen ein neues Verfahren nach den §§ 359, 362 StPO sowohl zugunsten, als auch zuungunsten des Angeklagten erfolgen; es kann eine Wiedereinsetzung in den vorherigen Stand nach § 44 StPO gewährt werden oder die Entscheidung kann mit der Verfassungsbeschwerde nach Artikel 93 I Nr.4a GG, §§ 90ff. BVerfGG angegriffen werden. Ähnliche Regelungen finden sich in Artikel 68 des Niederländischen StGB und Artikel 457 der Niederländischen StPO.[125] Und auch in Artikel 4 II des 7. ZP zur EMRK sind ausdrückliche Ausnahmen für Fälle der Wiederaufnahme des Verfahrens vorgesehen.

Fraglich ist jedoch, wie sich eine solche Wiederaufnahme des Strafverfahrens im Rahmen eines zwischenstaatlichen „ne bis in idem" lösen lässt. Wäre nur der Staat, in dem das Strafverfahren durchgeführt wurde oder auch die anderen Staaten, deren Strafgewalt ebenfalls eingreift, zu einer Wiederaufnahme berechtigt?

Um die materielle Gerechtigkeit nicht außer Acht zu lassen, müssten bei einem zwischenstaatlichen „ne bis in idem" Regelungen über ein Wiederaufgreifen des Verfahrens enthalten sein und zudem müsste geregelt werden, welcher von mehreren zuständigen Staaten zur Wiederaufnahme des Verfahrens berechtigt ist.

### 3. Effektivität

Es ist mitunter auch effektiver, einen einmal Verurteilten nur einmal zu bestrafen. Ansonsten müssten sich mehrere Gerichte mit denselben Tatsachen befassen, es würde doppelter und vor allem unnötiger Arbeitsaufwand geschaffen.

---

[122] Glaser, Zeitschrift für Privat- und Öffentliches Recht der Gegenwart, Bd. XII, 306, zitiert aus: Lammasch, Der Gerichtssaal 1889, 1, 4f.

[123] Rüping in: Dolzer/Vogel/Graßhof, BK, Art.103 III Rn.8.

[124] Vgl. BVerfGE 3, 225, 237; 41, 323, 326; 35, 41, 47; Rüping in: Dolzer/Vogel/Graßhof, BK, Art.103 III Rn.8.

[125] Vgl. dazu Baauw, Ne bis in idem, 75f.

Außerdem sind Fälle denkbar, in denen das erste Gericht nicht mit der notwendigen Sorgfalt an die Sachverhaltsermittlungen herangeht, da es davon ausgeht, dass der Fall sowieso noch einmal von einem anderen Gericht behandelt wird.[126]

### 4. Problem der Vollziehung von zur Bewährung ausgesetzten Strafen

Staaten könnten sich jedoch sperren, die Verurteilung einer Person durch einen anderen Staat anzuerkennen und somit auf eine erneute Verfolgung zu verzichten, wenn die Strafe „nur" zur Bewährung ausgesetzt wird. Kehrt der Verurteilte in sein Heimatland zurück, wird eine Überwachung der Bewährungsauflagen erschwert; unter Umständen könnte er sich diesen sogar vollständig entziehen.

Wird dem Verurteilten demgegenüber auferlegt, die Bewährungszeit im Verurteilungsstaat zu absolvieren, kann das einer erfolgreichen Resozialisierung im Wege stehen. Gerade wenn man den Gedanken der Resozialisierung in Betracht zieht, muss aber die Möglichkeit bestehen, auch bei der Verurteilung eines Ausländers eine Strafe bedingt auszusetzen.[127]

Es ist ferner davon auszugehen, dass ein Richter von der Aussetzung einer Strafe zur Bewährung absehen wird, wenn ihm nicht die Gewähr geboten wird, dass der verurteilte Straftäter außerhalb des eigenen Staatsgebiets überwacht wird und die Möglichkeit des Widerrufs der Aussetzung der Strafe mit Wirkung im Ausland besteht.[128]

Als Lösung für dieses Problem käme eine auch auf andere Länder ausgedehnte Überwachung des Verurteilten in Betracht, die allerdings einen erheblichen praktischen Aufwand mit sich bringen würde. Zu denken wäre jedoch beispielsweise an Abkommen zwischen den verschiedenen Staaten, die gewährleisten, dass die Behörden des Heimatstaates des Verurteilten die Bewährungsauflagen des Urteilsstaates überwachen. Somit wäre sowohl der Resozialisierung als auch dem Bedürfnis nach Strafe genüge getan. Da eine solche Überwachung gegenseitig wäre, käme auch kein Mehraufwand auf die jeweiligen Behörden zu. Auch dieses „scheinbare" Problem ist damit hinfällig.

### 5. Öffentliche Meinung

Auch die öffentliche Meinung ließe sich für die Regelung eines zwischenstaatlichen „ne bis in idem" anführen. Beispielhaft dafür ist der *Dost-Fall*[129]: Dost, ein niederländischer Drogenhändler, hatte seine Drogen sowohl an niederländische Staatsbürger als auch unter anderem an deutsche Staatsangehörige verkauft. 1981 wurde er deswegen in den Niederlanden zu einer Freiheitsstrafe von 20 Wochen verurteilt. Wegen derselben Handlung wurde er in Deutschland später zu zehn Jahren Haft verurteilt.[130] Die

---

[126] Tansey in: Anagnostopoulos, Internationalisierung des Strafrechts, 115, 121.

[127] Grützner, NJW 1969, 345, 347; Jescheck, FS von Weber, 325, 340f.

[128] Oehler, Internationales Strafrecht, Rn.951; Grützner, NJW 1969, 345, 347.

[129] BGHSt 34, 334ff.; Rüter, JR 1988, 136ff.

[130] Die Strafgewalt der Niederlande wurde durch das Territorialitätsprinzip begründet, die Strafgewalt Deutschlands durch das Weltrechtsprinzip (§ 6 Nr.5 deutsches StGB). – BGHSt 34, 334ff.

Öffentlichkeit in den Niederlanden reagierte sehr negativ auf dieses Urteil, welches wohl ein klarer Verstoß gegen den Grundsatz „ne bis in idem“ sei. Das trübte auch die Beziehungen zwischen den beiden Staaten.

Gerade innerhalb des Staatenverbundes der EU, in dem sich die einzelnen Staaten zusammengeschlossen haben, um einen gemeinsamen Raum der Freiheit, der Sicherheit und des Rechts zu schaffen, ist es wichtig, die Beziehungen der Staaten untereinander zu stärken und dies auch der Öffentlichkeit zu zeigen. Die Bürger der EU müssen von der Richtigkeit und den Vorteilen eines solchen Verbundes überzeugt werden. Ihnen wird es widersprüchlich erscheinen, wenn die Staaten gegeneinander und dabei gleichzeitig zum Nachteil der Bürger handeln. Im Endeffekt führt das zu politischen und sozialen Missstimmungen zwischen den einzelnen Ländern.

Andererseits könnte sich die öffentliche Meinung im Tatortstaat natürlich dafür aussprechen, eine erneute Verfolgung durchzuführen, um die Strafe auch an ihrem Recht gesühnt zu sehen.[131]

Dagegen spricht allerdings, dass nicht ernsthaft verlangt werden kann, einen anderen Menschen Ungerechtigkeit in Form der Verdoppelung einer Strafe erfahren zu lassen, nur um die eigenen inneren Gefühle zu befriedigen.

Lösen ließe sich dieses Problem durch Aufklärungsarbeit, durch regelmäßige Berichte, wie ein bestimmtes Strafverfahren in einem anderen Staat verläuft und vor allem mit Hinweis darauf, dass innerhalb der meisten Staaten der Europäischen Union zu großen Teilen ein gleicher strafrechtlicher Standard[132] besteht. Existieren dennoch unterschiedliche Strafandrohungen bei einzelnen Straftaten ist vertiefte Diskussion und Aufklärung notwendig, vor allem über die Aspekte Rechtsfrieden und Rechtssicherheit.

### 6. Strafzwecke

Für ein zwischenstaatliches Verbot der Doppelbestrafung könnten zudem die Strafzwecke sprechen. Diese werden im Folgenden zunächst kurz dargestellt, um danach ihre Bedeutung für ein zwischenstaatliches „ne bis in idem“ zu erörtern.

#### a. Darstellung

In Deutschland wird der Zweck der Strafe mit der heute herrschenden sog. *Vereinigungstheorie* begründet. Diese soll die unterschiedlichen Strafzwecke in ein ausgewogenes Verhältnis bringen.[133]

Oberstes Ziel ist demnach, der Begehung von Straftaten entgegenzuwirken, also die allgemeine *Generalprävention*[134]; es soll das Vertrauen in die Bestands- und Durchset-

---

[131] Bühler, Die Bedeutung ausländischer Strafurteile, 80; vgl. ferner BVerfGE 75, 1, 10.

[132] Wasmeier, ZStW 2004, 320, 321f.

[133] Tröndle/Fischer, StGB, § 46, Rn.2.

[134] BVerfGE 45, 187, 254; Tröndle/Fischer, StGB, § 46, Rn.2; vgl. allgemein Schermers, Non bis in idem, 601, 603; so auch Breukelaar/Mulder, FS Grützner, 30, 32.

zungskraft der Rechtsordnung gestärkt werden[135]. Weiterhin sollen durch die Bestrafung des Täters sowohl dieser selber als auch solche, die in Gefahr sind, ähnliche Taten zu begehen, vor weiteren Taten abgeschreckt werden (spezielle Generalprävention).[136]

Überdies soll der Straftäter *resozialisiert* werden; er soll etwaige Anpassungsschwierigkeiten, die sich durch die Tat ergeben, überwinden und es soll ihm durch die verhängte Strafe ermöglicht werden, das Strafübel auf sich zu nehmen und zu verarbeiten.[137] Generalprävention und Resozialisierung als Strafzwecke verlaufen ineinander, da Dritte erst dann wieder Vertrauen in das Gesetz fassen werden, wenn der Verurteilte nach der Strafe rehabilitiert ist.[138] Schließlich ist als Strafzweck noch *Vergeltung* anerkannt[139]; und auch eine *Sicherung der Allgemeinheit* vor dem gefährlichen Täter wird durch eine Bestrafung bezweckt[140].

In anderen Mitgliedstaaten der Europäischen Union finden sich ähnliche Strafzwecke. Die *italienische* Verfassung beispielsweise impliziert die Notwendigkeit, dass im Strafrecht ein Ausgleich gefunden werden muss zwischen der Härte der Strafe, dem Schutz der Allgemeinheit und dem Bedürfnis des Täters, rehabilitiert zu werden.[141] Das *französische* Verfassungsgericht hat in einer vor einigen Jahren erfolgten Entscheidung ausdrücklich die Resozialisierung des Täters zum Verfassungsgut erklärt.[142] In *Griechenland* hat das Gesetz zur Behandlung von Strafgefangenen als Ziel, die negativen Auswirkungen der Freiheitsentziehung auf den Täter zu minimieren.[143]

Im *internationalen Rechtsbereich* wurde bisher wenig über den Zweck der Strafe gesagt.[144] Eine Ausnahme ist das Urteil des Internationalen Gerichtshofs für das ehemalige Jugoslawien (ICTY) im Fall *Erdemovic*. Dort äußern sich die Richter der Trial Chamber I in para. 57-66 des Urteils über den Zweck der Strafe im internationalen Strafrecht.[145] Sie stellen fest, dass auf internationaler Ebene noch kein gemeinsamer Strafzweck festgelegt und ein solcher auch in nationalen Rechtsordnungen selten kodifiziert wurde. Ihrer Ansicht nach sind erstrangige Strafzwecke im internationalen

---

[135] BVerfGE 45, 187, 256; BGHSt 24, 40, 45f.; 24, 64, 66.

[136] BVerfGE 45, 187, 255; so auch Breukelaar/Mulder, FS Grützner, 30, 32.

[137] BVerfGE 33, 1, 7; 35, 202, 235; Tröndle/Fischer, StGB, § 46, Rn.3; vgl. allgemein Schermers, Non bis in idem, 601, 603.

[138] Breukelaar/Mulder, FS Grützner, 30, 32.

[139] BVerfGE 28, 264, 278; 32, 98, 109; 45, 187, 254; 64, 261, 271; vgl. allgemein Schermers, Non bis in idem, 601, 603.

[140] Vgl. allgemein Schermers, Non bis in idem, 601, 603.

[141] Stella, European Journal of Crime, Criminal Law and Criminal Justice 2001, 56, 65.

[142] Gassin, R.S.C. 1996, 155, 167 und 443, 459; Stella, European Journal of Crime, Criminal Law and Criminal Justice 2001, 56, 67.

[143] Paraskevopoulos, Zweck der Strafe, 19, 25f.; Stella, European Journal of Crime, Criminal Law and Criminal Justice 2001, 56, 65.

[144] Tolmein, ICTY, 493, 499; Jäger, Makroverbrechen, 325, 339.

[145] ICTY IT-96-22-T (Erdemovic), zu finden im Internet unter: *www.un.org*.

Strafrecht Generalprävention, also Abschreckung der Allgemeinheit, und Vergeltung. Die Auswirkung von Strafe auf den Täter beurteilen die Richter als lediglich zweitrangig. Die spezielle Situation des Täters ist zwar zu berücksichtigen, weitaus wichtiger erscheint jedoch das Ziel, weitere Verbrechen durch potentielle andere Strafäter zu verhindern. Ebenso äußern sich die Richter im Fall *Kambanda.*[146]

**b. Bedeutung**

Bei Inaugenscheinnahme der einzelnen Strafzwecke lässt sich feststellen, dass sie gute Argumente für ein Verbot der Doppelbestrafung bieten und sich zudem auch nur verwirklichen lassen, wenn sie ein einziges Mal und nicht zwei- oder mehrfach angewandt werden.

Hinsichtlich der *Resozialisierung* des verurteilten Straftäters kann festgestellt werden, dass diese am besten in ein und demselben Staat stattfindet und nicht – als Folge von mehrfachen Verurteilungen – in zwei oder mehreren Staaten.[147] Die Wiedereingliederung des einmal Verurteilten in die Gesellschaft und die Verarbeitung der Straftat könnten erschwert werden, wenn er in einem anderen Staat erneut verfolgt und verurteilt wird, was die zwingende Folge von sich überschneidenden Strafgewalten ist. Selbst wenn in dem Zweitverurteilerstaat die bereits verbüßte Strafe auf die dort verhängte angerechnet wird, lässt sich u.U. ein zweiter Freiheitsentzug in einem für den Verurteilten fremden Land nicht vermeiden. Dort wird möglicherweise nicht seine Sprache gesprochen, so dass er sich nicht mit den Mitinsassen oder dem Aufsichtspersonal verständigen kann. Sprachbarrieren können ihn auch an der Geltendmachung seiner Rechte hindern. Auch fehlende Kontaktmöglichkeiten zu Verwandten und Bekannten isolieren den Verurteilten.

Auf der anderen Seite ist auch die Situation nachvollziehbar, dass sich ein die fremde Sprache sprechender Verurteilter einzugliedern versucht. Jedoch befindet er sich unter Umständen in einem fremden Kulturkreis. Kehrt er später in seinen Heimatstaat zurück, kann ihm eine dortige Wiedereingliederung umso schwerer fallen.

Zieht man den Aspekt der *Vergeltung* heran, so beruht es oft auf einem Zufall, ob sich die Folgen der Tat in dem einen oder anderen Staat auswirken und in welchem Staat das Bedürfnis nach Vergeltung größer ist.[148] Aus diesem Grund verdient der Angeklagte auch nur eine Strafe, unabhängig davon, ob die Straftat in einem oder mehreren Staaten begangen wurde.

*General- und Spezialprävention* als Strafzwecke lassen sich zwar nicht unbedingt für, aber auch nicht gegen ein europäisches „ne bis in idem“ anführen. Ein Krimineller, der sich durch ein festgesetztes Strafmaß nicht von seiner Tat abbringen lässt, wird sich

---

[146] ICTR 97-23-S (Kambanda), zu finden im Internet unter: *www.ictr.org*; vgl. auch Papacharalambous, Internationalisierung, 35, 42.

[147] Oehler, Internationales Strafrecht, Rn.951; Schermers, Non bis in idem, 601, 603; Grützner, NJW 1969, 345, 347.

[148] Schermers, Non bis in idem, 601, 603.

auch nicht durch die Möglichkeit einer mehrfachen Verurteilung von seinem Vorhaben abhalten lassen.

Der *Schutz der Allgemeinheit* könnte eher für eine Doppelbestrafung sprechen, da ein einmal Verurteilter, dessen strafbare Handlung sich auf mehrere Staaten erstreckt, gerade diese Staaten in Zukunft meiden wird, um einer dortigen erneuten Bestrafung zu entgehen und deshalb davon abgehalten wird, in diesen Ländern neue Straftaten zu begehen.[149] Dagegen lässt sich jedoch einwenden, dass nicht davon auszugehen ist, dass jeder Straftäter nach Begehung einer Straftat ein bestimmtes Land verlässt oder meidet, um sich einer Strafe zu entziehen. Das ist höchstens bei besonders schweren Verbrechen der Fall. Weiterhin kann man auch davon ausgehen, dass Beschuldigte dies ebenfalls bei einer nur einmal drohenden Verurteilung tun. Will sich ein Verurteilter einer zweiten Bestrafung entziehen und nimmt deshalb den Aufwand auf sich, ein Land zu verlassen oder zu meiden, dann handelt er bestimmt auch ähnlich hinsichtlich der ersten Bestrafung.

### 7. Verhältnismäßigkeitsprinzip

Weiterhin bleibt das Verhältnismäßigkeitsprinzip für eine Anwendung des zwischenstaatlichen „ne-bis-in-idem"-Grundsatzes erwähnen. Danach muss eine staatliche Maßnahme gegenüber dem einzelnen Bürger geeignet, erforderlich und angemessen sein. Erfolgt eine einmal verhältnismäßige Strafe auf eine bestimmte Straftat, steht die Wiederholung einer Strafe für dieselbe Handlung dementsprechend außer Verhältnis zu dieser Straftat.

### 8. Belastungen für den mehrfach Beschuldigten

Auch hinsichtlich der psychischen und physischen Belastungen, die auf einen Beschuldigten aufgrund einer wiederholten Strafverfolgung zukommen, kann eine Doppelverfolgung oder –bestrafung nicht befürwortet werden.[150] Bereits die Durchführung eines ersten Strafverfahrens stellt eine Beeinträchtigung für den Beschuldigten dar. Durch erneute Strafverfolgung werden auch diese Belastungen erhöht.

Ebenso entstehen große seelische Belastungen bei einem einmal Angeklagten, der von einem Land zwar freigesprochen wurde, der jedoch damit rechnen muss, jederzeit für dieselbe Tat von einem anderen Staat erneut verfolgt und gegebenenfalls sogar verurteilt zu werden.[151] Gravierender wird es bei wiederholter Freiheitsentziehung.

Erfolgt ein erneuter Strafprozess in einem anderen, dem Beschuldigten fremden Land, kommen zusätzlich noch Sprachbarrieren und Umstellungs- und Anpassungsschwierigkeiten an eine andere Kultur auf ihn zu. Zwar handelt es sich dabei nicht um ein spezielles Problem der Doppelbestrafung, da Sprachbarrieren bei jeder ausländischen

---

[149] Schermers, Non bis in idem, 601, 604.

[150] Vgl. dazu auch Thomas, Einmaligkeit, 143f.

[151] Vgl. ferner Markees, SchwJbfIntR 1985, 121, 132.

Strafvollstreckung bestehen.[152] Derartige Belastungen können jedoch verringert werden, wenn bei zwei zuständigen Staaten dem Heimatstaat eine Vorrangstellung bei der Strafverfolgung eingeräumt wird.

### 9. Staatensouveränität

Kritisch ist ein europäisches „ne bis in idem" im Hinblick auf die Staatensouveränität zu sehen. Es handelt sich dabei um den Inbegriff der territorial und personal begründeten Hoheitsrechte der einzelnen Staaten sowie um deren Achtungsanspruch auf völkerrechtlicher Ebene.[153]

Traditionsgemäß gehört das Strafrecht zum Kern der Staatssouveränität; die Setzung und Anwendung von Strafrechtsnormen gehörte von jeher zur ausschließlichen Kompetenz des souveränen Staats, der zwar das Recht anderer Staaten berücksichtigen konnte, daran jedoch nicht gebunden war.[154] Jeder Staat konnte Hoheitsakte nur innerhalb seines Territoriums und nur mit Wirkung für dieses vornehmen; die Ausübung oder Wirkung von Akten auf fremdem Hoheitsgebiet war stets von der Zustimmung des anderen Staates abhängig. Strafrecht ist Schutz- und Sanktionsrecht, dient also dem Schutz der Bürger und der Rechtsgüter der einzelnen Staaten. Es wurde deshalb als nationales Recht „par excellence" bezeichnet.[155]

Gegen ein zwischenstaatliches „ne bis in idem" lässt sich deshalb anführen, dass der Zwang zur Anerkennung eines ausländischen Urteils in die Souveränität eines Staates eingreift, da dieser nicht mehr die nach seinen nationalen Gesetzen begründete Möglichkeit der Strafverfolgung ausüben darf.[156] Schließlich müsste nach diesem Grundsatz ein europäischer Staat auf weitere Strafverfolgung verzichten, wenn bereits ein anderer europäischer Staat ein Strafverfahren durchgeführt hat. Besonders deutlich wird der Souveränitätsverlust, wenn die Strafgewalt eines Staates in einem bestimmten Fall eingreift, diese aber nicht ausgeübt werden kann, obwohl die Behörden der Ansicht sind, dass ein einmal Angeklagter von einem anderen Staat ungerechtfertigterweise freigesprochen wurde.[157] Ein solcher Fall ließe sich aber – sollte der Freigesprochene tatsächlich zu Unrecht freigesprochen worden sein – über Wiederaufnahmeregelungen lösen.

---

[152] Ähnliche Probleme entstehen bei der Auslieferung in ein für den Beschuldigten fremdes Land. – Vgl. BVerfGE 29, 183, 193.

[153] Herdegen, Völkerrecht, § 28 Rn.8.

[154] Oehler, Internationales Strafrecht, Rn.950; Anagnostopoulos, Internationalisierung, 7; Thomas, Einmaligkeit, 155; Oehler, FS Grützner, 110; Jung, StV 1990, 509; Sieber, Corpus Juris, 1, 2; vgl. ferner *Explanatory Report* zu dem *Europäischen Übereinkommen über die Übertragung der Strafverfolgung*, SEV Nr.73 (www.conventions.coe.int), Rn.9; Corstens/Pradel, European Criminal Law, 3 und 87; Bremer, Der Gerichtssaal 1865, 418, 423f.; Breukelaar/Mulder, FS Grützner, 30, 34; Ebensperger, ÖJZ 1999, 171.

[155] Schultz, FS von Weber, 305, 308.

[156] Oehler, Internationales Strafrecht, Rn.960; Bühler, Die Bedeutung ausländischer Strafurteile, 80 m.w.N.

[157] Grützner, NJW 1969, 345, 352.

Außerdem ist einzuwenden, dass zugunsten der Bekämpfung der internationalen Kriminalität Souveränitätsgedanken beiseite geschoben werden müssen und es zum Teil auch schon sind.[158] Schließlich können die öffentliche Ordnung und Sicherheit eines jeden Staates durch die internationale Kriminalität bedroht werden und deren Bekämpfung ist von großem Interesse. Ein Erfolg ist nur zu erwarten, wenn die Staaten ohne Rücksicht auf ihre Souveränitätserwägungen bereit sind, mit anderen Staaten auf dem Gebiet der Verbrechensbekämpfung zusammenzuarbeiten.[159] Außerdem erlangen die Staaten für die Aufgabe an Souveränität auch Vorteile: Durch die Zusammenarbeit wird die Verbrechensbekämpfung erleichtert, doppelter oder dreifacher Aufwand wird vermieden.

Die zum Teil bereits erfolgte Aufgabe der Souveränität im Bereich des Strafrechts zeigt sich einmal in den unter den verschiedenen Staaten geschlossenen zwischenstaatlichen Abkommen über die Zusammenarbeit in Strafsachen, wie zum Beispiel in dem Internationalen Pakt über bürgerliche und politische Rechte, der UN-Folterkonvention, der EMRK, dem SDÜ oder in den internationalen Rechtshilfeverträgen[160].[161]

Zudem haben die Mitgliedstaaten der EU durch ihren Beitritt zur EU ihre Souveränität in der Hinsicht eingeschränkt, dass sie sich verpflichtet haben, die gemeinschaftsrechtlichen Verordnungen und Richtlinien in ihr nationales Recht aufzunehmen.[162] Ein weiteres Festhalten an alten Souveränitätsgedanken zumindest in strafrechtlicher Hinsicht widerspräche auch den Zielen der Staaten, die sich zur Europäischen Union zusammengefunden haben[163]: Auf der einen Seite sind sie Mitglieder eines europaweiten Raumes der Freiheit, der Sicherheit und des Rechts, die gemeinsam im Bereich der polizeilichen und justiziellen Zusammenarbeit in Strafsachen vorgehen[164], auf der anderen Seite bringen sie durch eine Doppelbestrafung nationale Souveränitätsvorbehalte zum Ausdruck und machen gleichzeitig deutlich, dass sie es sind, die am besten wissen, welche Reaktion auf eine Straftat angezeigt sei.[165] Dadurch besteht gleichzeitig die Gefahr, dass für Bürger der Europäischen Union deren Ziele nicht mehr glaubwürdig scheinen. Gerade die EU-Staatsangehörigen sollen jedoch vor unnötigen Belastungen geschützt werden und von dem gemeinsamen Raum der Freiheit, der Sicherheit und des Rechts profitieren. Das geschieht nicht, wenn sie immer noch der Gefahr einer Doppelverfolgung und –bestrafung ausgesetzt sind.

---

[158] Delmas-Marty, Le flou du droit, 247; Jung, FS Schüler-Springorum, 493.

[159] Grützner, NJW 1969, 345, 352.

[160] Beispiele dazu finden sich in: Specht, Zwischenstaatliche Geltung, 106ff.; Jung, StV 1990, 509.

[161] Zudem darf nicht außer acht gelassen werden, dass es sich bei der Fähigkeit der Staaten, sich durch völkerrechtliche Verträge selbst zu binden, gerade um ein Merkmal der staatlichen Souveränität handelt. – Tomuschat, RdC 1993, 199, 242.

[162] Sieber, Corpus Juris, 1, 2.

[163] Schübel, NStZ 1997, 103, 109; Luttermann, JZ 1998, 880, 882; Scholz/Hofmann, ZRP 1998, 295, 300.

[164] Art.29ff. EUV.

[165] Jung, FS Schüler-Springorum, 493, 501; Landau, FS Söllner, 627, 628.

Souveränitätsgedanken können somit in der heutigen Zeit nicht mehr gegen ein europäisches „ne bis in idem“ eingewandt werden.[166]

**10. Rechtsstaatlichkeit ausländischer Justiz?**

Früher wurde vorgebracht, dass ein ausländisches Urteil unter Umständen nicht in einem rechtsstaatlichen Verfahren ergangen sein könnte oder dass fremde Staaten eine die eigenen Staatsbürger bevorzugende verhältnismäßig milde Strafe erlassen könnten und so bei einer Geltung des Verbots der Doppelbestrafung andere Staaten gehindert wären, eine angebrachte Strafe zu verhängen.[167]

Schon *Lammasch*[168] bemerkte jedoch, dass zumindest bei der Konstellation, in der das ausländische Gericht als Gericht des Tatorts und das ausländische Verfahren hinter denen des Inlandes zurückbleiben, dieses dadurch ausgeglichen wird, dass im Tatortland zumindest weniger Beweisschwierigkeiten gegeben sind und deshalb die Strafverfolgung leichter fällt.

Außerdem lässt sich gegen eine Bevorzugung der eigenen Staatsbürger einwenden, dass ein solches Vorgehen gerade innerhalb der Staaten der Europäischen Union nicht zu erwarten ist. Freilich ist auch in diesem Rahmen ein ausländisches Urteil immer noch „Vertrauenssache“[169], dennoch ist der erzielte Gewinn weitaus größer als der Verlust. Der Status des einzelnen Bürgers wird entscheidend erhöht - er muss nicht mehr mit einer mehrfachen Strafverfolgung durch verschiedene Staaten wegen derselben Tat rechnen.[170] Zudem handelt es sich bei den Staaten der Europäischen Union auch um Staaten, die sich zum größten Teil auf gleicher rechtsstaatlicher Stufe gegenüberstehen.[171]

Zwar sind immer noch Fälle ähnlich dem *Dost-Fall*[172] denkbar, in denen verschiedene Delikte auch von Staaten innerhalb der Europäischen Union unterschiedlich behandelt werden, doch handelt es sich dabei eher um Ausnahmen. Aufgrund der grundsätzlich einheitlichen Rechtsvorstellungen der einzelnen Länder sind solche meist auch nicht gravierenden Unterschiede angesichts von Rechtssicherheit und mit Respekt gegenüber dem Urteil des anderen Staates hinzunehmen.

In solchen Fällen könnten Staaten, die zur Aufrechterhaltung der Einmaligkeit der Strafverfolgung ihre eigene Strafgewalt nicht ausüben, an dem Prozess im Ausland beteiligt werden, so dass sie die Rechtsstaatlichkeit von Verfahren und Urteil überbli-

---

[166] Vgl. dazu auch BR Drs. 283/97, S.9 zum EG-ne bis in idem-Übereinkommen; vgl. Kniebühler, Transnationales „ne bis in idem“, 91ff.

[167] Oehler, Internationales Strafrecht, Rn.960; Graefrath, NJ 1988, 60, 61; Ebensperger, ÖJZ 1999, 171.

[168] Der Gerichtssaal 1889, 1, 24.

[169] Jung, FS Schüler-Springorum, 493, 501.

[170] Jung, FS Schüler-Springorum, 493, 501.

[171] BT-Drs. 14/2668, S.5 (im Zusammenhang mit der Änderung von Artikel 16 II GG); vgl. ferner Wasmeier, ZStW 2004, 320, 321f.

[172] S.o. C.IV.5.

cken können.[173] Auch der Erstverfolgungsstaat kann dann keine Bedenken dagegen erheben, da somit sowohl dem „ne bis in idem"-Grundsatz zur Geltung verholfen als auch seine Entscheidung unwiderruflich anerkannt und dadurch respektiert wird.

Insofern kann das einstige Argument der mangelnden Rechtsstaatlichkeit ausländischer Justiz heutzutage nicht mehr als Problem gesehen werden.

### 11. Wettlauf der Staaten

Als Problem wäre ein unter Umständen entstehender „Wettlauf der Staaten" anzusehen. Es ist zu befürchten, dass die Staaten mit dem Wissen, dass ihr Urteil internationale Geltung erlangt, wenn es nur als erstes in Rechtskraft erwächst, Urteile überhastet oder in Abwesenheit des Angeklagten erlassen[174], um das Sühnebedürfnis in ihrem eigenen Staat zu befriedigen. Aus Souveränitätserwägungen könnten sie ihre Strafgewalt ausüben, damit ein anderer Staat, dessen Strafgewalt ebenfalls eingreift, ihnen nicht zuvorkommt und gegenüber dem Angeklagten eine viel geringere Strafe verhängt wird.

Ein in Eile abgeschlossenes Verfahren - zum Teil sogar ohne wertvolle Informationen, die nur der Angeklagte beitragen kann - kann zu großen Unsicherheiten hinsichtlich der Rechtsstaatlichkeit des Verfahrens führen.

Doch diesem Problem kann mit einem umfassenden Regelungswerk begegnet werden. Verfahren in absentia sollten zum größten Teil ausgeschlossen werden[175], damit die Rechtsstaatlichkeit in jeder Hinsicht garantiert ist und ein Staat nicht ein Urteil gegenüber einem Angeklagten erlassen kann, der gerade ein Strafverfahren in einem anderen Staat durchläuft.

Ein „Wettlauf der Staaten" kann auch dadurch ausgeschlossen werden, indem von vornherein festgelegt wird, welcher Staat urteilsbefugt ist.

### 12. Problem des „forum shopping"

Das aus dem Zivilrecht bekannte Problem des „forum shopping" könnte sich bei der Anerkennung eines europäischen „ne bis in idem"-Grundsatzes auch auf das Strafrecht erstrecken.[176] „Forum shopping" liegt vor, wenn sich der Kläger (oder im Strafrecht der Beschuldigte oder die Strafverfolgungsbehörde) den örtlichen Gerichtsstand – also das „forum" – so auswählt, dass eine Klage (oder Verurteilung) für ihn den günstigsten Ausgang hätte. Im Zivilrecht ist das „forum shopping" ausnahmslos anerkannt[177], im Strafrecht gestaltet sich das jedoch sowohl seitens der Strafverfolgungsbehörden als auch seitens des Beschuldigten schwierig.

---

[173] Thomas, Einmaligkeit, 150.

[174] Thomas, Einmaligkeit, 164.

[175] Vgl. BVerfG NJW 1982, 1214f.

[176] Thomas, Einmaligkeit, 162f.; Brüner/Hetzer, NStZ 2003, 113, 116; vgl. ferner auch Werle, Völkerstrafrecht, Rn.178.

[177] Geimer in: Zöller, ZPO, IZPR Rn.58 m.w.N.

Eine internationale Strafverfolgungsbehörde könnte abwarten, bis ein international agierender Täter eine sich über mehrere Länder erstreckende strafbare Handlung in einem Land begeht, in dem sie schwerer geahndet wird, als in anderen Ländern.[178] Als Beispiel kann der *Dost-Fall*[179] herangezogen werden. Herr Dost, der seine Drogen sowohl an niederländische als auch an deutsche Staatsangehörige verkaufte, wäre bei dem gravierenden Strafmaßunterschied von 20 Monaten in den Niederlanden und 10 Jahren in Deutschland wohl eher auf deutschem Territorium festgenommen worden.

Ein Straftäter, welcher sich international strafbar macht, also gleich gegen mehrere Rechtsordnungen verstößt, könnte gegenüber dem rein national agierenden Straftäter, der nach der Rechtsordnung bestraft wird, gegen die er verstoßen hat, Vorteile erlangen, indem er sich eher in dem Land aufhält, in dem ihm eine geringere Strafe droht.[180]

Beiden Gefahren kann aber begegnet werden, indem der verfolgungs- oder urteilsbefugte Staat von vorneherein durch gewisse Regeln festgesetzt wird und andere Staaten somit zur Auslieferung verpflichtet sind.

### 13. Problem der Amnestien

Schließlich lässt sich gegen eine zwischenstaatliche „ne bis in idem"-Regelung anführen, dass ein von einem Staat einmal Verfolgter und daraufhin Verurteilter im Nachhinein von demselben Staat amnestiert werden kann. Aufgrund der erfolgten Verurteilung würde der „ne bis in idem"-Satz zum Tragen kommen, so dass der Amnestierte - unabhängig von dem Verfolgungsbegehren anderer Staaten - ein freier Mensch wäre. Diese Situation kann auch nicht mit einem Freispruch verglichen werden, denn bei einer Amnestie bleibt der Urteilsspruch und damit der Unrechtsgehalt bestehen.

Bei Amnestien handelt es sich um allgemeine Gnadenerweise, die für eine unbestimmte Anzahl von Personen verhängt werden, so dass sie nicht unbedingt mit der Person des Verurteilten in Verbindung stehen.[181] Die Staaten, die zugunsten eines anderen Staates auf ihre Strafgewalt verzichtet haben, könnten sich hintergangen fühlen, es könnte zu zwischenstaatlichen Konflikten kommen. Außerdem könnten bestimmte Staaten Amnestien ausnutzen, um eigene Staatsangehörige zu schützen, indem sie sie erst in einem Scheintribunal verurteilen und später wieder amnestieren.

Ein solches Szenario ist im Rahmen der Europäischen Union - wie bereits erwähnt - jedoch kaum vorstellbar.[182] Außerdem könnte diesem Problem begegnet werden, indem eine Regelung geschaffen wird, dass im Fall einer Amnestie die Wirkung des „ne bis in idem"-Grundsatzes erlischt und eine erneute Verfolgung möglich wird. Es be-

---

[178] Nationalen Strafverfolgungsbehörden ist es nicht gestattet, das Territorium, auf dem sie den Täter festnehmen, selber auszuwählen. Sie müssen sich auf ihr nationales Territorium beschränken. Ansonsten stellte das einen Verstoß gegen das völkerrechtliche Nichteinmischungsprinzip dar. – Vgl. Ipsen, Völkerrecht, § 59 Rn.50.

[179] S.o. C.IV.5.

[180] Thomas, Einmaligkeit, 163.

[181] Vgl. BVerfGE 10, 234ff.

[182] S.o. C.IV.5.

stände auch die Möglichkeit, dass sich die Staaten darauf einigen, eine Amnestie unter bestimmten Voraussetzungen anzuerkennen. Zumindest bei der Amnestierung von leichteren Vergehen ist ein Staat vielleicht eher dazu bereit, von einer erneuten Strafverfolgung abzusehen. Für den unwahrscheinlichen Fall von Scheintribunalen könnte eine generelle Erlöschung der „ne bis in idem"-Wirkung angeordnet werden. Auch für dieses Problem kann somit eine Lösung gefunden werden.

### 14. Zwischenergebnis

Es bleibt festzuhalten, dass ein zwischenstaatliches „ne bis in idem" im Rahmen der EU durchaus viele Vorteile bietet. Sowohl für den einzelnen Bürger, dem Rechtssicherheit und Gerechtigkeit widerfährt, als auch für den Staat, dessen Verwaltungsaufwand gering gehalten wird und der ausgeglichene und harmonische Beziehungen zu anderen Staaten führt. Die Allgemeinheit profitiert ebenfalls von einer solchen Regelung, da die Strafzwecke bestätigt werden.

Hinsichtlich der gegen ein europäisches „ne bis in idem" sprechenden Argumente kann festgestellt werden, dass letztendlich keines davon überzeugt. Viele Positionen sind veraltet und lassen sich gerade im Rahmen der Europäischen Union zwischen Rechtssystemen, die fast alle einen ähnlichen strafrechtlichen Standard besitzen[183], nicht mehr aufrechterhalten. Existieren dennoch stark voneinander abweichende Strafmaße hinsichtlich eines Straftatbestandes, sollten die Länder das mit Rücksicht auf die Rechtssicherheit hinnehmen. Solchen Unterschieden kann auch auf Dauer damit begegnet werden, indem die Mitgliedstaaten der Europäischen Union gerade mit Hinblick auf die Freizügigkeit der Unionsbürger ihre Strafrechtssysteme aneinander angleichen.

## V. Alternativen zu einem zwischenstaatlichen „ne bis in idem"

Auch wenn nach den vorangegangenen Ausführungen alles für ein europäisches Verbot der Doppelverfolgung und –bestrafung zu sprechen scheint und die Gegenargumente widerlegt werden konnten, sollen im Folgenden Alternativen dazu erörtert werden. Es sollen Möglichkeiten beleuchtet werden, nach denen die Interessen der Beteiligten – der Staaten, der Abgeurteilten und der Öffentlichkeit – vielleicht noch besser berücksichtigt werden, die unter Umständen sogar einen noch stärkeren Schutz bieten.

### 1. Aufteilung der strafbaren Handlung

Eine Alternative zum Verbot der Doppelbestrafung wäre die Möglichkeit, einen strafrechtlichen Sachverhalt in verschiedene Straftaten aufzuteilen, die jeweils einzeln und somit auch in verschiedenen Ländern abgeurteilt werden könnten.[184] Es müsste bei zwischenstaatlichen Delikten - unabhängig von nationalen Regelungen - grundsätzlich, hinsichtlich des Strafklageverbrauchs, bei dem Tatbegriff angesetzt werden, so dass

---

[183] S.o. Fn.132.

[184] Schermers, Non bis in idem, 601, 612.

der Strafklageverbrauch nur für das einzelne Delikt eintritt und nicht für den gesamten historischen Sachverhalt. Allerdings müsste dafür zusätzlich die Anrechnungslösung herangezogen werden, um eine disproportionale Akkumulierung von mehreren Strafen zu vermeiden.

Dem Problem einer Mehrfach*verfolgung* wäre damit aber nicht abgeholfen. Der Beschuldigte müsste für jedes einzelne Delikt ein erneutes Verfahren in den einzelnen Staaten durchlaufen. Die psychischen und physischen Belastungen, die solche Verfahren mit sich bringen, würden fortbestehen. Es handelt sich somit nur um eine Alternative für das Verbot der Mehrfach*bestrafung* und nicht für das Verbot der Mehrfach*verfolgung*.

Weiterhin taucht auch die Frage auf, welcher Staat zuständig wäre für welche einzelne Straftat. Schließlich existieren auch noch solche Sachverhalte, welche sich nicht aufsplitten lassen; das Zuständigkeitsproblem erlangt in einem solchen Fall erst recht wieder an Gewicht.

## 2. Angleichung der Strafrechtssysteme der einzelnen Staaten

Eine andere Möglichkeit zur Verhinderung einer mehrfachen Strafverfolgung oder gar Verurteilung wäre die Angleichung der nationalen Straf- und Strafverfahrensrechtsordnungen in der Europäischen Union.[185] Die justizielle Zusammenarbeit, insbesondere die internationale Rechtshilfe zwischen den einzelnen Mitgliedstaaten würde durch die Vereinheitlichung der unterschiedlichen Rechtsordnungen erleichtert und auch die strafrechtlichen Sanktionen würden angeglichen, so dass ein Gefälle der Bestrafungen verhindert wird und das Argument, ein Täter würde in einem anderen Staat unter Umständen nicht ausreichend bestraft, seine Grundlage verlöre. Eine Angleichung des Strafrechts würde eine gegenseitige Anerkennung von Entscheidungen und Urteilen der Länder untereinander um ein Vielfaches erleichtern.[186]

Ist dieselbe strafbare Handlung in allen Ländern der EU mit demselben Strafmaß versehen, verringert sich unter Umständen das Bedürfnis nach einer erneuten Strafverfolgung und Sanktionierung eines bereits einmal Verurteilten oder Freigesprochenen.

Eine Idee zur Angleichung der nationalen Straf- und Strafverfahrensrechtsordnungen in der Europäischen Union ist bereits in dem *Corpus Juris*, einer Art europäischem Modellstrafrecht, enthalten.[187] Dieses wurde auf eine Initiative der Europäischen Kom-

---

[185] Dannecker, JZ 1996, 869, 879f.; Perron, ZStW 1997, 281ff.; Schomburg, StV 1998, 153; ausführlich zur Angleichung der Straf- und Strafverfahrensrechtsordnungen in der EU: Kühl, ZStW 1997, 777ff.; Pieth, ZStW 1997, 756ff.; Nelles, ZStW 1997, 727ff.; kritisch: Rüter, ZStW 1993, 30ff.

Schon *Franz von Liszt* bemerkte 1894, dass die Wissenschaft des Strafrechts als Klarstellung der allgemeinen Merkmale des Verbrechensbegriffs notwendig international sei. – Liszt, Das Strafrecht der Staaten Europas, S.XXIV.

[186] Schwarzburg/Hamdorf, NStZ 2002, 617f.; ferner Klip, NStZ 2000, 626, 627f.

[187] S. dazu: Mireille Delmas-Marty (Hrsg.), Corpus Juris der strafrechtlichen Regelungen zum Schutz der finanziellen Interessen der Europäischen Union, Köln Berlin Bonn München 1998; Barbara Huber (Hrsg.), Das Corpus Juris als Grundlage eines Europäischen Strafrechts, Freiburg i.B. 2000; überarbeitete Fassung: Strafrechtliche Regelungen zum Schutz der finanziellen Interessen der Europäischen

mission hin durch eine Sachverständigengruppe aus acht europäischen Strafrechtslehrern unter der Leitung von Mireille Delmas-Marty von 1995 bis 1996 erarbeitet. Dabei handelt es sich allerdings nur um strafrechtliche Regelungen zum Schutz der finanziellen Interessen der Europäischen Union vor Betrügereien. Es wird zwar vorgeschlagen, dass die Idee des *Corpus Juris* Modellcharakter für die Vereinheitlichung des europäischen Strafrechts bekommen kann, zumal es danach ein leichtes wäre, die Vorschriften des Besonderen Teils um weitere Delikte zu ergänzen[188], dennoch müsste dafür zunächst das *Corpus Juris* Geltung in den einzelnen Mitgliedstaaten erlangen.

Problematisch daran ist außerdem, dass zurzeit (noch) keine allgemeinen Kompetenzen der Gemeinschaft zum Erlass strafrechtlicher Vorschriften oder zur Harmonisierung des Strafrechts der Mitgliedstaaten existieren.[189] Bezüglich Maßnahmen zum Schutz der finanziellen Interessen der Europäischen Union wird zwar diskutiert, eine solche Kompetenz aus Artikel 280 IV EGV herzuleiten[190]; selbst wenn man jedoch eine solche Kompetenz annähme, erstreckte sie sich allein dem Wortlaut nach nicht auf das gesamte Strafrecht.

Es gibt zwar die Möglichkeit, dass das EU-Recht insofern Einfluss auf das Recht der Mitgliedstaaten nimmt, indem Richtlinien und Rahmenbeschlüsse auf den Rechtsgebieten mit Rechtsetzungskompetenzen der Gemeinschaft erlassen werden können.[191] Sind in Richtlinien oder Rahmenbeschlüssen bestimmte Verhaltensweisen vorgeschrieben, wie z.B. das Kartellverbot, kann das dazu führen, dass die Mitgliedstaaten ihre Strafgesetze entsprechend ändern müssen, um die Richtlinien effektiv umzusetzen. Aber auch hier kann sich die Gemeinschaft nur im Rahmen ihrer Rechtsetzungskompetenzen bewegen.[192]

Außerdem bestehen noch die rein praktischen Probleme, dass sich alle Länder der EU darauf einigen müssten, die gleichen Straftatbestände zu akzeptieren[193] und dass sie

---

Union – Corpus Juris 2000 (Fassung von Florenz), www.europa.eu.int/comm/anti_fraud/green_paper/corpus/de.doc (28.10.2005); kritisch gegenüber dem Corpus Juris: Schwaighofer/Ebensperger, Internationale Rechtshilfe, 15f.

[188] Sieber, Corpus Juris, 1, 9; Schwarzburg/Hamdorf, NStZ 2002, 617.

[189] Die jüngere EuGH-Rechtsprechung geht jedoch in die Richtung, der Gemeinschaft eine solche Kompetenz zuzuerkennen, vgl. EuGH, Urt. v. 13.9.2005, Rs. C-176/03, n.v. – *Kommission gg. Rat der EU*; ebenso Böse, GA 2006, 211ff. Eine Strafrechtssetzungskompetenz ablehnend: Satzger, Internationales Strafrecht, § 7 Rn.22 ; Hecker, Europäisches Strafrecht, § 4 Rn.72ff. ; Heger, Anm. zu EuGH, Urt. v. 13.9.2005, JZ 2006, 310.

[190] Zum Streitstand s. Schwarzburg/Hamdorf, NStZ 2002, 617, 620.

[191] S. dazu Hecker, Europäisches Strafrecht, 365ff.

[192] Als Maßnahmen zur Harmonisierung des Strafrechts sind beispielhaft zu nennen: Der Rahmenbeschluss zur Terrorismusbekämpfung (*Abl. EG L 164 v. 22.6.2002, 3ff.*), der Rahmenbeschluss zur Bekämpfung des Menschenhandels (*Abl. EG L 203 v. 19.7.2002, 1ff.*), der Rahmenbeschluss zur Bekämpfung von Betrug und Fälschung im Zusammenhang von unbaren Zahlungsmitteln (*Abl. EG L 149 v. 18.5.2001, 1ff.*) und der Rahmenbeschluss über Geldwäsche sowie Ermittlung, Einfrieren, Beschlagnahme und Einziehung von Tatwerkzeugen und Erträgen aus Straftaten (*Abl. EG L 182 v. 26.6.2001, 1ff.*).

[193] Klip, NStZ 2000, 626, 627.

sich zusätzlich vielleicht sogar auf eine gemeinsame Rechtssprache zu einigen hätten: Viele Wörter haben in unterschiedlichen Sprachen verschiedene Bedeutungen, so dass es zu großen Auslegungsproblemen kommen kann. Es wäre nicht sicher, ob es sich bei einem bestimmten Straftatbestand tatsächlich um denselben in einem anderen Land handelt. Kann eine einzige Sprache nicht bestimmt werden, müssten sich die Staaten zumindest auf eine allgemeingültige Auslegung der einzelnen Strafvorschriften einigen. Betrachtet man jedoch allein die unzähligen Streitigkeiten, die nur in Deutschland hinsichtlich einzelner Delikte und Regelungen im Strafrecht zwischen Rechtsprechung und Literatur bestehen, mag man sich gar nicht vorstellen, wie schwierig das Auffinden einer Lösung zwischen 27 verschiedenen Staaten sein wird.

Bis ein einheitliches umfassendes Strafrecht für die Europäische Union geschaffen ist, bedarf es zunächst einiger Erfahrungen mit dem *Corpus Juris*.[194] Es könnte also noch einige Zeit dauern, und bis dahin muss das Verbot der Doppelbestrafung erst einmal selbständig geregelt werden.

Auch wenn sie hinsichtlich der Rechtsstaatlichkeit auf einer Stufe stehen, entstünden bei einer Vereinheitlichung der Strafrechtssysteme aufgrund der Verschiedenheit der jeweiligen Staaten und deren unterschiedlichen Kulturen große Probleme. Die Fragen danach, was sozial unerwünscht und was zu sanktionieren ist[195], lassen sich von Staat zu Staat auf das Unterschiedlichste beantworten.[196]

Zwar lässt sich einwenden, dass die europäischen Rechtskulturen gar nicht so unterschiedlich seien, schließlich erwarte jede Bevölkerung von ihrem Strafrecht das gleiche, wie den Schutz des Lebens, des Persönlichkeitsrechts, des Eigentums etc., das heißt aber nicht, dass die dazu gewünschte Methode überall gleich ist.[197] Die Rolle des Staates und Strafrechts ist in jedem Staat kultur- und traditionsbedingt ganz unterschiedlich ausgestaltet, in jedem Staat existieren andere Wertvorstellungen. In einigen Staaten wie z.B. in Deutschland bestehen bei gewissen Straftaten, insbesondere bei Verstößen gegen das Betäubungsmittelgesetz hohe Strafmaßregelungen. In Holland auf der anderen Seite wird Straftätern – gerade in Bezug auf Drogendelikte – oft mehr Geduld entgegengebracht.[198] Beispiele sind zudem die unterschiedlichen Auffassungen

---

[194] Vgl. jedoch zur Angleichung strafrechtlicher Sanktionen das *Grünbuch der Kommission der Europäischen Gemeinschaften über die Angleichung, die gegenseitige Anerkennung und die Vollstreckung strafrechtlicher Sanktionen in der Europäischen Union* v. 30.4.2004. – KOM(2004) 334 endg.

[195] Ein Beispiel dafür führt *Rüter* in ZStW 1993, 30, 32f. an: Ende der siebziger Jahre fiel dem Justizminister von Baden-Württemberg im Rahmen der RAF-Prozesse auf, dass diese „Terroristen-Verfahren", welche sich in Deutschland über mehrere Monate hinweg erstreckten, in den Niederlanden in kürzester Zeit abgehandelt wurden. Ein Gutachten bestätigte diesen Eindruck und erklärte die Ursachen für die kurze Verfahrensdauer. Es bewirkte allerdings gar nichts. Zwar hatte die deutsche Justizverwaltung ein großes Interesse an einer kürzeren Verfahrensdauer und war auch gewillt, das bestehende Verfahren zu ändern, dennoch wusste sie nichts mit der niederländischen Regelung anzufangen. Die Regelung passte nicht in die deutsche Landschaft; die Übernahme scheiterte an der unterschiedlichen Rechtskultur.

[196] Corstens/Pradel, European Criminal Law, 4; Schomburg, StV 1998, 153; ferner Nelles, ZStW 1997, 727, 747; Perron, ZStW 1997, 281, 296ff.; Paliero, ZStW 1998, 417, 422.

[197] Rüter, ZStW 1993, 30, 35.

[198] Vgl. Rüter, ZStW 1993, 30, 39ff.

in den einzelnen Ländern der Europäischen Union zur Abtreibungspolitik, zur Sterbehilfe, zum akzeptierten Blutalkoholgehalt im Straßenverkehr oder zur Höchstgeschwindigkeit auf der Autobahn.

Es kann aber nicht Sinn eines künftigen Europas sein, gewachsene Rechtskulturen und Traditionen einzuebnen.[199]

Gegen eine schon jetzt als schwierig erscheinende Vereinheitlichung der Strafrechtssysteme lässt sich auch noch einwenden, dass sie gar nicht vonnöten ist, wenn ausreichende Rechtshilfe gewährleistet wird.[200] Diese ist zum Teil bereits etabliert und müsste nur erweitert werden, wohingegen eine Vereinheitlichung zu Unsicherheit führen kann und Jahre brauchen würde bis zu ihrer Etablierung. Zwar erfordert auch die Rechtshilfe ein gewisses Maß an Harmonisierung, unter EU-Nachbarn mit verwandten Rechtsordnungen lässt sich eine Erweiterung der Rechtshilfe aber eher realisieren, als die Schaffung eines gänzlich neuen Rechts.

Somit ist zurzeit auch die Angleichung der Strafrechtssysteme der einzelnen EU-Staaten nicht als praktikable Alternative zu einem zwischenstaatlichen „ne bis in idem“ anzusehen.

### 3. Anwendbarkeit der Regeln des Internationalen Privatrechts auf das Internationale Strafrecht

Als eine weitere Möglichkeit käme in Betracht, die Regeln des IPR auf das internationale Strafrecht anzuwenden.[201] Im internationalen Privatrecht wurde das Problem von internationalen Sachverhalten bereits gelöst. Es wird dort in zwei Schritten vorgegangen: In einem ersten Schritt wird geklärt, welche Rechtsordnung anwendbar ist und in einem darauffolgenden zweiten Schritt, ob und inwiefern das ausländische Recht unter Umständen mitberücksichtigt werden muss.[202] Ein strafrechtlicher Sachverhalt würde „automatisch“ nur ein einziges Mal behandelt werden, indem in einem Verfahren die Rechtsordnungen aller strafgewaltsbefugten Staaten herangezogen werden. Danach bestünde kein Bedürfnis mehr für eine erneute Strafverfolgung.

Gegen eine solche Übertragung von Regeln bestehen jedoch Bedenken. Zunächst ist zu beachten, dass es sich bei Privat- und Strafrecht um gänzlich unterschiedliche Rechtsgebiete mit verschiedentlichen Zielsetzungen handelt. Das Strafrecht beinhaltet darüber hinaus viel intensivere Eingriffe in die Rechtssphäre der einzelnen Bürger als das Zivilrecht, so dass nicht ohne weiteres ausländisches Strafrecht herangezogen werden kann. Schließlich gilt – zumindest im deutschen Verfassungsrecht – der in Artikel 103 II GG geregelte Grundsatz *nullum crimen sine lege*. Würde entweder auf Tatbestands- oder Rechtsfolgenseite ausländisches Strafrecht verwertet, bestände erhebliche Rechtsunsicherheit, so dass ein klarer Verstoß gegen den Verfassungssatz vorliegen würde. Zwar könnte festgelegt werden, dass das jeweils mildeste Strafmaß

---

[199] Rüter, ZStW 1993, 30, 44f.; Dannecker, JZ 1996, 869, 879; Kühl, ZStW 1997, 777, 794.

[200] Dazu auch Pieth, ZStW 1997, 756, 765; vgl. Nelles, ZStW 1997, 727, 748f.

[201] Vgl. dazu auch Grundmann, NJW 1985, 1251ff.

[202] Grundmann, NJW 1985, 1251, 1252, Fn.3.

angewandt wird, das könnte jedoch in dem Fall, dass ein Straftatbestand in einem Staat gar nicht existiert, zu Straflosigkeit des Täters führen, was nicht im Interesse anderer strafgewaltsbefugter Staaten wäre. Auch dieser Vorschlag ist mithin nicht verwertbar.

### 4. Auslieferung / „Europäischer Haftbefehl"

Als zusätzliche Alternative zu dem Verbot der Doppelbestrafung könnten vorhandene auslieferungsrechtliche Regelungen herangezogen werden.[203] Zu nennen sind die rechtshilferechtlichen Konkurrenzregelungen Artikel 8 und 9 EuAlÜbk für den vertraglichen und § 9 IRG für den vertraglosen Bereich.[204]

Doch auch diese Regelungen entgehen der Gefahr der doppelten Strafverfolgung nicht völlig. Nach § 9 IRG hindert zum Beispiel die Einleitung eines Strafverfahrens in einem Staat noch nicht die Auslieferung an einen anderen Staat.[205]

Artikel 9 EuAlÜbk beinhaltet, dass sich Artikel 54 SDÜ und das entsprechende *EG-ne bis in idem-Übereinkommen* als Auslieferungshindernisse auswirken.[206] Dabei handelt es sich um zwischenstaatliche „ne bis in idem"- Regelungen. Werden aber vorhandene „ne bis in idem"-Regelungen herangezogen, um ein Auslieferungshindernis und damit die Verhinderung einer Doppelbestrafung zu bewirken, kann es sich bei den Auslieferungsregeln nicht um Alternativen zum Verbot der Doppelbestrafung handeln. Vielmehr verschaffen sie diesem Geltung.

Gegen die Anwendung des Auslieferungsrechts als eine Alternative zu dem Verbot der Doppelbestrafung bzw. –verfolgung spricht zudem, dass Staaten häufig ihre eigenen Staatsangehörigen nicht ausliefern, gleichzeitig aber Auslandstaten im Heimatstaat nicht immer verfolgen. Das führt zu einer Lücke in der Strafverfolgung.[207]

Zwar lässt sich anführen, dass solche Regelungen durch die so entstehende Straflosigkeit der Delinquenten sowohl Doppelbestrafungen als auch –verfolgungen vermeiden, doch kann unberechtigte Straflosigkeit nicht Sinn eines Systems sein.

Problematisch ist weiterhin, dass es sich bei rechtshilferechtlichen Konkurrenzregelungen immer nur um unilaterale Entscheidungen eines Staates handelt.[208] Es müsste eine Regelung geschaffen werden, die alle Staaten der EU gleichermaßen bindet.

Schon *Lammasch*[209] bemerkte 1889, dass

---

[203] Unter Auslieferung ist die amtliche Überstellung einer Person aus der Strafgewalt eines Staates in die Strafgewalt eines anderen Staates zum Zweck der Strafverfolgung oder Strafvollstreckung zu verstehen. Diese Beziehung zwischen zwei souveränen Staaten bezeichnet man auch als „horizontale Auslieferung", wohingegen die Überstellung einer Person von einem Staat an ein internationales Gericht als „vertikale Auslieferung" beschrieben wird. - Schwaighofer/Ebensperger, Internationale Rechtshilfe, 4.

[204] S. zu dem Thema auch Lagodny, ZStW 1989, 987, 1006ff.

[205] OLG Karlsruhe, StV 1997, 360; Schomburg/Lagodny, IRG, § 9 IRG, Rn.3.

[206] Schomburg/Lagodny, IRG, Art. 9 EuAlÜbk, Rn.1a.

[207] Oehler, Internationales Strafrecht, Rn.957.

[208] Lagodny, ZStW 1989, 987, 1008.

*„ die Auslieferung noch immer ein so schwerfälliges Rechtsinstitut* (ist), *welches so vielen Einschränkungen unterworfen ist und wenigstens derzeit noch unterworfen bleiben muss, dass die Notwendigkeit, die Bestrafung eines Verbrechers durch ein Auslieferungsverfahren einzuleiten, die thatsächlichen und rechtlichen Chancen der Straflosigkeit für denselben in vielen Fällen erhöht. "*

An dieser beschriebenen Situation scheint sich den letzten 117 Jahren nicht allzu viel geändert zu haben.

Das Europäische Auslieferungsübereinkommen wird durch den Europäischen Haftbefehl[210] zumindest zwischen den EU-Mitgliedstaaten verdrängt. Die Einigung zu dem Europäischen Haftbefehl erfolgte bei der Ratssitzung in Laeken am 14./15. Dezember 2001 und führte am 13. Juni 2002 zu dem Rahmenbeschluss 2002/584/JI des Europäischen Rates. Die Verbindlichkeit eines solchen Rahmenbeschlusses entspricht gem. Artikel 34 II 2 lit. b EUV einer EG-Richtlinie[211].

Aufgabe und Ziel des Haftbefehls ist es, alle früheren Instrumente bezüglich der Auslieferung zu ersetzen und das gesamte Verfahren zu beschleunigen, zu vereinfachen und effizienter zu gestalten. Die Frist für die Umsetzung des Haftbefehls in den Mitgliedstaaten ist am 31.12.2003 abgelaufen.

Nach Artikel 1 I des Rahmenbeschlusses handelt es sich bei dem *„europäischen Haftbefehl"* um eine justizielle Entscheidung eines Mitgliedstaates, mit der die Festnahme und Übergabe einer gesuchten Person durch einen anderen Mitgliedstaat zur Strafverfolgung oder zur Vollstreckung bezweckt wird.

Problematisch an dem *„europäischen Haftbefehl"* ist allerdings, dass er einen nicht unerheblichen Eingriff in die Bürgerrechte eines jeden EU-Bürgers darstellt.[212] Gemäß Artikel 5 Nr. 3 erlaubt und gebietet er sogar die Auslieferung der eigenen Staatsangehörigen an ein anderes Land der Europäischen Union. Ermöglicht wird das nach Artikel 2 II, nach dem die Auslieferung bei einigen Straftaten sogar ohne Prüfung der beiderseitigen Strafbarkeit durchgeführt werden kann. Dabei wird nicht nur eine Jahrhunderte alte Regel des Auslieferungsrechts preisgegeben[213], sondern auch eine rechtsstaatliche Regelung missachtet. Einige Straftatbestände existieren - trotz des grundsätzlich gleichen Rechtsniveaus der Staaten der EU - nur in bestimmten Ländern. Ein Beispiel wäre die Abtreibung, welche in Irland strafbar ist, in Deutschland demgegenüber unter gewissen Voraussetzungen nicht. Damit widerspricht ein solcher Haftbefehl dem Demokratieprinzip. Ein Bürger soll nur nach den Strafgesetzen eines Landes bestraft werden können, an deren Entstehung er als Bürger selbst mitwirken konn-

---

209 Der Gerichtssaal 1889, 1, 2f.

210 Amtsblatt EG Nr. L 190 v. 18.7.2002, 1ff.; s.a. Rohlff, Der Europäische Haftbefehl; Ambos, Internationales Strafrecht, § 12 Rn.56ff.; Heintschel-Heinegg/Rohlff, GA 2003, 44ff.; Nestler, ZStW 2004, 332, 336ff.; Wasmeier, ZStW 2004, 320, 322.

211 Brechmann in: Calliess/Ruffert, EUV/EGV, Art.34 EUV Rn.7ff.

212 So auch Nestler, ZStW 2004, 332, 337.

213 Vgl. Böse, Auslieferungsrecht, 124f.; Gleß/Biehler, Auslieferungsrecht, 570f.

te und deshalb soll er nur unter dem Vorbehalt der beiderseitigen Strafbarkeit ausgeliefert werden.[214]

Der zweite Senat des deutschen Bundesverfassungsgerichts hat mit einem Urteil vom 18. Juli 2005 das deutsche Europäische Haftbefehlsgesetz[215] für nichtig erklärt[216]: Das Gesetz greife unverhältnismäßig in die Auslieferungsfreiheit gem. Artikel 16 II GG ein und verstoße gegen die Rechtsweggarantie gem. Artikel 19 IV GG, wegen der fehlenden Anfechtbarkeit der Auslieferungsbewilligungsentscheidung. Es bleibt abzuwarten, wie ein neues Gesetz ausgestaltet sein wird.[217] Außerdem wird zu beobachten sein, ob nicht auch in anderen Mitgliedstaaten Bedenken erhoben werden.[218]

## 5. Rangordnung der Kollisionsregeln des internationalen Strafrechts

Als weitere Alternative zu einem zwischenstaatlichen Verbot der Doppelbestrafung käme in Betracht, die Kollisionsregeln des internationalen Strafrechts[219] in eine Rangordnung zu bringen. Das entspräche auch Artikel 31 I lit.d EUV, wonach Kompetenzkonflikte zwischen den Mitgliedstaaten vermieden werden sollen.

Den Vorrang bei der Bestrafung des Täters könnte der Staat haben, auf dessen Territorium die Tat begangen wurde. Der Grund für den Vorrang des Territorialitätsprinzips liegt darin, dass Staaten die engste Verbindung zu ihrem eigenen Staatsgebiet haben und dieses auch gegen Straftaten verteidigen wollen. Sollte der Staat, dem danach die Strafbefugnis zukommt, eine Bestrafung ablehnen oder aus anderen Gründen dazu nicht in der Lage sein, käme der Staat zum Zuge, dessen Nationalität der Beschuldigte innehat. Diesem würde der Staat folgen, dessen Nationalität das Opfer innehat und schließlich, sollte keiner dieser Staaten Strafgewalt beanspruchen, könnten sich bei universellen Verbrechen alle anderen Staaten melden. Für eine Subsidiarität der letztgenannten Prinzipien lässt sich anführen, dass es oft vom Zufall abhängt, ob sich ein Beschuldigter oder Opfer dies- oder jenseits einer bestimmten Grenze befindet oder sogar – noch weiter gefasst – welche Nationalität ein Beschuldigter oder Opfer innehat.

Auch im Schrifttum gab es bereits Vorschläge, die sich in diese Richtung bewegen[220], dennoch kann eine Hierarchie aus völkerrechtlicher Sicht nicht begründet werden. Die

---

[214] Schünemann, ZRP 2003, 185, 188.

[215] Gesetz zur Umsetzung des Rahmenbeschlusses über den europäischen Haftbefehl und die Übergabeverfahren zwischen den Mitgliedstaaten der Europäischen Union (Europäisches Haftbefehlsgesetz) v. 21.7.2004, BGBl. I 2004, 1748.

[216] BVerfGE 113, 273ff.

[217] Am 2.8.2006 trat in Deutschland das überarbeitete Gesetz zur Umsetzung des Rahmenbeschlusses über den europäischen Haftbefehl und die Übergabeverfahren zwischen den Mitgliedstaaten der Europäischen Union (Europäisches Haftbefehlsgesetz) v. 20.7.2006, BGBl. I 2006, 1721 in Kraft.

[218] In Polen wurde im Juni 2005 das Transformationsgesetz aufgehoben.

[219] Territorialitäts-, Personalitäts-, Schutzprinzip etc. s.o. C.II.1.-6.

[220] Epp, ÖJZ 1979, 36; Feller, Israel Law Review 1981, 40, 69f.; Lagodny, ZStW 1989, 987, 1004f.; van den Wyngaert, RIDP 1999, 133, 168; Vogler, FS Maurach, 595, 603; Schultz, FS von Weber, 305, 311ff.; Oehler, FS Grützner, 110, 112; Linke, FS Grützner, 85, 88.

Prinzipien regeln nur die Frage der Vereinbarkeit von nationalem Strafrecht mit Völkerrecht, eine Rangordnung können sie nicht beinhalten.[221]

Außerdem widerspricht eine reine Bevorzugung des Territorialitätsprinzips, wie es von einigen Autoren gefordert wird[222], den Interessen der einzelnen Staaten. Sowohl Großbritannien als auch die USA kennen zahlreiche Ausnahmen dazu[223] und davon ausgehend, dass andere Staaten ebenfalls zahlreiche Ausnahmen erklären würden, bestünde das Problem von sich überschneidenden und widersprechenden Regelungen fort. Selbst wenn man alle Ausnahmeregeln außer Betracht ließe, stünde immer noch die Frage im Raum, welcher Staat Vorrang vor anderen hat, wenn eine Straftat auf dem Territorium von mehr als einem Staat begangen wurde. Schließlich lässt sich auch noch das bereits oben erwähnte *Ubiquitätsprinzip* anführen, das schon per se aufgrund seiner weiten Fassung des Tatortbegriffs zu Zuständigkeitskonflikten führt. Es müsste eine Entscheidung getroffen werden, ob für das Territorialitätsprinzip der Handlungsort *oder* der Erfolgsort ausschlaggebend sein soll. Für den Handlungsort spräche, dass dort die Beweisfindung erleichtert wäre; am Erfolgsort ist aber sicherlich das Sühnebedürfnis am stärksten. Auch aus humanitären Gesichtspunkten spricht gegen eine Prioritätenregelung die bereits oben erwähnte Tatsache, dass der Verurteilte, um resozialisiert zu werden, eine Freiheitsstrafe am besten in einem Land seiner Muttersprache verbüßt. Das zeigt, dass eine starre Prioritätenregelung keine Lösung darstellt und dass Einzelfallentscheidungen sowohl aus humanitärer als auch aus staatlicher Sichtweise zu bevorzugen sind.

Weiterhin können nur die verschiedenen Prinzipien in ihrer Gesamtheit einen lückenlosen Rechtsschutz gewährleisten.

Denkbar wäre, dass bereits nach dem Weltrechtsprinzip verurteilte Taten eine erneute Verurteilung durch andere Staaten ausschließen, da deren Strafanspruch erloschen ist.[224] Damit enthielte das Weltrechtsprinzip den „ne bis in idem"-Grundsatz. Als Alternative dazu käme es aber dennoch nicht in Betracht, da nur von der gesamten Staatengemeinschaft anerkannte, höchst schwerwiegende - und damit nur einige wenige - Verbrechen von diesem Prinzip umfasst werden und darüber hinaus die Auffassung von der Erledigung des Strafanspruchs nicht von allen Staaten akzeptiert wird.[225] Außerdem handelt es sich bei einer solchen Prioritätenregelung nicht um eine tatsächliche Alternative zum „ne bis in idem"-Grundsatz - die Einmaligkeit der Strafverfolgung würde dadurch nur ermöglicht.

[221] Lagodny, ZStW 1989, 987, 1005; Vander Beken/Vermeulen/Lagodny, NStZ 2002, 624, 625.

[222] Statt vieler: Luther, NJW 1968, 1026, 1027.

[223] S. Oehler, Internationales Strafrecht, Rn.977; Lammasch, Der Gerichtssaal 1889, 1.

[224] Oehler, Internationales Strafrecht, Rn.906.

[225] Thomas, Einmaligkeit, 117.

### 6. Anrechnung von bereits erfolgten Strafen

Schließlich könnten bereits erfolgte Strafen einfach auf eine neue Strafe angerechnet werden. Dieser Anrechnungsgrundsatz beansprucht sowohl im EG-Recht[226] als auch in den meisten Staaten eine gewisse Geltung, indem bestimmt wird, dass bei einer erneuten Verurteilung eines bereits einmal Verurteilten wegen derselben Tat eine teilweise oder gar voll verbüßte Strafe auf die Vollstreckung angerechnet wird.[227] Damit wird zwar eine Doppelbestrafung in gewissem Maße vermieden, das Problem einer mehrfachen Strafverfolgung besteht aber weiterhin fort und gefährdet so auch den Rechtsfrieden. Der einmal Verurteilte muss im Zweifelsfall trotzdem ein erneutes Strafverfahren über sich ergehen lassen, mit allen seinen Unannehmlichkeiten.

Ebenfalls führt eine Anrechnung zu Ungerechtigkeiten und zu einem Verlust an Rechtssicherheit, wenn eine Straftat in einem Land härter bestraft wird als in einem anderen und deshalb die leichtere Strafe nur auf die härtere angerechnet wird.[228]

## VI. Ergebnis

Die vorangegangenen Ausführungen machen deutlich, dass eine europäische „ne bis in idem"-Regelung in der heutigen Zeit unverzichtbar ist. Weder lassen sich die Gegenargumente stichhaltig aufrechterhalten, noch sind wahre Alternativen dazu aufzufinden. Nach ausführlicher Betrachtung aller denkbaren Alternativen zu einem zwischenstaatlichen „ne bis in idem" im Rahmen der EU zeigt sich, dass diese in der einen oder anderen Art und Weise lückenhaft sind. Sie könnten zwar herangezogen werden, um ein Verbot der Doppelverfolgung und -bestrafung zu ergänzen oder um diesem zu seiner Durchsetzung zu verhelfen - es ersetzen können sie jedoch nicht.

Somit ist ein europäisches Verbot der Doppelbestrafung das einzige derzeit zur Verfügung stehende Mittel, um auf grenzüberschreitende Kriminalität zu reagieren.

---

[226] EuGH, Urt. Rs. *Walt Wilhelm* (Fn.82), Slg. 1969, 1ff.

[227] In Deutschland ist das in § 51 III StGB geregelt.

[228] Als Beispiel dafür dienen die unzähligen Drogendelikte, welche in Deutschland viel härter bestraft werden als in den Niederlanden. Vgl. dazu nur den bereits oben mehrfach erwähnten *Dost-Fall* (C.IV.5.).

## D. „Ne bis in idem“ innerhalb der EU

Nachdem die Erforderlichkeit eines zwischenstaatlichen „ne bis in idem“ festgestellt wurde, soll im Folgenden kurz die Entwicklung dieses Prinzip in seiner grenzüberschreitenden Form dargestellt werden.

Daran anschließend wird untersucht, inwiefern der Grundsatz „ne bis in idem“ bereits als Teil des EG-Rechts existiert. Insbesondere soll dabei erforscht werden, ob das Verbot der Mehrfachverfolgung auch zwischen den Staaten der Europäischen Union Geltung erlangt. Unterschieden wird dafür zwischen geschriebenem Gemeinschaftsrecht und allgemeinen Rechtsregeln.

### I. Entwicklung eines zwischenstaatlichen „ne bis in idem“ innerhalb der Europäischen Union

Innerhalb Europas, insbesondere zwischen den Mitgliedstaaten der Europäischen Union, bestand nicht immer die Überzeugung, dass der Schutz des Bürgers vor mehrfacher Strafverfolgung im Zweifelsfall der Notwendigkeit wirksamer Verbrechensbekämpfung vorzuziehen ist.[229] Die Anerkennung ausländischer, insbesondere europäischer Strafurteile mit der Folge des Strafklageverbrauchs beginnt erst im 19. Jahrhundert.[230] Zum Teil wurde der „ne bis in idem“-Grundsatz zwar in den einzelnen Staaten Europas als Grundrecht anerkannt und in einige Verfassungen aufgenommen[231], die Anerkennung ausländischer Strafurteile war jedoch problematisch.

Im Altertum und Mittelalter waren die einzelnen Staaten noch nicht bereit, ausländische Urteile anzuerkennen.[232] Zwar wurden auch schon zu dieser Zeit zum Teil Verträge zwischen einigen Staaten darüber geschlossen, dass ein Staat das in einem anderen Staat ergangene Urteil vollstreckte, der Grund dafür lag aber wohl weniger in der Solidarität der Staaten untereinander, als vielmehr darin, dass man die verurteilten Personen als Arbeitskräfte, bzw. Sklaven nutzen wollte.[233]

Im europäischen Rechtsraum wurde ein zwischenstaatliches „ne bis in idem“ erstmals *1883* vom *Institut de Droit International* in München erwähnt. Es sprach sich für die Anerkennung der „ne-bis-in-idem“-Wirkung eines ausländischen Urteils aus, falls eine im Ausland verhängte Freiheitsstrafe vollzogen war.[234] Eine ähnliche Forderung erfolgte *1900* vom *Internationalen Gefängniskongress* in Brüssel.[235]

---

[229] Landau, ZRG KA 56, 124, 153.

[230] Einer der bekanntesten aus dieser Zeit datierten Verträge, in dem sich Staaten verpflichten, Strafurteile eines anderen Staates zu vollstrecken, ist die Rheinschifffahrtsakte von 1868.

[231] Sellert in: Erler/Kaufmann, Rechtsgeschichte, Spalte 940; Landau, ZRG KA 56, 124, 153.

[232] Grützner, NJW 1969, 345.

[233] Grützner, NJW 1969, 345.

[234] Abgedruckt in: Annuaire de l'Institut de Droit International, VII, année 1883-1885, S.156ff.; Oehler, Internationales Strafrecht, Rn.950; Mayer, Ne-bis-in-idem-Wirkung, 51.

[235] Actes du Congrès pénitentiaire international de Bruxelles, Août 1900, Berne 1901, Vol. 1, S.177

Verankert wurde das Prinzip erstmals in *Artikel 53 Absatz I des Europäischen Übereinkommens über die Internationale Geltung von Strafurteilen vom 28. Mai 1970.*[236] Es handelt sich dabei allerdings um ein Übereinkommen des Europarates, welches nur von wenigen Staaten ratifiziert wurde. Ein zwischen mehreren - allerdings nicht allen - Staaten der EU bestehendes „ne bis in idem" ist in *Artikel 54 SDÜ* enthalten. In der noch nicht in Kraft getretenen *Europäischen Verfassung* ist der Grundsatz in Artikel II-110 geregelt. Dennoch bestehen auch heutzutage noch große Unklarheiten über die Auslegung dieses Grundsatzes.

## II. „Ne bis in idem" im geschriebenen Gemeinschaftsrecht

### 1. Entschließung des Europäischen Parlaments vom 16.3.1984

Am 16. März 1984 erließ das Europäische Parlament eine *Entschließung über die „Anwendung des Grundsatzes „ne bis in idem" im Strafrecht innerhalb der EG"*[237]. In dieser Entschließung wurde mit Hinweis auf *Artikel 14 VII IPbpR* - welcher das Verbot der Doppelbestrafung enthält - festgestellt, dass das Strafrecht einer Reihe von Mitgliedstaaten sowohl Mehrfachverfolgungen als auch erneute Bestrafungen von Personen, die bereits im Ausland strafrechtlich verfolgt wurden, zulässt. Die Rechtsordnungen dieser Mitgliedstaaten stünden somit nicht in Einklang mit dem „ne bis in idem"-Grundsatz.

Das Europäische Parlament bemerkte, dass zwar verschiedene Übereinkommen des Europarates von diesem Prinzip ausgehen, insbesondere *Artikel 9 des Europäischen Auslieferungsübereinkommens* vom 13. September 1957[238], *Artikel 53 des Europäischen Übereinkommens über die internationale Geltung von Strafurteilen* vom 28. Mai 1970[239] und *Artikel 35 bis 37 des Europäischen Übereinkommens über die Übertragung der Strafverfolgung* vom 15. Mai 1972[240], diese jedoch bisher nur von wenigen Mitgliedstaaten der Europäischen Union ratifiziert wurden. Es wird deshalb gefordert, dass die Mitgliedstaaten diese Übereinkommen so schnell wie möglich ratifizieren. Außerdem sollen die Mitgliedstaaten, deren Gesetze eine Verletzung des „ne bis in idem"-Grundsatzes ermöglichen, geeignete gesetzgeberische Maßnahmen treffen, um solche Bestimmungen aufzuheben.

Allerdings kommen einer solchen Entschließung keine mittelbaren oder unmittelbaren Rechtswirkungen zu[241]; die Mitgliedstaaten werden durch sie deshalb nicht verpflichtet, ihren Inhalt in nationales Recht umzusetzen. Eine freiwillige Umsetzung ist demnach bisher noch nicht erfolgt.[242]

---

[236] SEV Nr.70 (www.conventions.coe.int).

[237] Abgedruckt in: EuGRZ 1984, 355f.

[238] SEV Nr.24 (www.conventions.coe.int).

[239] SEV Nr.70 (www.conventions.coe.int).

[240] SEV Nr.73 (www.conventions.coe.int).

[241] Oppermann, Europarecht, 2.A., Rn.586.

[242] Thomas, Einmaligkeit, 80.

Zwar könnten in dem *EG-ne bis in idem-Übereinkommen* und in dem *SDÜ* Ansätze zu einem Nachkommen dieser Aufforderung gesehen werden, allerdings werden diese Übereinkommen noch nicht von allen Mitgliedstaaten der EU anerkannt, und überdies ist die Interpretation dieser Übereinkommen noch sehr unklar. Bedeutsam war diese Entschließung dennoch für das „ne bis in idem"-Verständnis innerhalb der Europäischen Union.

### 2. Übereinkommen zwischen den Mitgliedstaaten der Europäischen Gemeinschaften über das Verbot der doppelten Strafverfolgung vom 25.5.1987 (EG-ne bis in idem-Übereinkommen)

Das *Übereinkommen zwischen den Mitgliedstaaten der Europäischen Gemeinschaften über das Verbot der doppelten Strafverfolgung*[243] besagt in Artikel 1:

> *„Wer in einem Mitgliedstaat rechtskräftig abgeurteilt worden ist, darf in einem anderen Mitgliedstaat wegen derselben Tat nicht verfolgt werden, vorausgesetzt, daß im Fall einer Verurteilung die Sanktion bereits vollstreckt worden ist, gerade vollstreckt wird oder nach dem Recht des Urteilsstaats nicht mehr vollstreckt werden kann."*

Nach Artikel 2 besteht für die Mitgliedstaaten die Möglichkeit, bei der Ratifikation, der Annahme oder der Genehmigung des Übereinkommens bestimmte Vorbehalte zu erklären, die jedoch jederzeit zurückgenommen werden können.

Ausnahmen von Artikel 1 können dadurch begründet werden, dass eine Tat, die einem ausländischen Urteil zugrunde lag, auf dem Hoheitsgebiet des betreffenden Staates begangen wurde[244], die Sicherheit oder andere wesentliche Interessen dieses Staates berührt hat oder diese Tat von einem Bediensteten dieses Staates unter Verletzung seiner Amtspflichten begangen wurde. Für den Fall, dass eine solche Ausnahme erklärt wurde und dementsprechend eine erneute Verfolgung eingeleitet wird, besteht nach Artikel 3 ein Anrechnungsgebot der bereits erlittenen Freiheitsentziehung auf die noch zu verhängende Sanktion.

Grundlage des Übereinkommens war das vom Europarat geschaffene *Europäische Übereinkommen über die internationale Geltung von Strafurteilen vom 28. Mai 1970.*[245] In dessen Artikeln 53 bis 57 ist ein internationales „ne bis in idem" geregelt. Dieses Übereinkommen war jedoch in seiner Gesamtheit nicht konsensfähig und wurde nur von 9 Staaten der EU ratifiziert.[246]

---

[243] BGBl. II 1998, 2226ff.

[244] Diese Ausnahme gilt nicht, wenn die Tat teilweise auf dem Gebiet des Staates begangen wurde, der das Urteil ausgesprochen hat.

[245] S. Fn.236.

[246] S. den Ratifikationsstand unter www.conventions.coe.int.

Das *EG-ne bis in idem-Übereinkommen* wurde von den Mitgliedstaaten der EG außerhalb des institutionellen Rahmens der Gemeinschaften geschlossen.[247] Es legte erstmals das Verbot der Doppelverfolgung und -bestrafung im zwischenstaatlichen Bereich im Rahmen der EG fest.

In Artikel 6 II ist geregelt, dass das Übereinkommen 90 Tage nach Hinterlegung der Ratifikations-, Annahme- oder Genehmigungsurkunden durch alle Staaten, die an dem Tag, an dem es zur Unterzeichnung aufgelegt wurde, Mitglieder der EG waren, in Kraft tritt. Bis zu diesem Zeitpunkt kann nach Artikel 6 III jeder Staat bei der Hinterlegung seiner Ratifikationsurkunde oder danach erklären, dass das Übereinkommen für ihn im Verhältnis zu anderen Staaten, die dieselbe Erklärung abgegeben haben, 90 Tage nach der Hinterlegung Anwendung findet. Es ist bisher für Deutschland nur im Verhältnis zu Belgien, Dänemark, Frankreich, Irland, Italien, den Niederlanden, Österreich und Portugal vorzeitig in Kraft getreten. Außerdem haben einige dieser Staaten Erklärungen im Sinne des Artikels 2 abgegeben[248], so dass von einem vorbehaltlosen zwischenstaatlichen „ne bis in idem" nicht ausgegangen werden kann.

Das Abkommen stimmt nahezu wörtlich mit den Artikeln 53 bis 58 des *SDÜ* überein[249].

Durch die Aufnahme des Schengen-Besitzstandes durch den Vertrag von Amsterdam hat das *EG-ne bis in idem-Übereinkommen* heutzutage stark an Bedeutung verloren.

### 3. Erklärung des Europäischen Parlaments über die Grundrechte und Grundfreiheiten vom 12.4.1989

Am 12. April 1989 wurde vom Europäischen Parlament eine *Erklärung über Grundrechte und Grundfreiheiten*[250] verabschiedet. Damit entstand zum ersten Mal im Rahmen der Europäischen Gemeinschaften ein detaillierter Grundrechtskatalog. Dieser sieht unter anderem ein Verbot der Doppelbestrafung bzw. –verfolgung vor. Die Erklärung besagt in Artikel 20:

> *„Niemand darf wegen einer Handlung, wegen der er bereits freigesprochen oder verurteilt wurde, erneut verfolgt oder verurteilt werden."*

In den Schlussbestimmungen ist in Artikel 25 geregelt, dass die Erklärung alle Personen innerhalb des Geltungsbereichs des Gemeinschaftsrechts schützt. Es ist demnach davon auszugehen, dass mit der „ne bis in idem"-Bestimmung ein zwischenstaatliches

---

[247] Die Zulässigkeit solcher Abkommen ist heutzutage anerkannt. Vgl. dazu: Kort, JZ 1997, 640ff. Das erklärt auch die Einbeziehung des SDÜ in den Acquis Communautaire durch den Amsterdamer Vertrag (Abl. EG C 340 v. 30.11.1997, 1ff., 93ff.)

[248] Ein Überblick über die Erklärungen findet sich bei Schwaighofer/Ebensperger, Internationale Rechtshilfe, 470f.

[249] Mit dem einzigen Unterschied, dass im *EG-ne bis in idem-Übereinkommen* auf die „Mitgliedstaaten", im *SDÜ* auf die „Vertragsparteien" abgestellt wird.

[250] Abl. EG C 120 v. 16.05.1989, 51ff.; ferner abgedruckt z.B. in EuGRZ 1989, 204ff.; dazu auch Nickel, Erklärung, 89ff.

Verbot der Doppelbestrafung bzw. –verfolgung gemeint ist, welches sich auf alle Mitgliedstaaten der Europäischen Gemeinschaften ausdehnt.

Bei der *Erklärung über die Grundrechte und Grundfreiheiten* handelt es sich allerdings erneut lediglich um eine Entschließung, die nicht als Rechtsquelle verbindlich ist.[251]

Es ist jedoch nicht ganz sicher, inwiefern eine solche Grundrechtserklärung tatsächlich als ganz unverbindlich bezeichnet werden kann. Schließlich kommt ihr als Entwurf für einen Grundrechtskatalog sicherlich mehr Bedeutung zu als gewöhnlichen Entschließungen des Europäischen Parlaments. Man könnte z.B. eine Parallele zu den Resolutionen der Generalversammlung der Vereinten Nationen ziehen. Diesen wird nämlich trotz ihrer grundsätzlichen Unverbindlichkeit heutzutage Rechtskraft als Satzungsauslegung, Gewohnheitsrecht oder als allgemeine Rechtsgrundsätze zuerkannt.[252]

Somit könnte auch die *Erklärung über die Grundrechte und Grundfreiheiten* die Rechtsprechung des EuGH beeinflussen oder im Rahmen der allgemeinen Rechtsgrundsätze der EG berücksichtigt werden. Sie ist deshalb von Bedeutung für die Entwicklung des Grundrechtsverständnisses der EG.[253]

### 4. Schengener Durchführungsübereinkommen vom 19.6.1990

Beim *Schengener Durchführungsübereinkommen vom 19. Juni 1990*[254] handelt es sich um ein Übereinkommen zur Durchführung des Übereinkommens von Schengen vom 14.6.1985. Dieses verdankt sein Entstehen dem Interesse einiger Staaten der heutigen Europäischen Union, einen Markt ohne Binnengrenzen zu schaffen, in dem der freie Verkehr von Personen, Waren, Dienstleistungen und Kapital gewährleistet wird.[255] Auch dieses Übereinkommen wurde genauso wie das *EG-ne bis in idem-Übereinkommen* außerhalb des institutionellen Rahmens der Gemeinschaften geschlossen.

Zunächst als völkerrechtliche Verträge konzipiert, wurden mit der Inkorporation des Schengen Acquis in den EU-Vertrag durch das „*Protokoll zur Einbeziehung des Schengen-Besitzstands in den Rahmen der Europäischen Union*" vom 2. Oktober 1997[256] beide Schengener Abkommen von 1985 und 1990 zum Bestandteil des Vertragswerkes der EU.

In Kapitel 3 unter der Überschrift „*Verbot der Doppelbestrafung*" befindet sich Artikel 54 seinerseits mit der Überschrift „*Verbot der Doppelverfolgung*". Dieser lautet:

> *„Wer durch eine Vertragspartei rechtskräftig abgeurteilt worden ist, darf durch eine andere Vertragspartei wegen derselben Tat nicht verfolgt werden,*

---

[251] Schmidt-Aßmann in: Maunz/Dürig, GG, Art.103 III Rn.314; s.a. bereits oben unter D.II.1. die *Entschließung des Europäischen Parlaments v. 16.3.1984.*

[252] Bleckmann, Europarecht, Rn.315.

[253] De Gucht, EuGRZ 1989, 207, 211; Beutler, EuGRZ 1989, 185, 187; Nickel, Erklärung, 89, 107.

[254] BGBl. II 1993, 1013.

[255] Sommer, StraFo 1999, 37.

[256] Abl. EG C 340 v. 10.11.1997, 93ff.

*vorausgesetzt, dass im Fall einer Verurteilung die Sanktion bereits vollstreckt worden ist, gerade vollstreckt wird oder nach dem Recht des Urteilsstaats nicht mehr vollstreckt werden kann."*

Damit ist es fast inhaltsgleich mit dem *EG-ne bis in idem-Übereinkommen.*[257] Die Ausnahmen, welche zu Artikel 54 erklärt werden können und in Artikel 55 enthalten sind, gleichen Artikel 2 des EG-ne bis in idem-Übereinkommen. Es liegt somit auch hier ein zwischenstaatliches Verbot der Doppelbestrafung bzw. –verfolgung vor.

Problematisch ist, dass Großbritannien und Irland keine Vertragspartner der Schengener Abkommen waren[258]. Durch das *Protokoll zur Einbeziehung des Schengen-Besitzstands in den Rahmen der Europäischen Union* wurde in Nummer 4 aber sichergestellt, dass diese beiden Länder jederzeit beantragen können, dass einzelne oder alle Bestimmungen des Besitzstandes auf sie Anwendung finden. Mittlerweile haben Großbritannien und Irland diese Anträge, welche u.a. die Artikel 54ff. SDÜ mitumfassen, gestellt. Der Rat hat diese mit Beschluss angenommen[259], allerdings müssen die entsprechenden Vorschriften noch durch einen weiteren Ratsbeschluss in Kraft gesetzt werden[260]. Für Großbritannien ist dieser Beschluss am 22.12.2004 erfolgt.[261] Danach sind seit dem 1.1.2005 die Artikel 54ff. SDÜ auch in Großbritannien in Kraft gesetzt.[262] Für Irland steht ein solcher Beschluss noch aus.

In dem *Vertrag über den Beitritt zur Europäischen Union*[263], der am 16. April 2003 zwischen den 15 alten und den 10 neuen Mitgliedstaaten in Athen geschlossen wurde, ist in Artikel 3 Absatz I i.V.m. Anhang I Nr.2 geregelt, dass einige Bestimmungen des Schengen-Besitzstands, u.a. Artikel 54ff. SDÜ, ab dem Tag des Beitritts – also ab dem 1. Mai 2004 – für die neuen Mitgliedstaaten bindend und in ihnen anzuwenden sind. Eine ähnliche Regelung gilt für Rumänien und Bulgarien, die der EU am 1.1.2007 beigetreten sind.[264] Demnach sind Artikel 54ff. SDÜ auch auf die neuen Mitglieder der Europäischen Union anwendbar.[265]

---

[257] S.o. D.II.2.

[258] Vertragspartner waren neben den EU-Mitgliedstaaten Belgien, Dänemark, Deutschland, Finnland, Frankreich, Griechenland, Italien, Luxemburg, Niederlande, Österreich, Portugal, Schweden und Spanien auch Island und Norwegen als assoziierte Staaten.

[259] Für England: Ratsbeschluss 2000/365/EG, Abl. EG L 131 v. 1.6.2000, 43ff.; für Irland: Ratsbeschluss 2002/192/EG, Abl. EG L 64 v. 7.3.2002, 20ff.

[260] Vgl. Art.6 des Ratsbeschlusses 2000/365/EG (Fn.259) und Art.4 des Ratsbeschlusses 2002/192/EG (Fn.259).

[261] Ratsbeschluss 2004/926/EG, Abl. EG L 395 v. 31.12.2004, 70f.

[262] Vgl. Art.1 des Ratsbeschlusses 2004/926/EG (Fn.261).

[263] Abl. EG L 236 v. 23.9.2003, 33ff.; vgl. dazu auch den Aufsatz von Jour-Schröder, WiRO 2003, 193ff.

[264] Vgl. Anhang II zu dem Protokoll über die Bedingungen und Einzelheiten der Aufnahme der Republik Bulgarien und Rumäniens in die Europäische Union, Abl. EG L 157 v. 21.6.2005, 49ff.

[265] Der gesamte Schengen-Besitzstand wird in den neuen Mitgliedstaaten allerdings nicht vor 2008 anwendbar sein.

**5. Übereinkommen über den Schutz der finanziellen Interessen der Europäischen Gemeinschaften vom 26.7.1995**

Der Schutz der finanziellen Interessen der Europäischen Gemeinschaften ist bereits seit Jahren ein besonderes Anliegen der Regierungen und Parlamente der Mitgliedstaaten sowie der Gemeinschaftsorgane.[266] Bereits in den 60er Jahren entstand ein Entwurf der Europäischen Kommission für einen Vertrag, der die Verträge zur Gründung der Europäischen Gemeinschaften zwecks Erlass einer gemeinsamen Regelung zum strafrechtlichen Schutz der finanziellen Interessen der Gemeinschaften ändern sollte[267]. Dieser Entwurf wurde im Laufe der 80er Jahre weiter erörtert. Es folgten Entschließungen des Rates[268] zu demselben Anliegen sowie ein weiterer Entwurf der Kommission[269]. Schließlich wurde am 26. Juli 1995 auf der Tagung des Europäischen Rates in Cannes das *Übereinkommen* aufgrund von Artikel K.3 (heute: Artikel 31) des Vertrags über die Europäische Union *über den Schutz der finanziellen Interessen der Europäischen Gemeinschaften*[270] verabschiedet.

In Artikel 7 I des Übereinkommens ist der „ne bis in idem"-Grundsatz festgelegt. Dieser kommt allerdings nur zum Tragen, wenn in Fällen transnationaler Betrügereien eine Konzentration der Strafverfolgung auf einen Staat, wie sie nach Artikel 6 II[271] zunächst erfolgen soll, nicht erzielt werden kann. Artikel 7 I besagt:

> *„Die Mitgliedstaaten wenden in ihrem innerstaatlichen Strafrecht das "Ne-bis-in-idem"-Prinzip an, dem zufolge jemand, der in einem Mitgliedstaat rechtskräftig abgeurteilt worden ist, in einem anderen Mitgliedstaat wegen derselben Tat nicht verfolgt werden darf, sofern im Fall einer Verurteilung die Sanktion vollstreckt worden ist oder derzeit vollstreckt wird oder nach dem Recht des verurteilenden Staates nicht mehr vollstreckt werden kann."*

Hierzu gelten jedoch auch Ausnahmen, die in den folgenden Absätzen geregelt sind: Die Mitgliedstaaten können sich bei der Notifizierung vorbehalten, dass sie nicht durch den ersten Absatz gebunden werden, wenn die Tat, die dem ausländischen Urteil zugrunde lag, ganz oder teilweise in ihrem Hoheitsgebiet begangen wurde. Diese Ausnahme gilt im letzteren Fall jedoch nicht, wenn die Tat teilweise im Hoheitsgebiet des Mitgliedstaats begangen wurde, in dem das Urteil ergangen ist.

Weiterhin muss der Grundsatz nicht angewandt werden, wenn die Tat eine gegen die Sicherheit oder andere wesentliche Interessen des Mitgliedstaats gerichtete Straftat

---

[266] Vgl. dazu den erläuternden Bericht zum Übereinkommen über den Schutz der finanziellen Interessen der Europäischen Gemeinschaften: Abl. EG C 191 v. 23.6.1997, 1ff.; s. auch Tiedemann, NJW 1990, 2226ff.

[267] Abl. EG C 222 v. 22.9.1976, 2.

[268] Zum Beispiel: Abl. EG C 328 v. 17.12.1991, 1f.; C 355 v. 14.12.1994, 2f.

[269] KOM(94) 214 endg. v. 15.6.1994.

[270] Abl. EG C 316 v. 27.11.1995, 49ff.; dazu auch: Corstens/Pradel, European Criminal Law, 533ff.

[271] *„Steht mehreren Mitgliedstaaten die Gerichtsbarkeit und die Möglichkeit zu, eine Straftat, die auf denselben Tatsachen beruht, wirksam zu verfolgen, so arbeiten die betreffenden Mitgliedstaaten zusammen, um darüber zu entscheiden, welcher von ihnen den oder die Straftäter verfolgt, um die Strafverfolgung nach Möglichkeit in einem einzigen Mitgliedstaat zu konzentrieren."*

darstellt oder wenn die Tat von einem Bediensteten des Mitgliedstaats unter Verletzung seiner Amtspflichten begangen wurde. Die Ausnahmen finden jedoch keine Anwendung, wenn der betreffende Mitgliedstaat den anderen Mitgliedstaat wegen derselben Tat um Verfolgung ersucht oder die Auslieferung des Betroffenen bewilligt hat.

Schließlich ist im vierten Absatz noch geregelt, dass zwischen den Mitgliedstaaten geschlossene einschlägige bilaterale oder multilaterale Übereinkünfte und die Erklärungen dazu von diesem Artikel nicht berührt werden. Dazu wird in dem erläuternden Bericht zu dem Übereinkommen[272] angeführt, dass bereits im Rahmen dieser Übereinkünfte abgegebene Erklärungen erneuert werden müssen und weitergehende Erklärungen überdies nicht abgegeben werden dürfen.

Die Regelung entspricht also in weiten Teilen dem *EG-ne bis in idem-Übereinkommen* von 1987 und dem *SDÜ* von 1990. Allerdings ist dieses Übereinkommen nur auf die Bekämpfung des Betruges zum Schutz der finanziellen Interessen der Gemeinschaften gerichtet. Der Tatbestand des Betruges ist ausführlich in Artikel 1 geregelt. Demnach bezieht sich auch der „ne bis in idem"-Grundsatz nur auf die dort festgesetzten Straftaten.

### 6. Übereinkommen über die Bekämpfung der Bestechung, an der Beamte der EG oder der Mitgliedstaaten der EU beteiligt sind, vom 26.5.1997

Der Grund für die Entstehung des *Übereinkommens über die Bekämpfung der Bestechung, an der Beamte der EG oder der Mitgliedstaaten der EU beteiligt sind*[273], lag darin, dass das Strafrecht vieler Mitgliedstaaten der Europäischen Union zwar Bestimmungen zur Bekämpfung der Bestechung und Bestechlichkeit nationaler Beamter enthält, Bestimmungen über die Bestechung ausländischer Beamter und der bei internationalen Organisationen tätigen Beamten aber oft fehlen.[274] Längere Zeit haben sich mehrere internationale Gremien - insbesondere die OECD und der Europarat - mit diesem Thema befasst und schließlich wurde das *Übereinkommen über den Schutz der finanziellen Interessen der Europäischen Gemeinschaften vom 26.7.1995*[275] ausgearbeitet. Dieses war jedoch noch nicht ausreichend, schließlich sollten alle Bestechungshandlungen, an denen Beamte der Mitgliedstaaten oder der Gemeinschaften beteiligt waren, unter Strafe gestellt werden, und nicht nur diejenigen, die im Zusammenhang mit Betrügereien zu Lasten der finanziellen Interessen der EG standen. Deshalb entstand am 26. Mai 1997 das - zwar auf dem Übereinkommen vom 26.7.1995 basierende, aber dennoch eigenständige - *Übereinkommen über die Bekämpfung der Bestechung, an der Beamte der EG oder der Mitgliedstaaten der EU beteiligt sind.* Gestützt wurde es ebenfalls auf Artikel K.3 EUV (heute: Artikel 31 EUV).

In Artikel 9 II ist, genau wie in Artikel 6 Absatz II des *Übereinkommens über den Schutz der finanziellen Interessen der Europäischen Gemeinschaften*, die Zusammen-

---

[272] Abl. EG C 191 v. 23.6.1997, 1ff.

[273] Abl. EG C 195 v. 25.06.1997, 2ff.

[274] S. dazu den erläuternden Bericht zu diesem Übereinkommen: Abl. EG C 391 v. 15.12.1998, 1ff.

[275] S.o. D.II.5.

arbeit der Mitgliedstaaten geregelt und dass sie sich bei überschneidenden Strafgewalten auf die Strafgewalt eines Staates einigen sollen.[276] Die Regelungen stimmen insofern wortwörtlich überein. Ist eine solche Einigung nicht möglich, kommt das in Artikel 10 geregelte „ne bis in idem"-Prinzip zur Anwendung. Dieser in Absatz 1 festgesetzte Grundsatz sowie die in Absatz 2 dazu dargestellten Ausnahmen sind ebenfalls identisch mit dem vorgenannten Übereinkommen, nur dass der dritten Ausnahme – Begehung der Tat durch einen Amtsträger – in diesem Fall eine besondere Bedeutung zukommt: In den Fällen, in denen es sich bei der dem ausländischen Urteil zugrunde liegenden Tat um Bestechlichkeit eines ausländischen Beamten handelte, wurde die betreffende Tat von diesem Beamten unter Verletzung seiner Amtspflicht begangen. Erklärt also ein Staat diese Ausnahme bei der Ratifikation, so ist in vielen Fällen eine Doppelbestrafung möglich. Die „ne bis in idem"-Regel wird somit zur Ausnahme verkehrt.

Absätze 4 und 5 stimmen mit den Absätzen 3 und 4 des Übereinkommens vom 26.7.1995 überein. Nur Absatz 3 enthält im Gegensatz dazu eine Erweiterung. Er beinhaltet, dass bei einer erneuten Verfolgung einer Tat eine bereits erlittene Freiheitsentziehung auf eine zu verhängende Sanktion angerechnet werden muss. Andere als freiheitsentziehende Sanktionen sollen ebenfalls berücksichtigt werden, sofern sie bereits vollstreckt wurden. Dieser Anrechnungsgrundsatz ist jedoch ebenfalls in dem *EG-ne bis in idem-Übereinkommen* von 1987 und dem *SDÜ* von 1990 enthalten, so dass er keine Neuerung darstellt.

Auch bei diesem Übereinkommen gilt der „ne bis in idem"-Grundsatz zwar zwischenstaatlich, allerdings bezieht er sich nur auf bestimmte, in diesem Abkommen festgelegte Straftaten.

## 7. Charta der Grundrechte der Europäischen Union vom 7.12.2000

Ein zwischenstaatliches „ne bis in idem"-Gebot war ursprünglich in Artikel 50 der *Charta der Grundrechte der Europäischen Union* (GRC) vom 7.12.2000 unter der Überschrift *„Recht, wegen derselben Straftat nicht zweimal strafrechtlich verfolgt oder bestraft zu werden"* enthalten.[277] Artikel 50 GRC besagt, dass

> *„niemand (...) wegen einer Straftat, derentwegen er bereits in der Union nach dem Gesetz rechtskräftig verurteilt oder freigesprochen worden ist, in einem Strafverfahren erneut verfolgt oder bestraft werden [darf]."*

Die Grundrechtecharta wurde durch ein Gremium von 62 Beauftragten der Staats- und Regierungschefs, des Kommissionspräsidenten, des Europäischen Parlaments und der nationalen Parlamente unter Vorsitz des ehemaligen deutschen Bundespräsidenten Roman Herzog erarbeitet und auf dem Gipfel von Nizza vom 7.-9.12.2000 vom Europäischen Rat proklamiert.

Grundlage der Charta waren unter anderem die *EMRK* und ihre Zusatzprotokolle. Hinsichtlich des Artikels 4 des 7. Zusatzprotokolls zur EMRK - also der Anwendung des

---

[276] S.o. D.II.5.

[277] Abl. EG C 364 v. 18.12.2000, 1ff.; s. dazu auch: *Eser in*: Meyer, Grundrechtecharta, Art.50 Rn.1ff.

„ne bis in idem"-Grundsatzes in ein und demselben Mitgliedstaat - hat das in der Grundrechtecharta garantierte Recht dieselbe Bedeutung und Tragweite.[278]

Im Vergleich von Artikel 4 des 7. Zusatzprotokolls zur EMRK und Artikel 50 sind jedoch zwei bedeutende Unterschiede zu vermerken: Bekräftigt Artikel 4 des 7. Zusatzprotokolls nur die innerstaatliche Geltung des ohnehin in den meisten Mitgliedstaaten geltenden „ne bis in idem"-Grundsatzes, so zielt Artikel 50 auf eine unionsweite zwischenstaatliche Geltung dieses Grundsatzes ab. Außerdem ist in Artikel 4 II des Zusatzprotokolls die Wiederaufnahme des Verfahrens geregelt; in Artikel 50 der Grundrechtecharta wird darauf nicht eingegangen. Dass die Grundrechtecharta somit einen weitergehenden Schutz bewirkt als die *EMRK*, ist nach Artikel 52 III der Charta unproblematisch. Dort ist nämlich ausdrücklich geregelt, dass der *EMRK* entsprechende Rechte zwar denselben Schutz bieten wie diese, dennoch aber eine weitere Reichweite beanspruchen können.

Weitere Vorbilder für die *Grundrechtecharta* waren Artikel 54 *SDÜ* und das diesem entsprechende *EG-ne bis in idem-Übereinkommen.*[279] Durch diese Regelungen gehörte die zwischenstaatliche Geltung des Doppelbestrafungsverbots bereits zum gemeinschaftlichen Besitzstand; allerdings sind nicht alle Staaten der EU an diesen Übereinkommen beteiligt. Sollte die Grundrechtecharta Verbindlichkeit erlangen, wäre sie für *alle* Mitgliedstaaten der EU bindend. Der Unterschied zwischen Artikel 50 und der entsprechenden Regelung im SDÜ ist darin zu sehen, dass in der letztgenannten Regelung eine erneute Strafverfolgung erst ausgeschlossen ist, wenn die Vollstreckung der Sanktion bereits begonnen hat oder nicht mehr möglich ist.[280]

Von Bedeutung ist die Regelung in Artikel 50 sowohl für die noch nicht in allen Mitgliedstaaten verfassungsrechtliche Absicherung des „ne bis in idem"-Prinzips als auch für dessen zwischenstaatliche Wirksamkeit, die – wie bereits erwähnt – *alle* Mitgliedstaaten binden würde.

Die *Grundrechtecharta* erlangte als eigenständige Rechtsquelle allerdings keine rechtliche Verbindlichkeit[281]. Der EuGH erwähnt sie zwar in einem Urteil[282], allerdings nur im Zusammenhang mit Bestimmungen der EMRK. Als eigenständige Rechtserkenntnisquelle im Rahmen von Artikel 6 II EUV zog er sie noch nicht heran.

Unter der Leitung von Valery Giscard d'Estaing tagte vom 1.3.2002 bis zum Juli 2003 ein Konvent, dessen Aufgabe es war, eine Verfassung für Europa auszuarbeiten.[283] Der überarbeitete Entwurf wurde am 18.7.2003 dem Europäischen Rat überreicht und angenommen[284], die aktuelle konsolidierte Fassung ist am 16.12.2004 im Amtsblatt der

---

278 Fischer, Konvent, 235.

279 S.o. D.II.2. und 4.

280 Eser in: Meyer, Grundrechtecharta, Art.50 Rn.2.

281 A.A. Liebau, Ne bis in idem, 101ff.

282 EuGH, Urt. v. 1.4.2004, Rs. C-263/02 P, Slg. 2004-I, 3425ff. Rn.47 – *Jégo-Quéré & Cie SA*.

283 Zur Europäischen Verfassung s. statt vieler: Meyer/Hölscheidt, EuZW 2003, 613ff.; vgl. auch Kadelbach. Europäische Verfassung, 527ff.

284 Abl. EG C 169 v. 18.07.2003, 1ff.

EG erschienen[285]. Die *Charta der Grundrechte der Europäischen Union* wurde vom Verfassungskonvent als eigener Teil 2 vollständig in die Verfassung aufgenommen. Das zwischenstaatliche „ne bis in idem“-Gebot ist dort in Artikel II-110 enthalten

Die Verfassung ist jedoch ebenfalls noch nicht rechtsverbindlich. Damit sie in Kraft tritt müssen alle 27 Mitglieder der Europäischen Union die Verfassung unterzeichnen und ratifizieren. Aufgrund der negativen Volksabstimmungen in Frankreich am 29.5.2005 und in den Niederlanden am 1.6.2005 ist zurzeit jedoch fraglich, ob sie überhaupt und wenn ja, wann sie in Kraft treten wird.

### 8. Entwurf eines Rahmenbeschlusses über die Anwendung des „ne bis in idem“-Prinzips aufgrund einer Initiative der Hellenischen Republik vom 13.2.2003

Mit einem Schreiben vom 13. Februar 2003 wurde dem Rat der Europäischen Union von der Hellenischen Republik eine *Initiative im Hinblick auf die Annahme eines Rahmenbeschlusses des Rates über die Anwendung des „ne-bis-in-idem“-Prinzips* vorgelegt.[286] Diese Initiative zielt darauf ab, das Verbot der doppelten Strafverfolgung in der Europäischen Union zu verfestigen und die Regelungen der Artikel 54 bis 58 des *SDÜ* von 1990 weiterzuentwickeln. Die Rechtsordnungen der Mitgliedstaaten sollen im Bereich der Zusammenarbeit in gerichtlichen Strafsachen angeglichen werden, so dass dadurch Mehrfachverfolgungen oder –bestrafungen durch mehrere Mitgliedstaaten verhindert werden.

Rahmenbeschlüsse des Rates sind für den Bereich der polizeilichen und justiziellen Zusammenarbeit in Strafsachen vorgesehen. Nach Artikel 34 II lit.b EUV kann der Rat unter anderem auf Initiative eines Mitgliedstaates solche Beschlüsse zur Angleichung der Rechts- und Verwaltungsvorschriften der Mitgliedstaaten annehmen. Für die Mitgliedstaaten sind sie dann hinsichtlich des zu erreichenden Ziels verbindlich, ihnen wird die Wahl der Form und Mittel überlassen.[287] Nach Artikel 34 II lit.b EUV a.E. wirken die Rahmenbeschlüsse nicht unmittelbar, d.h. sie begründen keine subjektiven Rechte für die einzelnen EU-Bürger, auf die sie sich bei dessen Nichtumsetzung berufen könnten.[288]

Der Rahmenbeschluss soll auf Artikel 29 EUV, Artikel 31 lit.d EUV und Artikel 34 II lit.b EUV gestützt werden. Es wird darauf hingewiesen, dass bereits mehrfache Forderungen nach einer Verbesserung des „ne bis in idem“-Grundsatzes gestellt worden sind. Nach Nummer 49 lit.e des *Aktionsplanes des Rates und der Kommission zur bestmöglichen Umsetzung der Bestimmungen des Amsterdamer Vertrages über den Aufbau eines Raums der Freiheit, der Sicherheit und des Rechts*[289] sollten in einem

---

[285] Abl. EG C 310 v. 16.12.2004, 1ff.

[286] Abl. EG C 100 v. 26.4.2003, 24ff.

[287] Obwohl sie dem Wortlaut nach den EG-Richtlinien i.S.v. Art.249 III EGV gleichen, sind die Rahmenbeschlüsse nicht mit ihnen zu verwechseln. Die Rahmenbeschlüsse sind vielmehr als völkerrechtliche Verwaltungsabkommen zu behandeln; Verpflichtungen aus den Gemeinschaftsverträgen bleiben nach Art.47 EUV unberührt. - Streinz, Europarecht, 5.A., Rn.422c.

[288] Vgl. auch Brechmann in: Calliess/Ruffert, EUV/EGV, Art. 34 EUV Rn.9.

[289] Abl. EG C 19 v. 23.1.1999, 1ff.

Zeitraum von fünf Jahren nach dem Inkrafttreten dieses Vertrages u.a. Maßnahmen zur Koordinierung bei strafrechtlichen Ermittlungen in den Mitgliedstaaten erlassen werden, wobei der Grundsatz „ne bis in idem“ besser angewandt werden sollte. Weiterhin wurde in einem vom Rat und der Kommission festgelegten *Maßnahmenprogramm zur Umsetzung des Grundsatzes der gegenseitigen Anerkennung gerichtlicher Entscheidungen in Strafsachen*[290] der „ne bis in idem“-Grundsatz als eine der unmittelbaren Prioritäten der Union bezeichnet und eine Überarbeitung der Artikel 54 bis 58 SDÜ empfohlen. In einer Mitteilung der Kommission an das Europäische Parlament und den Rat vom 26. Juli 2002 wird dieses Prinzip ebenfalls als ein wichtiger Beitrag zur gegenseitigen Anerkennung von Entscheidungen und zur Stärkung der Rechtssicherheit innerhalb der Union anerkannt. Mit dem Rahmenbeschluss soll diesen Forderungen nachgekommen und erreicht werden, dass die Mitgliedstaaten der EU über gemeinsame Normen bezüglich dieses Prinzips verfügen und es soll deren einheitliche Auslegung und einheitliche Anwendung in der Praxis sichergestellt werden.

In den zehn Artikeln des Rahmenbeschlusses wird erstmals das „ne bis in idem“-Prinzip detailliert geregelt. Es werden in Artikel 1 u.a. Definitionen für die „strafbare Handlung“, die „Entscheidung“ und das „idem“ vorgeschlagen – alles Begriffe, die bisher stark umstritten und deshalb Gegenstand vieler Diskussionen waren.

In Artikel 2 werden das Verbot der Mehrfachverfolgung sowie die Wiederaufnahme des Verfahrens geregelt. Artikel 3 regelt erstmalig, in welcher Reihenfolge sich die Strafgewalt des zuständigen Mitgliedstaates bestimmt: Zunächst soll derjenige Staat zuständig sein, auf dessen Hoheitsgebiet die strafbare Handlung begangen wurde, danach derjenige, dessen Staatsangehörigkeit der Täter innehat oder auf dessen Hoheitsgebiet der Täter seinen Wohnsitz hat, daraufhin der Staat, dessen Staatsangehörigkeit das Opfer innehat und als letztes kommt die Strafgewalt demjenigen Staat zu, auf dessen Staatsgebiet der Täter ergriffen wurde.

Die in Artikel 4 geregelten Ausnahmen stimmen weitgehend mit den entsprechenden Regelungen im SDÜ überein. Weiterhin gilt das Anrechnungsprinzip im Falle des Eingreifens einer Ausnahme. Die Behörden der Mitgliedstaaten werden angewiesen, zusammenzuarbeiten und Auskünfte auszutauschen. Schließlich wird festgesetzt, dass die Artikel 54 bis 58 SDÜ mit Inkrafttreten des Rahmenbeschlusses aufgehoben werden.

Sollte der Rat den Rahmenbeschluss über die Anwendung des „ne bis in idem“-Prinzips annehmen, würde diese Regelung aufgrund der Tatsache, dass sich auch Irland an dem Rahmenbeschluss beteiligen würden, in *allen* Mitgliedstaaten der Europäischen Union gelten. Außerdem würde erhebliche Klarheit über die Auslegung des „ne bis in idem“-Satzes geschaffen. Aus diesem Grund wäre ein solcher Beschluss sehr zu begrüßen.

Bis zum heutigen Zeitpunkt existieren bereits u.a. ein Entwurf einer Stellungnahme des Europäischen Parlaments mit Änderungsvorschlägen[291] und eine Stellungnahme

---

[290] Abl. EG C 12 v. 15.1.2001, 10ff.

[291] Europäisches Parlament, Entwurf einer Stellungnahme, Nr. 2003/0811 (CNS) vorl. V. 13.5.2003.

des deutschen Bundesrates zu dem Rahmenentschluss[292] und es wird weiterhin über den Entwurf des Rahmenbeschlusses diskutiert.[293] Beratungen werden in der Arbeitsgruppe „Materielles Strafrecht" und im Ausschuss „Artikel 36" geführt. Es bleibt abzuwarten, was die weiteren Entwicklungen ergeben.

**9. Zwischenergebnis**

Bereits mit seiner *Entschließung vom 16.3.1984* zeigt das Europäische Parlament seinen Willen zur Durchsetzung des Verbotes der Doppelverfolgung und -bestrafung auf EU-Ebene. Zwar wurden damit noch keine Rechtswirkungen erzeugt, dennoch beweisen die darauf folgenden Akte, dass der Aufruf nach einem europaweiten „ne bis in idem" nicht umsonst war und dass die Arbeiten an einer solchen Regelung noch nicht zur Ruhe gekommen sind.

Nichtsdestotrotz lässt sich bisher bis auf das *SDÜ* und das *EG-ne bis in idem-Übereinkommen* kein transnationales „ne bis in idem" im geschriebenen existierenden EG-Recht feststellen. Bei dem *SDÜ* und dem *EG-ne bis in idem-Übereinkommen* ist jedoch problematisch, dass sie nicht für alle Staaten der Europäischen Union gelten. Die in diesen Übereinkommen enthaltenen Vorschriften zum Verbot der Doppelbestrafung bzw. -verfolgung sind weiterhin auch nicht unumstritten.

Ferner greift das Verbot der Mehrfachverfolgung nach diesen Übereinkommen erst zu einem relativ späten Zeitpunkt ein, und zwar erst dann, wenn in dem anderen Staat mit der Vollstreckung der Sanktion bereits begonnen wurde oder eine Vollstreckung nicht mehr möglich ist. Für einen umfassenden Schutz des Betroffenen sollte der „ne bis in idem"-Grundsatz – wie in der Europäischen Verfassung vorgesehen – jedoch schon ab Urteilsverkündung eingreifen.

Artikel II-110 der zukünftigen europäischen Verfassung ist zwar auf alle Mitgliedstaaten anwendbar, allerdings ist die Verfassung zum heutigen Tage noch nicht durch alle Mitgliedstaaten ratifiziert worden. Außerdem bestehen auch hier aufgrund der Kürze der Regelung erhebliche Auslegungsprobleme.

Die in den Übereinkommen über den *„Schutz der finanziellen Interessen der Europäischen Gemeinschaften"* und über die *„Bekämpfung der Bestechung, an der Beamte der EG oder der Mitgliedstaaten der EU beteiligt sind"* enthaltenen „ne bis in idem"-Regelungen sind demgegenüber bereits schon lange in Kraft und gelten auch für alle Staaten innerhalb der Europäischen Union, sie beziehen sich aber nur auf bestimmte, fest umgrenzte Straftaten. Außerdem greift das Verbot der Doppelverfolgung genau wie beim *SDÜ* erst relativ spät ein.

Von großer Bedeutung ist sicherlich der *Entwurf des Rahmenbeschlusses über die Anwendung des „ne bis in idem"-Prinzips aufgrund einer Initiative der Hellenischen Republik*. Zum einen beansprucht er Geltung für alle Mitgliedstaaten und zum anderen versucht er alle bisherigen Auslegungsprobleme zu lösen, in dem er das Verbot der Mehrfachverfolgung umfassend regelt und umstrittene Begriffe definiert. Da aber auch

[292] BR Drs. 396/03 v. 11.7.2003.

[293] Dokument des Rates der Europäischen Union Nr. 16258/03 v. 20.1.2004.

diese Regelungen zurzeit noch Gegenstand zahlreicher Diskussionen sind, ist ein endgültiger Rahmenbeschluss noch nicht absehbar.

Eine zwischen allen 27 Mitgliedstaaten der Europäischen Union geltende unfassende „ne bis in idem"-Regelung existiert demnach bis zum heutigen Tage noch nicht im geschriebenen EG-Recht. Deshalb ist als nächster Schritt das ungeschriebene EG-Recht nach einem solchen Grundsatz zu durchleuchten.

### III. Allgemeine Rechtsregeln

Das EG-Recht entsteht nicht nur durch ausdrückliche Rechtsetzung, sondern wird ergänzt durch das ungeschriebene Gemeinschaftsrecht. Untersucht werden zunächst die allgemeinen Rechtsgrundsätze, welche den Rechtsordnungen der Mitgliedstaaten der EU gemeinsam sind[294].

#### 1. Allgemeine Rechtsgrundsätze

Allgemeine Rechtsgrundsätze sind Sätze, die sowohl von allgemeiner und grundsätzlicher Bedeutung sind, gleichwohl aber auch Rechtscharakter haben und somit Behörden und Gerichte binden.[295] Grundlegend für die allgemeinen Rechtsgrundsätze, die den Rechtsordnungen der Mitgliedstaaten gemeinsam sind, ist der Gedanke, dass die Staaten in ihren gegenseitigen Beziehungen etwas als Recht ansehen, was sie in ihrem innerstaatlichen Recht übereinstimmend als Recht anerkennen.[296]

Der Entwicklung bzw. Auffindung dieser Rechtsgrundsätze hat sich der EuGH verschrieben, der diese im Wege der „wertenden Rechtsvergleichung" der Verfassungsprinzipien der verschiedenen Mitgliedstaaten ermittelt[297].[298] Seine Zuständigkeit dafür ergibt sich aus Artikel 6 II EUV. Bereits in der Rechtssache *Nold gg. Kommission*[299] erklärt der EuGH, dass zu den allgemeinen Rechtsgrundsätzen, die der Gerichtshof zu wahren hat, die Grundrechte gehören.[300] Das Gericht ließe sich beim Schutz dieser Rechte von den gemeinsamen Verfassungsüberlieferungen der Mitgliedstaaten leiten und kann deshalb keine Maßnahmen als rechtens anerkennen, die mit den von den Verfassungen dieser Staaten anerkannten und geschützten Grundrechten unvereinbar sind. Die Grundrechte sollen somit den höchstmöglichen Schutz erfahren.

---

[294] Ausdrücklich erwähnt wird diese Rechtsquelle in Art.6 II EUV und in Art.288 II EGV. Es ist mittlerweile anerkannt, dass die letztere Erwähnung, die in ihrem Kontext nur für die außervertragliche Haftung der Organe und Bediensteten der Gemeinschaft gilt, beispielhaft ist und dass solche Rechtsgrundsätze überall im Gemeinschaftsrecht existieren. – Oppermann, Europarecht, § 6 Rn.20.

[295] Lecheler, ZEuS 2003, 337, 339.

[296] Bleckmann, Europarecht, Rn.572.

[297] Das ist grundsätzlich um ein Vielfaches schwieriger, als die Ermittlung von Gewohnheitsrecht, welches anhand beständiger Übung ermittelt werden kann.

[298] Hilf/Schorkopf in: Grabitz/Hilf, EUV/EGV, Art.6 EUV Rn.51.

[299] EuGH, Urt. v. 14.5.1974, Rs. 4/73, Slg. 1974, 491ff. – *Nold.*

[300] S. dazu auch Beutler/Bieber/Pipkorn/Streil, EU, Rn.663.

Zur Entwicklung der allgemeinen Rechtsgrundsätze bedarf es einer wesentlichen Lücke im geschriebenen Gemeinschaftsrecht und in den nationalen Rechtsordnungen muss tatsächlich ein solcher Grundsatz bestehen, wobei es gleichgültig ist, ob er gewohnheitsrechtlich oder gesetzlich positiviert ist.[301] Auch ist es nicht erforderlich, dass die allgemeinen Rechtsgrundsätze in allen verglichenen Rechtsordnungen gleichzeitig vorkommen.[302] Es darf dabei allerdings nicht nach dem „kleinsten gemeinsamen Nenner“ der Rechtsordnungen gesucht werden, sondern nach der „besten“ auffindbaren Lösung.[303] Schließlich kann das Gemeinschaftsrecht, welches in allen Mitgliedstaaten Geltung erlangt, keinen geringeren Rechtsschutz gewährleisten, als ein Mitgliedstaat seinen Bürgern nach nationalem Recht gewährt. Außerdem müssen sich die Rechtsgrundsätze sowohl in die Struktur als auch in die Ziele des Gemeinschaftsrechts einfügen können.[304] In der Rechtsprechung des EuGH wurden solche Rechtsgrundsätze insbesondere im Bereich der Grundrechte und der Rechtsstaatsprinzipien entwickelt.

### a. Die allgemeinen Rechtsgrundsätze im Gemeinschaftsrecht und deren Verhältnis zu den neuen Mitgliedstaaten

Bevor nach einem allgemeinen Rechtsgrundsatz gesucht wird, der die „ne bis in idem“-Maxime beinhaltet, stellen sich vorab aufgrund des Beitritts der neuen Mitglieder zur Europäischen Union am 1. Mai 2004 und am 1. Januar 2007 zwei Fragen: zum einen, ob sich die vorhandenen allgemeinen Rechtsgrundsätze durch den Beitritt ändern und zum anderen, sollte das verneint werden, ob die existierenden Rechtsgrundsätze zum gemeinschaftlichen Besitzstand gezählt und deshalb automatisch übernommen werden.

Bereits 1974 anlässlich des Beitritts von Dänemark, Großbritannien und Irland, diskutierten einige Autoren, ob sich die allgemeinen Rechtsgrundsätze durch die Heranziehung des Rechts dieser neuen Staaten geändert haben könnten. *Ipsen* sprach sich für die Beachtung der neuen Rechtssysteme aus[305], nach *Feige* und *von der Groeben* sollte das neue Recht für die Europäischen Gemeinschaften nicht maßgeblich sein[306]. Letzteres wurde damit begründet, dass das mitgliedstaatliche Recht bei Gründung der Gemeinschaften rezipiert wurde und seitdem als Gemeinschaftsrecht unabhängig von Änderungen im Recht der Mitgliedstaaten fortentwickelt wird. Weiterhin wurde darauf hingewiesen, dass eine stillschweigende Abänderung der Gemeinschaftsverträge nicht dem Willen der Mitgliedstaaten entsprechen dürfte.

---

[301] Lecheler, Rechtsgrundsätze, 170.

[302] Schweitzer/Hummer, Europarecht, Rn.16.

[303] Schweitzer/Hummer, Europarecht, Rn.15f.; Oppermann, Europarecht, § 6 Rn.21; Bleckmann, Europarecht, Rn.574 und 604f.; Zweigert, RablesZ 1964, 601, 610f.; Mestmäcker, BB 1968, 1297, 1304.

[304] EuGH, Urt. v. 17.12.1970, Rs. 11/70, Slg. 1970, 1125, 1126. – *Internationale Handelsgesellschaft.*

[305] Ipsen, Anm. zu EuGH Urt. v. 5.6.1973, Rs. 81/72, EuR 1973, 339, 340.

[306] Feige, Der Gleichheitssatz im Recht der EWG, 143 und 201, Fn.759; von der Groeben, Grundrechte in der EG, 226, 236.

Dagegen lässt sich jedoch einwenden, dass sich im Gemeinschaftsrecht keine Hinweise auf einen einmaligen Rezeptionsvorgang und auf eine Nichtrezeption des Rechts der Beitrittsländer finden lassen. Außerdem entspricht es nicht dem Integrationsziel der Europäischen Gemeinschaften, welches eine weitgehende Harmonie zwischen dem Recht der Gemeinschaften und dem Recht der Mitgliedstaaten voraussetzt, dass den Beitrittsländern ein minderer Status zugewiesen wird, indem ihre Rechtsordnungen von der Mitbestimmung des Inhalts allgemeiner Rechtsgrundsätze ausgeschlossen werden.[307] Gerade in der heutigen Zeit nach dem Beitritt zwölf weiterer Länder und der Diskussion über den Beitritt weiterer Staaten lässt sich die These von *Feige* und *von der Groeben* nicht mehr aufrechterhalten. Dadurch würde nämlich eine Minderheit von Staaten den Inhalt der Rechtsgrundsätze des Gemeinschaftsrechts bestimmen, was einer erfolgreichen Integration zuwiderlaufen würde.

Probleme könnten allerdings entstehen, wenn die Rechtssysteme der neuen Mitgliedstaaten vom Recht der kontinentaleuropäischen Staaten abweichen. Dadurch könnte das Auffinden von allen Staaten gemeinsamen Grundsätzen erheblich erschwert werden. Die Entwicklungen in diesem Bereich bleiben insofern abzuwarten.

Fraglich ist, ob für die neuen EU-Mitglieder die bereits vorhandenen allgemeinen Rechtsgrundsätze bindend sind, das heißt, ob auch diese Grundsätze zum „gemeinschaftlichen Besitzstand“ gehören. In Artikel 2 5. Spiegelstrich EUV wird durch die Mitgliedstaaten der Wille zum Ausdruck gebracht, dass sie den vollen gemeinschaftlichen Besitzstand wahren und seine Weiterentwicklung sicherstellen wollen. Umfasst werden von dem zu wahrenden Besitzstand neben den Bestimmungen des Primärrechts, ihrer sekundärrechtlichen Umsetzung, den Erklärungen und Entschließungen der Union, den internationalen Abkommen und den Abkommen zwischen den Mitgliedstaaten, die die Tätigkeit der Union zum Gegenstand haben, auch die vom EuGH entwickelten Rechtsgrundsätze.[308] Demnach müssen die neuen Mitgliedstaaten die bereits entstandenen allgemeinen Rechtsgrundsätze gegen sich gelten lassen; sie sind bestehendes Recht. Wäre das nicht der Fall, müssten sich die allgemeinen Rechtsgrundsätze jedes Mal ändern, sobald ein neuer Staat der Europäischen Union beiträte. Die Folge wäre erhebliche Rechtsunsicherheit, anerkannte Rechtssätze verlören von einem Tag auf den anderen ihre Wirkung. Die vorhandenen Rechtsgrundsätze gelten demnach fort und beanspruchen somit auch für die zwölf neuen Mitgliedstaaten Geltung. Die Rechtsordnungen der hinzukommenden Länder sind demnach nur für die Bildung neuer Rechtsgrundsätze heranzuziehen.

Im Folgenden wird zunächst herausgearbeitet, inwiefern sich ein allgemeiner Rechtsgrundsatz mit dem Inhalt eines Verbotes der Doppelbestrafung aus den Rechtsordnungen der Mitgliedstaaten ergibt und anschließend, ob ein solcher bereits durch die Rechtsprechung des EuGH entwickelt wurde.

---

[307] Meessen, JiR 1974, 283, 298f.

[308] Blanke in: Calliess/Ruffert, EUV/EGV, Art. 2 EUV Rn.14.

### b. „Ne bis in idem“ als allgemeiner Rechtsgrundsatz der Mitgliedstaaten untereinander

#### aa. Innerstaatliches „ne bis in idem“

Der „ne bis in idem“-Grundsatz ist in allen Mitgliedstaaten der Europäischen Union anerkannt. Er wird ausnahmslos aus dem Grundsatz der Rechtskraft hergeleitet und den grundlegenden Rechtsschutzgarantien zugerechnet.[309] Unter anderem findet sich der Grundsatz in Artikel 29 V der Verfassung von **Portugal**, in Artikel 103 III des **deutschen** Grundgesetzes und in dem in **England** geltenden Common-Law-Prinzip des „Autrefois Acquit/Convict“[310]. In **Frankreich** war das Prinzip bereits in Artikel 9 der Verfassung von 1791 vorgeschrieben und wird heute aus Artikel 6 des französischen Code de Procédure Pénale (CPP) hergeleitet, außerdem ist es in Artikel 368 CPP enthalten. In den **Niederlanden** ist in Artikel 68 I des Strafgesetzbuches ein bedingungsloses Verbot der Strafverfolgung für Straftaten geregelt, die bereits durch ein niederländisches Gericht oder durch ein Gericht der niederländischen Antillen oder Arubas abgeurteilt wurden. In **Österreich** folgt ein innerstaatliches Doppelbestrafungsverbot aus Artikel 4 7. ZP zur EMRK, dem dort Verfassungsrang zukommt; zudem lässt es sich aus § 352 öStPO ableiten, welcher die Wiederaufnahme des Verfahrens regelt[311]. In **Belgien** befindet sich der „ne bis in idem“-Grundsatz in Artikel 360 der belgischen StPO, in **Griechenland** in Artikel 57 der griechischen StPO, in **Polen** in Artikel 17 § 1 der polnischen StPO. In **Italien** wird das Doppelbestrafungsverbot aus Artikel 648 Codice di procedura penale gefolgert. In **Spanien** ist der Grundsatz nicht gesetzlich verankert, er wird jedoch aus dem in Artikel 25 I der spanischen Verfassung verankerten Gesetzlichkeitsprinzip hergeleitet[312].

Auch in den anderen Mitgliedstaaten findet sich der Grundsatz entweder in der Verfassung, im Strafgesetzbuch, in der Strafprozessordnung oder er wird im Wege der Rechtsanalogie ermittelt. In **Finnland** zum Beispiel ist er nicht gesetzlich verankert, dafür aber allgemein anerkannt.[313] Allerdings bezieht sich der Grundsatz in den meisten Ländern immer nur auf Strafverfahren, die in demselben Staat durchgeführt wurden. Somit lässt sich zunächst einmal nur feststellen, dass die Mitgliedstaaten den „ne bis in idem“-Grundsatz innerhalb einer Rechtsordnung anerkennen und praktizieren.[314]

---

[309] Vgl. dazu die Aufstellung bei Mestmäcker, BB 1968, 1297, 1303.

[310] Diese französisch-lautenden Bezeichnungen gehen zurück auf die normannische Invasion in England im Jahre 1066, bei der die Eroberer das Normannisch-Französische einführten. Dadurch erhielt die englische Sprache eine Mischung aus germanischen und französischen Sprachelementen, was zur Folge hatte, dass die englische Rechtssprache auch heute noch in starkem Maße durch französische Ausdrücke geprägt ist. Auch die vielen lateinischen Ausdrücke in der englischen Rechtssprache sind auf die normannischen Einwanderer zurückzuführen, nach denen sich Latein als Amtssprache durchsetzte. – Schmid, Strafverfahren, 6ff.

[311] Ebensperger, ÖJZ 1999, 171, 172.

[312] STC 2/1981 v. 30.1.1981 (Urteil des spanischen Verfassungsgerichts); Díaz Pita, RIDP 2002, Länderbericht Spanien, 873ff.

[313] Lahti, RIDP 2002, Länderbericht Finnland, 901ff.

[314] S. den Überblick in RIDP 2002, 3. & 4. Trimester

Ein allgemeiner Rechtsgrundsatz mit dem Inhalt eines innerstaatlichen „ne bis in idem“ kann somit festgestellt werden.

**bb. Zwischenstaatliches „ne bis in idem“**

Das bedeutet jedoch nicht automatisch, dass auch ein zwischenstaatlicher „ne bis in idem“-Rechtsgrundsatz existiert.

In **Frankreich** wird das Problem der zwischenstaatlichen Mehrfachverfolgung bzw. -bestrafung durch eine Verbindung des materiellen Rechts mit Verfahrensgrundsätzen gelöst. Nach Artikel 692 des Code de Procédure Pénale und Artikel 113-9 des Code Pénal ist eine Tat im Ausland nur strafbar, wenn der Betroffene bei der Ergreifung im Inland die französische Nationalität besitzt, die Tat unter ein französisches Strafgesetz subsumierbar ist und wenn er nicht im Ausland rechtskräftig verurteilt wurde, seine Tat bereits verbüßt hat, begnadigt wurde oder Verjährung eingetreten ist.[315]

In den **Niederlanden** darf ein Betroffener nach Artikel 68 III des Strafgesetzbuches nicht mehr verfolgt werden, wenn im Ausland ein Freispruch erwirkt oder das Verfahren gegen ihn eingestellt wurde, wenn er verurteilt worden ist und die Strafe verbüßt hat, er begnadigt wurde oder die Tat verjährt ist, selbst wenn die Tat auf niederländischem Territorium verübt worden ist.[316] Zweck der Regelung ist, dass verhindert werden soll, dass ein im Ausland Verurteilter in die Niederlande flieht und dadurch der Strafe entgeht, weil der ausländische Spruch nicht in den Niederlanden vollstreckt werden kann.[317]

In **Italien** ist in Artikel 11 des Codice Penale geregelt, dass sowohl bei Staatsbürgern als auch bei Ausländern, die innerhalb des italienischen Staatsgebietes eine strafbare Handlung begangen haben, eine erneute Strafverfolgung möglich ist, auch wenn sie bereits im Ausland abgeurteilt wurden.

Wurde eine strafbare Handlung im Ausland begangen, soll eine erneute Straverfolgung nach einer Aburteilung im Ausland ausnahmsweise auf Ersuchen des Justizministers möglich sein, wenn es sich um eine in den Artikeln 7 bis 10 aufgeführte Straftat handelt.

Ähnliche Regelungen wie in Italien finden sich in Artikel 13 Absatz I des **belgischen** Einführungsgesetz zum Code de Procédure Pénale und in Kapitel 2 § 5 Absatz II des **schwedischen** Kriminalgesetzbuches. In letzterem ist eine erneute Strafverfolgung auf Anordnung der Justizorgane jedoch nur dann möglich, wenn es sich nicht um einen Freispruch oder um eine im Ausland bereits vollstreckte Freiheitsstrafe handelt.

In **Polen** kann gegen einen polnischen Staatsangehörigen, welcher eine Straftat im Ausland begangen hat und durch ein ausländisches Gericht verurteilt wurde, gemäß Artikel 144 des polnischen StGB ein erneutes Verfahren durchgeführt werden. Wurde

---

[315] Mestmäcker, BB 1968, 1297, 1304.

[316] Baauw, Ne bis in idem, 75ff.; van den Wyngaert/Stessens, ICLQ 1999, 779, 783; Radtke/Busch, EuGRZ 2000, 421, 430.

[317] Mestmäcker, BB 1968, 1297, 1304.

eine Straftat allerdings auf polnischem Staatsgebiet ausgeübt, so kann sie nur Gegenstand eines einzigen Verfahrens sein.[318]

In **Großbritannien** ist ein zwischenstaatliches „ne bis in idem" so geregelt, dass eine von einem zuständigen ausländischen Gericht verurteilte oder freigesprochene Person wegen desselben Delikts nicht noch ein weiteres Mal im Inland vor Gericht gestellt werden kann.[319]

Wurde eine Straftat im Ausland begangen und auch dort rechtskräftig abgeurteilt, ist eine erneute Strafverfolgung in **Österreich** nicht mehr möglich (§ 65 IV öStGB). Dennoch gilt, dass Straftaten, die schon im Ausland verfolgt wurden, Gegenstand eines Strafverfahrens in Österreich werden können, wenn Österreich der Tatortstaat war. Zwar besteht – ebenso wie in Deutschland – eine Anrechnungspflicht und die Staatsanwaltschaft *kann* auch aus Opportunitätsgründen von der Verfolgung einer im Ausland begangenen Tat absehen, dennoch ist ein zwischenstaatliches „ne bis in idem" nicht zwingend.[320]

In **Dänemark** können dänische Staatsbürger und Personen, die ihren Wohnsitz in Dänemark haben, kein weiteres Mal verfolgt werden (§ 7 III dStGB).

In **Deutschland**[321] und **Italien** ist ein zwischenstaatliches „ne bis in idem" nicht anerkannt.

Schon allein anhand der beispielhaft aufgezählten Regelungen in einigen Mitgliedstaaten der Europäischen Union lässt sich feststellen, dass ein allgemeiner Rechtsgrundsatz mit dem Inhalt eines zwischenstaatlichen „ne bis in idem", der den Rechtsordnungen aller Mitgliedstaaten gemeinsam ist, nicht existieren kann. Einige Länder wie Deutschland und Italien erkennen das Prinzip in seiner grenzüberschreitenden Form gar nicht an, in anderen Ländern wird ausländischen Urteilen zwar eine gewisse Rechtskraftwirkung zugemessen, das jedoch immer unter unterschiedlichen Voraussetzungen und mit verschiedener Reichweite. Einheitliche Regelungen existieren nicht. Von einer Gemeinsamkeit kann demnach nicht gesprochen werden.

### cc. Zwischenergebnis

In den einzelnen Mitgliedstaaten ist unstreitig ein innerstaatliches „ne bis in idem" anerkannt. Die Anerkennung von ausländischen Urteilen und Freisprüchen bereitet demgegenüber aber noch große Schwierigkeiten. Zu unterschiedlich sind diesbezüglich die wenigen vorhandenen Kodifizierungsversuche ausgestaltet und viele Staaten weigern sich auch heute noch, einen Grundsatz mit dem Inhalt eines zwischenstaatlichen Mehrfachbestrafungs- und -verfolgungsverbots in ihren Rechtsordnungen zu verfestigen.

---

[318] Guzik Makaruk, ZStW 2004, 372, 373.

[319] Friedland, Double Jeopardy, 357ff.

[320] Ebensperger, ÖJZ 1999, 171, 175; Gartner, RIDP 2002, Länderbericht Österreich, 787ff.

[321] BVerfGE 75, 1ff.

### c. „Ne bis in idem“ als allgemeiner Rechtsgrundsatz in der Rechtsprechung des EuGH

Der EuGH hat sich im Laufe der Jahre mehrmals mit dem „ne bis in idem“-Grundsatz beschäftigt, allerdings nur hinsichtlich des Problems von sich überschneidenden nationalstaatlichen und EG-rechtlichen Sanktionen.[322] Die entsprechenden Fälle sollen im Folgenden analysiert werden und es wird herausgestellt, ob der Gerichtshof einen allgemeinen Rechtsgrundsatz diesbezüglich mit dem Inhalt eines Doppelbestrafungsverbots hat ausmachen können und ob er sich auch zu einem zwischenstaatlichen „ne bis in idem“ der Mitgliedstaaten untereinander geäußert hat.

#### aa. Max Gutmann gegen Kommission der Europäischen Atomgemeinschaft

Der Fall *Max Gutmann gegen Kommission der Europäischen Atomgemeinschaft* [323] behandelt die Klage eines Beamten der EAG, Max Gutmann, der einen ihm gehörenden Fotoapparat auf Kosten der Gemeinschaft hat reparieren lassen und private Telefongespräche zu Lasten der Gemeinschaft geführt hatte. Daraufhin erhielt er einen Verweis, und später wurde aus disziplinarischen Gründen ein weiteres Verfahren gegen ihn eingeleitet. Der Kläger rügte, dass dies einen Verstoß gegen das in Artikel 86 III des Personalstatuts der EAG[324] (heute: Artikel 86 III Statut der Beamten der Europäischen Gemeinschaften[325]) verankerte „ne bis in idem“-Prinzip darstelle, dass *ein und dieselbe Verfehlung* nur *eine* Disziplinarstrafe nach sich ziehen kann.

Der EuGH stellte einen Verstoß gegen das „ne bis in idem“-Prinzip fest, woraufhin die Verfügung der Kommission, durch die die Fortführung der disziplinarischen Untersuchung angeordnet worden war, aufgehoben wurde.

In diesem Fall wurde das „ne bis in idem“-Prinzip tatsächlich anerkannt. Einschränkend lässt sich dazu aber feststellen, dass es sich nur auf mehrere Disziplinarstrafen gegenüber Beamten der Europäischen Gemeinschaften bezieht. Somit wird weder eine Aussage zu einem „ne bis idem“ hinsichtlich gemeinschaftlicher und mitgliedstaatlicher Disziplinarstrafen getroffen noch eine Aussage zu dem Verhältnis mehrerer mitgliedstaatlicher Disziplinarstrafen, geschweige denn zu strafrechtlichen Sanktionen. Hinsichtlich eines zwischenstaatlichen „ne bis in idem“ äußerte er sich nicht. Einzig zeigt es auf, dass der „ne bis in idem“-Grundsatz der EG bekannt ist, seine Reichweite wird nicht diskutiert.

#### bb. Walt Wilhelm u.a. gegen Bundeskartellamt

In dem Fall *Walt Wilhelm u.a. gegen Bundeskartellamt* [326] hatte der EuGH zu dem Verhältnis von EG-Kartellrecht zu nationalem Kartellrecht Stellung zu beziehen. Es

[322] Vgl. dazu Pernice, Grundrechtsgehalte, 40.

[323] EuGH, Urt. v. 5.5.1966, Rs. 18 und 35/65, Slg. 1966, 153, 178 – *Max Gutmann.*

[324] Abgedruckt in: Euler, Europäisches Beamtenstatut, 771ff.

[325] VO 259/68 v. 29.2.1968 – Abl. EG L 56 v. 4.3.1968, 1ff.

[326] EuGH, Urt. Rs. *Walt Wilhelm* (Fn.82) , Slg. 1969, 1ff.

ging darum, dass sich bedeutende europäische Farbstoffhersteller im August 1967 in Basel trafen, wo der Vertreter einer schweizerischen Firma erklärte, er werde die Preise für Teerfarben bis zum 16.10.1967 um 8 % erhöhen. In den darauffolgenden Wochen erhöhten die betroffenen Unternehmen ebenfalls zum 16.10.1967 durch zeitlich nacheinander liegende Beschlüsse und Ankündigungen ihre Preise für Teerfarbstoffe um 8 %.

Daraufhin wurden vom Bundeskartellamt gegen die Unternehmen Geldbußen gem. § 38 I Nr. 1 GWB verhängt mit der Begründung, dass sie sich vorsätzlich über die Unwirksamkeit einer Preisabrede nach § 1 GWB hinweggesetzt hätten. Kurz vorher war von der Kommission der Europäischen Gemeinschaften ebenfalls ein Bußgeldverfahren gegen die Betroffenen wegen eines Verstoßes gegen Artikel 85 I EWG-Vertrag (heute: Artikel 81 I EGV) eingeleitet worden, welches neben anderen Vorgängen auch die Erhöhung der Preise für Teerfarben vom Oktober 1967 zum Gegenstand hatte.

Die Betroffenen machten geltend, dass das Bundeskartellamt nicht befugt sei, ein solches Verfahren fortzusetzen und beriefen sich auf den „ne bis in idem"-Grundsatz, welcher in allen Mitgliedstaaten und auch innerhalb der Gemeinschaft anerkannt sei.

Der EuGH konstatierte jedoch angesichts der Möglichkeit, dass zwei Verfahren zu einer Kumulierung der Sanktionen führen würden, lediglich ein Anrechnungsgebot, welches nach einem allgemeinen Billigkeitsgedanken zum Tragen kommt. Danach ist die frühere Sanktionsentscheidung bei der Bemessung der später zu verhängenden Sanktion zu berücksichtigen. Ausdruck fand der allgemeine Billigkeitsgedanke in Artikel 90 Absatz II EGKS-Vertrag[327].

Als Begründung wurde angeführt, dass die Kommission nur Verstöße gegen Gemeinschaftsrecht ahnden kann, und die nationalen Kartellbehörden nur Verstöße gegen das nationale Kartellrecht verfolgen dürfen. Beide Verfahren werden deshalb unter verschiedenen rechtlichen Gesichtspunkten geführt. Zwar überschneiden sich die Tatbestände der verletzten Normen zum Teil und auch gebe es Sachverhalte, die die Voraussetzungen beider Normen erfüllen, dennoch dienen beide Bußgeldnormen unterschiedlichen Schutzzwecken. Artikel 85 EWG-Vertrag (heute: Artikel 81 EGV) bezieht sich auf den Handel zwischen den Mitgliedstaaten, § 1 GWB betrifft lediglich den nationalen Handel. Ein Konflikt zwischen diesen beiden Systemen sei demnach begrifflich ausgeschlossen, so dass ein „ne bis in idem"-Grundsatz nicht zum Tragen käme.

Hinsichtlich der gleichzeitigen Verhängung von gemeinschaftsrechtlichen und mitgliedstaatlichen Sanktionen hat der EuGH also keinen allgemeinen „ne bis in idem"-Rechtsgrundsatz anerkannt. Allerdings führt das in diesem Fall nicht zu den oben aufgeführten Nachteilen für den Einzelnen, da die mehrfache Sanktionierung nur *Unternehmen* traf und keine Privatpersonen. Die von dem nationalen Bußgeldbescheid erfassten natürlichen Personen hatten in Anbetracht der gemeinschaftsrechtlichen Sanktionsbefugnis, welche nur auf Unternehmen beschränkt war, nicht mit einem Strafbescheid der Kommission zu rechnen. Somit kann dem EuGH zumindest in diesem Fall bezüglich seiner Entscheidung kein Vorwurf gemacht werden.

---

[327] Die Geltungsdauer des EGKS-Vertrags endete am 23. Juli 2002.

### cc. Boehringer gg. Kommission

In der Rechtssache *Boehringer gg. Kommission*[328] war einem Unternehmen von der Kommission der EG wegen eines Verstoßes gegen den damaligen Artikel 85 des EWG-Vertrages durch eine Beteiligung am internationalen Chininkartell eine hohe Buße auferlegt worden. Kurz zuvor war dieses Unternehmen bereits von einem amerikanischen Gericht verurteilt worden, da es durch seine Beteiligung an diesem Chininkartell auch gegen Antitrustbestimmungen des Bundesrechts der USA verstoßen hatte.

Das Unternehmen beantragte, dass die nach amerikanischem Recht erfolgte Geldbuße auf die Geldbuße der Kommission angerechnet werden sollte. Dasselbe Verhalten sei unter wesentlich vergleichbaren rechtlichen Gesichtspunkten mit einer doppelten Sanktion belegt worden, und das stelle eine unzulässige Doppelbestrafung dar. Es entspreche einem allgemeinen Rechtsgrundsatz der Rechtsordnungen der Mitgliedstaaten – Ausformung des „ne bis in idem"-Grundsatzes – und sei nach dem Urteil des EuGH in der Rechtssache *Walt Wilhelm gg. Bundeskartellamt* aufgrund eines allgemeinen Billigkeitsgedankens geboten, die frühere Sanktionsentscheidung anzurechnen oder bei der Bemessung der späteren Strafe zu berücksichtigen.

Diese wurde jedoch von dem Europäischen Gerichtshof mit der Begründung abgelehnt, dass die angeführten Tatsachen, welche eine mehrfache Bestrafung verhindern sollten, Handlungen beinhalteten, die unterschiedlichen Zwecken dienten und nicht am selben Ort stattfanden. Der amerikanische Richter hat Handlungen bestraft, welche den Wettbewerb in den USA eingeschränkt haben; die Kommission hingegen hat Handlungen mit einer Geldbuße belegt, die den Wettbewerb am gemeinsamen Markt beschränkten. Zwar erfolgten diese Handlungen teilweise in Ausführung eines von den Beteiligten abgeschlossenen Exportabkommens, bei der Frage nach „derselben Tat" ist im Kartellrecht jedoch nicht auf die Vereinbarung abzustellen, durch die sich die Beteiligten dazu verpflichten, ein wettbewerbsbeschränkendes Verhalten zu begehen, sondern auf die in Ausführung dieser Verpflichtungen vorgenommenen Handlungen und auf die dadurch verletzten Rechtsgüter. Da nicht *„dieselbe Tat"* (*idem*) gegeben war, brauchte der Gerichtshof auch nicht weiter auf den „ne bis in idem"-Grundsatz und auch nicht auf das Anrechnungsgebot eingehen.

Auch *Generalanwalt Henri Mayras* stellt in seinen Schlussanträgen vom 29.11.1972 zu dem Fall *Boehringer* nach ausführlicher Diskussion der Problematik fest, dass derzeit weder ein allgemeiner Rechtsgrundsatz mit dem Inhalt eines zwischenstaatlichen „ne bis in idem" existiert[329], noch die Verpflichtung besteht, bei einer Geldbuße der Europäischen Kommission und einer Sanktion, welche in einem Drittstaat ergangen ist, die beiden Bußen aufeinander anzurechnen[330]. Diese Verpflichtung erwachse nur im Fall eines Zusammentreffens von Sanktionen, die in Anwendung des Gemeinschaftsrechts und des nationalen Rechts der Mitgliedstaaten getroffen wurden.

---

[328] EuGH, Urt. v. 14.12.1972, Rs. 7/72, Slg. 1972, 1281, 1290 – *Boehringer*.

[329] EuGH, Urt. Rs. Boehringer (Fn.328), Slg. 1972, 1281, 1298f.

[330] EuGH, Urt. Rs. Boehringer (Fn.328), Slg. 1972, 1281, 1295.

### dd. Limburgse Vinyl Maatschappij NV u.a. gegen Kommission

Auch in dem etwas jüngeren Fall *Limburgse Vinyl Maatschappij NV u.a. gegen Kommission*[331], der sich mit dem Wettbewerbsrecht der Gemeinschaften befasst, hatte sich der Gerichtshof der Gemeinschaften mit dem „ne bis in idem"-Grundsatz auseinanderzusetzen. Den Parteien, die im PVC-Sektor tätig waren, war vorgeworfen worden, sie hätten ihre Verhaltensweisen aufeinander abgestimmt, indem sie u.a. Informationen austauschten, die der Geheimhaltung unterlagen. Die Parteien führten an, dass wegen ein und derselben Zuwiderhandlung zweimal eine Sanktion verhängt wurde. Außerdem sei zweimal ein Ermittlungsverfahren aufgrund ein und desselben Sachverhalts eingeleitet worden.

Der Gerichtshof erklärte, dass nach dem „ne bis in idem"-Grundsatz die Europäische Kommission gegen ein Unternehmen wegen eines Verhaltens, zu dem der Gerichtshof bereits festgestellt hat, dass die Kommission dessen Wettbewerbswidrigkeit nachgewiesen oder nicht nachgewiesen hat, keine Ermittlungen wegen Verstoßes gegen die Wettbewerbsregeln der Gemeinschaft führen oder eine Geldbuße verhängen darf. Ein solcher Fall sei aber nicht gegeben, so dass kein Verstoß gegen dieses Prinzip gegeben ist.

Somit wird erneut klar, dass der Gerichtshof den Grundsatz „ne bis in idem" grundsätzlich anerkennt. Ein zwischenstaatliches „ne bis in idem" wird jedoch nicht angesprochen.

### ee. Archer Daniels Midland Company (ADM) gegen Kommission

In dem jüngsten Fall des EuG *Archer Daniels Midland Company (ADM) gegen Kommission*[332], welcher Fragen hinsichtlich eines internationalen „ne bis in idem" behandelt, ging es um die Anwendung dieses Grundsatzes auf gemeinschaftsrechtliche Sanktionen, die für Kartelle verhängt wurden, welche bereits ein Bußgeld von Drittstaaten erhalten hatten. Die betroffenen Unternehmen klagten, dass die Kommission bei der Verhängung einer Geldbuße die in Drittländern verhängte Sanktion nicht berücksichtigt hatte.

Dazu äußerte sich das Gericht, dass das „ne bis in idem"-Prinzip zwar ein tragender Grundsatz des Gemeinschaftsrechts sei, das Mehrfachverfolgungsverbot jedoch nur für von der Europäischen Kommission selber verhängte Sanktionen gelte. Es verwies weiterhin auf den *Walt Wilhelm-Fall* und erklärte diesbezüglich, dass bei parallelen Kartellverfahren wegen Verstößen gegen sowohl nationales mitgliedstaatliches als auch EG-Kartellrecht nur ein Anrechnungsgebot bestehe. Somit kann das Verbot der Mehrfachverfolgung bei gleichzeitigen Kartellverfahren in Drittstaaten und solchen innerhalb der EG *erst recht* nicht zum Tragen kommen.

Selbst die Frage, ob denn dann wenigstens die drittstaatliche Sanktion auf die Sanktion der Kommission angerechnet werden könnte, verneint das Gericht mit dem Hinweis,

---

[331] EuGH, Urt v. 20.4.1999, Rs. T-305/94 u.a., Slg. 1999-II, 931ff. – *Limburgse Vinyl Maatschappij NV.*

[332] EuGH, Urt. Rs. *Archer Daniels Midland Company (ADM)* (Fn.83), Slg. 2003-II, 2597ff.

dass in dem *Boehringer-Fall* die Frage offen gelassen wurde, dieser Fall also nicht herangezogen werden kann, und dass bei *Walt Wilhelm* die Erwähnungen, welche den EuGH dazu veranlassten, eine Anrechnungspflicht zu statuieren, gegen eine Ausdehnung des Grundsatzes auf Drittstaatenbestrafungen sprächen.[333] Somit wird auch hier abermals das „ne bis in idem"-Prinzip nur für einen eng abgesteckten Rahmen als anerkannt betrachtet. Das Anrechnungsgebot zwischen mitgliedstaatlichen und EG-rechtlichen Sanktionen gilt fort, bei drittstaatlichen Sanktionen gilt noch nicht einmal das. Im Verlauf von fast 35 Jahren wurde an der Rechtsprechung des EuGH also nichts geändert.

### d. Zwischenergebnis

Es lässt sich also feststellen, dass der „ne bis in idem"-Grundsatz in Artikel 86 III des europäischen Beamtenstatuts[334] positiviert und auch bereits im Urteil *Gutmann gg. Kommission der EAG* zur Anwendung gelangte. Die Frage seiner Geltung als allgemeiner Rechtsgrundsatz im Gemeinschaftsrecht ist hingegen nicht vollständig geklärt. Bisher wird er nur in seiner Ausgestaltung als Regel der Anrechenbarkeit als Ausdruck eines allgemeinen Billigkeitsgedankens beachtet. Der EuGH hat ihn bisher auch nur im Verhältnis von gemeinschaftsrechtlichen zu mitgliedstaatlichen Sanktionen im Bereich des Wettbewerbsrechts und im Verhältnis von Organhandlungen im Disziplinarrecht behandelt. Das liegt aber daran, dass das Strafrecht grundsätzlich (noch) nicht in den Kompetenzbereich der EG fällt.[335] Gerade die jüngste Entscheidung in dem Bereich zeigt auch, dass der „ne bis in idem"-Grundsatz noch sehr restriktiv gehandhabt wird.

Zwar wird hin und wieder von den Generalanwälten diskutiert, ob nicht ein allgemeiner Rechtsgrundsatz vorliegt, von den betroffenen Parteien wird er sogar als solcher angeführt, das Gericht mag sich dem jedoch nicht anschließen. Und auch die Generalanwälte kommen nicht zu dem Ergebnis, dass ein solcher Rechtsgrundsatz existiert. Die Problematik ist also bekannt, zu einer Lösung ist man noch nicht gekommen.

Ein Verbot der Mehrfach*bestrafung* im Verhältnis EG-rechtlicher zu mitgliedstaatlichen Sanktionen findet seinen Ausdruck nur in der Anrechnungslösung. Ein Mehrfach*verfolgungs*verbot existiert nicht. Ein allgemeiner Rechtsgrundsatz, welcher das „ne bis in idem"-Prinzip zwischen den einzelnen Mitgliedstaaten der EU statuiert, besteht überhaupt nicht.[336]

## 2. „Ne bis in idem" als Völkergewohnheitsrecht

Soweit ein internationales „ne bis in dem" als Völkergewohnheitsrecht anerkannt ist, könnte dieses jedoch das EG-Recht ergänzen und so dem Grundsatz zu Wirkung verhelfen.

---

[333] S. kritisch dazu: Eilmansberger, EWS 2004, 49ff.

[334] Fn.325.

[335] S.o. Fn.189.

[336] So auch im Ergebnis statt vieler: Pernice, Grundrechtsgehalte, 40.

Im Sinne der völkerrechtlichen Rechtsquellenordnung in Anlehnung an Artikel 38 IGH-Statut unterfallen insbesondere das Völkergewohnheitsrecht und die universell anerkannten „allgemeinen Rechtsgrundsätze" den allgemeinen Regeln des Völkerrechts.[337]

Aufgrund ihrer Völkerrechtsfähigkeit[338] unterliegt die EG diesen Regeln; außerdem gehört deren Respektierung zu den Verfassungsüberlieferungen der Mitgliedstaaten[339].[340] Die Sätze des allgemeinen Völkerrechts bedürfen keiner speziellen Übernahme ins Gemeinschaftsrecht, sondern gelten unmittelbar. Auch der Europäische Gerichtshof hat bereits davon gesprochen, dass bestimmte Teile des Völkerrechts integrierender Bestandteil der Gemeinschaftsordnung sind.[341] Die allgemeinen Regeln des Völkerrechts stellen somit eine ergänzende Rechtsquelle zur Lückenschließung im Gemeinschaftsrecht dar.[342]

Im Folgenden wird das Völkergewohnheitsrecht auf die Existenz eines zwischenstaatlich existierenden „ne bis in dem"-Grundsatzes hin untersucht.

Dieses entsteht durch *allgemeine Übung* der Staatengemeinschaft und durch die *Anerkennung* dieser Übung *als Recht.*[343] Diese Merkmale finden sich auch in Artikel 38 Absatz I Buchstabe b IGH-Statut. Die Übung soll von allen Völkerrechtssubjekten, die gebunden werden wollen, gleichartig und allgemein erfolgen; kleinere Abweichungen gelten als unschädlich.[344] Neben positiven Handlungen zählen auch Unterlassen und Nichtwidersprechen als Übung, sofern damit eine gewisse Auffassung zum Ausdruck gebracht wird.[345]

Hinsichtlich der Dauer der Übung stellt die herkömmliche Auffassung darauf ab, dass sie länger andauernd, also häufig ist.[346] Eine genaue zeitliche Angabe ist allerdings nicht vorhanden. Die Gegenansicht lässt eine schnelle Gewohnheitsrechtsbildung ausreichen. Artikel 38 I b IGH-Statut besagt schließlich nichts Gegenteiliges und außer-

---

337 BVerfGE 23, 288, 317; 94, 315, 328; 96, 68, 86; Herdegen in: Maunz/Dürig, GG, Art.25 Rn.19.

338 Bei den Europäischen Gemeinschaften EG, EAG und ehemals der EGKS handelt(e) es sich um Völkerrechtssubjekte. Hergeleitet wird das aus Art.281, 282 EGV für die EG, aus Art.184, 185 EAGV für die EAG und für die EGKS wurde Art.6 I und III EGKSV herangezogen. – vgl. Oppermann, Europarecht, § 4 Rn.4; Bleckmann, Europarecht, Rn.140.

339 Herdegen in: Maunz/Dürig, GG, Art.25 Rn.35.

340 Für Deutschland ergibt sich das aus Art.25 GG.

341 Vgl. EuGH, Urt. v. 12.12.1972, verb. Rs. 21-24/72, Slg. 1972, 1219ff. – *International Fruit Company*; Oppermann, Europarecht, § 7 Rn.18, § 31 Rn.93.

342 A.A. Ostertun, Gewohnheitsrecht, 147; Schwarze, EuR 1983, 1, 11f.; Arnold, Die Übernahme des allgemeinen Völkerrechts, 165, 166f.

343 Stein/von Buttlar, Völkerrecht, Rn.124; Ipsen, Völkerrecht, § 16 Rn.2; vgl. auch BVerfGE 94, 315, 332; 96, 68, 87.

344 Ipsen, Völkerrecht, § 16 Rn.10; Duisberg, Völkergewohnheitsrecht, 41ff.

345 Schweitzer, Völkergewohnheitsrecht, 16.

346 Schweitzer, Völkergewohnheitsrecht, 16; Duisberg, Völkergewohnheitsrecht, 42ff.

dem existieren bereits Fälle, in denen gleichzeitig entstehende Übung und Rechtsüberzeugung zu Völkergewohnheitsrecht geführt haben.[347]

Dass ein zwischenstaatliches „ne bis in idem" durch die Praxis der Mitgliedstaaten der Europäischen Union und damit durch einen bedeutenden Teil der Staatengemeinschaft insgesamt zum heutigen Zeitpunkt noch nicht geschaffen wurde, ist bereits gezeigt worden.

Ein völkergewohnheitsrechtliches „ne bis in idem" könnte jedoch dadurch entstehen, dass der Grundsatz völkerrechtlichen Verträgen vorhanden ist, welche von den Mitgliedern der Europäischen Union ratifiziert wurden. Dabei würde es sich um eine allgemeine Ausübung und Anerkennung des Grundsatzes handeln.

Es würde aber auch schon ausreichen, wenn ein zwischenstaatliches „ne bis in idem" in nur einem völkerrechtlichen Vertrag verankert wäre und dieser von allen Mitgliedstaaten der Europäischen Union ratifiziert würde. Es läge dann zwar kein Völkergewohnheitsrecht mehr vor, dieser Vertrag würde aber alle diese Staaten binden und somit ein faktisches Verbot der Mehrfachverfolgung innerhalb der Europäischen Union statuieren.

Weiterhin besteht auch die Möglichkeit, dass durch die Aufnahme des „ne bis in idem"-Grundsatzes in die Statuten der internationalen Strafgerichtshöfe Völkergewohnheitsrecht geschaffen wurde.[348] Diese Fälle sollen im Folgenden untersucht werden.

### a. „Ne bis in idem" in völkerrechtlichen Verträgen

Zunächst gilt es festzustellen, ob der „ne bis in idem"-Grundsatz in völkerrechtlichen Konventionen verankert ist. Dabei werden allerdings nur die völkerrechtlichen Übereinkommen herangezogen, die aufgrund ihres Inhaltes und der Zahl ihrer Unterzeichnerstaaten in Betracht kommen.

Festgehalten ist das „ne bis in idem"-Prinzip in *Artikel 86 des III. Genfer Abkommens über die Behandlung von Kriegsgefangenen*, in *Artikel VII Absatz 8 S. 1 des NATO-Truppenstatuts*, in *Artikel 14 Absatz VII des IPbpR*, in *Artikel 53 des Europäischen Übereinkommens über die Internationale Geltung von Strafurteilen*, in den *Artikeln 35 bis 37 des Europäischen Übereinkommens über die Übertragung der Strafverfolgung* und in *Artikel 4 Absatz I des Protokolls Nr. 7 zur EMRK* sowie in *Artikel 12 des „Draft Code of Crimes against the Peace and Security of Mankind"*.

[347] Seidl-Hohenveldern/Stein, Völkerrecht, Rn.473f.; Herdegen in: Maunz/Dürig, GG, Art.25 Rn.23; kritisch dazu Ipsen, Völkerrecht, § 16 Rn.5.

[348] S. dazu ausführlich: Hein, Zuständigkeitskonflikte, 59ff.

### aa. III. Genfer Abkommen über die Behandlung von Kriegsgefangenen vom 12. August 1949

*Artikel 86 des III. Genfer Abkommens über die Behandlung von Kriegsgefangenen*[349] lautet:

> *„Ein Kriegsgefangener darf nicht mehr als einmal für dieselbe Handlung oder aufgrund derselben Anklage bestraft werden."*

Damit ist das „ne bis in idem"-Prinzip - allerdings nur in Form eines Mehrfach*bestrafungs*verbots – in bezug auf Kriegsgefangene geregelt. Zwar ist es insofern „zwischenstaatlich", als es von allen Vertragsparteien des III. Genfer Abkommens – und damit von allen EU-Mitgliedstaaten - beachtet werden muss, doch lässt sich diese Wirkung mit der speziellen Materie des Abkommens erklären. Kriegsgefangene sind in Artikel 4 des Abkommens ausdrücklich definiert, und anwendbar ist das Abkommen nach Artikel 2 nur in Fällen eines erklärten Krieges oder eines bewaffneten Konfliktes.

Zumindest hinsichtlich bestimmter Sachverhalte waren bereits 1949 die einzelnen Staaten bereit, auf einen Teil ihrer Strafgewalt zu verzichten, wenn bereits ein anderer Staat seine Strafgewalt ausgeübt hat.

### bb. NATO-Truppenstatut vom 19. Juni 1951

Weiterhin findet sich ein zwischenstaatliches „ne bis indem" in *Artikel VII Absatz 8 Satz 1 des NATO-Truppenstatuts*[350]. Dieser lautet:

> *„Wenn ein Angeklagter in einem Strafverfahren, das nach diesem Artikel von den Behörden einer Vertragspartei gegen ihn durchgeführt wurde, freigesprochen worden ist oder wenn er in einem solchen Verfahren verurteilt worden ist und seine Strafe verbüßt oder verbüßt hat oder begnadigt worden ist, kann er nicht wegen derselben Handlung innerhalb desselben Hoheitsgebietes von den Behörden einer anderen Vertragspartei erneut vor Gericht gestellt werden."*

Damit liegt abermals ein zwischenstaatliches „ne bis in idem" vor, diesmal sogar in Form eines Mehrfach*verfolgungs*verbots. Doch auch dazu existiert eine Ausnahme: Der zweite Satz des Artikels VII Absatz 8 schließt nicht aus, dass die Militärbehörden des Entsendestaates ein Mitglied der Truppe dieses Staates aufgrund eines Dienstvergehens belangen, dessentwegen von den Behörden einer anderen Vertragspartei ein Strafverfahren gegen dieses Mitglied durchgeführt wurde.

Diese Ausnahme schwächt zum einen das Verbot der Doppelbestrafung[351]; zum anderen lässt sich aus einem Umkehrschluss aus Artikel VII Absatz 8 Satz 1 ableiten, dass eine zweite oder dritte Verfolgung in einem anderen Hoheitsgebiet sehr wohl möglich ist.

---

[349] UNTS Bd. 75, S.135; BGBl. II 1954, 838.

[350] BGBl. II 1961 1190; s. dazu auch: Schomburg/Lagodny, IRG, NATO-TS, Rn.1ff.

[351] Zumindest, wenn man Disziplinarmaßnahmen als Sanktionen im weiteren Sinn betrachtet. - Vgl. Birke, NATO-Truppenstatut, 69.

Es kann also angenommen werden, dass diese transnationale Geltung ebenfalls nur wegen des Spezialcharakters der Materie besteht und letztlich auf Souveränitätserwägungen zwischen den NATO-Partnern, die ihre Truppen zu einem gemeinsamen Verteidigungszweck in dem Gebiet eines anderen Mitgliedstaates stationiert haben, zurückgeführt werden kann.[352] Dennoch zeigen die Staaten abermals, dass sie unter gewissen Voraussetzungen bereit sind, ihre Strafgewalt einzuschränken. Allerdings sind von den 27 EU-Staaten nur 22 Länder Mitglieder der NATO[353], so dass nicht von einem EU-weiten „ne bis in idem" gesprochen werden kann.

### cc. Internationaler Pakt über bürgerliche und politische Rechte vom 19.12.1966

*Artikel 14 Absatz VII IPbpR*[354] besagt:

> *„Niemand darf wegen einer strafbaren Handlung, wegen der er bereits nach dem Gesetz und dem Strafverfahrensrecht des jeweiligen Landes rechtskräftig verurteilt oder freigesprochen worden ist, erneut verfolgt oder bestraft werden."*

Hier weist die Formulierung „*des jeweiligen Landes*" zunächst darauf hin, dass ein Doppelverfolgungs- oder -bestrafungsverbot nur durch denselben Staat gemeint ist. Allerdings ist zu beachten, dass es sich hierbei um die deutsche Übersetzung des Abkommens handelt. Verbindlich ist das Abkommen nach dessen Artikel 53 Absatz I nur in chinesischer, englischer, russischer, französischer und spanischer Sprache. Die Wortwahl „jeweiliges Land" ist im Englischen mit "each country"[355] übersetzt; im Französischen lautet der Ausdruck „chaque pays"[356] – somit könnte die deutsche Übersetzung genauso gut „*von jedem Land*" lauten. Demnach ist der Wortlaut in den verbindlichen Sprachen nicht so eindeutig, wie es zunächst im Deutschen scheint, sondern mehreren Auslegungen zugänglich, d.h. der Artikel könnte auch ein zwischenstaatliches „ne bis in idem" enthalten.

Mit diesem Problem hat sich bereits der UN-Menschenrechtsausschuss in dem Verfahren *A.P. v. Italy*[357] beschäftigt und kam zu dem Schluss, dass nur ein innerstaatliches

---

[352] Hein, Zuständigkeitskonflikte, 56.

[353] Belgien, Bulgarien, Dänemark, Deutschland, England, Estland, Frankreich, Griechenland, Italien, Irland, Lettland, Litauen, Luxemburg, Niederlande, Polen, Portugal, Rumänien, Slowakei, Slowenien, Spanien, Tschechien und Ungarn.

[354] BGBl. II 1973, 1534ff.

[355] Der Absatz im englischen Vertragstext lautet wie folgt: *"No one shall be liable to be tried or punished again for an offence for which he has already been finally convicted or acquitted in accordance with the law and penal procedure of each country."* – Abgedruckt ebenfalls in: BGBl. II 1973, 1534ff.

[356] Der Absatz im französischen Text lautet : *« Nul ne peut être poursuivi ou puni en raison d'une infraction pour laquelle il a déjà été acquitté ou condamné par un jugement définitif conformément à la loi et à la procédure pénale de chaque pays. »* – Abgedruckt ebenfalls in: BGBl. II 1973, 1534ff.

[357] A. P. v. Italy, Communication No. 204/1986 (2. November 1987), U.N. Doc. CCPR/C/OP/2 at 67 (1990) – Teilweise abgedruckt in EuGRZ 1990, 15f. – In dem Fall, in dem ein italienischer Staatsangehöriger in Italien erneut verurteilt wurde, obwohl er bereits in der Schweiz zu einer zweijährigen Freiheitsstrafe verurteilt worden war und diese auch verbüßt hatte, wurde festgestellt: *„Article 14 II*

Verbot der Doppelbestrafung gemeint ist. Dem folgt auch die heute noch vorherrschende Meinung.[358] Somit behält die deutsche Übersetzung - wenn sie auch nicht völkerrechtlich verbindlich ist - im Endeffekt Recht und ist somit eindeutiger als die amtlichen Übersetzungen. Der *IPbpR* kann somit bei der Suche nach einem völkergewohnheitsrechtlichen zwischenstaatlichen „ne bis in idem“ nicht herangezogen werden.

**dd. Europäisches Übereinkommen über die Internationale Geltung von Strafurteilen vom 28. Mai 1970**

*Artikel 53 Absatz I des Europäischen Übereinkommens über die Internationale Geltung von Strafurteilen*[359] lautet:

> *„Eine Person, gegen die ein Europäisches Strafurteil ergangen ist, darf wegen derselben Handlung in einem anderen Vertragsstaat weder verfolgt, abgeurteilt noch der Vollstreckung einer Sanktion unterworfen werden, wenn sie freigesprochen worden ist; wenn die verhängte Sanktion verbüßt wird oder ganz verbüßt worden ist, Gegenstand eines Gnadenerweises oder einer Amnestie war, die sich auf die gesamte Sanktion oder auf deren noch nicht vollstreckten Teil bezieht, oder wegen Verjährung nicht mehr vollstreckt werden kann; wenn der Richter die Schuld des Täters festgestellt, aber keine Sanktion verhängt hat.“*

Damit liegt zumindest in diesem völkerrechtlichen Vertrag ein zwischenstaatliches „ne bis in idem“ vor. Allerdings sind in dem Übereinkommen auch zwei Ausnahmen dazu enthalten: Absatz II besagt, dass ein Vertragsstaat die „ne bis in idem“-Wirkung nicht anzuerkennen braucht, wenn die in Frage kommende Handlung von einer Person begangen wurde, die ein öffentliches Amt bekleidet, oder die Handlung sich gegen eine solche Person oder eine öffentliche Einrichtung oder Sache richtet. Weiterhin muss nach Absatz III die Wirkung nicht anerkannt werden, wenn die Handlung in einem bestimmten Staat oder nach dem Recht eines bestimmten Staates begangen wurde und dieser Staat nicht selber um Verfolgung gebeten hat. Dadurch wird dem Grundsatz wieder viel von seiner Bedeutung genommen.

Außerdem wurde das Übereinkommen nur von 17 Europaratsmitgliedern ratifiziert. Das ist noch nicht einmal die Hälfte aller Mitglieder des Europarats[360]. Zur Bildung von Völkergewohnheitsrecht kann es deshalb nicht herangezogen werden. Von den 27

---

*does not guarantee ne bis in idem with regard to the national jurisdictions of two or more States. The Committee observes that this provision prohibits double jeopardy only with regard to an offence adjudicated in a given State."*

[358] BVerfGE 75, 1, 10; Corstens/Pradel, European Criminal Law, 87f.; Specht, Zwischenstaatliche Geltung, 46; Nolte in: v. Mangoldt/Klein/Stark, GG, Art.103 III Rn.190f.; Scheschonka, Ne bis in idem, 43f.; aA.: Huet/Koering-Joulin, Droit penal international, 245; Graefrath, NJ 1988, 60; kritisch: Nowak, CCPR, 272f.; Schermers, Non bis in idem, 601, 607; Mayer, Ne-bis-in-idem-Wirkung, 45f.

[359] SEV Nr.70 (www.conventions.coe.int).

[360] Zurzeit besteht der Europarat aus 46 Staaten (Stand v. 15.03.2007).

EU-Mitgliedstaaten haben das Übereinkommen nur 18 unterschrieben[361] und nur 11 ratifiziert[362].[363] Auch im Rahmen der gesamten EU besitzt es somit keine Geltung; von einem europäischen (im Sinne von EG-rechtlichen) „ne bis in idem“ kann auch hier nicht gesprochen werden.

### ee. Europäisches Übereinkommen über die Übertragung der Strafverfolgung vom 15. Mai 1972

In dem *Europäischen Übereinkommen über die Übertragung der Strafverfolgung*[364] ist in den Artikeln 35 bis 37 der „ne bis in idem“-Grundsatz geregelt.

Absätze I bis III von Artikel 35 sind identisch mit den Absätzen I bis III von Artikel 53 des *Europäischen Übereinkommens über die Internationale Geltung von Strafurteilen*, mit der einen Ausnahme, dass anstelle von „Europäischem Strafurteil“ von einem „rechtskräftigen, vollstreckbaren Straferkenntnis“ gesprochen wird. In Artikel 36 ist das Anrechnungsgebot für bereits vollzogene Freiheitsstrafen verankert und Artikel 37 besagt, dass die genannten Vorschriften weitergehenden innerstaatlichen „ne bis in idem“-Regelungen, welche sich auf ausländische Strafentscheidungen beziehen, nicht entgegenstehen. Zu dem „ne bis in idem“-Grundsatz gelten dieselben Ausführungen wie zu dem vorgenannten Übereinkommen.

Von den Europaratsstaaten haben das Übereinkommen 18 Mitglieder ratifiziert; von den 27 EU-Staaten haben es bisher nur 19 Staaten unterzeichnet[365] und nur 13 Staaten ratifiziert[366]. Das Übereinkommen kann demnach weder für die Bildung von Völkergewohnheitsrecht noch für die Feststellung eines faktischen „ne bis in idem“ herangezogen werden.

Dennoch wird deutlich, dass die Staaten erkennen, dass dem Problem der sich überschneidenden Strafgewalten und der daraus folgenden Gefahr einer mehrfachen Verfolgung abgeholfen werden muss und auch durchaus bereit sind, dem abzuhelfen.

---

[361] Belgien, Bulgarien, Dänemark, Deutschland, Estland, Griechenland, Italien, Lettland, Litauen, Luxemburg, Niederlande, Österreich, Portugal, Rumänien, Schweden, Slowenien, Spanien und Zypern.

[362] Inkraftgetreten ist es in Bulgarien am 1.7.2004, in Dänemark am 26.7.1974, in Estland am 26.7.2001, in Lettland am 30.10.2003, in Litauen am 9.7.1998, in den Niederlanden am 1.1.1988, in Österreich am 1.7.1980, in Rumänien am 9.9.2000, in Schweden am 26.7.1974, in Spanien am 3.12.1994 und in Zypern am 26.7.1974.

[363] Zum jeweiligen Ratifikationsstand: www.conventions.coe.int.

[364] SEV Nr.73 (www.conventions.coe.int).

[365] Belgien, Bulgarien, Dänemark, Estland, Griechenland, Italien, Lettland, Litauen. Luxemburg, Niederlande, Österreich, Rumänien, Schweden, Slowakei, Slowenien, Spanien, Tschechische Republik, Ungarn und Zypern.

[366] Inkraftgetreten ist es in Bulgarien am 1.7.2004, in Dänemark am 30.3.1978, in Estland am 27.7.1997, in Lettland am 3.9.1997, in Litauen am 24.2.2000, in den Niederlanden am 19.7.1985, in Österreich am 1.7.1980, in Rumänien am 9.9.2000, in Schweden am 30.3.1978, in der Slowakei am 1.1.1993, in Spanien am 12.11.1988, in der Tschechischen Republik am 1.1.1993 und in Zypern am 20.3.2002.

**ff. Zusatzprotokoll Nr.7 zur EMRK vom 22.11.1987**

*Artikel 4 Absatz I des Protokolls Nr. 7 zur EMRK*[367], welcher besagt, dass

> *„niemand (...) wegen einer Straftat, wegen der er bereits nach dem Gesetz und dem Strafverfahrensrecht eines Staates rechtskräftig verurteilt oder freigesprochen ist, in einem Strafverfahren* ***desselben Staates*** *erneut verfolgt oder bestraft werden [darf]"*,

ist dem Wortlaut nach eindeutig. Eine mehrfache Strafverfolgung von verschiedenen Staaten wird nicht ausgeschlossen.[368]

Es wurden zwar Versuche gemacht, ein solch transnationales Prinzip in Artikel 6 EMRK oder in Artikel 3 EMRK hereinzulesen, diese sind aber nicht überzeugend.

Bei Artikel 6 EMRK sollte sich ein zwischenstaatliches „ne bis in idem" aus dem „fair trial" Grundsatz ergeben, der in dessen Absatz VI verankert ist.[369] Die Menschenrechtskommission hatte - ohne näher auf das Problem einzugehen - in einigen Entscheidungen angedeutet, dass der Anspruch auf „fair trial" einer Mehrfachverurteilung in demselben Staat entgegenstehen könnte.[370] Von einem zwischenstaatlichen „ne bis in idem" war bisher jedoch nicht die Rede. Gegen die Existenz einer solchen Ausgestaltung des „ne bis in idem"-Satzes spricht allerdings das 7. Zusatzprotokoll, welches „ne bis in idem" ausdrücklich regelt. Wäre ein zwischenstaatliches Verbot der Doppelbestrafung gewollt gewesen, wäre es dort schließlich zum Ausdruck gekommen.

In Bezug auf Artikel 3 EMRK wurde der Versuch unternommen, eine mehrfache Strafverfolgung durch verschiedene Staaten unter das Merkmal „erniedrigende Strafe" zu subsumieren[371]: Durch das Strafverfahren werden dem Angeklagten Schwierigkeiten und Unannehmlichkeiten aufgebürdet. Außerdem nimmt sein Bild in der Öffentlichkeit Schaden. Wird ein weiteres Strafverfahren durchgeführt, das denselben Gegenstand wie das vorherige betrifft, muss er diese Lasten ein weiteres Mal auf sich nehmen; seine Würde und seine Ehre werden verletzt – das sei erniedrigend.

Dem kann entgegengehalten werden, dass Artikel 3 EMRK nur die Art und Weise der Durchführung eines Strafverfahrens behandelt. Die aufgeführten Gründe für eine „Erniedrigung" sind sowohl für das erste wie auch für das zweite Strafverfahren anwendbar und was beim ersten Mal nicht erniedrigend ist, kann es auch nicht bei einer Wiederholung des Verfahrens sein. Überdies wäre dann auch eine Wiederaufnahme des Verfahrens im Inland erniedrigend und deshalb verboten.[372] Außerdem lässt sich hier ebenfalls die Existenz des 7. Zusatzprotokolls entgegenhalten.

---

[367] SEV Nr.117 (www.conventions.coe.int); außerdem abgedruckt in: HRLJ 1985, 80ff.

[368] EGMR E 15521/89 v. 2.12.1992; s. dazu auch Frowein/Peukert, EMRK, Art.4 des 7.ZP Rn.1; Miehsler/Vogler in: Karl/Birk/Golsong, EMRK, Art. 6 Rn.375.

[369] Hein, Zuständigkeitskonflikte, 55; Frowein/Peukert, EMRK, Art.6 Rn.173.

[370] E 8945/80, DR 39, 43 (47); E 9433/81, DR 27, 233; E 7680/76, DR 9, 190 aus: Frowein/Peukert, EMRK, Art. 6 Rn.173 Fn.767.

[371] Schorn, EMRK, Art.3 Rn.43; ders., JR 1964, 205, 206.

[372] Mayer, Ne-bis-in-idem-Wirkung, 49.

Dass die in der *EMRK* verankerte „ne bis in idem“-Regelung nur innerstaatliche Geltung erlangen soll, lässt sich auch damit erklären, dass durch das 7. Zusatzprotokoll zur *EMRK* eine Angleichung an das Recht des *IPbpR* erfolgen sollte[373] und im *IPbpR* auch nur ein innerstaatliches „ne bis in idem“ verankert ist. Zwar ist die Regelung im 7. Zusatzprotokoll im Gegensatz zu *Artikel 14 VII IPbpR* präziser, dennoch statuiert sie im Grunde dasselbe.

In Artikel 4 Absatz 1 des 7. Zusatzprotokolls zur *EMRK* ist demzufolge nur ein innerstaatliches „ne bis in idem“ geregelt. Somit ist diese Vorschrift bei der Suche nach einem zwischenstaatlichen Verbot der Mehrfachverfolgung ohne Bedeutung.

**gg. Draft Code of Crimes against the Peace and Security of Mankind 1996**

Schließlich ist das Verbot der Mehrfachbestrafung noch in dem Entwurf eines völkerrechtlichen Strafgesetzbuches - des *„Draft Code of Crimes against the Peace and Security of Mankind“* (Entwurf eines Kodex über Verbrechen gegen den Frieden und die Sicherheit der Menschheit)[374] - der Völkerrechtskommission der Vereinten Nationen (International Law Commission - ILC) verankert. Der ILC obliegt die Aufgabe, in den Bereichen, die durch das Völkerrecht bislang unzureichend geregelt sind, Vertragsentwürfe zu erarbeiten und das Völkerrecht fortzuentwickeln. Außerdem soll sie bereits bestehendes Völkergewohnheitsrecht systematisieren und kodifizieren.

1951 hatte die ILC der Generalversammlung der Vereinten Nationen einen ersten Entwurf für einen Kodex über Verbrechen gegen den Frieden und die Sicherheit der Menschheit vorgelegt, weitere Entwürfe folgten 1991 und 1996. In diesem jüngsten Entwurf findet sich der „ne bis in idem“-Grundsatz in Artikel 12. Dieser besagt:

> *"1. No one shall be tried for a crime against the peace and security of mankind of which he has already been finally convicted or acquitted by an international criminal court.*
>
> *2. An individual may not be tried again for a crime of which he has been finally convicted or acquitted by a national court except in the following cases:*
>
> > *(a) by an international criminal court, if:*
> >
> > > *(i) the act which was the subject of the judgement in the national court was characterized by that court as an ordinary crime and not as a crime against the peace and security of mankind; or*
> > >
> > > *(ii) the national court proceedings were not impartial or independent or were designed to shield the accused from international criminal responsibility or the case was not diligently prosecuted;*

[373] Trechsel, FS Ermacora, 195, 197; Nowak, EuGRZ 1985, 240, 241.

[374] Der Entwurf von 1996 findet sich in: Report of the International Law Commission on the work of its forty-eights session 6 May – 26 July 1996, General Assembly Official Records, Fifty-first Session Supplement No.10 (A/51/10); Human Rights Law Journal 1997, 96ff. (mit Erläuterungen); Roggemann, Strafgerichtshöfe, 368ff.; s. ausführlich zu dem Entwurf: Tomuschat, EuGRZ 1998, 1ff.; s. ferner Reichart, ZRP 1996, 134ff.

*(b) by a national court of another State, if:*

*(i) the act which was the subject of the previous judgement took place in the territory of that State; or*

*(ii) that State was the main victim of the crime.*

*3. In the case of a subsequent conviction under the present Code, the court, in passing sentence, shall take into account the extent to which any penalty imposed by a national court on the same person for the same act has already been served."*

Nach Absatz 1 greift ein absolutes „ne bis in idem"-Prinzip sobald eine Person von einem internationalen Strafgericht verurteilt oder freigesprochen wurde. Es ist nicht geregelt, wem eine zweite Verfolgung versagt bleibt. Dieses Prinzip greift demnach sowohl gegenüber internationalen Gerichten als auch gegenüber nationalen Gerichten ein. Damit gilt es sowohl vertikal als auch horizontal.[375]

In Absatz 2 ist der Grundsatz im Verhältnis von nationaler zu internationaler Gerichtsbarkeit geregelt und zusätzlich das Verhältnis nationaler Gerichtsbarkeiten zueinander. Zwar gilt das Prinzip in diesem Absatz nicht absolut wie in Absatz 1 - Durchbrechungen des Grundsatzes sind unter bestimmten Voraussetzungen möglich - dennoch ist die Tatsache, dass es zwischen nationalen Jurisdiktionen zur Geltung kommen soll, außerordentlich bemerkenswert. Einzig wenn die strafbare Handlung auf dem Territorium des Staates stattgefunden hat, der eine erneute Verurteilung begehrt oder wenn sich die Straftat gegen diesen Staat richtete, ist eine Durchbrechung des Grundsatzes im Verhältnis nationaler Gerichte zueinander möglich. Die zahlreichen anderen bekannten Ausnahmen, die das aktive und passive Personalitätsprinzip anführen, finden keine Anwendung.

In Absatz 3 wird das Anrechnungsgebot festgesetzt. Das heißt, sowohl ein internationales Gericht muss die Verurteilung eines nationalen Gerichts in Betracht ziehen, als auch ein nationales Gericht eine Verurteilung eines anderen nationalen Gerichts. Dieser Grundsatz ist hinsichtlich nationaler Gerichtsbarkeiten aber auch so oder in ähnlicher Form in den nationalen Rechtsordnungen enthalten.

Der Entwurf muss jedoch, um Gültigkeit zu erlangen, von der Generalversammlung der Vereinten Nationen akzeptiert werden, damit diese weitere Schritte unternehmen kann, um das Verfahren zu einem förmlichen Abschluss zu bringen.[376] Sollte das geschehen, würde das einen großen Fortschritt gegenüber allen anderen völkerrechtlichen Instrumenten bedeuten, welche den „ne bis in idem"-Grundsatz enthalten und auch bezüglich der Geltung des Grundsatzes innerhalb der EU. Die Regelungen dieses Gesetzbuches einschließlich des „ne bis in idem"-Grundsatzes sind zwar nur auf die in den Artikeln 16 bis 20 des Gesetzes geregelten Verbrechen gegen den Frieden und die Sicherheit der Menschheit anwendbar. Jedoch erlangt der „ne bis in idem"-Grundsatz

---

[375] S. dazu auch die Erläuterungen der ILC zu Art.12 des Draft Code: http.//untreaty.un.org/ilc/texts/instruments/english/commentaries/7_4_96.pdf (07.07.2006).

[376] Bisher hat die Generalversammlung der ILC nur ihre Anerkennung für die Erarbeitung des Entwurfes ausgesprochen. – Resolution 51/160 v. 16.12.1996.

nicht nur innerhalb der einzelnen Jurisdiktionen Geltung, sondern diese erstreckt sich über die Grenzen hinweg, der Grundsatz erreicht zwischenstaatliche Wirkung. Wird der Entwurf von der Generalversammlung angenommen, so gilt er für alle Mitglieder der Vereinten Nationen, worunter auch die gesamten Mitglieder der EU fallen. Es würde zum ersten Mal ein zwischenstaatliches „ne bis in idem" für *alle* Mitglieder der EU gelten.

Heutzutage wurde der Entwurf zwar von dem Statut des Internationalen Strafgerichtshofs „überholt", da auch dieses das Völkerstrafrecht regelt. Er bleibt aber von Bedeutung als Referenzwerk für den Stand der völkergewohnheitsrechtlichen Entwicklung.[377] Von Bedeutung ist er vor allem, da die in ihm festgesetzte „ne bis in idem"-Regelung mit diesem generellen Inhalt ansonsten nur noch in wenigen anderen Übereinkommen existiert. Der Entwurf eines Kodex über Verbrechen gegen den Frieden und die Sicherheit der Menschheit würde darüber hinaus auch für Drittstaaten Geltung erlangen, und eine solche breitestmögliche Entfaltung des Grundsatzes soll schließlich das Endziel sein.

Es bleibt zu hoffen, dass der Entwurf Berücksichtigung finden wird. Schließlich wurden schon in vielen Fällen die Arbeiten der Völkerrechtskommission als Völkergewohnheitsrecht anerkannt.

#### hh. Zwischenergebnis

Nach Betrachtung einiger wichtiger völkerrechtlicher Verträge fällt auf, dass die Lage hinsichtlich eines internationalen Verbots der Mehrfachverfolgung und –bestrafung doch nicht ganz aussichtslos erscheint. Der „ne bis in idem"-Grundsatz ist grundsätzlich bekannt und in vier bereits in Kraft getretenen Verträgen gilt er sogar zwischenstaatlich; der *IPbpR* ist aufgrund seiner Formulierung offen für eine weitergehende Auslegung.

Zwar können diese Verträge nicht zur Bildung von Gewohnheitsrecht herangezogen werden, da die Ausgestaltungen des Grundsatzes recht unterschiedlich ausfallen und sie auch nicht von genügend Staaten ratifiziert wurden, dennoch beweist deren Existenz, dass es bald zu der Entstehung eines universell geltenden zwischenstaatlichen „ne bis in idem" kommen könnte.

### b. „Ne bis in idem" in den Statuten der Internationalen Strafgerichtshöfe

Weiterhin ist die Möglichkeit näher zu beleuchten, ob vielleicht durch die Aufnahme des „ne bis in idem"-Grundsatzes in die Statuten der Internationalen Gerichtshöfe Völkergewohnheitsrecht geschaffen wurde.

---

[377] Tomuschat, EuGRZ 1998, 1, 7.

**aa. Statut für den Internationalen Militärgerichtshof von Nürnberg (IMT)**

Am 8. Mai 1945 wurde das Statut für den Internationalen Militärgerichtshof von Nürnberg[378] verabschiedet. Die rechtliche Qualifikation der Nürnberger Tribunale ist umstritten, da diese allein von den Siegermächten gebildet wurden. Der Internationale Militärgerichtshof von Nürnberg könnte somit eher als Besatzungsgericht als ein völkerrechtliches Gericht eingeordnet werden. Für die Gleichstellung mit einem völkerrechtlichen Tribunal spricht jedoch, dass sich das Militärtribunal in derselben Situation wie die nachfolgenden völkerrechtlichen Gerichte befand und sich entsprechend mit völkerstrafrechtlichen Problemen auseinandersetzen musste.[379] Bei der Suche nach einem völkerrechtlichen „ne bis in idem" kann also bereits dieses Statut herangezogen werden.

Explizit ist das Verbot einer mehrfachen Verfolgung oder Bestrafung nicht in dem Statut enthalten. Allerdings kann es aus einigen Artikeln hergeleitet werden. In den Artikeln 10 und 11 des Statuts für den Internationalen Militärgerichtshof von Nürnberg sind folgende Regelungen verankert:

> *Artikel 10: „Ist eine Gruppe oder Organisation vom Gerichtshof als verbrecherisch erklärt worden, so hat die zuständige nationale Behörde jedes Signatars das Recht, Personen wegen ihrer Zugehörigkeit zu einer solchen verbrecherischen Organisation vor nationalen, Militär- oder Okkupationsgerichten den Prozeß zu machen. (...)"*
>
> *Artikel 11: „Jede vom Gerichtshof verurteilte Person kann vor einem der in Artikel 10 dieses Statuts erwähnten nationalen, Militär- oder Okkupationsgerichtshöfe wegen eines anderen Verbrechens als der Zugehörigkeit zu einer verbrecherischen Gruppe oder Organisation angeklagt werden, und ein solches Gericht kann im Falle der Verurteilung des Angeklagten eine Strafe gegen ihn verhängen, die zusätzlich erkannt wird und unabhängig von der Strafe, die der Gerichtshof wegen Teilnahme an der verbrecherischen Tätigkeit einer solchen Gruppe oder Organisation erkannt hat."*

Diese beiden Regelungen implizieren das „ne bis in idem"-Prinzip, indem sie neue nationale Verurteilungen nur unter bestimmten Voraussetzungen ermöglichen. Eine erneute Verurteilung ist demnach möglich, wenn eine Person von dem Nürnberger Gerichtshof wegen Teilnahme an einer verbrecherischen Organisation verurteilt wurde. Diese Person kann dann vor einem nationalen Gericht erneut verurteilt werden, allerdings nicht wegen der Teilnahme an einer verbrecherischen Organisation. Wegen „Teilnahme an einer verbrecherischen Organisation" darf also keiner mehrfach verurteilt werden.[380] Diese Regelung erscheint wie eine Ausnahmeregelung: Ausnahmsweise darf eine zusätzliche Strafe verhängt werden. Das impliziert, dass das in anderen

---

[378] 82 UNTS 279; abgedruckt in deutscher Sprache in: Roggemann, Strafgerichtshöfe, 375ff.; s. zu den Nürnberger Tribunalen ausführlich die gesammelten Dokumente des *Avalon-Projects* der *Yale Law School*: http://www.yale.edu/lawweb/avalon/imt/imt.htm (28.10.2005).

[379] Specht, Zwischenstaatliche Geltung, Fn.155.

[380] S. dazu auch van den Wyngaert/Ongena, Ne bis in idem, 705, 718.

Fällen gerade nicht möglich sein soll, dass sonst keiner wegen desselben Sachverhalts ein weiteres Mal durch ein nationales Gericht verurteilt werden darf.

Schon damals wurde also das „ne bis in idem"-Prinzip anerkannt. Allerdings ist nicht geregelt, dass keine erneute Verfolgung durch das Militärgericht stattfinden darf, wenn bereits eine nationale Verurteilung erfolgt ist. Es existiert also nur ein vertikales „ne bis in idem" in eine und nicht in beide Richtungen. *Van den Wyngaert* und *Ongena*[381] sprechen in diesem Fall von einem *„downward ne bis in idem effect"*.[382]

Die Regelungen des Statuts des Nürnberger Militärgerichtshofs sind somit nicht umfassend genug, um bei der Suche nach einem zwischenstaatlichen „ne bis in idem" eine Hilfe zu sein. Zumindest zeigen sie aber, dass bereits damals die einzelnen Staaten anerkannt haben, dass eine mehrfache Verurteilung durch verschiedene Gerichte unter verschiedenen Jurisdiktionsgewalten zu vermeiden ist.

### bb. Statut des Internationalen Gerichtshofs für das Ehemalige Jugoslawien (ICTY)

Der Internationale Strafgerichtshof für das ehemalige Jugoslawien wurde zur Verfolgung der Verantwortlichen für die seit 1991 im Hoheitsgebiet des ehemaligen Jugoslawiens begangenen schweren Verstöße gegen das humanitäre Völkerrecht eingerichtet. Verabschiedet wurde dessen Statut[383] vom Sicherheitsrat der Vereinten Nationen am 25. Mai 1993 aufgrund von Kapitel VII der UN-Charta durch die Resolution 827.[384] In Artikel 10 wird das „ne bis in idem"-Prinzip geregelt[385]:

1. *„Niemand darf wegen Handlungen, die nach diesem Statut schwere Verstöße gegen das humanitäre Völkerrecht darstellen, vor ein einzelstaatliches Gericht gestellt werden, wenn gegen ihn wegen derselben Handlung bereits vor dem Internationalen Gericht verhandelt wurde.*
2. *Eine Person, die wegen Handlungen, die schwere Verstöße gegen das humanitäre Völkerrecht darstellen, vor ein einzelstaatliches Gericht gestellt wurde, darf in der Folge von dem Internationalen Gericht nur dann belangt werden,*
    - *a) wenn die Handlung, derentwegen sie vor Gericht gestellt wurde, als ein gewöhnliches Verbrechen gewertet wurde; oder*
    - *b) wenn das einzelstaatliche Gerichtsverfahren nicht unparteilich und unabhängig war, wenn es darauf ausgerichtet war, den Angeklagten vor internationaler strafrechtlicher Verantwortlichkeit zu schützen, oder wenn der Fall nicht mit der gebotenen Sorgfalt verfolgt wurde.*

---

[381] Van den Wyngaert/Ongena, Ne bis in idem, 705ff.

[382] Wäre nach einem Urteil eines nationalen Gerichts eine weitere Verfolgung durch ein internationales Gericht unzulässig, läge ein *„upward ne bis in idem effect"* vor.

[383] International Legal Materials 1993, 1192, 1203.

[384] Das Statut wurde durch mehrere Resolutionen geändert. Bei der hier zugrunde liegenden jüngsten Resolution handelt es sich um die Resolution 1481 des Sicherheitsrates v. 19. Mai 2003.

[385] Ausführlich zu der „ne bis in idem"-Gewährleistung in Art.10 ICTY: Scheschonka, Ne bis in idem, 206.

3. *Bei der Bemessung der Strafe, die gegen eine eines Verbrechens nach diesem Statut für schuldig befundene Person verhängt werden soll, berücksichtigt das Internationale Gericht, inwieweit diese Person bereits eine von einem einzelstaatlichen Gericht wegen derselben Handlung verhängte Strafe verbüßt hat.*"[386]

Damit handelt es sich um die erste international gültige im Völkerrecht verankerte Regelung, die nicht nur im internen Bereich, sondern gerade darüber hinaus ein Verbot der Mehrfachverfolgung zwischen mehreren Völkerrechtssubjekten konstatiert. In diesem Artikel 10 wird ein Verbot der Mehrfachverfolgung im Verhältnis von nationalen Gerichten zum Jugoslawientribunal verankert; es liegt sowohl ein „*upward-*" als auch ein „*downward ne bis in idem effect*" vor. Wurde eine Person bereits von dem Jugoslawientribunal verfolgt, darf sie nicht mehr vor ein nationales Gericht gestellt werden und abgesehen von den in Absatz 2 geregelten Ausnahmen darf eine von einem einzelstaatlichen Gericht bestrafte Person nicht mehr vom Jugoslawientribunal bestraft werden. Greift eine der Ausnahmen, ist der Anrechnungsgrundsatz zu berücksichtigen. Damit wird - wenn auch nicht das Verhältnis nationaler Gerichtsbarkeiten zueinander - zumindest das Verhältnis nationaler zu überstaatlicher Gerichtsbarkeit geregelt.

Ein internes „ne bis in idem" wird nicht geregelt, dennoch kann von seiner Geltung unter Zugrundelegung des allgemeinen Rechtsgrundsatzes, zu dem sich ein internes „ne bis in idem" inzwischen wohl entwickelt hat, ausgegangen werden.[387] Es wäre auch sehr verwunderlich, wenn der Gerichtshof sich selber von der „ne bis in idem"-Regelung ausnehmen würde.

Auch nicht geregelt wird das Verhältnis internationaler Gerichtshöfe zueinander. Das könnte aber daran liegen, dass hinsichtlich der Strafgerichtsbarkeit zu dem Zeitpunkt der Errichtung des Jugoslawientribunals noch kein anderer internationaler Strafgerichtshof existierte.

In Artikel 9 Absatz 1 des Statuts ist weiterhin geregelt, dass der Gerichtshof und die einzelstaatlichen Gerichte konkurrierende Zuständigkeit für die strafrechtliche Verfolgung von bestimmten Personen haben. Absatz 2 besagt, dass der Gerichtshof Vorrang hat vor den einzelstaatlichen Gerichten und er diese in jedem Stadium des Verfahrens ersuchen kann, ihre Zuständigkeit in einem Verfahren an den Gerichtshof abzutreten.

Problematisch an der Regelung in Artikel 10 Absatz 2 - welche zunächst einen vor einem nationalen Gericht Verurteilten vor einer weiteren Verurteilung durch das Jugoslawientribunal zu schützen scheint - ist jedoch, dass der darin enthaltene „ne bis in idem"-Effekt nicht wirklich zum Tragen kommt. Die Regel ist zum Beispiel nicht anwendbar, wenn jemand von einem nationalen Gericht aufgrund eines gewöhnlichen Verbrechens verfolgt wurde. Eine wiederholte Verfolgung ist also immer möglich, sobald eine Handlung unter ein Verbrechen subsumiert werden kann, welches der Jurisdiktion des Jugoslawiengerichtshofs unterfällt - wie Kriegsverbrechen oder Völker-

---

[386] Deutsche Übersetzung aus Roggemann, Der Internationale Strafgerichtshof, 82.

[387] Bassiouni, ICTY, 334; Scheschonka, Ne bis in idem, 203; Specht, Zwischenstaatliche Geltung, 72.

mord – und diese Handlung von einem nationalen Gericht „nur" unter den Straftatbestand des Mordes fällt.[388]

Zur Zusammenarbeit mit dem Gerichtshof und zur Anerkennung des Statuts haben sich folgende Mitgliedstaaten der Europäischen Union erklärt: Griechenland, Großbritannien, Österreich, Belgien, Deutschland, Frankreich, Dänemark, Schweden, Spanien, die Niederlande, Finnland und Italien. Bei diesen Staaten kann also davon ausgegangen werden, dass sie sich grundsätzlich einer „ne bis in idem"-Regelung im Verhältnis staatlicher und überstaatlicher Gerichtsbarkeit - und dadurch der Regelung im Verhältnis verschiedener Strafgewalten zueinander - nicht verschließen. Vor allem wird aber auch deutlich, dass sie die Vorrangigkeit eines überstaatlichen Gerichts anerkennen.

Aber auch unabhängig davon, dass sich nicht alle Staaten der EU zu einer Zusammenarbeit mit dem Gerichtshof ausdrücklich erklärt haben, werden sie doch als Mitglieder der Vereinten Nationen durch die Resolutionen des Sicherheitsrates, die dieser auf der Grundlage von Kapitel VII erlässt, gebunden.[389]

Diese Regelung ist sicherlich von großer Bedeutung, da alle Staaten der Europäischen Union - aufgrund der Tatsache, dass sie alle Mitglieder der Vereinten Nationen sind – zum ersten Mal ihre Strafgewalt an ein anderes Gericht abtreten und den „ne bis in idem"-Grundsatz zwischen verschiedenen Strafgewalten akzeptieren.

### cc. Statut des Internationalen Strafgerichtshofs für Ruanda (ICTR)

Am 8. November 1997 entstand das Statut des Internationalen Strafgerichtshofs zur Verfolgung der Personen, die für Völkermord und andere schwere Verstöße gegen das humanitäre Völkerrecht im Hoheitsgebiet Ruandas zwischen dem 1.1.1994 und dem 31.12.1994 verantwortlich sind, sowie ruandischer Staatsangehöriger, die für während desselben Zeitraums im Hoheitsgebiet von Nachbarstaaten begangenen Völkermord und andere derartige Verstöße verantwortlich sind.[390] Verabschiedet wurde es vom Sicherheitsrat der Vereinten Nationen durch Resolution 955 ebenfalls auf Grundlage von Kapitel VII der UN-Charta.[391]

In Artikel 9 ist das „ne bis in idem"-Prinzip geregelt. Dieses ist wortidentisch mit Artikel 10 des Statuts des Internationalen Strafgerichtshofs für das ehemalige Jugoslawien. Einzig das Wort „Gerichtshof" wurde durch „Internationaler Strafgerichtshof für Ruanda" ersetzt. In Artikel 8 ist die konkurrierende Zuständigkeit mit den einzelstaatlichen Gerichten festgehalten. Auch diese Regelung ist an Artikel 9 des Statuts des Internationalen Strafgerichtshofs für das ehemalige Jugoslawien angelehnt.

---

[388] So auch van den Wyngaert/Ongena, Ne bis in idem, 705, 719.

[389] Eine solche Bindung war jedoch nur möglich, da die Gerichtsbarkeit des Jugoslawientribunals zeitlich und räumlich auf eng begrenzte Sachverhalte beschränkt ist.

[390] International Legal Materials 1994, 1598.

[391] Das Statut wurde durch mehrere Resolutionen geändert. Bei der hier zugrunde liegenden jüngsten Resolution handelt es sich um die Resolution 1503 des Sicherheitsrates v. 28. August 2003.

Hinsichtlich der Problematik des Absatzes II ist auf die Ausführungen zum Jugoslawientribunal zu verweisen.

Auch in diesem Fall war eine Regelung des „ne bis in idem"-Prinzips im Verhältnis internationaler Strafgerichtshöfe zueinander nicht vonnöten, da der Jugoslawiengerichtshof und der Ruandagerichtshof unterschiedliche Zuständigkeitsbereiche beanspruchen und es somit nicht zu Überschneidungen kommen kann.

Aufgrund der Wortgleichheit der Statute der beiden Strafgerichtshöfe und aufgrund der Bindungswirkung, die diese Statuten für alle Mitgliedstaaten der Vereinten Nationen haben, wird das „ne bis in idem"-Prinzip durch das Statut für das Ruandatribunal bereits ein zweites Mal im Völkerecht verfestigt.

### dd. Statut des Internationalen Strafgerichtshofs – IStGH

Auch in dem Römischen Statut des Internationalen Strafgerichthofs[392], welches am 17. Juli 1998 in Rom verabschiedet wurde, ist eine „ne bis in idem"-Regelung enthalten[393]. Diese Regelung ist von ganz besonderer Bedeutung, da zurzeit bereits alle 15 „alten" EU-Staaten und von den neuen 12 EU-Staaten alle bis auf Tschechien das Statut ratifiziert haben und somit diese Regelung anerkennen. Bei den Statuten des Jugoslawien- und des Ruandatribunals wurden die Staaten „automatisch" durch die Resolutionen des Sicherheitsrates der Vereinten Nationen gebunden, in diesem Fall haben sie sich freiwillig dazu entschlossen, das Statut anzuerkennen, sie haben sogar daran mitgewirkt. Das könnte Hinweise darauf zulassen, dass diese Staaten auch in ihren eigenen Rechtsordnungen unter Umständen bereit sind, Änderungen bezüglich des „ne bis in idem"-Prinzips zuzulassen oder dass die Festsetzung vielleicht sogar schon Völkergewohnheitsrecht darstellt. Weiterhin ist die Regelung im Vergleich zu den Statuten des Jugoslawien- und des Ruandatribunals deshalb von außerordentlicher Wichtigkeit, da die Rechtsprechungsbefugnis des IStGH viel weiter geht als die nur auf bestimmte Sachverhalte und auf einen gewissen Zeitraum beschränkte Rechtsprechungsbefugnis der beiden letzteren Tribunale.

Bei dieser Regelung handelt es sich zudem um eine der jüngsten Regelungen zum Verbot der Mehrfachbestrafung und –verfolgung. Es konnte also auf die Erfahrungen mit ähnlichen Regelungen in den Statuten anderer internationaler Gerichtshöfe und auch auf die Regelungen in völker- und europarechtlichen Verträgen zurückgegriffen werden.

In Artikel 20 Absatz I des Römischen Statuts des Internationalen Strafgerichtshofs ist geregelt:

> *„Sofern in diesem Statut nichts anderes bestimmt ist, darf niemand wegen eines Verhaltens* ***vor den Gerichtshof*** *gestellt werden, das den Tatbestand der Verbrechen erfüllt, derentwegen er bereits* ***vom Gerichtshof verurteilt*** *oder freigesprochen wurde."*

---

[392] BT-Drs. 14/2682.

[393] Eine sehr ausführliche Analyse dieser Gewährleistung findet sich bei Scheschonka, Ne bis in idem, 248ff.

Damit ist zunächst nur ein internes Verbot der Doppelverfolgung geregelt, welches allein Verurteilungen und Freisprüche durch den IStGH betrifft.[394] Diese Ausgestaltung des „ne bis in idem"-Prinzips, bei der sich das Verbot der Mehrfachverfolgung nur auf ein und dieselbe Jurisdiktionsgewalt bezieht, ist genauso in vielen völker- und europarechtlichen Verträgen enthalten wie auch in vielen Rechtsordnungen der Mitgliedstaaten der EU.

Gemäß Artikel 84 sind jedoch auch zu diesem engen Prinzip Ausnahmen möglich. Dort sind Wiederaufnahmegründe geregelt, u.a. für den Fall, dass Beweismittel auftauchen, die zur Zeit der Urteilsfindung nicht bekannt waren. Bei diesen Wiederaufnahmegründen handelt es sich um solche, die größtenteils auch im innerstaatlichen Recht der einzelnen Staaten und in völker- und europarechtlichen Instrumenten existieren. Somit stellt dieser Absatz in sich gesehen noch keine Neuerung hinsichtlich einer zwischenstaatlichen „ne bis in idem"-Regelung dar.

Artikel 20 Absatz II besagt jedoch zusätzlich:

> *„Niemand darf wegen eines in Artikel 5 bezeichneten Verbrechens, dessentwegen er **vom Gerichtshof** bereits verurteilt oder freigesprochen wurde, **vor ein anderes Gericht** gestellt werden."*

In diesem Absatz bezieht sich das „ne bis in idem"-Prinzip immerhin auf Strafverfolgungen im Verhältnis des IStGH zu anderen Gerichten – das allerdings nur bezüglich bestimmter Verbrechen. Unter die in Artikel 5 aufgeführten Verbrechen fallen das Verbrechen des Völkermords, Verbrechen gegen die Menschlichkeit, Kriegsverbrechen und das Verbrechen der Aggression.

Im Vergleich zu Absatz I gilt hier das Prinzip absolut: Es existieren keine Ausnahmen dazu. Andererseits ist eine erneute Verfolgung von einem anderen Gericht jederzeit möglich, solange es sich nicht um eins der in Artikel 5 aufgeführten Verbrechen handelt. Ein für Völkermord verurteilter Verbrecher kann ohne Probleme ein weiteres Mal für Mord verurteilt werden. Das „ne bis in idem"-Prinzip gilt also nur bezüglich bestimmter, festgesetzter Straftaten. Da zu diesem Absatz noch nicht einmal ein Anrechnungsgebot existiert, wie es beispielsweise in Artikel 10 Absatz III des Statuts des Jugoslawientribunals oder in Artikel 9 Absatz III des Statuts des Ruandatribunals verankert ist, erscheint diese Regelung sehr ungerecht.[395] Außerdem findet sich eine solche Regelung als Mindestschutz für den Angeklagten in vielen nationalen Rechtsordnungen, die noch kein zwischenstaatliches „ne bis in idem" kennen, und auch der EuGH wendet sie als Ausdruck eines allgemeinen Billigkeitsgedankens an.

Zwar existiert in Artikel 78 Absatz II die Regelung, dass der Gerichtshof bei der Verhängung einer Freiheitsstrafe die aufgrund *seiner* Anordnung zuvor in Haft verbrachte Zeit anrechnet und dass der Gerichtshof alle sonst im Zusammenhang mit dem Verhalten, das dem Verbrechen zugrunde liegt, in Haft verbrachten Zeiten anrechnen *kann*. Damit bezieht sich das Anrechnungsgebot aber erstmal nur auf bereits erfolgte

---

[394] Damit wurde der Fehler, der sich wohl in die Statuten der Jugoslawien- und Ruandatribunale eingeschlichen hatte, wieder ausgemerzt.

[395] So auch Tallgreen in: Triffterer, ICC, Art.20 Rn.16; van den Wyngaert/Ongena, Ne bis in idem, 705, 724.

Entscheidungen des Gerichtshofs. Im Hinblick auf andere Gerichtsentscheidungen ist es eben nicht – wie sonst – obligatorisch, sondern rein optional. Es stellt sich somit die Frage, warum die bekannte Regelung nicht übernommen wurde.

Auffallend an Artikel 20 Absatz II im Vergleich zu den Statuten des Jugoslawientribunals und des Ruandatribunals ist die Formulierung „anderes Gericht". In den beiden letzteren Statuten wird jeweils von „einzelstaatlichen Gerichten" gesprochen. Hier deutet die Formulierung darauf hin, dass mit „anderen Gerichten" nicht nur nationale Gerichte gemeint sein können und damit nur ein weiteres vertikales „ne bis in idem"-Prinzip verankert wird, sondern dass darunter auch andere internationale Gerichtshöfe, wie die beiden oben genannten ad-hoc Gerichtshöfe, fallen können. Absatz II könnte somit auch ein horizontales „ne bis in idem" der internationalen Gerichtshöfe untereinander konstatieren.

Gegen eine solche Auslegung lässt sich jedoch einwenden, dass bei den Beratungen zu Artikel 20 des Statuts nur über nationale Gerichte diskutiert wurde.[396] Es ist außerdem fraglich, ob überhaupt Jurisdiktionskonflikte mit anderen internationalen Strafgerichtshöfen entstehen können.[397] Ansonsten wäre eine weite Auslegung des Begriffs „anderes Gericht" obsolet.

Nach Artikel 11 des IStGH-Statuts erstreckt sich dessen Gerichtsbarkeit nur auf Verbrechen, die nach Inkrafttreten des Statuts – also nach dem 17. Juli 1998 - begangen wurden. Das Ruandatribunal beschäftigt sich jedoch nur mit Verbrechen, die in dem Zeitraum zwischen dem 1. Januar 1994 und dem 31. Dezember 1994 begangen wurden. Damit kann kein Jurisdiktionskonflikt zwischen diesen beiden Gerichtshöfen entstehen.

Der Strafgerichtshof für das ehemalige Jugoslawien hat seine Gerichtsbarkeit auf Verbrechen erstreckt, welche seit dem 1. Januar 1991 auf dem Gebiet des ehemaligen Jugoslawiens begangen wurden. Ein Endzeitpunkt ist nicht festgesetzt. Nach dem Kosovokonflikt, welcher sich entwickelte, obwohl nach dem Krieg in Bosnien schon Hoffnung auf die Wiederherstellung des Friedens bestand, muss mit der Möglichkeit gerechnet werden, dass weitere Konflikte zwischen anderen Nachfolgestaaten entstehen und damit gleichzeitig sowohl die Strafgewalt des Jugoslawientribunals als auch diejenige des IStGH eingreift. Jurisdiktionskonflikte sind also zumindest zwischen dem IStGH und dem Jugoslawientribunal möglich. Außerdem werden in Zukunft vielleicht noch weitere ad hoc Gerichtshöfe geschaffen, welche sich auf zu einem bestimmten Zeitpunkt und auf einem bestimmten Gebiet begangene Verbrechen spezialisieren; auch hinsichtlich solcher Gerichthöfe wäre eine weite Auslegung des Begriffes „anderes Gericht" zu befürworten.

Bei einer anders lautenden Auslegung stellt sich außerdem die Frage, warum der Entwurf für einen permanenten Strafgerichtshof (*Draft Statute for a permanent ICC* – von 1994), der sich als Vorläufer für das Statut des IStGH darstellte, ursprünglich die „ne bis in idem"-Regelungen der Statuten des Jugoslawientribunals und des Ruandage-

[396] Tallgreen in: Triffterer, ICC, Art.20 Rn.15.

[397] S. dazu Bohlander, Conflicts, 687ff.

richtshofs, in denen eindeutig nur auf nationale Gerichte Bezug genommen wird, wortwörtlich übernahm und das hinterher geändert wurde.

Problematisch ist weiterhin, dass mit der Formulierung „anderes Gericht“ nur Vertragsstaaten des IStGH gemeint sein können. Andere Staaten, welchen den Gerichtshof nicht anerkennen, können eine Person ohne Rücksichtnahme auf eine bereits verfolgte Verurteilung durch den IStGH, erneut verurteilen. Auf dieses Problem kann und soll hier jedoch nicht weiter eingegangen werden.[398]

Artikel 20 Absatz III lautet:

> *„Niemand, der wegen eines auch nach Artikel 6, 7 oder 8 verbotenen* ***Verhaltens vor ein anderes Gericht gestellt wurde****, darf* ***vom Gerichtshof*** *für dasselbe Verhalten belangt werden, es sei denn, das Verfahren vor dem anderen Gericht*
>
> *a) diente dem Zweck, ihn vor strafrechtlicher Verantwortlichkeit für der Gerichtsbarkeit des Gerichtshofs unterliegende Verbrechen zu schützen oder*
>
> *b) war in sonstiger Hinsicht nicht unabhängig oder unparteiisch entsprechend den völkerrechtlich anerkannten Grundsätzen eines ordnungsgemäßen Verfahrens und wurde in einer Weise geführt, die unter den gegebenen Umständen mit der Absicht, die betreffende Person vor Gericht zu stellen, unvereinbar war.“*

In diesem letzten Absatz wird also die Strafgewalt des IStGH ausgeschlossen, für den Fall, dass eine Verfolgung oder Verurteilung bereits vor einem anderen Gericht stattgefunden hat. Es besteht also ein „ne bis in idem“ im Verhältnis von anderen Gerichten zum IStGH.

In den Artikeln 6 bis 8, welche die Verbrechen enthalten, für die diese Vorschrift anwendbar ist, werden die Verbrechen aus Artikel 5 wieder aufgenommen - Völkermord, Verbrechen gegen die Menschlichkeit und Kriegsverbrechen - und präzisiert.

Interessant an dem Absatz ist Buchstabe b: Im Vergleich zu den ähnlichen Regelungen in Artikel 10 Absatz II lit.b des Statutes des Jugoslawientribunals und in Artikel 9 Absatz II lit.b des Statutes des Ruandatribunals wird nicht mehr darauf abgestellt, dass der internationale Strafgerichtshof seine Tätigkeit ausnahmsweise doch ausüben darf, wenn durch das nationale Gerichtsverfahren der Angeklagte vor weiterer Strafverfolgung geschützt wurde, sondern dass er sie generell ausüben darf, wenn das Verfahren nicht unabhängig oder unparteiisch war. Die Formulierung kann demnach so verstanden werden, dass auch ein zweites Verfahren zum *Schutz des Angeklagten* aufgenommen werden kann. Dem IStGH würde durch diese Formulierung eine gänzlich neue Funktion zugewiesen: Er könnte nämlich einzelne Angeklagte oder Verfolgte vor nationalen Gerichten schützen[399], die dort vielleicht unverhältnismäßig streng bestraft werden. Er könnte das Verfahren wiederaufnehmen und somit dem Angeklagten zu einer verhältnismäßigen Strafe verhelfen. Eine Durchbrechung des „ne bis in idem“-

---

[398] Hinsichtlich der Staaten der Europäischen Union würde sich dieses Problem auch nur in Bezug auf die Tschechische Republik stellen, die das Statut des IStGH zwar unterzeichnet, aber noch nicht ratifiziert hat.

[399] Van den Wyngaert/Ongena, Ne bis in idem, 705, 725.

Grundsatzes in Form einer Wiederaufnahme des Verfahrens zur Entlastung des Angeklagten wäre in einem solchen Fall sogar wünschenswert.

Dann macht auch das nicht obligatorische Anrechnungsgebot in Artikel 78 Absatz II IStGH Sinn. Wäre es nämlich zwingend, müsste der IStGH die beiden Strafen miteinander verrechnen und eine unverhältnismäßig lange Strafe käme dennoch zur Geltung.

Allerdings ist im Rahmen der Europäischen Union, mit Ländern, die sich kulturell und zivilisatorisch ähneln, ein solches Szenario kaum denkbar. Eine solche Regelung würde kaum zum Einsatz kommen. Andererseits - davon ausgehend, dass eine einheitliche Regelung in der EU Vorbildcharakter für Drittstaaten oder Staatenverbünde haben könnte - wäre es auch nicht falsch, eine solche Regelung „vorsichtshalber" aufzunehmen.

Auffallend ist an dem dritten Absatz noch, dass im Vergleich zu den Statuten der ad-hoc Tribunale die Formulierung „gewöhnliches Verbrechen" nicht übernommen wurde. Das heißt, auch wenn eine Handlung von einem nationalen Gericht als „gewöhnliches Verbrechen" bestraft wurde, darf sie nicht Gegenstand eines weiteren Verfahrens vor dem IStGH werden. Das bedeutet auf den ersten Blick einen Fortschritt gegenüber den bereits vorhandenen Statuten. Andererseits bezieht sich Absatz III auch nur auf Verbrechen, die in den Artikeln 7, 8 und 9 aufgeführt werden.

Auch in diesem Absatz wird von „anderen Gerichten" gesprochen. Somit ist - je nachdem wie man diese Formulierung interpretiert - neben einem vertikalen auch hier ein horizontales „ne bis in idem" gegeben.

Weiterhin ist zu beachten, dass Artikel 20 im Zusammenhang mit Artikel 17 gelesen werden muss. Dieser besagt:

> *„1. Im Hinblick auf Absatz 10 der Präambel und Artikel 1*[400] *entscheidet der Gerichtshof, dass eine Sache nicht zulässig ist, wenn*
>
> *a) in der Sache von einem Staat, der Gerichtsbarkeit darüber hat, Ermittlungen oder eine Strafverfolgung durchgeführt werden, es sei denn, der Staat ist nicht willens oder nicht in der Lage, die Ermittlungen oder die Strafverfolgung ernsthaft durchzuführen;*
>
> *b) in der Sache von einem Staat, der Gerichtsbarkeit darüber hat, Ermittlungen durchgeführt worden sind, und der Staat entschieden hat, die betreffende Person nicht strafrechtlich zu verfolgen, es sei denn, die Entscheidung war das Ergebnis des mangelnden Willens oder des Unvermögens des Staates, eine Strafverfolgung ernsthaft durchzuführen;*
>
> *c) die betreffende Person wegen des Verhaltens, das Gegenstand des Tatvorwurfs ist, bereits gerichtlich belangt worden ist und die Sache nach Artikel 20 Absatz 3 nicht beim Gerichtshof anhängig gemacht werden kann;*
>
> *d) die Sache nicht schwerwiegend genug ist, um weitere Maßnahmen des Gerichtshofs zu rechtfertigen.*

[400] Darin wird darauf hingewiesen, dass der Gerichtshof die innerstaatliche Strafgerichtsbarkeit ergänzt.

*2. Zur Feststellung des mangelnden Willens in einem bestimmten Fall prüft der Gerichtshof unter Berücksichtigung der völkerrechtlich anerkannten Grundsätze eines ordnungsgemäßen Verfahrens, ob gegebenenfalls eine oder mehrere der folgenden Voraussetzungen vorliegen:*

*a) Das Verfahren wurde oder wird geführt oder die staatliche Entscheidung wurde getroffen, um die betreffende Person vor strafrechtlicher Verantwortlichkeit für die in Artikel 5 bezeichneten, der Gerichtsbarkeit des Gerichtshofs unterliegenden Verbrechen zu schützen;*

*b) in dem Verfahren gab es eine nicht gerechtfertigte Verzögerung, die unter den gegebenen Umständen mit der Absicht unvereinbar ist, die betreffende Person vor Gericht zu stellen;*

*c) das Verfahren war oder ist nicht unabhängig oder unparteiisch und wurde oder wird in einer Weise geführt, die unter den gegebenen Umständen mit der Absicht unvereinbar ist, die betreffende Person vor Gericht zu stellen.*

*3. Zur Feststellung des Unvermögens in einem bestimmten Fall prüft der Gerichtshof, ob der Staat wegen des völligen oder weitgehenden Zusammenbruchs oder der mangelnden Verfügbarkeit seines innerstaatlichen Justizsystems nicht in der Lage ist, des Beschuldigten habhaft zu werden oder die erforderlichen Beweismittel und Zeugenaussagen zu erlangen, oder aus anderen Gründen nicht in der Lage ist, ein Verfahren durchzuführen."*

Mit diesem Artikel wird klargestellt, dass der IStGH gegenüber den nationalen Gerichten nur eine ergänzende Funktion innehat. Grundsätzlich sind also die nationalen Gerichte vorrangig dazu aufgerufen, ihre Strafgewalt auszuüben und nur, wenn dies nicht möglich ist, kann der IStGH eingreifen. Es handelt sich dabei um eine institutionalisierte Form stellvertretender oder ergänzender internationaler Strafrechtspflege.[401]

Abschließend lässt sich zu Artikel 20 sagen, dass er - obwohl bei seiner Ausarbeitung auf viele völker- und europarechtliche Regelungen zurückgegriffen werden konnte - viele Fragen offen lässt, was nicht unbedingt förderlich für die Feststellung eines universell gültigen „ne bis in idem" ist. Viele Formulierungen sind auslegungsbedürftig, und außerdem lässt es sich nicht mit letzter Sicherheit klären, warum in den Fällen, in denen eine Durchbrechung des „ne bis in idem"-Prinzips vorgesehen ist, nicht zumindest ein obligatorisches Anrechnungsgebot existiert.

Es lässt sich feststellen, dass die Ratifikationsstaaten eine „ne bis in idem"-Regelung bezüglich bestimmter Verbrechen in den Beziehungen zwischen staatlichen Gerichten und einem überstaatlichen Gericht anerkennen. Sie sind also grundsätzlich bereit, fremde Gerichtsurteile als bindend anzusehen. Zwar muss beachtet werden, dass sie durch die Regelung in Artikel 17 immer noch den Vorrang bei der Ausübung der Strafgewalt innehaben, hat aber der IStGH geurteilt, dürfen sie im Rahmen der Vorschriften nicht mehr einschreiten.

Dass die Anerkennung des Statutes ein gewohnheitsrechtliches zwischenstaatliches „ne bis in idem" bildet, kann allerdings nicht gefolgert werden. Unabhängig davon,

---

[401] Roggemann, Strafgerichtshöfe, 36.

dass die Bildung von Gewohnheitsrecht durch einmaliges Handeln heftig umstritten ist, bezieht sich das Statut des IStGH nur auf eine begrenzte Anzahl schwerwiegender völkerrechtlicher Verbrechen. Die Staaten mögen eingesehen haben, dass solche Verbrechen, die viele internationale Attribute beinhalten, besser von einem überstaatlichen Gerichtshof gehandhabt werden können. Ob sie deshalb auch bei „gewöhnlichen" Verbrechen zugunsten eines anderen Staates auf ihre Strafgewalt verzichten wollen, ist fraglich. Auf das Statut des IStGH konnten die Staaten selber Einfluss nehmen, sie kannten es, bevor sie es unterzeichneten und daraufhin unter gewissen Voraussetzungen auf ihre Strafgewalt verzichteten. Im Hinblick auf die Strafgewalt von anderen Staaten ist kaum davon auszugehen, dass ein Staat die Strafgesetze aller anderen Staaten kennt und diesen deshalb „blind" vertraut. Außerdem bleibt es den Staaten aufgrund der Subsidiarität des IStGH jederzeit überlassen, einen Täter selber zu verfolgen oder zu verurteilen. Sie können selber entscheiden, ob sie in einem bestimmten Fall ihre Strafgewalt ausüben oder nicht. Bei einem zwischenstaatlichen „ne bis in idem" würde nach festen Regeln festgelegt, welcher Staat seine Strafgewalt ausüben darf. Ob die Staaten auch einer solchen Regelung zugestimmt hätten, bleibt offen.

Ein Ansatz zu der Anerkennung fremder Urteile kann in der Anerkennung des IStGH-Statutes dennoch gesehen werden. Es bleibt abzuwarten, wie sich dieser Ansatz fortentwickelt.

**ee. Zwischenergebnis**

Die Existenz des „ne bis in idem"-Grundsatzes in den Statuten der internationalen Strafgerichtshöfe ist für die Bildung einer völkergewohnheitsrechtlichen Geltung dieses Grundsatzes sicherlich nicht ohne Bedeutung. Es ist davon auszugehen, dass ohne diese Regelungen die Durchsetzung der Statuten gegenüber der Staatengemeinschaft schwieriger gewesen wäre und sie deshalb erhebliche Bedeutung besitzt. Fraglich ist nur, wie aus der Verankerung des Grundsatzes in den Statuten der Gerichtshöfe ein zwischenstaatliches „ne bis in idem" abgeleitet werden kann.

Zunächst bleibt festzustellen, dass die Staaten dieses Prinzip grundsätzlich anerkennen und auch grundsätzlich bereit sind, ihre Souveränität hinsichtlich ihrer Strafgewalt an ein anderes Gericht abzutreten. Durch die Verankerung in den Statuten wurde deutlich, dass die Staatengemeinschaft gewillt ist, diesen Grundsatz auf eine multilaterale völkervertragliche Grundlage zu stellen.[402] Wie aber bereits oben festgestellt wurde, kann durch die Verankerung in den Statuten noch nicht darauf geschlossen werden, dass die Staaten gleichzeitig auch ein transnationales „ne bis in idem"-Prinzip wünschen, dass sie ihre Strafgewalt an ein anderes nationalstaatliches Gericht abtreten möchten. Der Wille ist vorhanden, ein völkergewohnheitsrechtliches „ne bis in idem" kann aber noch nicht angenommen werden.

[402] S. dazu auch Hein, Zuständigkeitskonflikte, 64f.

**IV. Ergebnis**

Das „ne bis in idem“-Prinzip scheint überall verankert: Das Recht der Europäischen Gemeinschaften kennt es, der EuGH wendet es an, völkerrechtliche Verträge setzen es fest, selbst in den Statuten der Internationalen Gerichtshöfe ist es vorzufinden und auch die Mitgliedstaaten der Europäischen Union - von anderen Ländern auf der Welt einmal abgesehen - haben es in ihren Verfassungen oder zumindest in ihrem einfachen Recht geregelt. Innerhalb eines Jurisdiktionsbereiches ist es auch unumstritten anerkannt und kann zum Bestandteil eines internationalen *ordre public* gezählt werden.[403] Dennoch existiert ein allgemeingültiges zwischenstaatliches Verbot der Doppelbestrafung anscheinend (noch) nicht.[404] Zu unterschiedlich ist das Prinzip jeweils ausgestaltet, zu umstritten ist seine Reichweite.

Die Tatsache, dass es aber in einigen Verträgen wie z.B. dem SDÜ, welches für eine Mehrzahl der Mitgliedstaaten der EU anwendbar ist, dennoch geschaffen wurde, beweist, dass ein Wille zu seiner (umfassenden) Verwirklichung vorhanden ist.

---

[403] Miehsler/Vogler in: Karl/Birk/Golsong, EMRK, Art.16 Rn.375.

[404] So auch van den Wyngaert/Ongena, Ne bis in idem, 705, 706.

## E. Auslegung der Artikel 54 ff. SDÜ

Nachdem schon mehrere Male angeklungen ist, dass das Verbot der Mehrfachverfolgung in vielen Staaten und auch in den unterschiedlichen Übereinkommen verschiedene Bedeutungen erfährt, soll als nächster Schritt erläutert werden, wie der Grundsatz „ne bis in idem“ in den Artikeln 54ff. des Schengener Durchführungsübereinkommens auszulegen ist. Dieses Übereinkommen entfaltet im Rahmen der Europäischen Union von allen vorhandenen Abkommen die größte Bedeutung hinsichtlich der Statuierung des „ne bis in idem“-Grundsatzes.[405] Seine Auslegung könnte als Beispiel dienen für die Auslegung des Verbotes der Doppelbestrafung in anderen internationalen Übereinkünften.

Die erste zwischenstaatliche „ne bis in dem“-Gewährleistung in der EG enthielt zwar das *EG-ne bis in idem-Übereinkommen,* welches 1987 entstand[406]. Mangels Ratifikation durch alle Vertragsstaaten ist dieses Abkommen aber noch nicht in Kraft getreten; es ist lediglich nach dessen Artikel 6 III vorzeitig zwischen denjenigen Staaten anwendbar, die eine entsprechende Erklärung abgegeben haben. Das sind zurzeit Belgien, Dänemark, Deutschland, Frankreich, Irland, Italien, die Niederlande, Österreich und Portugal.

Am 26. März 1995 wurde das Schengener Durchführungsübereinkommen vom 19.6.1990 zwischen den Staaten der Benelux-Wirtschaftsunion, Deutschland und Frankreich in Kraft gesetzt, später für Italien zum 26.10.1997 und für Griechenland und Österreich zum 1.12.1997[407]. Für Staaten, die sowohl durch das EG-ne bis in idem-Übereinkommen als auch durch das SDÜ gebunden waren, ging im Fall eines Widerspruchs zwischen den beiden Übereinkommen letzteres aufgrund der völkerrechtlichen Regel „lex posterior derogat legi priori“ vor.

Durch den Vertrag von Amsterdam wurde der Schengen-Acquis 1997 in die Kompetenz der EU miteinbezogen, so dass sich dessen räumlicher und inhaltlicher Geltungsbereich im Vergleich zum *EG-ne bis in idem-Übereinkommen* ausgeweitet hat. Das SDÜ umfasst nun die meisten Staaten. Außerdem verstand sich das SDÜ als Pilotprojekt zur Verwirklichung des EG-Binnenmarktes.[408] Dessen Artikel 54 bis 58 sind fast wortgleich mit den Artikeln 1 bis 5 des *EG-ne bis in idem-Übereinkommen*[409], so dass die Auslegungsansätze für beide Abkommen gelten. Darüber hinaus ist die Auslegung des Verbots der Mehrfachverfolgung innerhalb des SDÜ auch für andere den „ne bis in idem“-Grundsatz enthaltende Abkommen, insbesondere für den noch nicht in Kraft getretenen Europäischen Verfassungsvertrag von Bedeutung, da auch diese Regelun-

---

[405] S.o. D.II.4.

[406] BT-Drs. 13/8195, S.9, BGBl. II 1998, 2227; Radtke/Busch, EuGRZ 2000, 421, 423.

[407] Das SDÜ unterscheidet zwischen seinem Inkrafttreten – dem Eintritt der völkerrechtlichen Bindung der Vertragsstaaten an das Übereinkommen – und seinem Inkraftsetzen – dem Zeitpunkt, von dem an die Vertragsstaaten das Abkommen auch tatsächlich anwenden müssen. Vgl. Art.139 II SDÜ und Ziffer 1 Nr.2 der Schlussakte zum SDÜ; s.a. Hailbronner/Thiery, EuR 1998, 583, 603.

[408] Grotz, StraFo 1995, 102.

[409] Der einzige Unterschied liegt darin, dass im SDÜ anstatt von „Mitgliedstaat“ von „Vertragspartei“ gesprochen wird; s.o. D.II.4.

gen mehrdeutig formuliert sind und eine einheitliche Interpretation noch nicht vorhanden ist[410].[411]

Es wird zunächst auf die verschiedenen Auslegungsansätze eingegangen, die sich in den letzen Jahren entwickelt haben. Anhand der geeigneten Auslegungsmethode sollen die einzelnen Voraussetzungen des Artikels 54 SDÜ interpretiert werden. Dabei handelt es sich um (1) die Regelungssubjekte, (2) den Tatbegriff, (3) das Vollstreckungselement und (4) die rechtskräftige Aburteilung. Daran anschließend werden die Artikel 55 bis 58 SDÜ besprochen.

## I. Auslegungsmethode

### 1. Auslegung unter völkerrechtlichen Gesichtspunkten

Bei dem SDÜ handelt es sich um einen völkerrechtlichen Vertrag[412], zu dessen Auslegung grundsätzlich die Regeln des Völkervertragsrechts heranzuziehen sind. Es sind somit die Artikel 31 ff. der Wiener Vertragsrechtskonvention (WVK) vom 23. Mai 1969[413] zu berücksichtigen.[414] Es ist unerheblich, ob alle Vertragspartner des SDÜ auch die WVK ratifiziert haben, da deren Bestimmungen über die Vertragsauslegung grundsätzlich als Kodifizierung von Völkergewohnheitsrecht gelten.[415]

Artikel 31 WVK besagt, dass ein völkerrechtlicher Vertrag nach Treu und Glauben in Übereinstimmung mit der gewöhnlichen, seinen Bestimmungen in ihrem Zusammenhang zukommenden Bedeutung und im Lichte seines Zieles und Zweckes auszulegen sei. Die historische Auslegung ist demgegenüber nachrangig.

Auch wenn in Artikel 31 WVK zunächst von der wörtlichen Auslegung gesprochen wird, bedeutet das jedoch nicht, dass diese Auslegungsmethode mehr Bedeutung besitzt als die systematische oder die teleologische. Artikel 31 WVK ist mit „allgemeine Auslegungsregeln“ überschrieben, was darauf hinweist, dass eben keine Rangfolge gewollt ist.[416]

Die Entstehungsgeschichte oder andere ergänzende Auslegungsmittel werden nach Artikel 32 WVK nur zu Rate gezogen, um die nach Artikel 31 WVK herausgefundene

---

[410] S.o. D.II.7.

[411] Auch wenn die Auslegung der Art.54 ff. SDÜ nicht verbindlich ist für z.B. Art.4 7.ZP zur EMRK oder Art.14 VII IPbpR, würde es sich anbieten, sie dafür heranzuziehen, um nach und nach einen einheitlichen Anwendungsbereich des „ne bis in idem“-Grundsatzes auch außerhalb der EU zu garantieren.

[412] Zur Rechtsnatur des SDÜ: Würz, Das Schengener Durchführungsübereinkommen, Rn.18ff.

[413] BGBl. II 1985, 926ff.

[414] Die völkerrechtlichen Auslegungsgrundsätze gelten unabhängig davon, ob ein Vertrag in das nationalstaatliche Recht inkorporiert wurde. Das ist auch einsichtig, ansonsten würden allen in verschiedene Rechtsordnungen aufgenommenen völkerrechtlichen Verträgen unterschiedliche Interpretationsmethoden zugrundegelegt.

Allg. zu den Auslegungsmethoden im Völkerrecht: Grundmann, Auslegung, 66ff.

[415] Dörr, DÖV 1993, 696, 702 m.w.N.

[416] Ipsen, Völkerrecht, § 11 Rn.12.

Bedeutung zu bestätigen oder wenn die erfolgte Auslegung kein befriedigendes Ergebnis ergibt, das heißt, wenn die herausgefundene Bedeutung mehrdeutig oder dunkel bleibt oder zu einem offensichtlich sinnwidrigen oder unvernünftigen Ergebnis führt.[417]

Nach Artikel 33 WVK sind bei Verträgen mit zwei oder mehr authentischen Sprachen die Texte in jeder Sprache gleich maßgebend, soweit nicht etwas anderes vereinbart wurde. Sollte bei einem Vergleich der verschiedensprachlichen Texte ein Bedeutungsunterschied auftreten, so ist diejenige Bedeutung zugrundezulegen, die unter Berücksichtigung von Ziel und Zweck des Vertrags die Wortlaute am besten miteinander in Einklang bringt.

Das SDÜ wurde entsprechend der fünf Erstunterzeichnerstaaten – Frankreich, Belgien, Niederlande, Luxemburg und Deutschland – ursprünglich in drei Vertragssprachen – deutsch, französisch und niederländisch – verfasst[418]. Mit dem Beitritt weiterer Staaten zum SDÜ wurden auch deren Landessprachen verbindlich.[419]

Hinsichtlich des SDÜ ist zu beachten, dass dazu keine „travaux preparatoires" vorhanden sind. Zu dem wortgleichen EG-ne bis in idem-Übereinkommen existiert ebenfalls kein erläuternder Bericht, welcher herangezogen werden könnte. Auch Legaldefinitionen sind zu den Artikeln 54 bis 58 SDÜ nicht aufzufinden.

Maßgeblich für das SDÜ sind somit allein die Auslegungsmethoden, die sich nach dem Wortlaut, der Systematik und dem Sinn und Zweck richten.

## 2. Änderung der Auslegungsmethode aufgrund des Amsterdamer Vertrages

Es ist jedoch fraglich, ob zum heutigen Zeitpunkt immer noch die Auslegungsregeln der WVK heranzuziehen sind oder ob sich die Auslegungsmethode geändert hat, nachdem der Schengen Besitzstand durch den Vertrag von Amsterdam in den Rahmen der EU als Teil des Primärrechts[420] aufgenommen wurde.[421] Dafür muss zunächst geklärt werden, wie das Recht der Europäischen Union auszulegen ist.

---

[417] S. auch Köck, Vertragsinterpretation, 93.

[418] Art.142 II 4 SDÜ.

[419] Das ergibt sich aus den Beitrittabkommen. S. z.B.: Dänemark – BGBl. II 2000, 1108f.; Griechenland – BGBl. II 1996, 2543ff.; Italien – BGBl. II 1993, 1904ff.; Portugal – BGBl. II 1993, 1921ff.; Schweden – BGBl. II 2000, 1116f.

[420] Vgl. Jour-Schröder/Wasmeier in: von der Groeben/Schwarze, EUV/EGV, Vorb. Art.29-42 EUV Rn.70, wonach der Schengen-Besitzstand mit dem EUV und dem EGV normativ auf einer Stufe steht; ebenso: *Röben in*: Grabitz/Hilf, EUV/EGV, Vor Art.29 EUV Rn.10. Eine Einordnung als Sekundärrecht steht außer Frage, da das SDÜ nicht durch Primärrecht geschaffen wurde. – vgl. Specht, Zwischenstaatliche Geltung, 130, Fn.353.

A.A.: OLG Köln, Beschluss v. 30.3.2001 – 2 Ws 590/97, in: NStZ 2001, 558, 560; Stein, SDÜ, 48 Fn.98; Kuijper, CMLR 2000, 345, 346, die auf den Überführungsakt durch den Rat der EU und die Behandlung als auf das Europäische Vertragswerk gestützte Rechtsakte abstellen.

[421] So u.a. Hailbronner/Thiery, EuR 1998, 583, 606.

Teilweise wird vertreten, dass sowohl der EUV als auch der EGV wie völkerrechtliche Verträge zu behandeln seien, so dass bei deren Auslegung die Grundsätze der Artikel 31 ff. WVK maßgeblich sind.[422] Demnach würde sich an der bisherigen Auslegung des Schengener Rechts nichts ändern, so dass die bisher erfolgten Auslegungen weiterhin Gültigkeit beanspruchen würden.

Gegen eine Auslegung des EG-Rechts nach völkerrechtlichen Grundsätzen spricht jedoch, dass der EuGH bei seiner Auslegung weder völkerrechtliche Auslegungsregeln zitiert, noch sonstwie zu erkennen gibt, dass er diese heranzieht. In seinen Urteilen bezeichnete er die E(W)G als „neue Rechtsordnung des Völkerrechts"[423] unter Betonung ihres autonomen Charakters, später als „eigene Rechtsordnung"[424] und schließlich statuierte er in einer weiteren Entscheidung, dass der E(W)G-Vertrag in der Form einer völkerrechtlichen Übereinkunft geschlossen wurde, dennoch aber die grundlegende Verfassungsurkunde einer Rechtsgemeinschaft darstellt[425].[426] Völkerrechtliche Auslegungsregeln können deshalb keine Anwendung auf diese eigenständige Rechtsordnung finden.

Hinsichtlich der Auslegung der Artikel 54 ff. SDÜ wird aber zum Teil darauf abgestellt, dass die Artikel 54 ff. SDÜ nicht dem EGV zugeordnet wurden, sondern dem Abschnitt über die Polizeiliche und Justizielle Zusammenarbeit der EU. Dieser sei genauso wie die Vorschriften über die Gemeinsame Sicherheits- und Außenpolitik der EU völkerrechtlich geprägt, so dass der EuGH im Rahmen des Artikels 35 EUV auch eine typische völkerrechtliche Zuständigkeit ausübt.[427] Demnach seien die Artikel 54 ff. SDÜ völkerrechtlich auszulegen.[428]

Im Gegensatz dazu fassen verschiedene Autoren zumindest den dritten Pfeiler des Unionsrechts, die PJZS, als autonome Rechtsordnung auf.[429] *Jour-Schröder* und *Wasmeier*[430] weisen darauf hin, dass der PJZS durch den Vertrag von Amsterdam ein eigenständiger Charakter verliehen wird, der sich vom herkömmlichen Völkerrecht unterscheidet, da sie Elemente aufweist, die über eine rein zwischenstaatliche Zusammenarbeit hinausgehen und als erste Schritte zur Herausbildung einer autonomen Rechtsordnung angesehen werden können.

---

[422] Schroeder, JuS 2004, 180, 181; vgl dazu auch Buck, Auslegungsmethoden, 131ff.

[423] EuGH, Urt. v. 5.2.1963, Rs.26/62, Slg. 1963, 3, 25 – *van Gend & Loos*.

[424] EuGH, Urt. v. 15.7.1964, Rs. 6/64, Slg. 1964, 1253, 1269 – *Costa/ENEL*; EuGH, Urt. Rs. *Walt Wilhelm* (Fn.82), Slg. 1969, 1ff.

[425] EuGH, Gutachten 1/91 v. 14.12.1991, Slg. 1991-I, 6079ff., Rn.21.

[426] Vgl. dazu auch Schroeder, JuS 2004, 180, 181.

[427] Müller-Graff, FS Everling, 1995, 924, 931.

[428] Stein, SDÜ, 97f.; Mansdörfer, StV 2003, 313f.

[429] Schwarze, EU, Art.29 Rn.2; Röben in: Grabitz/Hilf, EUV/EGV, Vor Art.29 EUV Rn.25ff.; Pechstein/Koenig, EU, 109; vgl. auch Jour-Schröder/Wasmeier in: von der Groeben/Schwarze, EUV/EGV, Vorb. Art. 29-42 EUV, Rn.2.

[430] Jour-Schröder/Wasmeier in: von der Groeben/Schwarze, EUV/EGV, Vorb. Art. 29-42 EUV Rn.4ff. m.w.N.

Sie kommen zu dem Schluss, dass für das Unionsrecht eigenständige Auslegungsregeln zu entwickeln sind – da sich die Auslegung des Unionsrechts nach den besonderen Regelungszwecken und Grundsätzen des Unionsvertrages richten muss – und dass dafür Anleihen bei der vom EuGH für das Gemeinschaftsrecht entwickelten Interpretationsmethodik genommen werden können.[431]

Dem ist zuzustimmen, da Übereinkommen nach Artikel 34 II lit.d EUV tatsächlich als völkerrechtliche Verträge im Sinne der WVRK angesehen werden.[432] Allerdings unterscheiden sie sich von anderen völkerrechtlichen Übereinkünften durch ihre Einbindung in das Unionsrecht: Sie sind demnach im weiteren Sinne Bestandteile des Unionsrechts, unterliegen dem Regime des Unionsvertrags und sind deshalb vertragskonform auszulegen.[433] Als Kriterien für die Auslegung ist in erster Linie Unionsrecht heranzuziehen, die Auslegungsgrundsätze des Völkerrechts greifen subsidiär ein.[434]

Außerdem darf nicht außer Acht gelassen werden, dass bei der Auslegung des EuGH nach Artikel 35 EUV auf Artikel 234 EGV verwiesen wird.[435] Auch Artikel 103 ff. der Verfahrensordnung des EuGH[436] regelt die Verfahren nach Artikel 35 EUV und Artikel 234 EGV gemeinsam. Auch wenn einmal der EUV und einmal der EGV betroffen sind, ist es sinnvoll, wenn der EuGH bei demselben Ablauf der Verfahren auch dieselben Auslegungsgrundsätze verwendet.

Es erscheint zudem widersprüchlich, wenn der Teil des SDÜ, welcher auf Normen des EGV gestützt wurde nach EG-rechtlichen, der Teil, welcher in den Normen des EUV seine Grundlage findet, nach völkerrechtlichen Auslegungsmethoden interpretiert wird. Das Abkommen würde demnach unterschiedlichen Auslegungsgrundsätzen gehorchen.

In seinem Urteil zu den Rechtssachen *Gözütok* und *Brügge* hat der EuGH selber auch ganz selbstverständlich auf seine bisher entwickelten Auslegungsmethoden zurückgegriffen und den effet-utile-Grundsatz angewandt, indem er zu dem Schluss kommt, dass nur eine weite Auslegung des Artikels 54 SDÜ zur vollständigen Verwirklichung der Zielsetzung des SDÜ wirksam beitragen kann.[437]

Einen Hinweis für eine europarechtliche Auslegung bietet zudem die (noch nicht in Kraft getretene) Europäische Verfassung, durch die die strukturellen Unterschiede zwischen dem EUV und dem EGV beseitigt werden. Ab dem Zeitpunkt ihres Inkrafttretens werden einzig die EU als Organisation und der EUV als Vertrag existieren, die EG und der EGV werden vereinheitlicht.[438] Der EuGH wird dementsprechend für alle

---

[431] Jour-Schröder/Wasmeier in: von der Groeben/Schwarze, EUV/EGV, Vorb. Art. 29-42 EUV Rn.7.

[432] Wasmeier in: von der Groeben/Schwarze, EUV/EGV, Art. 34 EUV Rn.20.

[433] Wasmeier in: von der Groeben/Schwarze, EUV/EGV, Art. 34 EUV Rn.20.

[434] Wasmeier in: von der Groeben/Schwarze, EUV/EGV, Art. 34 EUV Rn.20.

[435] Art.46 lit.b EUV; Wasmeier in: von der Groeben/Schwarze, EUV/EGV, Art. 35 EUV Rn.12; Böse in: Schwarze, EU, Art.35 EUV Rn.6; Brechmann in: Calliess/Ruffert, EUV/EGV, Art. 35 EUV Rn.1.

[436] Abl. EG L 176 v. 4.7.1991, 7ff.

[437] Rn.38 des Urteils; so auch Thym, NStZ 2003, 332, 335.

[438] Vgl. Art.I-1 VVE (Abl. EG C 310 v. 16.12.2004); Schroeder, JuS 2004, 180, 181.

Bereiche des EU-Rechts zuständig sein.[439] Selbst wenn man also zunächst als Auslegungsmethode für Artikel 54 ff. SDÜ die völkerrechtliche heranzieht, muss das spätestens mit Inkrafttreten der Europäischen Verfassung geändert werden. Da das aber für den Fall, dass beide Auslegungsmethoden zu unterschiedlichen Ergebnissen kommen, zu Rechtsunsicherheit führen kann, ist schon jetzt eine europarechtliche Interpretation vorzunehmen.

### 3. Auslegung unter EG-rechtlichen Gesichtspunkten

Demnach sind seit Inkrafttreten des Amsterdamer Vertrages für die Auslegung der Artikel 54 ff. SDÜ anstelle von völkerrechtlichen Auslegungsmethoden, solche des EG-Rechts maßgeblich. Es sind demzufolge die vom EuGH entwickelten Grundsätze zur Auslegung des Gemeinschaftsrechts zu beachten.[440] Dieser hat in jahrelanger Praxis aus völkerrechtlichen und verfassungsrechtlichen Auslegungsmaximen eine eigene gemeinschaftsrechtliche Interpretation mit selbständigen Grundsätzen entwickelt[441], nach der er derjenigen Auslegung den Vorzug einräumt, welche die Verwirklichung der Vertragsziele am meisten fördert und die Funktionsfähigkeit der Gemeinschaft sicherstellt[442].

#### a. Wörtliche Auslegung

Bei der Auslegung von Gemeinschaftsrecht ist zunächst die wörtliche Auslegung anzuwenden. Es ist also der normale und natürliche Sinn der Worte in ihrem unmittelbaren Zusammenhang des Satzes festzustellen.[443] Bei einem eindeutigen Wortlaut sind andere Auslegungsmethoden nicht mehr heranzuziehen.[444] Es muss weiterhin beachtet werden, dass gemeinschaftsrechtliche Wortbedeutungen gesucht werden, welche zwar die mitgliedstaatlichen Vorstellungen nicht außer Acht lassen sollen, dennoch aber die Einheit des EG-Rechts wahren.[445] Verbindlich sind danach nicht mehr nur die Sprachfassungen der ursprünglichen Vertragsstaaten des SDÜ, sondern alle (mittlerweile) 20

---

[439] Art.I-29 und III-353ff. VVE (Abl. EG C 310 v. 16.12.2004); Schroeder, JuS 2004, 180, 181.

[440] Zwar beansprucht der EuGH für sich das Auslegungsmonopol des EU-Rechts, das ist jedoch nicht zwingend, da Instanzgerichte nur bei Zweifeln an der Auslegung des EU-Rechts eine Vorlage beim EuGH einreichen können und nicht dazu gezwungen sind und nationale Behörden das EU-Recht sogar selbständig interpretieren müssen, da für sie gar keine Vorlagemöglichkeit besteht. – Schroeder, JuS 2004, 180, 181.

[441] Buck, Auslegungsmethoden, 143ff.; Grundmann, Auslegung, 192ff.; Groux, Convergences, 275ff.; Meyer, Jura 1994, 455ff.

[442] Schweitzer/Hummer, Europarecht, Rn.451ff.; Streinz, Europarecht, Rn.570.

[443] EuGH, Urt. v. 27.2.1962, Rs.10/61, Slg. 1962, 3, 20f. – *Kommission gg. Italien*; Oppermann, Europarecht, § 8 Rn.20.

[444] EuGH, Urt. v. 9.3.1978, Rs. 79/77, Slg. 1978, 611ff., 619, Rn.6 – *Kühlhaus Zentrum AG*.

[445] Bleckmann, Europarecht, Rn.540.

Amtssprachen[446] der EU.[447] Enthalten die verschiedenen sprachlichen Fassungen unterschiedliche Bedeutungen, darf nicht nach dem gemeinsamen Nenner aller Begriffe gesucht werden, sondern nach dem gesamten Inhalt der Bedeutungen in den verschiedenen Sprachen, da sich der Vertragswille auf alle offiziellen Fassungen richtet.[448]

Der EuGH prüft zwar bei der Auslegung des Gemeinschaftsrechts den Wortlaut zuerst, sollte er jedoch nicht eindeutig sein, spielt er in vielen Fällen keine wichtige Rolle; der EuGH hat sogar darauf hingewiesen, dass er sich „nicht mit einer wörtlichen Auslegung begnügen"[449] kann, sie diene ihm lediglich als Ausgangspunkt für eine weitere Interpretation.[450]

**b. Systematische Auslegung**

Kann also bei der wörtlichen Auslegung kein Ergebnis erzielt werden, ist auf den Sinn der Norm aus der Systematik des Vertrages abzustellen.[451] Untersucht wird dabei die Stellung einer bestimmten Rechtsvorschrift im Zusammenhang mit anderen Normen oder sogar deren Stellung im gesamten Vertragstext. Dadurch wird versucht, Widersprüche zwischen den einzelnen Normen des Vertragstextes zu vermeiden. Der EuGH macht gerade von dieser Methode ständig Gebrauch, erachtet sie scheinbar als gewichtiger als die wörtliche Auslegung.[452]

**c. Teleologische Auslegung**

Führt auch die soeben genannte Auslegung zu keinem eindeutigen Resultat, ist auf den Sinn und Zweck der Norm oder sogar des gesamten Gesetzestextes, der sie enthält, abzustellen.[453] Diese Methode ist jedoch kaum von der systematischen Auslegung zu unterscheiden, vielmehr fließen gerade diese beiden Auslegungsarten ineinander über.[454] Auch dieser Auslegungsmethode wird im Rahmen des Europarechts große, wenn nicht gar die größte Bedeutung zugemessen.[455] In einem Urteil offenbarte der EuGH, dass für ihn der Geist der Vorschriften, ihre Systematik und ihr Wortlaut maß-

---

[446] Dazu zählen Griechisch, Dänisch, Deutsch, Englisch, Spanisch, Französisch, Italienisch, Niederländisch, Portugiesisch, Finnisch, Schwedisch, Tschechisch, Estnisch, Lettisch, Litauisch, Ungarisch, Maltesisch, Polnisch, Slowakisch und Slowenisch.

[447] Vogel/Norouzi, JuS 2003, 1059, 1061.

[448] Bleckmann, Europarecht, Rn.541.

[449] EuGH, Urt. v. 16.12.1960, Rs.6/60, Slg. 1960, 1165, 1194 – *Humblet*.

[450] Schroeder, JuS 2004, 180, 182.

[451] Oppermann, Europarecht, § 8 Rn.22; Bleckmann, Europarecht, Rn.542f.

[452] EuGH, Urt. v. 30.10.1962, Rs. 3/62, Slg. 1962, 869, 881f. – *Kommission gg. Luxemburg und Belgien*; Urt. Rs. *van Gend & Loos* (Fn.423), Slg. 1963, 3, 24f.

[453] EuGH, Urt. v. 17.11.1983, Rs. 292/82, Slg. 1983, 3781ff. – *Merck*; Bleckmann, Europarecht, Rn.547.

[454] Oppermann, Europarecht, § 8 Rn.23.

[455] EuGH, Urt. v. 16.6.1966, Rs. 52 und 55/65, Slg. 1966, 220, 235 – *Deutschland gg. Kommission*; Schroeder, JuS 2004, 180, 183; Pescatore, ZeuP 1998, 1, 10.

geblich seien.[456] Damit legte er nicht die Prüfungsreihenfolge, sondern die Wichtigkeit der Auslegungsmethoden für ihn fest.[457]

Bei der teleologischen Auslegung ist darauf zu achten, jede Vorschrift im Lichte des gesamten EU-Rechts sowie seiner Ziele auszulegen[458] und den Effektivitätsgrundsatz (effet utile) weitmöglichst zu wahren.[459]

### d. Rechtsvergleichung

Ob die Rechtsvergleichung eine zusätzliche Auslegungsmethode darstellt oder ob es sich lediglich um eine Auslegungshilfe handelt, ist umstritten[460], dennoch zieht der EuGH diese Methode heran, insbesondere bei der autonomen Auslegung des Gemeinschaftsrechts.[461]

Gerade für den Fall, dass sich im Gemeinschaftsrecht Begriffe wiederfinden, welche in den nationalen Rechtsordnungen bekannt sind, wird der Gerichtshof rechtsvergleichend tätig, indem er die Bedeutung der Begriffe in den einzelnen Rechtsordnungen miteinander vergleicht und so eine selbständige gemeinschaftsrechtliche Bedeutung entwickelt.[462]

*Schulze*[463] weist darauf hin, dass die Mehrsprachigkeit des Gemeinschaftsrechts eine vergleichende Auslegung notwendig mache: Da der auszulegende Text in mehreren Sprache existiere und die jeweiligen Rechtsbegriffe durch nationale Rechtstradionen und –ordnungen geprägt seien, kann durch einen Rechtsvergleich die Bedeutung des Begriffes herausgefiltert werden.

Bei dieser „wertenden" Rechtsvergleichung strebt der EuGH danach, zu einer optimalen Lösung im Sinne der Vertragsziele zu kommen.[464]

## 4. Ergebnis

Bei dem SDÜ besteht die Besonderheit, dass vor seiner Einführung in den Vertrag von Amsterdam völkerrechtliche Auslegungsmethoden maßgeblich waren, nach der Inkorporation richtet sich der EuGH nach den EG-rechtlichen Auslegungsmethoden.

---

[456] EuGH, Urt. Rs. *van Gend & Loos* (Fn.423), Slg. 1963, 3, 27.

[457] Schroeder, JuS 2004, 180, 183.

[458] EuGH, Urt. v. 6.10.1982, Rs. 283/81, Slg. 1982, 3415ff., Rn.20 – *CILFIT.*

[459] Schweitzer/Hummer, Europarecht, Rn.453f.

[460] Schübel-Pfister, Sprache, 132.

[461] EuGH, Urt. Rs. *Humblet* (Fn.449), Slg. 1960, 1165, 1195; EuGH, Urt. v. 18.05.1982, Rs. 155/79, Slg. 1982, 1575, 1705 – *AM & S;* ausführlich zur Rechtsvergleichung durch den EuGH: Pescatore, RIDC 1980, 337ff.; vgl. zudem Anweiler, Auslegungsmethoden, 279ff.; Schübel-Pfister, Sprache, 133.

[462] Kutscher, Methoden, I-27; Schübel-Pfister, Sprache, 133.

[463] Schulze, ZfRV 1997, 183, 190.

[464] Oppermann, Europarecht, § 8 Rn.22; Bleckmann, Europarecht, Rn.551; Kutscher, Methoden, I-30.

Obwohl sich die beiden Methoden auf den ersten Blick ähneln – beide richten sich nach den „klassischen" Auslegungsmethoden Wortlaut, Systematik, Sinn und Zweck – kann doch eine unter völkerrechtlichen Gesichtspunkten erfolgte Auslegung nicht eins zu eins auf EG-Recht übertragen werden. Im Völkerrecht sind neben objektiven auch subjektive Auslegungssätze zu beachten und – wenn vorhanden – die historischen Materialien.

Der Wille der Parteien spielt im EG-Recht demgegenüber keine Rolle. Es ist dort vielmehr auf den objektiven Sinngehalt, ausgerichtet an den Vertragszielen und die Systematik abzustellen, darauf was die Vertragsparteien vernünftigerweise mit der Vorschrift verfolgen wollten.[465] Materialien zur Entstehungsgeschichte existieren in den meisten Fällen nicht.

Es ist zu beachten, dass die Rechtsbegriffe autonom ausgelegt werden müssen, d.h. ohne Rückgriff auf die nationalen Rechtsordnungen. Würde einem Begriffsinhalt einer bestimmten Rechtsordnung der Vorzug gegeben, bedeutete das die Herrschaft dieser Rechtsordnung über einen bestimmten Vertrag. Es ist kaum anzunehmen, dass sich die anderen Vertragspartner damit einverstanden erklären würden.

Anhand der oben festgelegten Auslegungsmethode und mit Hinblick auf die zu Artikel 54 SDÜ bereits ergangenen Gerichtsentscheidungen und die dazu verfasste Literatur sind im Folgenden die Voraussetzungen des Artikels 54 SDÜ auszulegen.

## II. Berechtigte und Verpflichtete

Bei einer ersten Betrachtung des Artikels 54 SDÜ stellt sich zunächst die Frage nach dem Subjekt: Wer wird angesprochen? Wer wird von der Regelung berührt? Wer wird geschützt, wer verpflichtet?

Der Wortlaut des Artikels 54 SDÜ verbietet eine erneute Verfolgung *„durch **eine** andere Vertragspartei"* (*„in **another** Contracting Party"; „par **une** autre Partie Contractante"*), wenn jemand bereits *„durch **eine** Vertragspartei"* (*„in **one** contracting party"; „par **une** Partie Contractante"*) rechtskräftig abgeurteilt wurde. Durch die Verwendung des unbestimmten Artikels (*„eine", „one", „une"*) wird deutlich, dass die Regelung nicht nur zwischen dem ersuchenden und dem ersuchten Staat, sondern auch jedem anderen dritten Staat gilt, der Vertragspartei ist. Nicht von Bedeutung ist jedoch eine Aburteilung, welche in einem Dritt-, einem Nicht-EU-Staat stattgefunden hat, was durch die Formulierung *„Vertragspartei"* betont wird.[466]

Hinsichtlich des *„wer"* ist jedoch fraglich, ob die einmal verurteilte oder freigesprochene Person, der das Verbot der Mehrfachverfolgung zugute kommt, die Staatsangehörigkeit eines Mitgliedstaates innehaben muss oder ob auch Drittstaatsangehörige geschützt werden.

Der Wortlaut sagt nichts darüber aus. Allerdings könnte hinsichtlich der Eindeutigkeit des Vertragstextes bei der Bezeichnung „Vertragspartei" darauf geschlossen werden, dass die einzelne Person, welche geschützt werden soll, deshalb nicht eindeutig defi-

---

[465] Bleckmann, NJW 1982, 1177, 1178; Meyer, Jura 1994, 455f.

[466] Schomburg, NJW 1995, 1931, 1933; Ebensperger, ÖJZ 1999, 171, 182.

niert wurde, weil es sich eben nicht um einen Staatsangehörigen einer Vertragspartei handeln muss.

In Anbetracht effektiver Strafverfolgungen und Prozessökonomie ist es sogar vorteilhaft, wenn auch Drittstaatsangehörige, die nicht die Unionsbürgerschaft gemäß Artikel 17 EGV innehaben, unter die Norm fallen.

Für eine solche Auslegung sprechen neben dem Ziel der Regelung - die Schutzfunktion gegenüber dem Einzelnen vor erneuter Strafverfolgung sowie die Gewährleistung von Rechtssicherheit und Rechtsfrieden - auch humanitäre Aspekte. Es ist nicht einzusehen, warum die physischen und psychischen Belastungen, die durch ein erneutes Verfahren entstehen, bei einem Staatsangehörigen eines Mitgliedstaates der EU vermieden werden sollen, bei einem Drittstaatsangehörigen jedoch nicht.

Gegen die Subsumierung von Drittstaatsangehörigen unter die Norm spricht, dass – obwohl Angehörige jeglicher Staatsangehörigkeit in der EU vor Mehrfachverfolgungen geschützt werden – ein EU-Angehöriger in einem Drittstaat erneut verfolgt werden könnte.[467] Da jedoch als Ziel zunächst der Individualschutz angestrebt wird, ist eine solche „Ungerechtigkeit" vorerst – bis zur Schaffung einer universell geltenden „ne bis in idem"-Gewährleistung – in Kauf zu nehmen.

Es ist somit festzuhalten, dass einerseits nur Mitgliedstaaten der EU durch Artikel 54 SDÜ gebunden sind, andererseits aber sowohl EU-Bürger als auch Drittstaatsangehörige vor einer Mehrfachbestrafung und -verfolgung durch EU-Staaten geschützt werden.

## III. Der Tatbegriff – das „idem"

Weiterhin ist die Frage zu klären, unter welchen Voraussetzungen „dieselbe Tat", das „idem" vorliegt. Besteht nämlich schon kein „idem", handelt es sich um völlig unterschiedliche Taten, greift das Verbot der Doppelbestrafung nicht ein. Eine Definition dazu, was unter „Tat" zu verstehen ist, findet sich nicht im SDÜ[468] und auch der EuGH schweigt in seinem ersten Urteil zu den Artikeln 54 ff. SDÜ[469] zu dem Tatbegriff.

### 1. Heranziehung des nationalen Rechts

Mit „derselben Tat" könnte der Lebenssachverhalt gemeint sein, das spezielle Delikt oder sogar nur ein bestimmtes Verhalten.[470] *Hecker*[471] schlägt vor, auf eine Auslegung

---

[467] Specht, Zwischenstaatliche Geltung, 170.

[468] Sonstige Begriffsbestimmungen sind in Art.1 SDÜ enthalten.

[469] EuGH, Urt. v. 11.2.2003, Rs. C-187/01 und C-385/01, Slg. 2003-I, 1345ff. – *Gözütok und Brügge*; s. jetzt aber EuGH, Urt. v. 9.3.2006, Rs. C-436/04, Slg. 2006-I, 2333ff. – *Van Esbroeck*; Urt. v. 28.09.2006, Rs. C-150/05, n.v. – *van Straaten*; Urt. v. 28.09.2006, Rs. C-467/04, n.v. – *Gasparini*.

[470] Mit der Problematik des „idem" beschäftigt sich auch Oehler, Internationales Strafrecht, Rn. 972ff.; s. auch zum Tatbegriff in Art.4 des 7. ZP EMRK: Thienel/Hauenschild, JBl 2004, 69, 73f.

[471] StV 2001, 306, 309f.

zu verzichten und auf das Recht des Erstentscheidungsstaates abzustellen. Dagegen spricht, dass gerade der Tatbegriff in den einzelnen Staaten sehr unterschiedlich ausgestaltet ist und es für die Behörden des Wiederaufnahmestaates schwierig sein könnte, die Erstentscheidung nachzuvollziehen. Sie müssten unter Berücksichtigung schwieriger materiell-strafrechtlicher Bewertungen den Umfang des Verfahrensgegenstandes im Erstentscheidungsstaat ermitteln; das würde aufgrund der vielen nationalen materiell-strafrechtlichen Besonderheiten auf international strafverfahrensrechtlicher Ebene zu einer Zersplitterung des Verfahrensgegenstandes führen.[472] Außerdem wäre die Reichweite des Schutzes des Beschuldigten davon abhängig, welches Land ihn zuerst aburteilt. In einigen Ländern wird als Tat der historische Lebenssachverhalt, in anderen das spezielle Delikt angesehen. Ist nun Land A, welches unter der Tat ein spezielles Delikt versteht, Erstverurteilerstaat kann Staat B, welcher unter den Tatbegriff den historischen Lebenssachverhalt fasst, den bereits Verurteilten oder Freigesprochenen erneut für ein anderes Delikt aus diesem Sachverhalt verfolgen. Umgekehrt könnte Land A nach einer Erstverurteilung eines Angeschuldigten in Land B diesen nicht erneut für ein anderes Delikt aus demselben Sachverhalt verfolgen. Der „ne bis in idem"-Grundsatz kommt somit nur in bestimmten Fällen zum Tragen, je nachdem welches Land zuerst seine Strafgewalt ausübt.

Das Gleiche gilt, wenn man auf den Tatbegriff im Wiederaufnahmestaat abstellt. Diese Entscheidung könnte wiederum für den Erstentscheidungsstaat nicht nachvollziehbar sein, oder aber für einen dritten Staat, dessen Strafgewalt ebenfalls eingreift. Da von einem Straftäter nicht erwartet werden kann, dass er sich mit allen Strafrechtssystemen der EU auskennt, bestünde ein erhebliches Maß an Rechtsunsicherheit. Durch den „ne bis in idem"-Grundsatz sollte gerade vermieden werden, dass ein einmal Angeklagter immer mit der Angst einer erneuten Verfolgung leben muss. Durch eine derart undurchsichtige Regelung wird dieses Kriterium außer Kraft gesetzt.

Richtet man sich nach dem „Meistbegünstigungsprinzip" und stellt auf den Tatbegriff ab, der den nationalen Rechtsordnungen aller strafgewaltsbefugten Staaten oder sogar aller Mitgliedstaaten des SDÜ gemein ist, führte das automatisch zu einer Annahme eines engen Tatbegriffs, da nur ein solcher auch in einem breit angelegten Tatbegriff enthalten ist.

Da ein Abstellen auf nationales Recht zudem dem Grundsatz, dass gemeinschaftsrechtliche Begriffe autonom auszulegen sind, widerspricht, sind zur Bestimmung des Tatbegriffs die klassischen Auslegungsmethoden heranzuziehen.

### 2. Wörtliche Auslegung

In der deutschen Fassung des Artikels 54 SDÜ wird von „derselben Tat" gesprochen, in der französischen von „*les mêmes faits*" und in der niederländischen von „*dezelfde feiten*". Die englische Version macht „*the same acts*" zur Voraussetzung und die spanische Version „*los mismos hechos*". Es ist also ausschließlich von Tat(sachen) die

[472] Radtke/Busch, EuGRZ 2000, 421, 430; Böse, GA 2003, 744, 757f.

Rede. In Deutschland wird unter „Tat“ ein einheitlicher Lebensvorgang verstanden.[473] Die Wahl des Wortes „Tatsachen“ in den anderen Sprachen spricht dafür, dass damit wohl ebenfalls der Lebenssachverhalt gemeint ist. Wäre „dasselbe Delikt“ oder „dasselbe Verhalten“ gemeint gewesen, hätten die Formulierungen eher die Worte „Delikt“ *(„offence“; „délit (pénal)“; „het delikt“; „delito“)* oder „Straftat“ *(„crime“/„criminal act“; „infraction“; „het strafbaar feit“; „hecho delictivo“/„acción punible“)* oder eben „Verhalten“ *(„conduct“; „conduite“/„comportement“; „het gedraag“; „conducta“)* enthalten. Es ist deshalb davon auszugehen, dass die „Tat“ den Sachverhalt und nicht das spezielle Delikt oder das Verhalten bezeichnet.

Auf der anderen Seite bezeichnet z.B. der dänische Wortlaut, welcher als Amtssprache ebenfalls nicht außer Acht gelassen werden darf, mit *„de samme strafbare handlinger“* nicht nur Tatsachen, sondern eben auch die „strafbare Handlung“.[474] Der Wortlaut ist somit nicht eindeutig, so dass auf die anderen Auslegungsmethoden abgestellt werden muss.

### 3. Systematische Auslegung

Eine Betrachtung des Artikels 54 SDÜ im Zusammenhang mit anderen Normen des SDÜ lässt ebenfalls verschiedene Deutungen zu: Zu den Normen des SDÜ zählt unter anderem der Informationsaustausch[475] und die gegenseitige Unterstützung in Strafverfahren[476]. Ein durch die Annahme des Lebenssachverhaltes weiter Anwendungsbereich des Artikels 54 SDÜ vermeidet, dass ein Staat die durch den vermehrten Informationsfluss gewonnenen Informationen für sich ausnutzt und im Ausland abgewickelte Straftaten aufrollt und so seine Wertvorstellungen im Strafrecht dem Erstentscheidungsstaat aufdrängt.[477]

Man kann jedoch Artikel 54 SDÜ auch im Zusammenhang mit Artikel 58 SDÜ betrachten. Demnach stehen die diesem vorangehenden Normen weitergehenden Bestimmungen des nationalen Rechts über das Verbot der Doppelbestrafung hinsichtlich ausländischer Justizentscheidungen nicht entgegen. Damit wird möglicherweise impliziert, dass Artikel 54 SDÜ von einem engen Tatbegriff ausgeht, d.h. dass unter die Tat nur das entsprechende Delikt fällt, dass es aber den Mitgliedstaaten überlassen bleibt, ihrerseits einen weiten Tatbegriff zu verwenden.

Demnach ermöglicht auch die systematische Auslegung keinen eindeutigen Aufschluss darüber, wie der Tatbegriff im Sinne des Artikels 54 SDÜ zu verstehen ist.

---

[473] S. dazu auch die Denkschrift zum Schengener Abkommen des Deutschen Bundestages: BT-Drs. 12/2453, 91, 94. Auch die offizielle belgische Interpretation des SDÜ geht davon aus, dass sich Art.54 SDÜ auf Tatsachen und nicht auf Delikte bezieht. - Van den Wyngaert/Stessens, ICLQ 1999, 779, 791.

[474] S. dazu auch Böse, GA 2003, 744, 759.

[475] Art.92ff. SDÜ.

[476] Art.39ff. SDÜ.

[477] Plöckinger/Leidenmühler, wistra 2003, 81, 85ff.; Landau, FS Söllner, 627, 635; Rüter, FS Tröndle, 855, 868.

**4. Teleologische Auslegung**

Es ist also auf Sinn und Zweck der Artikel 54 ff. SDÜ abzustellen. Neben dem Individualschutz vor einer erneuten Strafverfolgung, Rechtssicherheit und Rechtsfrieden, soll eine effektive Strafverfolgung gewährleistet werden. Außerdem darf der Einzelne nicht in seinem Recht auf Freizügigkeit innerhalb der EU beeinträchtigt werden.[478]

Durch die Annahme „desselben Delikts" wird der Anwendungsbereich des Verbotes der Doppelbestrafung zu weit eingeschränkt. Ein einheitlicher Sachverhalt kann in verschiedene Delikte aufgegliedert werden, so dass bei dem Erfordernis „desselben Delikts" mehrere Verfolgungen unterschiedlicher Straftaten vorgenommen werden könnten, die sich aus ein und demselben Sachverhalt ergeben. Ein Drogenhändler der über die Grenzen hinweg seine „Geschäfte betreibt" könnte sowohl für das Ausführen von Drogen aus dem einen als auch für das Einführen von Drogen in das andere Land belangt werden[479]; ebenso hinderte eine Verurteilung wegen Körperverletzung nicht eine weitere Verurteilung bei später eintretender Todesfolge, da es sich bei der Erstverurteilung um ein anderes Delikt handelt[480]. Sowohl für die Strafverfolgungsbehörden der beiden Länder wäre das eine zusätzliche Belastung, da beide tätig werden müssten, als auch für den Beschuldigten, der für ein und dieselbe Handlung zweimal verfolgt und schließlich bestraft würde.

Gegen die Zugrundelegung des Lebenssachverhalts ist einzuwenden, dass ein Beschuldigter in einem Land für einen Straftatbestand verfolgt werden könnte, der mit einer relativ geringen Strafe geahndet wird, in einem anderen Land wäre dann die Verfolgung des Beschuldigten wegen eines weitaus gravierenderen Straftatbestandes, der sich aus demselben Sachverhalt ergibt, verwehrt. Einige Straftatbestände existieren vielleicht auch gar nicht in allen Ländern der EU. Übt also ein Staat seine Strafgewalt hinsichtlich der Delikte A, B und C aus, welche sich aus einem bestimmten Sachverhalt ergeben, sind einem anderen Staat, in dessen Rechtssystem eine Handlung aus dem Sachverhalt unter den Straftatbestand D subsumiert werden kann, „die Hände gebunden". Außerdem bestünde die bereits oben erwähnte Gefahr des Mißbrauchs: Ein Staat könnte seine Staatsangehörigen für ein sehr leichtes Delikt bestrafen, so dass der Rückgriff auf den Angeschuldigten wegen weitaus schwererer Delikte aus demselben Sachverhalt anderen Staaten verwehrt wird.

Beide Argumente lassen sich jedoch entkräften: Gravierende Unterschiede im Strafmaß sind bei einem weltweiten Vergleich der Rechtsordnungen wohl anzunehmen, in Anbetracht dessen, dass in den Mitgliedstaaten der EU aber ein grundsätzlich gleicher strafrechtlicher Standard besteht[481], dort eher unwahrscheinlich.[482] Sollten diverse Straftaten in einigen Ländern nicht existieren, handelt es sich dabei wohl um kleinere

[478] EuGH, Urt. Rs. *Gözütok und Brügge* (Fn.469), Slg. 2003-I, 1345ff. Rn.35ff.

[479] Dannecker, FS Huber, 153, 175; Rüter, JR 1988, 136ff.; van den Wyngaert/Stessens, ICLQ1999, 779, 789.

[480] Lagodny, FS Trechsel, 253, 261.

[481] S.o. Fn.132.

[482] Bei Konstellationen wie dem *Dost-Fall* (s.o. C.IV.5.) handelt es sich wohl eher um Ausnahmen.

Straftaten, deren Nichtbestrafung im Einzelfall zugunsten von Rechtsfrieden und Rechtssicherheit hingenommen werden kann.

Ebenso ist es unwahrscheinlich, dass ein EU-Mitgliedstaat seine Strafgewalt missbraucht, um seine eigenen Staatsangehörigen zu schützen. In den Rechtsstaaten der heutigen Zeit (zumindest innerhalb der EU) ist davon auszugehen, dass jedem Straftäter eine „gerechte" Strafe auferlegt wird und die Staaten sich nicht durch protektionistische Souveränitätserwägungen leiten lassen.[483]

*Van den Wyngaert* [484] meint allerdings, dass jede internationale Übereinkunft, die das „ne bis in idem"-Prinzip enthält, auf dasselbe Delikt und eben nicht auf denselben Sachverhalt abstellen sollte. Das wird ihrer Meinung nach durch die Wortlaute von Artikel 14 VII IPbpR und Artikel 4 des 7. ZP zur EMRK, welche beide den Begriff „*offence*" („*infraction*") gebrauchen, zum Ausdruck gebracht. Außerdem würden weitgefasste Straftaten – wie z.B. die Beteiligung an einer kriminellen Organisation – eine de facto Immunität für alle Straftaten bewirken, die im Rahmen dieser Beteiligung begangen wurden.[485]

Dagegen ist einzuwenden, dass die Wortlaute der EMRK und des IPbpR bei der Auslegung des SDÜ nicht zu beachten sind, da sie sich nur auf ein innerstaatliches „ne bis in idem" beziehen. Außerdem kann man die Tatsache, dass sich die Wortwahl des SDÜ von diesen beiden Abkommen unterscheidet, dahin interpretieren, dass eben nicht auf „dasselbe Delikt" abgestellt werden sollte.

Allerdings lässt sich gegen die Annahme des Lebenssachverhaltes folgender Fall anführen: A verübt in Frankreich einen Banküberfall, flieht nach Deutschland und gerät dort in eine Verkehrskontrolle. Es stellt sich heraus, dass er keine Fahrerlaubnis besitzt. Daraufhin wird er von den deutschen Strafverfolgungsbehörden – ohne dass diese Kenntnis von dem Banküberfall haben – wegen Fahrens ohne Fahrerlaubnis zu einer Geldstrafe verurteilt.[486] Begreift man den Tatbegriff als einheitlichen historischen Lebenssachverhalt, so führt das dazu, dass die Flucht über die Grenze mit dem Banküberfall in einem derart zeit- und sachlichen Zusammenhang steht, dass es einer unnatürlichen Aufspaltung des Geschehens gleichkäme, wenn die Ereignisse getrennt behandelt würden.[487] Es läge somit ein Verbrauch der Strafklage im Sinne des Artikels 54 SDÜ vor.

Problematisch bleibt zudem, dass in einigen Staaten Fortsetzungszusammenhänge oder Bewertungseinheiten existieren, dass andere Staaten bei der Strafzumessung z.B. nicht festgestellte Taten berücksichtigen, über die sich noch Unterlagen „in den Akten" be-

---

[483] Zwar besteht in Artikel 4 Nr.3 des Rahmenbeschlusses 2002/584/JI über den Europäischen Haftbefehl (Fn.210), die Möglichkeit, eine Auslieferung abzulehnen, wenn in dem Vollstreckungsmitgliedstaat beschlossen wurde, kein Verfahren einzuleiten bzw. ein Verfahren einzustellen. Vermeiden ließen sich Missbrauchsvermutungen aber, indem ein Verfahren zur Überprüfung solcher Fälle geschaffen würde. Vgl. zu der Problematik: BVerfGE 113, 273, 311 und 332.

[484] RIDP 1999, 133, 173ff.; van den Wyngaert/Stessens, ICLQ1999, 779, 791f.

[485] So auch Dannecker, FS Kohlmann, 593, 604.

[486] Nachgebildet aus BGH NStZ 1996, 41.

[487] BGH NStZ 1996, 41, 42.

finden.[488] Diese Probleme könnten dadurch gelöst werden, dass bei der Festlegung des historischen Lebenssachverhaltes der gesamte Lebensvorgang einschließlich aller damit zusammenhängender Ereignisse in Betracht gezogen wird und auch Kriterien wie Zeit, Ort, Tatgegenstand und Erfolg mitberücksichtigt werden.[489] Alle anderen Deutungen als ein Abstellen auf denselben Lebenssachverhalt würden eine zu große Aufsplittung des Sachverhalts bedeuten und somit das Verbot seiner Wirksamkeit berauben.[490]

Es werden aber auch noch „Zwischenlösungen" angeboten: Es ist grundsätzlich auf den Lebenssachverhalt abzustellen, für den Fall aber, dass kein spezieller Staat ausgemacht werden kann, dem ausschließlich die Strafgewalt zukommen soll und der die Tat im Sinne des Lebenssachverhaltes vollständig aburteilt, könnte man als Ausnahme die Möglichkeit fortbestehen lassen, die Tat in einzelne Delikte aufzuteilen.[491]

In anderen Fällen, in denen der Unwertgehalt einer Tat überhaupt nicht erfasst wird, der Lebenssachverhalt zur Beschreibung der „Tat" also völlig unzureichend ist, könnten ausnahmsweise normative Elemente zur Korrektur des am Lebenssachverhalt ausgerichteten Tatbegriffes herangezogen werden.[492] Hilfreich ist dafür der Ansatz von *Böse*[493]. Dieser schlägt vor, den Tatbegriff aus dem EG-Wettbewerbsrecht zu verwenden. Maßgeblich ist danach der Unrechtsgehalt des einschlägigen Straftatbestands. Erforderlich ist nicht, dass die Straftatbestände in den jeweils strafgewaltsbefugten Staaten identisch sind, sondern es ist ausreichend, wenn Identität bezüglich des Sachverhalts, des Täters und des betroffenen Rechtsgutes[494] vorliegt. Die durch den engeren Tatbegriff entstehenden Nachteile können durch Anrechnung der im Erstverfolgungsstaat verhängten Strafe ausgeglichen werden.[495]

## 5. Ergebnis

Die Auslegung des Begriffes „derselben Tat" im Rahmen des Artikels 54 SDÜ ist bei weitem nicht geklärt. Die Argumente für und gegen sowohl einen weiten als auch einen engen Tatbegriff sind angreifbar. Die Rechtsprechung befasst sich erst gar nicht mit der Frage.

---

[488] Schomburg, StV 1997, 383, 384; vgl. auch van den Wyngaert/Stessens, ICLQ1999, 779, 788; Plöckinger/Leidenmühler, wistra 2003, 81, 87.

[489] Plöckinger/Leidenmühler, wistra 2003, 81, 87.

[490] Im Ergebnis ebenso: Eilmansberger, EWS 2004, 49, 50f.; zu der Frage nach der Definition der „Tat" im internationalen Rechtsbereich: Epp, ÖJZ 1979, 36, 37.

[491] S. dazu auch Schermers, Non bis in idem, 601, 612.

[492] Dannecker, FS Kohlmann, 593, 604f.

[493] GA 2003, 744, 760ff.

[494] EuGH, Schlussanträge des Generalanwalts Dámaso Ruiz-Jarabo Colomer v. 11.2.2003, Rs. C-213/00 P u.a., Slg. 2004, Rn.89 – *Italcementi SpA u.a.*

[495] Böse, GA 2003, 744, 762.

Der Vorschlag von *Böse*, wonach auf den Tatbegriff des EG-Wettbewerbsrechts abgestellt wird, überzeugt demgegenüber. Indem er sowohl auf Sachverhalt und das beeinträchtigte Rechtsgut abstellt, vereint er beide Positionen.

In einem späteren Schritt müssen dennoch auch die mitgliedstaatlichen Rechtsordnungen herangezogen werden, um dieses Ergebnis zu bestätigen oder zu widerlegen.

## IV. Das Vollstreckungselement

Artikel 54 SDÜ erfordert weiterhin für das Eingreifen des Verbotes der Doppelbestrafung, „dass im Falle einer Verurteilung die Sanktion bereits vollstreckt worden ist, gerade vollstreckt wird oder (...) nicht mehr vollstreckt werden kann". Es ist weder eine Definition der „Vollstreckung" noch eine Definition der „Sanktion" im SDÜ enthalten.

Zunächst ist deshalb fraglich, was unter einer „Sanktion" im Rahmen des Artikels 54 SDÜ zu verstehen ist. Artikel 56 SDÜ erklärt, dass bei der Anwendung des Anrechnungsgrundsatzes andere als freiheitsentziehende Sanktionen ebenfalls berücksichtigt werden sollen, sofern das nationale Recht das gestattet. Das impliziert, dass Artikel 54 SDÜ ebenfalls auf andere als freiheitsentziehende Sanktionen Anwendung finden kann. Das sind in erster Linie Vermögensstrafen, einige Länder kennen aber auch davon abweichende Sanktionen, wie z.B. die Verurteilung einer Person zu gemeinnütziger Arbeit, die dann ebenfalls von Artikel 54 SDÜ zu berücksichtigen sind.[496]

Neben der tatsächlichen Qualität der von Artikel 54 SDÜ umfassten Strafen steht aber auch noch deren rechtliche Qualität in Frage. Es könnten neben Kriminalstrafen nämlich auch solche des Verwaltungsrechts vom Verbot der Doppelbestrafung betroffen sein. Zwar wurde Artikel 54 SDÜ auf die Artikel 34 und 31 EUV gestützt, woraus folgt, dass sich die Vorschrift vornehmlich auf Kriminalstrafen bezieht, *Mansdörfer*[497] schlägt jedoch in Anbetracht der Tatsache, dass in einigen Ländern wie z.B. Deutschland, Österreich, Spanien, Portugal und den Niederlanden neben dem Kriminalstrafrecht ein davon unterschiedlich gestaltetes Verwaltungsstrafrecht existiert, vor, den Anwendungsbereich des Artikels 54 SDÜ auf Verwaltungsstrafen auszudehnen. Schließlich bestünde keine Veranlassung, die Entscheidungen einiger Mitgliedstaaten, Fälle geringerer Kriminalität aus dem Kriminalstrafrecht auszugliedern und dem Verwaltungsstrafrecht zuzuordnen, zu konterkarieren.[498] Gerade nach der Begehung einer strafbaren Handlung, welche dem Verwaltungsstrafrecht zugeordnet und demnach als nicht allzu verwerflich eingestuft wurde, ist dem Einzelnen nicht zuzumuten, dass er ein weiteres Mal durch einen anderen Staat verfolgt wird.

Unter „Sanktionen" im Sinne des Artikels 54 SDÜ fallen demnach neben strafrechtlichen Freiheits-, Geld- und sonstigen Strafen auch entsprechende Verwaltungsstrafen.

Im Folgenden sind die drei Vollstreckungsmöglichkeiten des Artikels 54 SDÜ näher zu betrachten.

---

[496] Mansdörfer, Das Prinzip des ne bis in idem, 180.

[497] Mansdörfer, Das Prinzip des ne bis in idem, 180.

[498] Mansdörfer, Das Prinzip des ne bis in idem, 180.

**1. Die Sanktion ist bereits vollstreckt worden**

Der Begriff der Sanktion lässt sich nach dem oben Gesagten als „Strafe i.w.S." definieren. Ob eine Sanktion bereits vollstreckt, eine Bestrafung durchgeführt worden und beendet ist, das Unrecht also gesühnt wurde, lässt sich in der Praxis ohne weiteres feststellen. Erst nachdem der Angeschuldigte wieder in die Freiheit erlassen wurde, erst nachdem er seine Bewährungsauflagen erfüllt, eine Geldstrafe abbezahlt oder vielleicht eine gemeinnützige Arbeit geleistet hat, ist die Sanktion vollstreckt.

Eine Vollstreckung liegt ebenfalls vor bei einem gnadenähnlichen Absehen von weiterer Vollstreckung einer Freiheitsstrafe unter Ausweisung des Verurteilten durch ein Gericht[499] und bei Amnestien[500].

Diesen Auslegungen ist auch insofern zuzustimmen, da Artikel 692 des französischen Code de Procedure Pénale, der bei der Abfassung des Artikels 54 SDÜ als Vorbild herangezogen wurde, in Frankreich so ausgelegt wird, dass er ebenfalls die Fälle der Strafaussetzung zu Bewährung, der Amnestie und der Gnadenentscheidungen beinhaltet[501].[502]

**2. Die Sanktion wird gerade vollstreckt**

Größere Schwierigkeiten bereitet die Feststellung, ob eine Sanktion gerade vollstreckt wird. Ein Beispiel dafür sind zur Bewährung ausgesetzte Strafen. In Deutschland befasste sich damit erstmals das OLG Saarbrücken in einem Fall, indem der Angeklagte bereits in Belgien zu einer Geldstrafe und einer Freiheitsstrafe verurteilt wurde, die zur Bewährung ausgesetzt worden war[503]. Die Geldsumme hatte der Angeklagte noch nicht beglichen.

Es stellte sich die Frage, ob solche Strafen unter das SDÜ fallen oder ob ein anderer Staat, der an einer Freiheitsstrafe interessiert ist, vielleicht widersprechen könnte, da kein tatsächliches Verbüßen einer Strafe vorliegt; da die Strafe zur Bewährung ausgesetzt wurde, ist sie nicht vollstreckt worden und wird dementsprechend auch nicht vollstreckt? Schließlich wird von dem Verurteilten nichts weiter verlangt, als sich gesetzestreu zu verhalten.[504] Er „spürt" demnach die Bestrafung nicht merklich.

Dagegen lässt sich jedoch einwenden, dass zumindest eine erlassene Bewährungsstrafe vollstreckt ist. Und laufende Bewährungsstrafen werden „gerade vollstreckt", da sie bei Nichterfüllung der Auflagen jederzeit wieder aufgehoben und in eine Freiheitsstrafe umgewandelt werden können.[505]

---

[499] OLG München, Beschluss v. 27.6.2001 – 2 Ws 491/01, in: NStZ 2001, 614.

[500] Van den Wyngaert/Stessens, ICLQ1999, 779, 798.

[501] Pralus, R.S.C. 1996, 551, 571.

[502] Mansdörfer, Das Prinzip des ne bis in idem, 182.

[503] OLG Saarbrücken, Urteil v. 16.12.1996 – Ss 90/95, in: NStZ 1997, 245.

[504] Specht, Zwischenstaatliche Geltung, 166.

[505] BGH, Urt. v. 3.11.2000 – 2 StR 274/00, in: NJW 2001, 692, 693; Schomburg, StV 1997, 383, 384.

Sinn und Zweck des Vollstreckungselements ist zu verhindern, dass ein Verurteilter bei einer „rechtskräftigen Aburteilung" die Gelegenheit nutzt, in einen anderen Staat des Schengen-Raumes zu fliehen, und dort unter Berufung auf Artikel 54 SDÜ einer erneuten Strafverfolgung entgeht.[506] Durch die Aufhebung einer Bewährungsstrafe in einem solchen Fall wird dieses Ziel ebenfalls erreicht. Das früher vorgebrachte Argument, auch nach Aufhebung der Bewährungsstrafe müsste ein in seinen Heimatstaat geflohener Straftäter seine Freiheitsstrafe nicht mehr verbüßen, da Staaten ihre eigenen Staatsangehörigen nicht ausliefern, greift heute kaum noch, da viele EU-Mitgliedstaaten zumindest innerhalb der EU ihre eigenen Staatsangehörigen ausliefern[507].

Für die Subsumierung einer Bewährungsstrafe unter eine gerade erfolgende Vollstreckung spricht auch das Artikel 54 SDÜ übergeordnete Ziel, eine erneute Strafverfolgung durch eine größtmögliche Akzeptanz anderer Rechtsordnungen zu vermeiden. Würde ein Verfahrenshindernis nicht schon bei Beginn der Bewährungszeit eintreten, würde dem Erstverurteilungsstaat bei einer erneuten Verfolgungsaufnahme während der Bewährungszeit seine Sanktion „aus der Hand geschlagen".[508] Mittlerweile hat der BGH festgestellt, dass eine Sanktion auch dann „gerade vollstreckt" wird, wenn ihre Vollstreckung zur Bewährung ausgesetzt ist[509].

In dem Fall vor dem OLG Saarbrücken wurde dennoch eine vollzogene Vollstreckung bzw. bereits der Beginn der Vollstreckung verneint, da die Geldbuße noch nicht gezahlt worden war. Es ist fraglich, ob zumindest eine „Anzahlung" erforderlich ist, damit die Vollstreckung beginnt, oder ob die Verhängung der Strafe ausreichend sein soll. Für letzteres spricht, dass ansonsten bei einer erneuten Verfolgung das Urteil des Erstentscheidungsstaates ebenso wie bei einer rein zur Bewährung ausgesetzten Strafe für wertlos erklärt würde.

### 3. Die Sanktion kann nicht mehr vollstreckt werden

Eine Sanktion kann nicht mehr vollstreckt werden, wenn nach dem Recht des Urteilsstaats eine Vollstreckung unmöglich geworden ist, d.h. wenn z.B. eine Verjährung eingetreten ist. Mit der Formulierung *„nach dem Recht des Urteilsstaats"* wird auf die nationalen Rechtssysteme verwiesen. Eine Feststellung dessen lässt sich durch ein Nachfragen bei dem Erstentscheidungsstaat erreichen. Denkt man jedoch daran, dass es sich bei solchen Anfragen zum Teil um ein sehr langwieriges Prozedere handeln kann, könnte an dieser Stelle der Ansatzpunkt geschaffen werden, für eine internationale Einrichtung, bei der die mitgliedstaatliche Rechtsprechung und mitgliedstaatliche Gesetze gesammelt werden und die zügig und effizient darüber Auskunft erteilen kann, unter welchen Umständen in den jeweiligen Ländern eine Vollstreckung nicht mehr möglich ist.

---

[506] Plöckinger/Leidenmühler, wistra 2003, 81, 87.

[507] Masing in: Dreier, GG, Art.16 Rn.36f.; vgl. auch *Rahmenbeschluss über den Europäischen Haftbefehl* (Fn.210).

[508] Schomburg/Lagodny, IRG, Art.54 SDÜ Rn.21; Thomas, Einmaligkeit, 285f.; Plöckinger/Leidenmühler, wistra 2003, 81, 88.

[509] BGH, Urt. v. 3.11.2000 – 2 StR 274/00, in: NJW 2001, 692f.

## V. Die rechtskräftige Aburteilung – das „bis"

Bei der Frage, unter welchen Voraussetzungen eine „rechtskräftige Aburteilung" gegeben ist – auch hier fehlt eine Klarheit verschaffende Definition im SDÜ –, handelt es sich um das zentrale Auslegungsproblem des Artikels 54 SDÜ. Unter eine „rechtskräftige Aburteilung" könnten sowohl Gerichtsurteile als auch gerichtliche Entscheidungen sowie behördliche Entscheidungen fallen.

Um das zu klären, wird zunächst die nationale Rechtsprechung einiger Mitgliedstaaten und die sich darauf stützende rechtswissenschaftliche Literatur zur Auslegung der „rechtskräftigen Aburteilung" im Rahmen des Artikels 54 SDÜ beleuchtet, welche vor dem Urteil des EuGH zur Auslegung dieses Artikels verfasst wurde. Da dies zum Teil vor Inkrafttreten des Vertrages von Amsterdam geschah, wurden dementsprechend noch völkerrechtliche Auslegungsgrundsätze angewandt.

Daran anschließend wird das am 11. Februar 2003 ergangene Urteil des EuGH zu den Rechtssachen *Gözütok* und *Brügge*[510] betrachtet, in dem sich der EuGH erstmals zu der Auslegung des Artikels 54 SDÜ geäußert hat.[511] Dieses Urteil könnte von besonderer Bedeutung für die Zukunft eines transnationalen „ne bis in idem" im Rahmen der EU sein.

### 1. „Alte" Rechtslage

Bevor der Schengen-Acquis in den Rahmen der EU überführt wurde, unterlag das Schengener-Abkommen als völkerrechtlicher Vertrag völkerrechtlichen Auslegungsregeln, musste also im Fall von Zweifeln in der Rechtsprechung und Literatur nach den Regeln in den Artikeln 31 ff. WVK interpretiert werden. Zu dieser Zeit bestand auch noch keine Möglichkeit, dem EuGH eine Frage zur einheitlichen Auslegung des SDÜ vorzulegen. Außerdem war keine allen Schengener Vertragsstaaten gemeinsame gerichtliche Instanz vorgesehen, welche die Vorschriften des Vertrages verbindlich auslegen konnte. Die nationalen Gerichte mussten somit Artikel 54 SDÜ in eigener Zuständigkeit auslegen. Die Ansichten zu diesem Begriff gingen deshalb in verschiedene Richtungen.

Im Folgenden werden beispielhaft einige im deutschsprachigen Rechtsraum ergangene Entscheidungen und daran anschließend zwei Entscheidungen anderer Mitgliedstaaten zu Artikel 54 SDÜ dargestellt.

#### a. Rechtsprechung im deutschsprachigen Raum

Kurz erläutert werden die Urteile zur belgischen „transactie", zur französischen „ordonnonance de non lieu", zum ausländischen rechtskräftigen Freispruch, zum österreichischen Strafanerkenntnis der Bezirkshauptmannschaft und zur vorläufigen Einstellung des Verfahrens nach § 154 II StPO.

---

[510] EuGH, Urt. Rs. *Gözütok und Brügge* (Fn.469), Slg. 2003-I, 1345ff.

[511] S. mittlerweile aber auch EuGH, Urt. v. 10.03.2005, Rs. C-469/03, Slg. 2005-I, 2009ff. - *Miraglia*; Urt. Rs. *Van Esbroeck* (Fn.469), Slg. 2006-I, 2333ff.; Urt. Rs. *van Straaten* (Fn.469), n.v.; Urt. Rs.*Gasparini* (Fn.469), n.v.

**aa. Die belgische „transactie"**

**(1) Urteil**

Im Rahmen des folgenden Falles zur belgischen „transactie" befasste sich der 5. Strafsenat des BGH erstmals mit der Auslegung des Artikels 54 SDÜ: Die deutsche Staatsanwaltschaft hatte am 5. März 1993 beim Landgericht Hamburg Anklage gegenüber fünf Angeschuldigten erhoben und diesen vorgeworfen, dass sie als Angestellte bzw. Inhaber einer Hamburger Firma aufgrund einer im August 1988 getroffenen Vereinbarung zwischen Oktober und Dezember 1988 Antidumpingzölle in Höhe von damals fast 3 Millionen DM hinterzogen haben.

Von dieser Handlung hatten jedoch auch schon die belgischen Zollbehörden Kenntnis erlangt und von den Betroffenen auf Grundlage einer mit „transactie" betitelten Vereinbarung, die zwischen dem Finanzminister Belgiens und einem der Angeschuldigten getroffen worden war, die Nachzahlung des Antidumpingzolls, die Zahlung der Säumniszinsen sowie die Entrichtung einer Zollstrafe verlangt. Diese Zahlung war im Namen der Hamburger Firma erfolgt, und daraufhin sollte laut der Vereinbarung eine erneute Verfolgung der Firma ausgeschlossen sein. Das belgische Recht sieht nämlich vor, dass in solchen Fällen eine derartige Vereinbarung getroffen werden kann, welche die weitere Verfolgung der der Vereinbarung zugrunde liegenden Verstöße ausschließt, wenn die vorgegebenen Bedingungen erfüllt werden. Das Verfahren ist dann in Belgien rechtskräftig erledigt und eine erneute Verfolgung ist nicht mehr möglich.

Die deutsche Staatsanwaltschaft wollte die Betroffenen dennoch für dieselbe Tat bestrafen. Dadurch wurde die Frage aufgeworfen, ob eine solche Erledigung in Belgien durch eine „transactie", mit einer rechtskräftigen Verurteilung im Sinne des Artikels 54 SDÜ gleichgesetzt werden kann, so dass eine erneute Strafverfolgung in Deutschland oder anderen Mitgliedstaaten des SDÜ ausgeschlossen ist.

Der Weg zum BGH war steinig und zeigte die schon damals bestehenden Unsicherheiten und Unstimmigkeiten bei der Auslegung des Artikels 54 SDÜ: Das *Landgericht Hamburg* lehnte in seinem Beschluss vom 14. September 1995[512] die Eröffnung des Hauptverfahrens ab und erklärte, dass mit Erfüllung der Auflagen aus der transactie eine endgültige Erledigung des Verfahrens im Sinne des Artikels 54 SDÜ vorlag und deshalb hinsichtlich aller fünf Angeschuldigten Strafklageverbrauch eingetreten ist. Die Staatsanwaltschaft focht diese Entscheidung an, woraufhin am 8. März 1996 ein Beschluss des Hanseatischen Oberlandesgerichts[513] folgte, mit dem der Nichteröffnungsbeschluss des Hamburger Landgerichts aufgehoben und das Hauptverfahren vor der Großen Strafkammer des Hamburger Landgerichts eröffnet wurde. In dem Beschluss erklärte das HansOLG die Erledigung eines Verfahrens durch eine „transactie" für ausgeschlossen. Am 24. Juni 1996 erging vor dem Hamburger Landgericht ein Urteil zu dem Fall[514], durch das das Verfahren eingestellt wurde. Das Urteil bestätigte den vorangegangenen Beschluss des Landgerichts. Dagegen legte die Staatsanwaltschaft Revision ein.

---

[512] LG Hamburg, Beschl. v. 15.9.1995 – 615 Kls 3/93 in: wistra 1995, 358ff.

[513] HansOLG Hamburg, Beschl. v. 8. März 1996 – 1 Ws 316/95, in: wistra 1996, 193ff.

[514] LG Hamburg, Urt. v. 24. Juni 1996 – 615 Kls 3/93, in: wistra 1996, 359ff.

Nach einem Beschluss des BGH vom 13. Mai 1997[515] erging am 2. Februar 1999 ein Urteil des BGH zur Auslegung des Artikels 54 SDÜ[516]. Dafür hat er in seinem vorangegangen Beschluss das belgische Justizministerium um die Beantwortung der Frage gebeten, ob nach belgischer Rechtsauffassung die „transactie" eine rechtskräftige Aburteilung im Sinne von Artikel 54 SDÜ darstellt, mit der Folge, dass auch im Verhältnis zu den übrigen Vertragsstaaten des Übereinkommens Strafklageverbrauch eingetreten ist.

Dazu erklärte das Justizministerium, dass der verwaltungsgerichtliche Vergleich, also die „administrative transactie", auf Vorschlag des Finanzministeriums entsteht und das Ergebnis eines Angebots zur gütlichen Beilegung seitens der Verwaltungsperson gegenüber der Person ist, welche beschuldigt wird, eine Straftat begangen zu haben. Diese kann eine Verpflichtung übernehmen, bestimmte Handlungen vorzunehmen oder zu unterlassen. Bei Erfüllung der niedergelegten Auflagen entsteht materielle Rechtskraft zwischen den Parteien und die Strafklage entfällt. Weiterhin wird jedoch angeführt, dass der Verbrauch auf Zolldelikte beschränkt ist und keine Gültigkeit hinsichtlich der damit zusammenhängenden Straftaten des gemeinen Rechts hat.

In der Begründung des Urteils verweist der BGH zunächst auf seine Auslegung des Artikels 54 SDÜ, wie er sie in dem vorangegangenen Beschluss vorgenommen hatte. Dort richtete er sich nach den Auslegungsgrundsätzen der Artikel 31 ff. WVK. Hinsichtlich der Wortlautauslegung bemerkte er, dass die Begriffe „rechtskräftige Aburteilung", „jugement" und „vonnis" hauptsächlich auf gerichtliche Entscheidungen abstellen.[517]

Bei der systematischen Auslegung stellt er fest, dass das SDÜ auf der einen Seite die „Aburteilung", das „jugement" und den „vonnis" in Artikel 54 SDÜ kennt und auf der anderen Seite die „Justizentscheidung", die „decision judiciaire" und die „rechterlijike beslissingen" in Artikel 58 SDÜ und daran jeweils unterschiedliche Rechtsfolgen anknüpft. Daraus folgt seines Erachtens, dass durch das SDÜ in den Mitgliedstaaten gewisse Mindestvoraussetzungen hinsichtlich des „ne bis in idem"-Grundsatzes gelten sollen.

Bezüglich der teleologischen Auslegung führt er an, dass die Harmonisierung des Rechts und Vereinheitlichung Europas zwar als Sinn und Zweck des SDÜ anerkannt werden, das setzte jedoch nicht voraus, dass mitgliedstaatliche Besonderheiten wie nun die belgische „transactie" in anderen Mitgliedstaaten die dortige Strafverfolgung verhindern und den Staaten die Möglichkeit nehmen können, Rechtsverstöße nach ihrer Rechtsauffassung ordnungsgemäß zu ahnden. Es entspräche vielmehr dem europäischen Geist, wenn willkürliche Ergebnisse wie z.B. der Freikauf von Strafe vermieden werden und Verfahrenshindernisse nur dann angenommen werden, wenn eine Ent-

---

[515] BGH, Beschl. v. 13.5.1997 – 5 StR 596/96, in: NStZ 1998, 149ff.

[516] BGH, Urt. v. 2.2.1999 – 5 StR 596-96, in: NJW 1999, 1270ff. sowie: StV 1999, 244ff.; s. dazu auch Harms, FS Rieß, 725, 729ff.

[517] Hinsichtlich des „jugement" zitiert er: Doucet/Fleck, Wörterbuch der Rechts- und Wirtschaftssprache, 4. Aufl.; bezüglich des „vonnis" zitiert der BGH: Langendorf/Stein, Wörterbuch der deutschen und niederländischen Rechtssprache, Teil 1 Niederländisch-Deutsch.

scheidung unter Beachtung rechtsstaatlicher Mindestanforderungen zustande kommt. Das sei nur bei Gerichtsentscheidungen gewährleistet. Dadurch kann auch eine einheitliche europäische Rechtsentwicklung entstehen. Der „transactie“ wird eine solche erforderliche Rechtsqualität nicht zuerkannt. Als mit der Zollbehörde ausgehandelter Vertrag falle sie in den außergerichtlichen Bereich, in dem strafklageverbrauchende Entscheidungen nicht getroffen werden können.

Auch die Entstehungsgeschichte des Artikels 54 SDÜ steht dem aufgefundenen Ergebnis nicht entgegen.

Weiterhin verweist der BGH auf die Argumentation des deutschen Bundesministeriums der Justiz und dessen Vergleiche des SDÜ mit dem *Europäischen Übereinkommen über die internationale Geltung von Strafurteilen* und dem *EG-ne bis in idem-Übereinkommen.*[518] Das Ministerium hatte ausgeführt, dass die auszulegenden Vorschriften wortwörtlich dem *EG-ne bis in idem-Übereinkommen* vom 25. Mai 1987 entsprechen. Dieses wiederum ist an das *Europäische Übereinkommen über die Internationale Geltung von Strafurteilen* angelehnt, in dem eine Mehrfachverfolgung für bereits ergangene europäische Strafurteile verboten wird. Ein solches „europäisches Strafurteil“ wird dort definiert mit „Jede rechtskräftige, von einem für Strafsachen zuständigen Gericht eines Vertragsstaates aufgrund eines Strafverfahrens ergangene Entscheidung“. Dementsprechend muss auch für das Eingreifen des Artikels 54 SDÜ ein europäisches Strafurteil vorliegen.

Weiterhin wird angeführt, dass während der belgischen Präsidentschaft im Jahre 1987 versucht wurde, die Reichweite des „ne bis in idem“-Grundsatzes, wie er im *EG-ne bis in idem-Übereinkommen* enthalten war, auf den außergerichtlichen Bereich zu erstrecken[519], was sich jedoch nicht als konsensfähig erwiesen hat. Daraus wird gefolgert, dass nur gerichtliche Entscheidungen strafklageverbrauchende Wirkung im Sinne des Artikels 54 SDÜ entfalten.

Der BGH kommt somit zu dem Ergebnis, dass ein Strafklageverbrauch nach Artikel 54 SDÜ nur aufgrund von gerichtlichen Entscheidungen eintreten kann und dass eine belgische „transactie“ diese Voraussetzungen nicht erfüllt. Diese Nichterfüllung durch die belgische „transactie“ stützt er auf die Stellungnahme des belgischen Justizministeriums. Weiterhin führt er noch an, dass in Belgien ausdrückliche gesetzliche Regelungen über die Wirkung ausländischer Verurteilungen existieren, nicht jedoch für ausländische „transacties“, welchen in Belgien keine strafklageverbrauchende Wirkung zukommt. Folgt man dem im Rechtshilferecht bekannten Gedanken der Gegenseitigkeit, kann Belgien wohl keine weiterreichendere Anerkennung für sein „transactie“-Verfahren erwarten, als es selber anzuerkennen bereits ist.

---

[518] Wistra 1996, 193, 194f.

[519] Belgien hatte vorgeschlagen, Art.5 EG-ne bis in idem-Übereinkommen um folgenden Satz zu ergänzen: „Insbesondere werden die Mitgliedstaaten in Erwägung ziehen, den Grundsatz des ne bis in idem auch im Hinblick auf Entscheidungen der zuständigen Behörden der Mitgliedstaaten anzuwenden, denen zufolge eine Person die strafrechtliche Verfolgung durch die Erfüllung ihr auferlegter Verpflichtungen abgewendet hat.“

Allerdings möchte er nicht ausschließen, dass die zunächst am SDÜ beteiligten Vertragsstaaten ursprünglich eine weitere Auslegung des „ne bis in idem"-Grundsatzes angestrebt haben, da sich die europäische Integration in einem weiter fortschreitendem Stadium befindet und es sicherlich vermieden werden sollte, dass die einzelnen Mitgliedstaaten zu gänzlich unterschiedlichen Auslegungen kommen. Er lässt auch die Frage offen, ob das transactie-Verfahren im Rahmen des Artikels 54 SDÜ immer unbeachtlich ist. Denn selbst wenn man für den Fall, dass ein Einzelner zur Vermeidung eines Gerichtsverfahrens eine transactie abschließt und eine bestimmte Sanktion auf sich nimmt, Strafklageverbrauch im Sinne des Artikels 54 SDÜ annimmt, so fehlt dieser völlig, wenn das Verfahren – wie im vorliegenden Fall – lediglich eine juristische Person betrifft und die Wirkung des Vergleichs auf Dritte erstreckt wird, ohne dass diese eine bestimmte Leistung erbringen müssen.

**(2) Bewertung**

Es ist zwar richtig, dass kein formelles Urteil eines belgischen Gerichts vorliegt, bei der Wortlautauslegung des Artikels 54 SDÜ darf aber nicht nur auf den deutschen Text der Regelung, auf die „rechtskräftige Verurteilung" abgestellt werden, was eindeutig eine abschließende Entscheidung in Urteilsform impliziert.[520] Das niederländische „vonnis" und das französische „jugement" werden zwar einerseits mit „Urteil" übersetzt, andererseits aber auch mit „Beschluss".[521]

Bei der teleologischen Auslegung von Artikel 54 SDÜ ergibt sich, dass Sinn und Zweck der Regelung ist, einen in einem Mitgliedstaat einmal aufgedeckten und sanktionierten Rechtsverstoß nicht erneut in einem anderen Mitgliedstaat strafrechtlich zu verfolgen.[522] Die durch das SDÜ angestrebte Vereinheitlichung des Rechts im Rahmen der Europäischen Union und die Weiterentwicklung eines einheitlichen Europas setzen zwingend voraus, dass sich Mitgliedstaaten von anderen mitgliedstaatlichen Entscheidungen binden lassen und diese akzeptieren. Würden nur mitgliedstaatliche gerichtliche Urteile bindende Wirkung entfalten, führte dies zu willkürlichen und zufälligen Ergebnissen. Auch nach deutschem Recht kommen abschließende Entscheidungen nicht nur durch Urteil zustande, wie zum Beispiel an §§ 206 b und 410 Abs. III StPO zu sehen ist.[523]

Weiterhin kann die Auslegung des Artikels 54 SDÜ dahingehend, dass nur Urteile darunter fallen, dazu führen, dass sich kein Betroffener in Belgien mehr auf eine „transactie" einlässt. So stünde nämlich immer noch die Gefahr einer erneuten Verurteilung im Raum. Er würde sich eher auf ein langes, schwieriges und vor allem unefektives Verfahren einlassen, welches einen sicheren Abschluss garantieren würde.

---

[520] LG Hamburg, Urt. v. 24.6.1996 – 615 Kls 3/93, in: wistra 1996, 359, 361.

[521] Vgl. hinsichtlich des „jugement": Potonnier, Rechtswörterbuch; und hinsichtlich des „vonnis": Fockma Andreae's, Juridisch Woordenboek.

[522] LG Hamburg, Urt. v. 24.6.1996 – 615 Kls 3/93, in: wistra 1996, 359, 361.

[523] LG Hamburg, Urt. v. 24.6.1996 – 615 Kls 3/93, in: wistra 1996, 359, 362.

Eine solche Betrachtungsweise ausgehandelter Verfahrensabschlüsse könnte zudem Einfluss auf die Kooperationswilligkeit aussteigebereiter Mitglieder international handelnder Banden haben.[524] Ließe sich nicht ausschließen, dass sie nach einem „Straffreiheits-Deal" mit einem bestimmten Staat in anderen Staaten womöglich weiterhin der Strafverfolgung unterliegen, würde die Bereitschaft zu solchen „Deals" sinken.

Die Auskunft des Bundesministeriums der Justiz befasst sich ausschließlich mit den Verhandlungen zu dem *Europäischen Übereinkommen über die Internationale Geltung von Strafurteilen* und dem *EG-ne bis in idem-Übereinkommnen*, welche 1970 und 1987 vereinbart wurden. Vertragsstaaten sind bei der ersten Konvention die Mitglieder des Europarates, bei der letzteren einige Mitgliedstaaten der EU. Diese sind insofern nicht identisch mit den ersten fünf Vertragsstaaten, die 1985 das Schengener Abkommen beschlossen. Aus zwei Übereinkommen, die von anderen Vertragsstaaten vereinbart wurden, können keine Rückschlüsse auf das SDÜ zugelassen werden. Es handelt sich um völlig unterschiedliche völkerrechtliche Verträge. Dafür spricht auch das unterschiedliche Entstehungsdatum der verschiedenen Konventionen.[525] Ohne aber mindestens eine erkennbare Beziehung zwischen den beiden Abkommen kann ein Übereinkommen nicht zur Auslegung des anderen herangezogen werden.[526] Außerdem spricht das SDÜ im Vergleich zu Artikel 1 des EG-ne bis in idem-Übereinkommens gerade nicht von einem „Strafurteil".

Rechtsstaatliche Mindesterfordernisse, wie sie der BGH fordert, liegen überdies nicht nur bei gerichtlichen Entscheidungen vor.[527]

Bereits nach diesem ersten Urteil des BGH zu Artikel 54 SDÜ wird deutlich, dass sich weder die Rechtsprechung noch die dazu ergangene Literatur darüber einig war, was unter eine „rechtskräftige Aburteilung" fällt. Zum ersten Mal war diese Problematik aufgetaucht und wie sich an den folgenden Urteilen erkennen lässt, bereitete sie auch weiterhin Probleme.

#### bb. Die französische „ordonnance de non-lieu"

##### (1) Urteil

Das zweite Urteil des BGH zur Reichweite des Artikels 54 SDÜ erging durch den 4. Strafsenat zur französischen „ordonnance de non-lieu"[528]. Der BGH stellte fest, dass eine Verfahrenseinstellung aus tatsächlichen Gründen durch den französischen Appellationsgerichtshof einer weiteren Strafverfolgung in Deutschland nach Artikel 54 SDÜ nicht entgegensteht.

---

[524] Hein, Zuständigkeitskonflikte, 93.

[525] LG Hamburg, Urt. v. 24. Juni 1996 – 615 Kls 3/93, in: wistra 1996, 359, 362; Radke/Busch, EuGRZ 2000, 421, 425.

[526] Bernhardt, Auslegung, 86ff.

[527] Radke/Busch, EuGRZ 2000, 421, 426.

[528] BGH, Urt. v. 10.6.1999 – 4 StR 87/98, in: StV 1999, 478ff.; siehe dazu Schomburg, NJW 2000, 1833, 1835ff.

Der französische Angeklagte hatte nach Ermittlungen des Landgerichts Saarbrücken einen deutschen Staatsbürger entweder eigenhändig umgebracht oder die Tötung durch andere veranlasst. Diesbezüglich war ein Ermittlungsverfahren in Deutschland geführt worden, dem Angeklagten gelang jedoch nach Eröffnung des Hauptverfahrens die Flucht aus der Untersuchungshaft. Aufgrund anderer Delikte wurde er wenig später in Frankreich verhaftet. Deshalb wurden die französischen Behörden um die Übernahme der Strafverfolgung ersucht. Die Anklagekammer des Appellationsgerichtshofs in Metz stellte am 15. März 1990 das Verfahren ein („ordonnance de non-lieu"), da es dem Angeklagten eine Tatbeteiligung nicht nachweisen konnte. Nachdem er wieder auf freiem Fuß war, wurde er abermals in deutschen Gewahrsam gebracht und dort erneut verurteilt. Die Revision machte geltend, dass durch den Beschluss des Appellationsgerichtshofs ein Verfahrenshindernis nach Artikel 54 SDÜ eingetreten sei.

Auf die Frage des BGH, ob einer „ordonnance de non-lieu" nach französischem Recht materielle Rechtskraft zukommt, antwortete das Justizministerium Frankreichs, dass eine absolute Rechtskraftwirkung auszuschließen ist, da es nach einer Einstellung des Verfahrens durch die Anklagekammer weiterhin möglich ist, ein Ermittlungsverfahren wegen desselben Sachverhalts einzuleiten, wenn sich neue Indizien ergeben[529].

Außerdem handele es sich hier im Vergleich zu dem *rechtlich* begründeten Einstellungsbeschluss (z.B. wegen fehlendem Tatvorwurf, Amnestie, Verjährung etc.), der absolut und endgültig in Rechtskraft erstarkt, nur um einen *sachlich* begründeten Einstellungsbeschluss (z.B. wegen unzureichender belastender Tatsachen), der vorläufig und beschränkt rechtskräftig ist. Es tritt demnach kein Strafverfolgungshindernis nach Artikel 54 SDÜ ein.

Auf Grundlage dieser Aussage stellte der BGH fest, dass in diesem Fall offen bleiben kann, ob unter Artikel 54 SDÜ ausschließlich gerichtliche Urteile oder auch sonstige Gerichtsentscheidungen oder eventuell sogar Entscheidungen anderer staatlicher Einrichtungen fallen. Fest steht auf jeden Fall, dass der Entscheidung eine verfahrensbeendende und rechtskraftbewirkende Funktion zukommen muss. In diesem Fall fehle es an einer endgültigen Sachentscheidung, so dass einer weiteren Strafverfolgung nichts im Weg steht. Er stellte somit nicht auf die Art der Entscheidung, sondern auf die Art der Rechtskraft ab.

**(2) Bewertung**

Auffallend ist an dieser BGH-Entscheidung im Vergleich zu der vorherigen zur belgischen „transactie", dass sich der BGH einen Schritt weiter vor wagt: Forderte er in seiner ersten Entscheidung als rechtsstaatliches Mindesterfordernis eine gerichtliche Entscheidung, hält er es jetzt zumindest für möglich, dass auch behördliche Entscheidungen ausreichend sind, soweit sie endgültig in Rechtskraft erstarken.

---

[529] Art.188, 189 frz. Code de Procédure Pénale.

Dennoch kritisiert *Kühne*[530] die Entscheidung des BGH: Dieser sei nicht genügend auf die Besonderheiten des französischen Rechts eingegangen, hat die unterschiedliche Struktur des französischen Strafprozessrechts nicht berücksichtigt. Nach Ansicht *Kühnes* ist die französische Voruntersuchung, wie sie hier stattgefunden hat, durchaus mit der deutschen Hauptverhandlung vergleichbar. Er zieht die französische Fassung des Artikels 54 SDÜ heran, in der von „définitivement jugée" gesprochen wird, wohingegen der gebräuchliche Ausdruck für Rechtskraft im französischen Recht „l'autorité de la chose jugée" lautet. Daraus schließt er, dass von Artikel 54 SDÜ auch endgültige Entscheidungen jenseits der strikten Rechtskraft umfasst sind.

Auch rechtspolitische Gründe sprechen seines Erachtens für diese Lösung: Es sei kaum einzusehen, warum jemand, der in Frankreich wegen Mangels an Beweisen freigesprochen wird, in Deutschland aufgrund derselben Tatsachen verurteilt werden kann. Außerdem ist Sinn und Zweck der Regelung, dass der Angeklagte nach Erledigung des Verfahrens in einem Staat keine weiteren Verfolgungen wegen derselben Sache in einem anderen Staat fürchten muss. Das wird aber gerade nicht sichergestellt. Abgesehen davon, lagen in Deutschland noch nicht einmal Gründe vor, die in Frankreich eine Wiederaufnahme des Verfahrens gestattet hätten.[531]

*Thomas*[532] bemerkt zu dem Urteil, dass nicht gleich die Einstufung eines Beschlusses als „rechtskräftig" im Sinne von Artikel 54 SDÜ entfallen muss, nur weil er in Frankreich innerhalb der Verjährungsfrist unter Darlegung einer neuen Sachlage wieder aufgehoben werden kann. Schließlich wird auch deutschen Entscheidungen, die bei Vorliegen neuer Tatsachen gemäß § 359 Nr.5 StPO wiederaufgenommen werden können, nicht deren Klassifizierung als „rechtskräftig" nach Artikel 54 SDÜ abgesprochen.

So argumentieren auch *Bohnert* und *Lagodny*[533], wonach die Aussage, dass es sich in dem Fall nur um eine vorläufige und begrenzte Rechtskraft handelt, nichts zur Auslegung des Artikels 54 SDÜ beiträgt. Nur bei der Aussage, es würde entweder gar keine oder Rechtskraft ohne jede Einschränkungen vorliegen, wäre kein weiterer Klärungsbedarf vonnöten. Es muss vielmehr die Frage gestellt werden, ob auch Fälle einer vorläufigen und begrenzten Rechtskraft unter Artikel 54 SDÜ fallen. Die Qualität der Rechtskraft ist entscheidend. Da jedoch in den einzelnen Mitgliedstaaten des Schengener Abkommens die Rechtskraft und auch ihre Durchbrechung ganz unterschiedlich bestimmt wird, und somit geklärt werden muss, ob nun im Rahmen des Artikels 54 SDÜ das höchste oder niedrigste Niveau gelten soll, hätte ihres Erachtens eine Vorlage an den EuGH gem. § 1 II iV.M. I EuGHG[534] i.V.m. Artikel 35 VII 2 EUV erfolgen müssen. Seit Inkrafttreten des Vertrages von Amsterdam am 1. Mai 1999 ist dieser

[530] Kühne, StV 1999, 480f.; ders. zu dem vorangegangenen Beschluss des OLG Saarbrücken v. 12.4.1995, 1 Ws 29/95, JZ 1998, 876ff.

[531] Kühne, StV 1999, 480f.

[532] Thomas, Einmaligkeit, 275f.

[533] NStZ 2000, 636.

[534] BGBl. I 1998, 2035.

nämlich zuständig für Auslegungsfragen betreffend des SDÜ.[535] Eine Vorlage ist nur dann nicht vonnöten, wenn die Anwendung des Europarechts derart offenkundig ist, dass keine vernünftigen Zweifel mehr an der Entscheidung entstehen können.[536]

Da sich die Frage, ob eine Rechtssache dem EuGH vorgelegt werden muss, aber nach dem Prozessrecht bemisst, welches zur Zeit des Verfahrensbeginns galt, in diesem Fall also bereits 1998, war in diesem Fall - entgegen der Ansicht von *Bohnert* und *Lagodny* - noch keine Vorlage zum EuGH möglich.

**cc. Der ausländische rechtskräftige Freispruch**

**(1) Urteil**

In diesem Beschluss[537] befasste sich der BGH mit einem Angeklagten, welcher wegen Handeltreibens mit Betäubungsmitteln zu einer fünfjährigen Freiheitsstrafe verurteilt worden war. Wegen desselben Sachverhaltes war er zuvor vom AG Maastricht in den Niederlanden durch eine mit „Widerspruch" betitelte Entscheidung freigesprochen worden. Der Angeklagte rügte deshalb eine Verletzung des Artikels 54 SDÜ.

In seinem Beschluss gibt der BGH dem Angeklagten Recht. Auch ein rechtskräftiger Freispruch bewirkt einen Strafklageverbrauch nach Artikel 54 SDÜ. Ansonsten wäre auch die Differenzierung innerhalb der Regelung zwischen Ab- und Verurteilung nicht zu erklären. Weiterhin verweist er auf die Denkschrift der Bundesregierung zu Artikel 1 EG-ne bis in idem-Übereinkommen (BR-Drs. 283/97). Danach soll der „ne bis in idem"-Grundsatz auch für ausländische freisprechende Urteile Geltung erlangen.[538]

**(2) Bewertung**

In diesem Fall entscheidet der BGH erstmalig, dass ein ausländischer rechtskräftiger Freispruch eine „rechtskräftige Aburteilung" und damit ein Strafverfolgungshindernis im Sinne des Artikels 54 SDÜ und des Artikels 1 des EG-ne bis in idem-Übereinkommens darstellt.

Wie auch in den beiden vorangegangenen Fällen nimmt der BGH seine Zuständigkeit zur Auslegung des Artikels 54 SDÜ an und weiterhin stellt er hinsichtlich der Rechtskraft der Abschlussentscheidung auf das Recht des Erstentscheidungsstaates ab.

Da das Verfahren im Jahr 2000, also nach Inkrafttreten des Amsterdamer Vertrages, begonnen hat, ist es jedoch fraglich, ob der BGH nicht eine Vorlage beim EuGH hätte vornehmen müssen.[539] Die Auslegung des Artikels 54 SDÜ mit dem Sinn, dass unter „rechtskräftige Aburteilung" auch „rechtskräftige Freisprüche" fallen, wird sowohl

---

[535] Schomburg, NJW 2000, 1833, 1839; Bohnert/Lagodny, NStZ 2000, 636, 640; Radtke/Busch, EuGRZ 2000, 421, 424; Hecker, StV 2001, 306, 307; Radke/Busch, NStZ 2003, 281.

[536] Sog. „acte-clair"-Doktrin. – EuGH, Urt. Rs. *CILFIT* (Fn.458), Slg. 1982, 3415f.; Bleckmann, Europarecht, Rn.926ff.; Streinz, Europarecht, Rn.639; Dannecker, FS Kohlmann, 593, 606.

[537] BGH, Beschl. v. 28.2.2001 – 2 StR 458/00, in: NStZ 2001, 557

[538] Vgl. dazu jetzt auch EuGH, Urt. Rs. *van Straaten* (Fn.469), n.v.; Urt. Rs. *Gasparini* (Fn.469), n.v.

[539] Radke, NStZ 2001, 662, 663.

dem Wortlaut aller Vertragssprachen, als auch dem Sinn und Zweck des Artikels 54 SDÜ gerecht.[540] Die Formulierung „im Fall einer Verurteilung" wäre andernfalls überflüssig, genauso wie - richtig vom BGH ausgeführt - die Unterscheidung zwischen Ab- und Verurteilung.[541]

Die Denkschrift der Bundesregierung kann zwar nicht zwingend zur Auslegung des Artikels 54 SDÜ herangezogen werden, da das in diesem Fall aber nicht zu abweichenden Ergebnissen führt, ist daran nichts auszusetzen.

Die Zuständigkeit des BGH lag also zu recht vor, eine Vorlage an den EuGH war nicht vonnöten. Freisprüche verhindern demnach ebenfalls eine erneute Verfolgung.[542]

### dd. Das Strafanerkenntnis der Bezirkshauptmannschaft

#### (1) Urteil

In dem vom Bayerischen Obersten Landgericht zu entscheidenden Fall[543] war der Angeklagte wegen einer auf österreichischem und deutschem Hoheitsgebiet begangenen Trunkenheitsfahrt von der österreichischen Bezirkshauptmannschaft - einer Verwaltungsbehörde - mit einer Geldbuße von 10.000 Schilling bestraft worden. Dabei handelte es sich um ein sog. Strafanerkenntnis, mit dem in Österreich bestimmte Straßenverkehrsdelikte wie z.B. Trunkenheitsfahrten als Verwaltungsübertretungen geahndet werden können.

Wegen desselben Sachverhalts wurde der Angeklagte kurze Zeit später in Deutschland zu einer Freiheitsstrafe verurteilt. In der Revision rügte er eine Verletzung von Artikel 54 SDÜ, was jedoch vom BayObLG mit der Begründung abgelehnt wurde, dass davon nur Urteile oder zumindest gerichtliche Entscheidungen umfasst seien, nicht jedoch Strafanerkenntnisse durch eine Verwaltungsbehörde. Das bestätigte auch das Justizministerium Österreichs, welches um eine Stellungnahme gebeten worden war.

Das Gericht wies weiter darauf hin, dass unabhängig davon Artikel 54 SDÜ nicht zum Tragen gekommen wäre, da sich Deutschland bei der Ratifizierung des SDÜ vorbehalten hatte, durch Artikel 54 SDÜ nicht gebunden zu sein, wenn die Tat ganz oder teilweise auf deutschem Hoheitsgebiet begangen wurde[544]. Die Frage, ob Deutschland nach Artikel 55 I lit.a 2.Hs. SDÜ berechtigt war, diesen Vorbehalt zu machen, sei nicht zu entscheiden. Maßgeblich sei allein, dass der Vorbehalt erfolgt sei und das Revisionsgericht an diese Entscheidung des nationalen Gesetzgebers gebunden sei.

#### (2) Bewertung

Das BayObLG schließt sich konsequent der Rechtsprechung des BGH an, indem es nur Gerichtsurteile oder gerichtliche Entscheidungen von Artikel 54 SDÜ umfasst

---

540 Radtke/Busch, EuGRZ 2000, 421, 424ff.; Radtke, NStZ 2001, 662, 664.

541 Schomburg/Lagodny, IRG, SDÜ, Rn.11.

542 So auch Radtke/Busch, EuGRZ 2000, 421, 424ff.; Radtke, NStZ 2001, 662, 664.

543 BayObLG, Urt. v. 26.5.2000 – 1 St RR 67/00, in: NStZ-RR 2001, 245ff.

544 BGBl. II 1994, 631.

sieht. Mit denselben Argumenten wie bei den bevorstehenden Entscheidungsbewertungen könnten aber auch hier Verwaltungsentscheidungen in den Schutzbereich des Artikels 54 SDÜ einbezogen werden.

Mit der Behauptung, Artikel 54 SDÜ wäre nicht zum Tragen gekommen, da Deutschland einen Vorbehalt erklärt hat, unterläuft dem BayObLG ein Fehler. Aus Artikel 55 I lit.a 2.Hs. SDÜ ergibt sich nämlich eindeutig, dass ein solcher Vorbehalt nicht eingreift, wenn die Tat teilweise *auch* in dem Hoheitsgebiet der Vertragspartei begangen wurde, in dem das Urteil ergangen ist. Hier ist die Tat sowohl auf deutschem als auch auf österreichischem Hoheitsgebiet begangen worden, so dass der Territorialitätsvorbehalt nicht eingreift.

Aufgrund dieser Annahme bestand für das BayObLG auch kein Grund für eine Vorlage zum EuGH. Eine solche wäre zwar nicht zwingend gewesen, da es sich nicht um ein letztinstanzliches Gericht handelt, es hätte aber dennoch die Zweifelsfrage, ob Verwaltungsentscheidungen unter Artikel 54 SDÜ fallen oder nicht, vorlegen können. Das wäre für eine möglichst frühzeitige Klärung der Problematik wünschenswert gewesen.

#### ee. Die vorläufige Einstellung des Verfahrens nach § 154 II StPO

##### (1) Urteil

In einem auslieferungsrechtlichen Fall erklärte das OLG Düsseldorf[545], dass bei einer Einstellung eines Verfahrens gegen einen ausländischen Verfolgten die Einstellung gemäß § 154 II StPO kein zwingendes Auslieferungshindernis nach Artikel 9 II EuAlÜbK in Verbindung mit Artikel 54 SDÜ darstellt. Es fehle dabei sowohl an einer rechtskräftigen Verurteilung als auch an einer zu vollstreckenden Sanktion. Von den verschiedenen Einstellungsmöglichkeiten der §§ 153 ff. StPO sei lediglich § 153 a StPO als zwingendes Auslieferungshindernis anerkannt.

##### (2) Bewertung

Die Behauptung, es fehle an einer zu vollstreckenden Sanktion, ist nicht ganz unproblematisch, da auch nach § 154 II StPO ausgeschiedene Tatteile bei der Strafzumessung für den verbliebenen Prozessstoff strafschärfend Berücksichtigung finden können.[546] Außerdem ist die Einstellung endgültig gemeint und erfährt zumindest beschränkte Rechtskraft.[547] Eine eindeutige Entscheidung war somit nicht möglich, es hätte eine Vorlage an den EuGH erfolgen müssen.

---

[545] OLG Düsseldorf, Beschl. v. 22.1.2001 – 4 Ausl. (A) 413/00 – 1 + 2/01 III, in: NStZ 2001, 613.

[546] Appl, FS Vogler, 109, 115, Fn.36; ders., Die strafschärfende Verwertung von nach §§ 154, 154 a StPO eingestellten Nebendelikten und ausgeschiedenen Tatteilen bei der Strafzumessung; vgl. auch Beulke in: Löwe-Rosenberg, § 154 Rn.56.

[547] Vgl. auch Meyer-Goßner, StPO, § 154 Rn.17.

### ff. Zwischenergebnis

Auch wenn der BGH Artikel 54 SDÜ zunächst sehr restriktiv auslegt, stellt er sich einer weitergehenden Auslegung nicht grundsätzlich in den Weg. Zwar spricht er in seiner ersten Entscheidung von dem Erfordernis einer gerichtlichen Entscheidung als Mindestvoraussetzung, in seiner zweiten Entscheidung hält er es jedoch bereits für möglich, dass andere behördliche Entscheidungen Strafklageverbrauch bewirken können, soweit sie Rechtskraft erlangen.

Das BayObLG und das OLG Düsseldorf behalten vorerst die restriktive Linie des BGH bei und nehmen auch nicht die Möglichkeit in Anspruch, die entsprechenden Fragen vom EuGH klären zu lassen.

Die vorhandene deutsche Rechtsprechung zu Artikel 54 SDÜ verfolgte demnach eine gleichbleibende Linie und war zumindest zu dieser Zeit noch nicht bereit, eine weite Auslegung der Vorschrift zugunsten des Individualschutzes und zugunsten der Europäischen Integration vorzunehmen.

## b. Rechtsprechung in anderen Staaten

Hinsichtlich der Rechtsprechung in anderen Vertragsstaaten des SDÜ zu dem „ne bis in idem"-Grundsatz lässt sich nur erahnen, dass auch dort diese Problematik umstrittener Gegenstand in der Rechtsprechung ist und war. Beispielhaft sind ein Urteil des Strafgerichts Eupen vom 27.1.1999 und ein Beschluss des OLG Innsbruck vom 2.2.2000 heranzuziehen.

### aa. Das Urteil des Gerichts Erster Instanz Eupen

#### (1) Urteil

In dem Fall vor dem Gericht Erster Instanz Eupen[548] ging es darum, dass gegen die Angeklagte in Belgien eine Strafverfolgung eingeleitet worden war, da sie der Beihilfe zum Menschenhandel beschuldigt wurde. Vorher war aber bereits durch die Staatsanwaltschaft Aachen mit Zustimmung des zuständigen Amtsrichters ein dort gegen sie betriebenes Verfahren u.a. wegen Beihilfe zum Menschenhandel nach § 153 I 1 StPO eingestellt worden.

Das Gericht Eupen stellte fest, dass bei einer Verfahrenseinstellung nach § 153 I StPO ein Strafklageverbrauch im Sinne von Artikel 54 SDÜ vorliegt, da die Einstellung durch die Staatsanwaltschaft von einer richterlichen Zustimmung abhängt und deshalb keine Sanktion mehr ausgesprochen geschweige denn vollstreckt werden darf. Eine „rechtskräftige Aburteilung" im Sinne des Übereinkommens sei demnach gegeben.

#### (2) Bewertung

Damit weicht die Rechtsprechung in Belgien von der deutschen Rechtsprechung in einem entscheidenden Punkt ab: Ein behördlicher Abschluss des Verfahrens erscheint

---

[548] StraFo 1999, 119f.

ausreichend für den Strafklageverbrauch. Erforderlich ist allerdings eine gewisse richterliche Mitwirkung in Form der Zustimmung.

Fehlerhaft ist jedoch die Ansicht, nach deutschem Recht sei bei einer Einstellung nach § 153 I 1 StPO eine weitere Verfolgung nicht mehr möglich.[549]

**bb. Der Beschluss des OLG Innsbruck**

**(1) Urteil**

Der Beschluss des OLG Innsbruck vom 2.2.2000[550] behandelt den Fall des Deutschen D, der im Januar 2000 anlässlich seiner Einreise nach Österreich aufgrund eines gegen ihn dort bestehenden Haftbefehls festgenommen wurde; mit Beschluss vom 8.1.2000 wurde ihm gegenüber die Auslieferungshaft gemäß § 29 öARHG verhängt. Er war bereits 1985 in Frankreich in Abwesenheit wegen „Gewalttätigkeit mit fahrlässiger Tötung" verurteilt worden und seitdem bestand ein Haftbefehl.

Die Tat wurde 1982 in Lindau begangen, wo die Stieftochter des Angeschuldigten, eine französische Staatsangehörige, tot aufgefunden wurde. Aufgrund des dem französischen Haftbefehl zugrundeliegenden Sachverhalts hatte auch die Staatsanwaltschaft Kempten ein Ermittlungsverfahren durchgeführt, welches allerdings am 24.2.1986 gemäß § 170 II StPO eingestellt wurde. Das OLG München verwarf daran anschließend den Klageerzwingungsantrag des leiblichen Vaters der Verstorbenen.

Gegen den Beschluss der Auslieferungshaft legte der Angeschuldigte Beschwerde ein, mit der Begründung, dass mit der Verwerfung des Antrags des Vaters des Opfers durch das OLG München eine gerichtliche Entscheidung des Tatortstaates vorläge. Er sei damit in Deutschland außer Verfolgung gesetzt worden, so dass der Auslieferungshaft die Grundlage entzogen sei.

Es stellte sich also die Frage, ob es sich bei der Entscheidung des OLG München nach § 172 II StPO um eine „rechtskräftige Aburteilung" i.S.d. Artikel 54 SDÜ handelte.

Das OLG Innsbruck legte dar, dass bei der Verwerfung des Antrags auf gerichtliche Entscheidung nach § 172 II StPO gemäß § 174 I StPO als unbegründet die öffentliche Klage nach § 174 II StPO nur aufgrund neuer Tatsachen und Beweismittel erhoben werden kann. Die Voraussetzungen des Artikels 54 SDÜ seien erfüllt, soweit eine richterliche Würdigung des Falles vorgelegen hätte und ein Wiederaufgreifen des Falles nur unter den qualifizierten Voraussetzungen der Wiederaufnahme des Verfahrens möglich sei.

Aufgrund der Verwerfung des Antrags des Betroffenen im Klageerzwingungsverfahren nach § 174 I StPO nach erfolgter Verfahrenseinstellung nach § 172 II StPO liegt somit ein Verfahrenshindernis nach Artikel 54 SDÜ vor.

---

[549] Beulke, Strafprozessrecht, Rn.334; Appl, FS Vogler, 109, 116.

[550] OLG Innsbruck, Beschl. v. 2.2.2000 – 6 Bs 43/00, in: NStZ 2000, 663ff.

**(2) Bewertung**

*Appl*[551] kritisiert an dem Beschluss des OLG Innsbruck, dass es mit dieser Entscheidung die Reichweite des Strafklageverbrauchs eines Verwerfungsbeschlusses nach § 174 I StPO verkennt, indem es annimmt, nur das OLG selber könne bei Auftauchen neuer Beweise und Tatsachen seine Entscheidung revidieren. Tatsächlich kann jedoch auch die Staatsanwaltschaft in eigener Zuständigkeit bei Vorliegen von neuen Tatsachen und Beweisen das Verfahren wiederaufnehmen und Anklage erheben.[552]

Das ändert jedoch nichts daran, dass für die Verwerfung des Antrags einzig ein Gericht zuständig ist. Damit liegt die geforderte richterliche Würdigung des Falles vor.

**cc. Zwischenergebnis**

Auch wenn nur zwei Entscheidungen mitgliedstaatlicher Gerichte beleuchtet wurden, zeigt die Aufmerksamkeit, die ihnen in der deutschen Literatur zuteil wurde, dass sie beispielhaft für andere mitgliedstaatliche Entscheidungen betrachtet werden können. Dabei wird jedoch auch deutlich, dass die Auffassungen in den einzelnen Ländern darüber, was unter einer rechtskräftigen Aburteilung im Sinne des Artikels 54 SDÜ zu verstehen ist, in recht unterschiedliche Richtungen gehen. Einmal ist eine richterliche Zustimmung ausreichend, ein anderes Mal wird eine umfassende richterliche Würdigung der Tatsachen gefordert. Einig scheinen sich die Gerichte insofern, dass die Beteiligung des Richters als Mindesterfordernis gewährleistet sein muss. Damit stimmen sie mit der deutschen Rechtsprechung überein.

**c. Literatur**

Im Anschluss an die Urteile des BGH, der Oberlandesgerichte aber auch der ausländischen Gerichte befasste sich ebenfalls die rechtswissenschaftliche Literatur mit der Auslegung des Artikels 54 SDÜ. Die einzelnen Autoren interpretierten den Begriff der „rechtskräftigen Aburteilung" sehr unterschiedlich.

**aa. Engste Auslegung**

Zum Teil wurden die Artikel 54 ff. SDÜ so ausgelegt, dass ein Verbrauch der Strafklage wegen derselben Tat nur richterlichen Urteilen zukommt; bei sonstigen Entscheidungen sollen nationale Anrechnungsregeln zur Anwendung kommen.[553]

*Grotz*[554] legt den Wortlaut des Artikels 54 SDÜ nach deutschem Rechtsverständnis aus. Demnach hindert nur eine Sachentscheidung eine weitere Strafverfolgung. Eine erneute Verfolgung ist weiterhin möglich, wenn ein Nichteröffnungsbeschluss aufgrund von Verfahrenshindernissen ergeht, bei einem Einstellungsurteil nach § 260 III StPO oder bei einem Verwerfungsbeschluss nach § 174 I StPO.

---

[551] Appl, FS Vogler, 109, 116.

[552] Meyer-Goßner, StPO, § 174 Rn.6; Appl, FS Vogler, 109, 116.

[553] Vgl. zB. Grotz, StraFo 1995, 102; van den Wyngaert, NStZ 1998, 153, 154.

[554] StraFo 1995, 102.

*Van den Wyngaert*[555] äußert sich zu der Problematik im Zusammenhang mit der gerade nicht durch ein Gericht sondern von der Staatsanwaltschaft erlassenen belgischen Transactie. Interessanterweise sieht sie sich bei der Wortlautauslegung nicht mit mehrdeutigen niederländischen, französischen und englischen Versionen konfrontiert – diese sind für sie sprachlich eindeutig und weisen ihrer Meinung nach auf ein gerichtliches Urteil hin – sondern gerade die deutsche Fassung scheint ihr mehreren Deutungen zugänglich. Sie stellt zwar die Frage, ob der Anwendungsbereich ausgeweitet werden muss und gesteht auch ein, dass der Wortlaut der verschiedenen sprachlichen Fassungen durchaus Raum für eine weitere Interpretation lässt. Bei Heranziehung anderer internationaler Übereinkommen auf dem Gebiet der Strafrechtshilfe, wie z.B. des Artikels 9 EuAlÜbk und Artikel 1 des Europäischen Übereinkommens über die Gültigkeit von Strafurteilen wird jedoch deutlich, dass diese alle auf ein gerichtliches Urteil abzielen. Demnach soll Artikel 54 SDÜ dieselbe enge Reichweite entfalten.

Auch *Landau*[556] sieht keinen Anlass, das SDÜ weit auszulegen. Diesem komme im Rahmen der europäischen Einigung lediglich eine Sonder- und Ausnahmestellung zu. Diese sei gezielt geschaffen worden und aus diesem Grund scheide eine erweiternde Auslegung aus. Das ergebe sich auch aus der Entstehungsgeschichte des EG-ne bis in idem-Übereinkommens, in der sich der von belgischer Seite kommende Vorschlag, die „ne bis in idem"-Regelung auch auf behördliche Entscheidungen anzuwenden, als nicht konsensfähig erwies. Damit zeigte sich die fortbestehende Geltungskraft nationaler Vorbehalte.

Schließlich äußerte sich auch die deutsche Bundesregierung in ihrer Denkschrift zum SDÜ[557] dahingehend, dass einzig ausländischen Urteilen ein Strafklageverbrauch zukomme.

### bb. Weite Auslegung

Demgegenüber wird von anderen Autoren angesichts der fortschreitenden europäischen Integration eine Ausweitung des Grundsatzes „ne bis in idem" über das gerichtliche Urteil hinaus für unerlässlich gehalten.[558] Dabei bewegen sich die einzelnen Autoren zwischen der Forderung der Ausdehnung des Artikels 54 SDÜ auf jegliche gerichtliche Entscheidung bis hin zu behördlichen verfahrensabschließenden Entscheidungen.

*Schomburg* und *Ebensperger*[559] plädieren zwar für eine weitestmögliche Auslegung, welche dem Ziel und Zweck des Artikels 54 SDÜ – Verbesserung der Strafverfolgung und Schutz des einzelnen vor erneuter Strafverfolgung in einem Rechtsraum fortschreitender Integration und steigender justizieller Zusammenarbeit – am nächsten kommt, und halten eine für alle Staaten des Schengener Rechtsraumes weitestmögli-

---

[555] NStZ 1998, 153; ebenso in: van den Wyngaert/Stessens, ICLQ 1999, 779, 799ff.

[556] FS Söllner, 627, 635.

[557] BT-Drs. 283/97.

[558] Vgl. zB. Lagodny, NStZ 1997, 265, 266; Stange/Rilinger, StV 2001, 540f.

[559] Schomburg, StV 1997, 383, 385; Ebensperger, ÖJZ 1999, 171, 183.

che Toleranz und Akzeptanz anderer Rechtsordnungen für geboten. Dennoch fordert *Ebensperger*[560], dass sich die Auslegung noch im Rahmen des Wortlautes der authentischen Fassungen des SDÜ bewegen muss, so dass im Endeffekt neben Gerichtsurteilen nur noch sonstigen gerichtlichen Entscheidungen eine „ne bis in idem"-Wirkung zukommen soll.

Die Frage, ob eine abschließende Entscheidung von Artikel 54 SDÜ umfasst wird, muss nicht zwingend von rein formalen Kriterien - wie z.B. der Form eines Urteils - abhängig gemacht werden, sondern sollte sich nach der Rechtskraft richten, wie sie im nationalen Recht der einzelnen Staaten ausgestaltet ist. Allerdings sollte das Sachurteil dabei Vorbild sein als Leitbild einer rechtsstaatlichen Abschlussentscheidung.

*Schomburg*[561] schlägt vor, das aus dem Rechtshilferecht bekannte Gegenseitigkeitsprinzip anzuwenden. Was in einem Staat als „rechtskräftige Aburteilung" anerkannt wird, muss dieser Staat als Erledigungswirkung gegen sich gelten lassen.[562]

Andere Autoren fordern demgegenüber, dass die Frage der „rechtskräftigen Aburteilung" nach dem Recht des Erstverurteilungsstaates beurteilt wird.[563] Nur aus dessen Blickwinkel muss eine rechtskräftige oder rechtskraftähnliche Entscheidung, welche das Verfahren abschließt, gegeben sein.

Eine ausführliche Auslegung wird u.a. von *Specht*[564] vorgenommen: Diese stellt dar, dass es im Rahmen der wörtlichen Auslegung schwierig sei, auf den fachspezifischen Wortlaut der einzelnen sprachlichen Fassungen abzustellen. Diese würden – von Beschluss bis Urteil – mehrere Deutungen anbieten, so dass die wörtliche Auslegung keinen Aufschluss geben könne. Allerdings deute die über gerichtliche Urteile hinausgehende Begriffsvielfalt schon darauf hin, dass nicht nur solche gemeint sein können.[565]

Abgesehen davon wäre selbst in dem Fall, dass sich in allen Sprachen dieselbe Bedeutung eines bestimmten Begriffes auffinden ließe, ebenfalls das dahinterstehende Rechtssystem zu betrachten.[566] Bei den vielen verschiedenen Rechtssystemen, die hinter den Vertragsstaaten des SDÜ stehen, könne jedoch schon gar kein exakter Gleichklang der Bedeutungen existieren. Deshalb sei vielmehr auf den Gemeingebrauch des Wortes „Urteil" abzustellen. Daraus folgert *Specht*, dass zumindest ein Verfahren, welches durch eine endgültige Entscheidung beendet wurde, vorliegen müsse. Vor diesem Hintergrund seien die weiteren Auslegungsschritte vorzunehmen.[567]

---

[560] Ebensperger, ÖJZ 1999, 171, 183.

[561] Schomburg, StV 1997, 383, 385.

[562] Dem zustimmend Endriß/Kinzig, StV 1997, 665, 668.

[563] Specht, Zwischenstaatliche Geltung, 132ff.; Lagodny, NStZ 1997, 265f.; Radtke/Busch, EuGRZ 2000, 421, 424ff.; Hecker, StV 2001, 306, 309.

[564] Specht, Zwischenstaatliche Geltung, 132ff.

[565] So auch Hecker, StV 2001, 306, 308f.

[566] So auch Kühne, JZ 1998, 876f.; Böse, GA 2003, 744, 748.

[567] Specht, Zwischenstaatliche Geltung, 132ff.

Die systematische Auslegung kommt zu keinem anderen Ergebnis.[568] Bei einer Betrachtung der Wortlaute der Artikel 54 und 58 SDÜ dürfen die anderen sprachlichen Fassungen nicht außer Betracht gelassen werden. Zwar lässt die unterschiedliche Wortwahl in Artikel 54 und 58 SDÜ darauf schließen, dass Artikel 54 SDÜ einen gewissen Mindeststandard darstellen und deshalb nur gerichtliche Entscheidungen beinhalten soll. Das ist aber auch nur der Fall bei dem Vergleich einiger sprachlicher Fassungen, wie z.B. der deutschen („*abgeurteilt*"/„*ausländische Justizentscheidung*") und der französischen („*jugement*"/„*decisions judiciaire*"). Bei dem niederländischen Wortlaut hingegen ist in Artikel 58 SDÜ ausdrücklich von *richterlichen* Entscheidungen die Rede („*rechterlijke beslissingen*"). Um die unterschiedliche Wortwahl für die systematische Auslegung heranziehen zu können, müssten aber in allen Vertragssprachen gleichmäßig unterschiedliche Ausdrücke in den einzelnen Artikeln verwendet werden.[569] Bei einem Vergleich aller Artikel stellt sich jedoch heraus, dass schon allein in der deutschen, der niederländischen und der französischen Fassung in den verschiedenen Artikeln ganz unterschiedliche Termini verwendet werden, die Abweichungen also nicht gleichmäßig erfolgen. Gerade die niederländische Fassung wechselt in den Artikeln 54 ff. SDÜ viel häufiger die Ausdrücke als die deutsche und die französische Fassung. Da die Änderung der Begrifflichkeiten nicht in allen Sprachen gleichmäßig erfolgt ist, kann somit aus unterschiedlichen Begriffen in den einzelnen Artikeln kein Schluss gezogen werden. Darüber hinaus muss der Wortlaut des Artikels 58 SDÜ nicht zwingend im Zusammenhang mit Artikel 54 SDÜ gelesen werden, sondern kann auch in Bezug zu Artikel 55 SDÜ gesetzt werden, so dass dieser im nationalen Recht eingeschränkt und dadurch die „ne bis in idem"-Regelung erweitert wird[570], oder aber im Hinblick auf einen erweiterten Tatbegriff oder das Vollstreckungselement.[571]

Es wird somit auf die teleologische Auslegung abgestellt. Bei der Bestimmung des Ziels des SDÜ wird sowohl dessen Titel als auch die Präambel herangezogen.[572] Zweck des Abkommens ist demnach die Schaffung eines gemeinsamen Marktes ohne Binnengrenzen durch die Abschaffung von Grenzkontrollen. Die „ne bis in idem"-Regelung ist dem insofern dienlich, da sie eine effizientere Auslastung der Verfolgungsbehörden der Vertragsparteien mit sich bringt, wenn eine Straftat nur ein einziges Mal verfolgt werden darf und sich die Strafverfolgungsbehörden besser auf die übrigen „rein nationalen" Straftaten konzentrieren können. Die durch die Regelung erfolgende verstärkte Zusammenarbeit der Behörden stellt eine Ausgleichsmaßnahme zur Abschaffung der Grenzkontrollen und die damit eintretenden Sicherheitsverluste dar.[573] Überdies wird ein Aspekt des freien Personenverkehrs verwirklicht, wenn eine einmal

---

[568] Specht, Zwischenstaatliche Geltung, 132ff.

[569] Specht, Zwischenstaatliche Geltung, 132ff.; Böse, GA 2003, 744, 749f.

[570] Specht, Zwischenstaatliche Geltung, 132ff.

[571] Böse, GA 2003, 744, 749f.

[572] Specht, Zwischenstaatliche Geltung, 132ff.; Radtke/Busch, EuGRZ 2000, 421, 424.

[573] Hailbronner/Thiery, EuR 1998, 583, 603; Hecker, StV 2001, 306, 309.

verurteilte Person nicht mehr aus Furcht vor einer erneuten Verfolgung daran gehindert wird, in verschiedene Vertragsstaaten des SDÜ einzureisen.

Mit Blick auf diese Ziele wird die Frage aufgeworfen, ob das die bisherige Auslegung des Begriffes „rechtskräftige Aburteilung“ konkretisieren kann.[574] Eine ein Verfahren endgültig abschließende Entscheidung, welche sowohl gerichtliche als auch behördliche Entschließungen umfasst, steigert die Effizienz der Verfolgungsbehörden eher, als wenn darunter nur Entscheidungen eines einzigen Entscheidungsorgans fallen.

Auch dem Einzelnen, der durch Artikel 54 SDÜ geschützt werden soll und für den es nicht darauf ankommt, von welchem Organ sein Fall behandelt wurde, kommt eine solche Auslegung zugute.

Bei einer derart weiten Auslegung der „Entscheidung“ wird jedoch gefordert, das Wort „rechtskräftig“ zu präzisieren.[575] Unumstritten ist, dass die in Frage stehende Entscheidung „endgültig“ sein muss. Da eine europäische Strafrechtsordnung nicht existiert und das SDÜ keine Auslegungshilfe hinsichtlich dieses Begriffes bietet, wird vorgeschlagen, auf das nationale Recht des Erstentscheidungsstaates abzustellen. Schließlich verweist Artikel 54 SDÜ selber auf das „Recht des Urteilsstaats“. In der Praxis lässt sich diese Interpretation leicht verwirklichen, da sich Gerichte bei Zweifeln nur bei dem jeweiligen Vertragspartner eine Auskunft einholen müssen.[576]

Für eine solche weite Interpretation des Artikels 54 SDÜ wird gleichzeitig angeführt, dass sich nur unter der Voraussetzung, dass die Staaten eine größtmögliche Basis verfahrensabschließender Erledigungsakte finden, ein gemeinsamer Rechtsraum im Bereich der Strafrechtspflege schaffen lässt.[577] Viele Täter würden ansonsten unter Umständen auf eine Einstellung ihres Verfahrens unter Auflagen verzichten und sich vielleicht eher mit einem falschen Schuldanerkenntnis milde verurteilen lassen, um der Gefahr einer doppelten Verfolgung zu entgehen.[578] Außerdem entstünde das ungerechte Ergebnis, dass Verbrechen nur einmal bestraft werden können, leichtere Delikte jedoch öfters. Die Beschränkung des Doppelbestrafungsverbots auf gerichtliche Entscheidungen in Form eines Sachurteils würde zudem die Wirksamkeit des Artikels 54 SDÜ in solchen Staaten erheblich verringern, in denen Strafverfahren zu großen Teilen durch nichtrichterliche Entscheidungen beschieden werden. Folge davon wären große Unterschiede im Anwendungsbereich des SDÜ im Verhältnis der verschiedenen Vertragspartnern untereinander.[579]

Außerdem existiert bei einem so engen Staatenverbund wie dem der Mitgliedstaaten des SDÜ ein annährend gleicher rechtsstaatlicher Standard der Strafverfolgungsverfah-

---

[574] Specht, Zwischenstaatliche Geltung, 132ff.

[575] Specht, Zwischenstaatliche Geltung, 132ff.

[576] Specht, Zwischenstaatliche Geltung, 132ff.

[577] Radtke/Busch, EuGRZ 2000, 421, 426.

[578] Stange/Rilinger, StV 2001, 540, 541.

[579] Radtke/Busch, EuGRZ 2000, 421, 426.

ren.[580] Gegen eine ausgedehnte Auslegung von Artikel 54 SDÜ bestehen demnach zumindest keine rechtsstaatlichen Bedenken.[581] Nur wenn die einzelnen Staaten Entscheidungen anderer Staaten akzeptieren und sich von diesen binden lassen, kann die vom SDÜ beabsichtigte Weiterentwicklung eines einheitlichen Europas umgesetzt werden.

Ein Abstellen auf den „kleinsten gemeinsamen Nenner" ist heute nicht mehr mit den Zielen des SDÜ vereinbar und deshalb nicht ausreichend.[582]

Die Autoren kommen somit zu dem Ergebnis, dass die Begriffe „rechtskräftig abgeurteilt" im Sinne von „endgültig verfahrensbeendend nach den Regeln der mit dem Verfahren befassten nationalen Rechtsordnung" ausgelegt werden müssen.

**cc. Bewertung**

Die Stimmen in der Literatur, die als „rechtskräftige Aburteilung" allein richterliche Urteile gelten lassen wollen, stützen ihre Argumente hauptsächlich auf andere Abkommen, wie das *EG-ne bis in idem-Übereinkommen* oder das *Übereinkommen über die Gültigkeit von Strafurteilen*. Dabei übersehen sie, dass sowohl der Zeitpunkt des Abschlusses der verschiedenen Abkommen, als auch die Vertragsparteien unterschiedlich sind. Schon allein deshalb können die darauf bezogenen Erwägungen nicht einfach eins zu eins auf das SDÜ übertragen werden.

Die allen Deutungen zugängliche Wortwahl des Artikels 54 SDÜ bietet vielmehr Raum für eine darüber hinausgehende Auslegung. Gerade die Ablehnung des Vorschlages der belgischen Regierung, das *EG-ne bis in idem-Übereinkommen* auf behördliche Entscheidungen auszudehnen, spricht für eine erweiterte Auslegung des SDÜ: Bei der Abfassung des Vertragstextes hätten sich die Vertragsparteien in Kenntnis der Diskussionen zu dem *EG-ne bis in idem-Übereinkommen* von vornherein auf eine präzisere Formulierung einigen können. Die Übernahme des vieldeutigen Passus spricht dafür, dass sie einer größtmöglichen Anwendung des Verbotes der Doppelbestrafung den Weg bereiten wollten.

Gegen die Beschränkung der Vorschrift auf gerichtliche Entscheidungen mit dem Argument, dass sich die Auslegung innerhalb der authentischen Fassungen des SDÜ bewegen muss, spricht, dass es schon zum damaligen Zeitpunkt 11 authentische Fassungen gab, die einen viel weiteren Anwendungsbereich ermöglichten. Zumindest das Wortlautargument kann insofern nicht herangezogen werden.

Die Idee von *Schomburg*, auf das Gegenseitigkeitsprinzip abzustellen, führt wiederum zu großer Rechtsunsicherheit. Da keine Abgrenzungskriterien vorgeschlagen werden, würde sich die Definition der „rechtskräftige Aburteilung" von Fall zu Fall ändern. Wenn in Staat A behördlichen Entscheidungen Rechtskraft zukommt, ist er auch bei behördlichen strafklageverbrauchenden Verfahrensentscheidungen eines anderen Staa-

---

[580] Vgl. BT-Drs. 14/2668, S.5 (im Zusammenhang mit der Änderung von Artikel 16 II GG); Wasmeier, ZStW 2004, 320, 321f.

[581] Radke/Busch, EuGRZ 2000, 421, 426.

[582] Hecker, StV 2001, 306, 309.

tes gehindert, seine Strafgewalt auszuüben. Staat B wiederum, der nur gerichtlichen Urteilen strafklageverbrauchende Wirkung zukommen lässt, könnte bei einer behördlichen Entscheidung aus Staat A erneut seine Strafgewalt ausüben. Eine Heranziehung des Gegenseitigkeitsprinzips scheidet somit aus.

Aber auch die Befürworter einer weiten Auslegung des Artikels 54 SDÜ machen es sich zum Teil zu leicht. Bei der Aussage, ein Abstellen auf das Recht des Erstentscheidungsstaates lässt sich deshalb leicht verwirklichen, weil bei dem betreffenden Staat „nur" eine Auskunft eingeholt werden muss, übersehen sie, dass ein solches Auskunftsverlangen viel Zeit beanspruchen kann und dass bei einer großen Anzahl von Anfragen bestimmte Behörden überfordert sein könnten. Es müsste vielmehr eine transnationale Stelle eingerichtet werden, die allen Staaten darüber Auskunft erteilen kann, welche Entscheidungen in einem bestimmten Staat in Rechtskraft erstarken und inwiefern sie vielleicht mit bestimmten anderen Entscheidungen in dem Anfragestaat zu vergleichen sind, damit dieser die Maßnahme nachvollziehen kann.

Dass Beschuldigte – um einer erneuten Verfolgung zu entgehen – auf eine behördliche Verfahrenseinstellung verzichten und sich eher durch ein falsches Schuldanerkenntnis milde verurteilen lassen, ist unwahrscheinlich. Zum einen wäre den meisten Straftätern wohl gar nicht bewusst, dass sie nach der Einstellung des Verfahrens Gefahr laufen, ein weiteres Mal verurteilt zu werden und ein Anwalt dürfte ihnen nicht raten, ein falsches Schuldanerkenntnis abzugeben.

Nichtsdestotrotz überzeugt die Argumentation von *Specht* und einigen anderen Autoren, dass eine weite Interpretation des Artikels 54 SDÜ einer engen Auslegung vorzuziehen ist, da sie sich am besten mit Sinn und Zweck des Artikels 54 SDÜ bzw. des SDÜ allgemein vereinbaren lässt. Ob dafür jedoch auf das Recht des Erstentscheidungsstaates abgestellt werden kann, ist fraglich.

### 2. Auslegung durch den EuGH

In seinem Urteil vom 11.2.2003 hat sich der EuGH erstmalig selber zur Auslegung des Artikels 54 SDÜ geäußert.[583] Zunächst wird die Kompetenz des EuGH zu einer solchen Auslegung erläutert, weiterhin das Urteil dargestellt und abschließend sowohl die Vor- als auch die Nachteile der einheitlichen Auslegung durch den EuGH.

#### a. Kompetenz des EuGH zur Auslegung des Artikels 54 SDÜ

Durch die mit Inkrafttreten des Vertrages von Amsterdam am 1.5.1999 erfolgte Einbeziehung eines Teils des Schengen-Acquis in den Rahmen der EU auf Grundlage der Artikel 34 und 31 EUV[584] wurde dem EuGH - im Zusammenhang mit dem neuen Artikel 35 EUV - die Kompetenz zugewiesen, auch im Rahmen der polizeilichen und justiziellen Zusammenarbeit in Strafsachen seine Jurisdiktionsgewalt auszuüben und

---

[583] EuGH, Urt. Rs. *Gözütok und Brügge* (Fn.469), Slg. 2003-I, 1345ff.

[584] Unter anderem wurden Art.54ff. SDÜ durch Ratsbeschluss v. 20.5.1999 dem dritten Pfeiler zugeordnet – Abl. EG L 176 v. 10.7.1999, 1ff. Andere Vorschriften des Schengen-Besitzstandes wurden dem EGV zugewiesen.

somit die Voraussetzung dafür geschaffen, dass dieser für die Auslegung des Artikels 54 SDÜ zuständig ist.[585]

Haben die betroffenen Mitgliedstaaten eine Unterwerfungserklärung nach Artikel 35 II EUV abgegeben[586], kann nun – je nach Ausgestaltung der Unterwerfungserklärung – für ein letztinstanzliches Gericht die Verpflichtung bestehen, Fragen zur Auslegung des SDÜ dem EuGH zur Vorabentscheidung vorzulegen. Eine solche Verpflichtung kann auch für ein nicht-letztinstanzliches nationales Gericht erklärt werden; das setzt allerdings voraus, dass seines Erachtens eine Entscheidung darüber zum Erlass seines Urteils oder Beschlusses erforderlich ist[587].

Dadurch kann der EuGH Auslegungsfragen zum SDÜ für Staaten des Schengener Rechtsraumes nunmehr verbindlich entscheiden. Zwar bindet die Entscheidung des EuGH unmittelbar nur das vorlegende Gericht und gegebenenfalls die Instanzgerichte in dem anhängigen Rechtsstreit[588], doch hat sie wohl erhebliche faktische Auswirkungen auf andere Verfahren.[589] Mit einer einheitlichen Auslegung durch den EuGH wird sowohl der Wahrung der Rechtseinheit als auch der Rechtssicherheit gedient.

In den vorliegenden Deutschland und Belgien betreffenden Fällen war die Kompetenz des EuGH jeweils gegeben: Das OLG Köln war zur Vorabentscheidungsvorlage als letztinstanzliches Gericht gemäß Artikel 35 III EUV verpflichtet, das belgische Gericht gemäß Artikel 35 EUV dazu berechtigt und es lag kein Bereich des Artikels 35 V EUV vor.

### b. Die Rechtssachen Gözütok und Brügge

Dem EuGH war vom Oberlandesgericht Köln und von der Rechtbank van Eerste Aanleg Veurne gemäß Artikel 35 EUV jeweils eine Frage zur Auslegung des Artikels 54 SDÜ vorgelegt worden. Die Fragen stellten sich in zwei unterschiedlichen Strafverfahren, die einmal in Deutschland gegen Hüseyin Gözütok wegen eines Drogendelikts und einmal in Belgien gegen Klaus Brügge wegen einer Körperverletzung durchgeführt wurden. Gleichzeitig sind Verfahren, die gegen die Beschuldigten aufgrund derselben Taten in einem anderen Mitgliedstaat eingeleitet worden waren, endgültig eingestellt worden. Grundlage für die Einstellung war die Entrichtung eines bestimmten

---

[585] Vgl. dazu Art.2 I i.V.m. Nr.2 und 3 des Anhangs des Protokolls zur Einbeziehung des Schengen-Besitzstandes in den Rahmen der EU – Abl. EG C 340 v. 10.11.1997, 93ff. – Daraus ergibt sich auch, dass die Zuständigkeit des EuGH nicht auf Abkommen beschränkt ist, welche erst nach dem Inkrafttreten des Amsterdamer Vertrages geschlossen wurden.

[586] S. dazu auch die Umsetzung der Unterwerfungserklärung in Deutschland durch das EuGH-Gesetz v. 6.8.1998 in: BGBl. I 1998, 2035, BGBl. I 1999, 728. Vgl. ferner Wasmeier in: von der Groeben/Schwarze, EUV/EGV, Art.35 EUV Rn.8f.

[587] Sog. „acte-clair"-Doktrin (vgl. Fn.536).

[588] Eine erga omnes-Wirkung tritt nur ein, wenn der EuGH einen Rechtsakt im Rahmen einer Vorabentscheidung für ungültig erklärt. Diese Wirkung gilt dann auch für solche Staaten, die keine Unterwerfungserklärung abgegeben haben. – Böse in: Schwarze, EU, Art.35 EUV Rn.6; Röben in: Grabitz/Hilf, EUV/EGV, Art.35 EUV Rn.18.

[589] Wasmeier in: von der Groeben/Schwarze, EUV/EGV, Art.35 EUV Rn.12.

Geldbetrages durch die Beschuldigten, welcher durch die Staatsanwaltschaft im Rahmen eines zum Strafklageverbrauch führenden Verfahrens festgelegt worden war. Im Ergebnis stellte der EuGH einen Verstoß gegen das in Artikel 54 SDÜ verankerte „ne bis in idem"-Prinzip fest.

Bei dem Urteil des EuGH zur Auslegung des Artikels 54 SDÜ handelt es sich um die erste Entscheidung zum Schengener Recht und gleichzeitig um die erste Entscheidung zur europäischen Zusammenarbeit in Strafsachen. Die Entscheidung hat viele verschiedene Reaktionen hervorgerufen und wird sogar als ein „Urteil von historischer Bedeutung für die dritte Säule"[590] betrachtet, das „eine Weichenstellung für die künftige Kriminalpolitik im Schengener Rechtsraum und darüber hinaus"[591] begründet.

In seinem Urteil stellt der EuGH dar, dass das Verbot der Doppelbestrafung auch Einstellungsentscheidungen insbesondere solche der Staatsanwaltschaft umfasst. Als qualifizierende Voraussetzungen verlangt er dafür, dass die handelnde staatliche Behörde „zur Mitwirkung bei der Strafrechtspflege in der betreffenden nationalen Rechtsordnung" berufen sein muss; weiterhin muss die Entscheidung von der Erfüllung bestimmter Auflagen abhängen, durch die „das dem Beschuldigten vorgeworfene unerlaubte Verhalten geahndet wird" und schließlich soll Artikel 54 SDÜ nur für Entscheidungen Geltung erlangen „sofern die Strafklage (...) endgültig verbraucht ist". Als „vollstreckt" ist die verhängte Sanktion anzusehen, „sobald der Beschuldigte die ihm erteilten Auflagen erfüllt hat".[592]

Der EuGH begründet diese weite Auslegung des Artikels 54 SDÜ damit, dass das Tätigwerden eines Gerichts und das Ergehen einer Entscheidung in Form eines Urteils mangels entgegengesetzter Hinweise in Artikel 54 SDÜ keine zwingenden Voraussetzungen für den Strafklageverbrauch sind. Es handele sich dabei lediglich um formale und verfahrensrechtliche Gesichtspunkte, die keinen Einfluss auf die Durchsetzung des Verbotes der Doppelbestrafung haben können.[593]

Außerdem machten weder Bestimmungen des sechsten Titels des EUV[594] noch Bestimmungen des SDÜ die Anwendung des Artikels 54 SDÜ abhängig von der Harmonisierung oder Angleichung der Strafrechtssysteme der Mitgliedstaaten auf dem Gebiet der zum Strafklageverbrauch führenden Verfahren. Artikel 54 SDÜ impliziere somit, dass zwischen den Mitgliedstaaten ein gegenseitiges Vertrauen in ihre jeweiligen Justizsysteme bestehe und sie die Anwendung des jeweiligen nationalen Strafrechts durch andere Staaten akzeptieren.[595] Die fehlende Mitwirkung eines Richters im

---

[590] Thwaites, GLJ 2003, 253, 254 und 259.

[591] Höpfel, Freiwilligkeitselement, 329, 338.

[592] Rn.28ff. des Urteils.

[593] Rn.31 des Urteils.

[594] In Titel VI EUV, welcher „Bestimmungen über die polizeiliche und justizielle Zusammenarbeit in Strafsachen" enthält, sind Art.31 und 34 als Rechtsgrundlagen für die Art.54ff. SDÜ verankert.

[595] Rn.32f. des Urteils.

Erstland kann deshalb nicht maßgeblich sein, selbst wenn eine solche im Zweitentscheidungsstaat verfahrensrechtlich erforderlich gewesen wäre.[596]

Durch diese Auslegung werden Ziel und Zweck der Vorschrift gewährleistet, die u.a. verhindern soll, dass eine Person, die von ihrem Recht auf Freizügigkeit Gebrauch macht, wegen derselben Taten in mehreren Mitgliedstaaten verfolgt wird. Auch das Ziel der EU, die Union als Raum der Freiheit, der Sicherheit und des Rechts, indem der freie Personenverkehr gewährleistet ist, zu erhalten und weiterzuentwickeln[597] und die Vertiefung der europäischen Integration, welche mit der Aufnahme des Schengen Besitzstandes in den Rahmen der EU bezweckt werden sollte[598], lassen sich nur durch eine weite Auslegung des Artikels 54 SDÜ erreichen.[599]

Weiterhin wird in dem Urteil angeführt, dass solche zum Strafklageverbrauch führende Verfahren, wie die in dem Urteil behandelten, in den einzelnen Mitgliedstaaten sowieso nur für einige bestimmte und nicht gravierende Straftaten mit einem begrenzten Strafrahmen vorgesehen sind. Bei einer engeren Auslegung der Vorschrift käme das Verbot der Mehrfachverfolgung nur solchen Beschuldigten zugute, welche Straftaten begangenen haben, die aufgrund ihrer Schwere nicht die Möglichkeit einer vereinfachten Erledigung bieten. Beschuldigte, die „kleinere" Delikte begangen haben, kämen nicht in den „Genuss" des Verbots der Doppelbestrafung.[600] Damit lässt der EuGH den allgemeinen Gleichheitssatz in der EU anklingen, welcher sich aus Artikel 6 II EU ergibt.[601]

Gegen das Argument, das Mitwirken eines Gerichts sei aufgrund der Systematik von Artikel 54 SDÜ und insbesondere aufgrund dessen Verhältnis zu den Artikeln 55 und 58 SDÜ erforderlich, wendet der EuGH ein, dass weder Artikel 55 noch Artikel 58 SDÜ ausdrücklich die Mitwirkung eines Gerichts fordern. Ferner muss sich Artikel 55 SDÜ notwendig auf dieselben Rechtsakte und Verfahren beziehen, durch die nach Artikel 54 SDÜ eine Person rechtskräftig abgeurteilt werden kann.[602]

Artikel 58 SDÜ wird durch eine solche Auslegung auch nicht seine praktische Wirksamkeit genommen, da dieser den Mitgliedstaaten gestattet, allgemein - und somit unabhängig von der Natur der fraglichen ausländischen Entscheidung - Bestimmungen des nationalen Rechts anzuwenden, die weiter gehen als jegliche Bestimmungen des SDÜ über das Verbot der Doppelbestrafung.[603]

Dass der Wille der Vertragsparteien sowie einige andere völkerrechtliche Verträge mit ähnlichem Gegenstand einer weiten Auslegung des SDÜ entgegenstehen, lehnt der

---

[596] Rn.34 des Urteils.

[597] Art.2 I vierter Spiegelstrich EUV.

[598] 1. Absatz der Präambel des Protokolls zur Einbeziehung des Schengen Besitzstands in den Rahmen der Europäischen Union, Abl. EG C 340 v. 10.11.1997, 93ff.

[599] Rn.35ff. des Urteils.

[600] Rn.39f. des Urteils.

[601] Vgl. EuGH, Urt. v. 19.10.1977, Rs.117/76, Slg. 1977, 1753 – Ruckdeschel.

[602] Rn.43f. des Urteils.

[603] Rn.45 des Urteils.

EuGH ab, indem er klarstellt, dass sowohl bestimmte nationale parlamentarische Arbeiten zur Ratifizierung des Durchführungsübereinkommens, aus denen sich der Wille der Vertragsparteien ergibt, als auch das EG-ne bis in idem-Übereinkommen zeitlich vor der Einbeziehung des Schengen Acquis in den Rahmen der EU lagen. Jetzt seien die Zielsetzungen des EUV nach dem Amsterdamer Vertrag maßgeblich und davor liegende Willensäußerungen der Vertragsstaaten nicht mehr von Belang.[604]

Abschließend führt er noch an, dass durch eine solche Auslegung auch nicht die Opferrechte missachtet werden, da sich Artikel 54 SDÜ nur auf strafrechtliche Verfolgungen bezieht. Unabhängig von der prozessrechtlichen Ausgestaltung in den Mitgliedstaaten könne gegen den Beschuldigten immer noch eine zivilrechtliche Schadensersatzklage weiterverfolgt werden.[605]

### c. Bewertung des Urteils und offen gebliebene Fragen

Bisher war allein unumstritten, dass gerichtliche Urteile und Freisprüche die Strafklage in anderen Mitgliedstaaten verbrauchen können. Der EuGH erweitert in seinem Urteil den Strafklageverbrauch nicht nur auf sämtliche Gerichtsentscheidungen, sondern auch auf nichtrichterliche Erledigungsakte, die wegen ihres verfahrensabschließenden und rechtskraftbewirkenden Charakters einem Urteil gleichgesetzt werden können. Unter das Vollstreckungselement in Artikel 54 SDÜ fällt nach der Auffassung des EuGH nun auch die Erfüllung von Auflagen. Damit steht seine Auffassung nicht nur im Widerspruch zu der bisherigen deutschen Rechtsprechung und einem großen Teil der deutschen Literatur, sondern auch zu den Äußerungen der deutschen, französischen und belgischen Regierungen zu dem Fall[606].

Zu kritisieren ist an dem Urteil, dass der EuGH bei seiner Auslegung recht einsilbig bleibt und versucht, dem Problem der Auslegung des Artikels 54 SDÜ so weit wie möglich aus dem Weg zugehen, obwohl gerade bei diesem ersten Urteil die Möglichkeit bestanden hätte, verlässliche Kriterien zur Auslegung der ersten unionsweiten „ne bis in idem"-Regelung festzusetzen und dem umstrittenen Begriff der „rechtskräftigen Aburteilung" Grenzen zu setzen.

Bei der Wortlautauslegung geht er nicht ausführlicher auf die einzelnen sprachlichen Fassungen ein, sondern lehnt das immer wieder in Rechtsprechung und Literatur vorgebrachte Wortlautargument, der Text des Artikels 54 SDÜ spreche von einer „rechtskräftigen Aburteilung" (bzw. „definitivement jugée" etc.) und impliziere damit die Beteiligung eines Richters, damit ab, dass es sich dabei nur um formale Aspekte handele.[607] Damit lässt er aber außer Acht, dass das Heranziehen eines Richters als beson-

[604] Rn.46 des Urteils.

[605] Rn.47 des Urteils.

[606] Rn.41 des Urteils.

[607] Rn.31 des Urteils.

dere Gewährleistung für eine „richtige" Entscheidung angesehen wird und sich deshalb nicht als rein formal bezeichnen lassen kann.[608]

Weiterhin erklärt der EuGH nicht zufriedenstellend, warum in Artikel 54 und 58 SDÜ verschiedene Ausdrücke benutzt werden (rechtskräftige Aburteilung/ausländische Justizentscheidung). Bisher wurde der unterschiedliche Wortlaut damit begründet, dass auch unterschiedliche Entscheidungsformen (gerichtliche und nichtrichterliche Entscheidungen) gemeint sind. Damit wäre auch kein Hinweis im SDÜ erforderlich, der Artikel 54 SDÜ ausdrücklich einschränkt, so wie es der EuGH fordert.[609] Das ließe sich nämlich bereits aus der Wahl der verschiedenen Bezeichnungen in Artikel 54 und 58 SDÜ schließen.[610] Durch die ausschließliche Konzentrierung auf den Wortlaut des Artikels 58 SDÜ übergeht der EuGH aber diese Problematik.

Es wird zum Teil kritisiert, dass sich der EuGH in seinem Urteil über die Wortlautauslegung hinweggesetzt und damit Rechtsfortbildung betrieben habe. Bereits vorher wurde schon an seiner Auslegungsmethode beanstandet, dass er auch Fälle reiner Rechtsfortbildung als Interpretation bezeichne und bei seiner „innovatorischen Rechtsprechung" nicht zwischen ergänzender Rechtsfortbildung und –findung unterscheide.[611]

Der EuGH hat sich hauptsächlich auf die „dynamische Auslegung" gestützt und sich nach dem „effet utile"-Prinzip gerichtet, wonach die „größte Nutzwirkung" für die Vertragsziele bedeutend ist.[612] Seit jeher hat der EuGH die Befugnis zur richterlichen Rechtsfortbildung für sich in Anspruch genommen und Richterrecht geschaffen.[613] Aufgrund der Dynamik des EG-Rechts ist es gerade erforderlich, dass sich die einzelnen Normen den wandelnden wirtschaftlichen, politischen und sozialen Verhältnissen immer wieder neu anpassen und dem Gerichtshof deshalb ein weiter Spielraum bei der Auslegung gelassen werden muss. Aus dem Grund ist wohl auch anerkannt, dass die Abgrenzung zwischen der allgemein als unverzichtbar angesehenen und zulässigen Rechtsfortbildung und der unzulässigen richterlichen Grenzüberschreitung undeutlich und fließend ist.[614]

*Dannecker*[615] bemerkt zwar einerseits, dass bei einem staatsanwaltschaftlichen Vergleich kein Strafklageverbrauch eintreten könne, da es sich bei einer solchen Einstellung nicht um eine Strafe handele. Es werde kein Schuldvorwurf erhoben, sondern nur eine hypothetische Feststellung über die Schuld getroffen.

---

[608] Stein, SDÜ, 76; dies., NJW 2003, 1162, 1163; Mansdörfer, StV 2003, 313, 314; ebenfalls kritisch zur Wortlautauslegung des EuGH: Appl, FS Vogler, 109, 119.

[609] Rn.31 des Urteils.

[610] Stein, NJW 2003, 1162, 1163; Vogel/Norouzi, JuS 2003, 1059, 1062.

[611] Schweitzer/Hummer, Europarecht, Rn.451 und 455; vgl. ferner Streinz, Europarecht, Rn.573.

[612] Vogel/Norouzi, JuS 2003, 1059, 1062; Thym, NStZ 2003, 334, 335; Radtke/Busch, NStZ 2003, 281, 283; Mansdörfer, StV 2003, 313, 314.

[613] Everling, JZ 2000, 217, 219f.

[614] Everling, JZ 2000, 217, 225.

[615] FS Kohlmann, 593, 609f.

Auf der anderen Seite gesteht er jedoch ein, dass es sich bei dem „ne bis in idem"-Grundsatz um ein Grundrecht des Bürgers handelt, und stellte man auf die Sicht desjenigen ab, der verfolgt und dessen Verhalten sanktioniert wurde, so sollte er nicht ein weiteres Mal von einem anderen Staat verfolgt bzw. bestraft werden.[616]

Der Anerkennung der jeweiligen Entscheidungen bedarf es ebenfalls, wenn man auf den Grundsatz des gegenseitigen Vertrauens zwischen den Vertragsstaaten in ihre Strafrechtssysteme abstellt, welches voraussetzt, dass selbst in Fällen, in denen ein Staat eine bestimmte Materie unterschiedlich geregelt hat, das Ergebnis als gleichwertig mit der eigenen Entscheidung anerkannt wird.[617]

Kritisiert wird das Urteil auch von *Appl*[618]: Er hält sowohl den Wortlaut des Artikels 54 SDÜ als auch die Systematik für eindeutig in dem Sinne, dass eine richterliche Entscheidung unabdingbar sei. Er bemerkt, dass EU-Mitgliedstaaten in der Zukunft von der Unterzeichnung eines Vertrages absehen könnten, wenn sie damit rechnen müssen, dass nur einige Jahre später unter Vorhaltung der europäischen Integration der Vertragswortlaut für irrelevant und der Wille der Vertragsparteien für bedeutungslos erklärt wird.

Gegen dieses Argument ist jedoch anzuführen, dass gerade die Verschiedenheit der Wortlaute in den einzelnen sprachlichen Fassungen dafür spricht, den Wortlaut weit zu interpretieren und damit der grammatikalischen Auslegung keine zu große Bedeutung zu schenken. Gerade diejenigen Staaten würden sich nämlich übergangen fühlen, deren Version des Artikels 54 SDÜ auch andere als richterliche Entscheidungen umfasst.

Bereits *Generalanwalt Dámaso Ruíz-Jarabo Colomer* hat in seinen Schlussanträgen zu dem Urteil festgestellt, dass eine weite Auslegung des Artikels 54 SDÜ gerade wegen der verschiedenen sprachlichen Fassungen möglich ist. Die Begriffe sind eben nicht einheitlich, so dass deren Übersetzung weder definitiv ein Urteil bedeutet noch definitiv eine Entscheidung.[619]

Richtig ist *Appls* Anmerkung, dass der EuGH in seiner Entscheidung die deutsche Rechtslage verkennt und deshalb fälschlicherweise davon ausgeht, dass bei einem nach § 153 a I StPO eingestellten Verfahren die Strafklage endgültig verbraucht wird.[620] Bei einer Verfahrenseinstellung nach § 153 a I StPO wird jedoch nur die Strafklage hinsichtlich eines Vergehens verbraucht. Ergeben sich neue Beweise, dass tatsächlich ein Verbrechen vorgelegen hat, kann der Angeschuldigte in Deutschland ebenfalls für dieses verfolgt und bestraft werden. In anderen Staaten der EU wäre das aber nach Artikel 54 SDÜ ausgeschlossen. Damit ginge die strafklageverbrauchende Wirkung im zwischenstaatlichen Bereich weiter als im innerstaatlichen Recht.[621]

---

[616] Dannecker, FS Kohlmann, 593, 609.

[617] Dannecker, FS Kohlmann, 593, 609.

[618] Appl, FS Vogler, 109, 118ff.

[619] EuGH, Schlussanträge des Generalanwalts Dámaso Ruíz-Jarabo Colomer vom 19.09.2002 in den Rechtssachen C-187/01 (*Gözütok*) und C-385/01 (*Brügge*), Rn.110.

[620] Appl, FS Vogler, 109, 121.

[621] So auch Mansdörfer, StV 2003, 313, 314.

Neben all der Kritik ist die Entscheidung des EuGH aber auch positiv zu würdigen. Die Freizügigkeit der EU-Bürger darf nicht durch die Angst vor einer erneuten Strafverfolgung eingeschränkt werden. Das wird erst ausgeschlossen, wenn die Mitgliedstaaten alle verfahrensabschließenden und rechtskraftbewirkenden Entscheidungen anderer Mitgliedstaaten vorbehaltlos anerkennen. Dadurch wird auch eine Verzerrung vermieden zwischen Staaten, die Verfahren größtenteils durch gerichtliche Urteile abschließen, und Staaten, in denen eine Ausweitung von staatsanwaltschaftlichen Einstellungen besteht.

Hervorzuheben ist ebenfalls die Konsequenz des EuGH. Artikel 54 SDÜ wurde durch die Einbeziehung des Schengen-Acquis in den Rahmen der EU in den EUV aufgenommen, und dementsprechend orientierte sich der EuGH bei der Auslegung weniger am Wortlaut der Vorschrift als an deren Sinn und Zweck und vor allem auch an Sinn und Zweck des EU-Vertrages.

Dennoch kritisiert *Kühne*[622] die Terminologie des EuGH in der deutschen Fassung des Urteils. Einerseits verlangt dieser eben kein richterliches Urteil bzw. keine richterliche Entscheidung, andererseits wird in dem in deutscher Sprache verfassten Urteil von einem „endgültigen oder beendeten Verfahren" und von „Strafklageverbrauch" gesprochen. Das sind jedoch Ausdrücke, die in Deutschland für (*vollständig* und eben nicht *beschränkt*) *rechtskräftige* Verfahrensbeendigungen gebraucht werden. Dabei handelt es sich ausschließlich um richterliche Abschlussentscheidungen.

*Kühne* erklärt das damit, dass es sich beim EuGH um ein internationales Gericht handelt, in dem Juristen aus verschiedenen Ländern zusammenarbeiten. Die Terminologie muss also als sprachlicher Mangel festgehalten werden und soll ansonsten die Rechtsanwender nicht weiter beeinflussen.

Die Bedeutung des Urteils ist weiterhin darin zu sehen, dass nunmehr ein umfassendes Verbot der Mehrfachverfolgung im Rahmen der EU gilt. Nicht nur gerichtliche Entscheidungen, die sich mit zumeist schweren Delikten befassen, können zu einem Strafverfolgungshindernis werden, sondern auch Entscheidungen der Staatsanwaltschaft oder anderer staatlicher Organe, die leichtere Vergehen behandeln.

Grundgedanke war die gegenseitige Anerkennung von verfahrensabschließenden Entscheidungen in den einzelnen Mitgliedstaaten. Zwischen den Staaten der EU soll ein gegenseitiges Vertrauen in die Funktionalität und die Rechtsstaatlichkeit der einzelnen Strafjustizsysteme entstehen, auch wenn in dem eigenen Staat im Einzelfall ein anderes Ergebnis erzielt worden wäre.[623] Dem ist zuzustimmen, da ein gegenseitiges Vertrauen der einzelnen Mitgliedstaaten notwendig mit einer weiten Auslegung des Artikels 54 SDÜ verknüpft ist.[624]

Diese wichtige Bedeutung des Urteils wird so lange anhalten, wie im Rahmen der EU weiterhin bezüglich eines strafrechtlichen Lebenssachverhaltes konkurrierende Straf-

622 JZ 2003, 305, 307.

623 Vgl. auch Vogel/Norouzi, JuS 2003, 1059, 1062.

624 Radtke/Busch, NStZ 2003, 281, 283.

gewalten von zumindest zwei Staaten bestehen, aber noch keine Regelungen über die Vermeidung oder Lösung solcher Strafkonflikte vorhanden sind.[625]

Neben dem „europäischen Haftbefehl"[626] handelt es sich bei dem Urteil um einen großen Schritt in die Richtung der gegenseitigen Anerkennung von strafrechtlichen Entscheidungen der einzelnen Mitgliedstaaten untereinander. Dadurch werden die Mitgliedstaaten vielleicht sogar angeregt, ihr Strafrecht in zumindest bestimmten Bereichen einander anzugleichen, was die strafrechtliche Zusammenarbeit um vieles erleichtern würde.

Die Vorgehensweise des EuGH, durch die Postulierung der gegenseitigen Anerkennung von Normen und Verfahren indirekt Harmonisierung zu betreiben, ist auch keine Neuerung.[627] Bereits im Cassis-Urteil[628] betonte er, dass in vielen Fragen das Prinzip der gegenseitigen Anerkennung in der EU entscheidend bleibe, solange keine entsprechenden gemeinschaftsrechtlichen Vorschriften vorhanden seien.

Nach dem EuGH-Urteil bleibt offen, ob es weitere europarechtliche Anknüpfungspunkte gibt, nach denen zu beurteilen ist, welche nationalen Behörden zur „Mitwirkung bei der Strafrechtspflege" berufen sind. Es stellt sich die Frage, welche Anforderungen an den nationalen Strafklageverbrauch zu stellen sind. Auf die Frage, wann eine „rechtskräftige Aburteilung" im Sinne des Artikels 54 SDÜ vorliege, antwortet der EuGH lediglich, dass sie gegeben sei, wenn die Strafklage endgültig verbraucht ist. Damit schließt sich aber direkt die Frage an, wann denn dann ein Strafklageverbrauch vorliegt.

*Radtke* und *Busch* halten dieses weite Verständnis der „rechtskräftigen Aburteilung" für nicht richtig.[629] Der EuGH stelle zu sehr auf das Wort „abgeurteilt" und nicht auf das Wort „rechtskräftig" ab. Es sei jedoch erforderlich, gerade für den Begriff der Rechtskraft unionsweite Kriterien zu bestimmen.

Außerdem ist noch ungeklärt, ob auch Einstellungsentscheidungen ohne Auflagen mit oder ohne gerichtliche Zustimmung einen Strafklageverbrauch bewirken können.[630]

Es stellt sich zudem die Frage, wie eine Straffreiheitszusage aufgrund einer „Absprache" bzw. eines „Deals" zwischen dem Staat und einem Angeschuldigten behandelt werden soll, wenn ein wegen einer geringen Straftat Angeschuldigter bei der Aufklärung eines Verbrechens behilflich ist. Gerade in dem Kampf gegen die international agierende organisierte Kriminalität werden solche Absprachen immer häufiger von Staaten wahrgenommen, und auch die EU fördert solche Maßnahmen[631]. Die Auswir-

---

[625] Radtke/Busch, NStZ 2003, 281, 282.

[626] S.o. C.V.4.

[627] Vgl. dazu auch Geiger, EuZW 2002, 705.

[628] EuGH, Urt. v. 20.2.1979, Rs.120/78, Slg. 1979, 649 – *Cassis de Dijon*.

[629] Radtke/Busch, NStZ 2003, 281, 287.

[630] S. dazu auch Thym, NStZ 2003, 334.

[631] Entschließung des Rates v. 20.12.1996 über Personen, die im Rahmen der Bekämpfung der internationalen organisierten Kriminalität mit den Justizbehörden zusammenarbeiten, Abl. EG C 10 v. 11.1.1997, 1f. – Van den Wyngaert/Stessens, ICLQ 1999, 779, 801.

kungen solcher Absprachen sollten jedoch nicht an den Grenzen der einzelnen Staaten enden.[632] Ansonsten wäre ein Straftäter nach dem Verlassen eines Landes, in dem ihm aufgrund eines „Deals" eine Verurteilung erspart blieb, der Gefahr einer erneuten Verurteilung ausgesetzt.

Problematisch an solchen Straffreiheitszusagen ist, dass sie nicht mit einem Freispruch gleichgesetzt werden können und auch nicht mit einer Einstellung des Verfahrens durch Auflagen. Im ersten Fall sind die Unschuld des Angeklagten oder Verfahrenshindernisse der Grund für ein freisprechendes Urteil und deshalb für jeden anderen Staat nachvollziehbar. Im zweiten Fall kann eine Auflage durch eine Behörde mit der Bestrafung durch ein Gericht verglichen werden. In beiden Fällen sühnt der Angeklagte seine Straftat. Bei einer Absprache zwischen dem Staat und dem Angeschuldigten werden Sühne und Vergeltung hinten angestellt für den Zweck der Verfolgung anderer Straftäter. Das kann nicht für alle Staaten, die in dem bestimmten Fall ihre Strafgewalt ausüben können, nachvollziehbar sein. Sie haben kein Interesse an der Aufklärung eines anderen Verbrechens, welches nicht ihrer Strafgewalt unterfällt.

Da solche „Absprachen" jedoch oft getroffen werden, um die grenzüberschreitende organisierte Kriminalität einzudämmen, profitiert im Endeffekt jeder Staat von ihnen.[633] Sie sollten also ebenfalls unter den Begriff „endgültig verfahrensabschließende Entscheidung" gefasst werden.

#### d. Exkurs: Auswirkungen des Urteils auf die abgeschlossenen deutschen Verfahren

Nach diesem Urteil stellt sich die Frage, wie u.a. die deutschen Verfahren zu handhaben sind, in denen ein Verstoß gegen Artikel 54 SDÜ mit dem Argument abgelehnt wurde, dass keine richterliche Entscheidung gegeben sei. Der Rechtsweg wurde in den Fällen wohl jedes Mal erschöpft, Wiederaufnahmegründe sind in den Artikeln 54 ff. SDÜ nicht aufzufinden.

Man könnte daran denken, § 359 Nr.6 StPO, welcher 1998 eingeführt wurde und als Wiederaufnahmegrund ein Urteil des EGMR anführt[634], analog auf EuGH-Urteile anzuwenden. Diese Idee scheidet aber wegen des Verbots extensiver oder analoger Erweiterung von abschließenden Tatbeständen aus.[635]

Unter Umständen ist deshalb eine Erweiterung des § 359 StPO um eine Nr.7 anzuregen, wonach auch Urteile des EuGH zu einer Verfahrenswiederaufnahme führen können.

---

[632] Van den Wyngaert, RIDP 1999, 133, 178.

[633] Vgl. für Deutschland die Pressemitteilung des BMJ vom 19.05.2006 über einen Referentenentwurf, wonach Absprachen im Straferfahren demnächst gesetzlich geregelt werden sollen (www.bmj.de).

[634] S. dazu Maur, NJW 2000, 338.

[635] Kühne, JZ 2003, 305, 307.

### 3. Eigene Auslegung der „rechtskräftigen Aburteilung"

Bereits bei der Lektüre der Wortlaute der verschiedensprachigen Fassungen des SDÜ tauchen große Unsicherheiten auf. Die einen interpretieren sie weitläufig, andere halten eine enge Auslegung für angemessen. Überwiegend bedeuten die Wörter tatsächlich „Urteil", schlägt man jedoch in Rechtswörterbüchern nach, existieren auch andere Bedeutungen wie „Beschluss" oder „Entscheidung".

Gegen eine strikte Festlegung des Begriffes der „rechtskräftigen Aburteilung" durch die Wortlautauslegung, wie sie durch einige Stimmen in der Literatur und auch zum Teil in der Rechtsprechung erfolgt ist, spricht, dass dort nur ein Vergleich der jeweiligen Bezeichnungen, die einzelnen Worte – und davon auch nur einige wenige –, gezogen wurde, nicht aber ein Vergleich ihrer Bedeutung; diese lässt sich jedoch nicht aus dem Wörterbuch erkennen.[636]

Andererseits darf der Wortlaut, der bei der Auslegung immer an erster Stelle genannt wird[637], nicht einfach mit dem pauschalen Hinweis, dass die jeweiligen Begriffe sowieso in allen Rechtsordnungen etwas anderes bedeuten, beiseite geschoben werden. Schließlich ist davon auszugehen, dass sich die Vertragspartner bei Vertragsabschluss auf eine bestimmte Bedeutung geeinigt haben und diese in dem jeweiligen Wortlaut zum Ausdruck bringen wollten. Es ist anzunehmen, dass auch die später zum SDÜ beigetretenen Länder bei der Übersetzung des Artikels 54 SDÜ in ihre Landessprache dieselbe Bedeutung übernehmen wollten. Sowohl die portugiesische Fassung spricht mit „*definitivamente julgado por um tribunal*" ausdrücklich von dem Erfordernis eines gerichtlichen Urteils, als auch die deutsche Fassung. Das Wort „aburteilen" enthält das Wort Urteil, wobei es sich um eine auf der Grundlage einer Hauptverhandlung getroffenen Entscheidung eines Gerichts handelt.[638] Würde pauschal behauptet, eine behördliche Verfügung sei ausreichend, handelte es sich um eine Auslegung entgegen diesem Wortlaut; dessen Grenzen wären eindeutig überschritten.

Andererseits existieren aber auch die anderen sprachlichen Fassungen des Artikels 54 SDÜ – wie z.B. die niederländische und die französische – nach deren Wortlaut auch andere als gerichtliche Entscheidungen strafklageverbrauchende Wirkung haben können. Diesem Wortlaut widerspräche es wiederum, wenn die Vorschrift auf ein Minimum begrenzt würde. Da alle sprachlichen Fassungen verbindlich sind, ist der Wortlaut also keineswegs eindeutig. Er kann auch keinen Hinweis auf die weitergehende Interpretation geben, da er eben verschiedene Bedeutungen haben kann. Wie schon *Pescatore*[639] feststellte, ist der sprachlich verdeckte Dissens ein immer wieder angebrachter Kunstgriff der Diplomatie. Deshalb, und weil juristische Begriffe ihren entscheidenden Sinn aus dem Rechtssystem und nicht aus der geläufigen Sprache erhalten, ist bei mehrsprachigen Gesetzes- und Vertragstexten nicht auf den Wortsinn abzu-

---

[636] Stein, SDÜ 86; Harms, FS Rieß, 725, 728; vgl. Pescatore, ZEuP 1998, 1, 7; s. zu der Problematik auch Dölle, RabelsZ 1961, 4ff.

[637] S. dazu nur die Vattel'sche Maxime: „*Qu'il n'est pas permis d'interpréter ce qui n'a pas besoin d'interprétation.*", Le droit des gens, § 263.

[638] Vgl. § 260 I StPO; Meyer-Goßner, StPO, Einl. Rn.121.

[639] ZEuP 1998, 1, 5.

stellen.[640] Damit wird auch gerechtfertigt, warum der EuGH dem Wortsinn so wenig Bedeutung zumisst und die Unstimmigkeiten in den sprachlichen Fassungen durch die Frage nach Sinn und Zweck der Vorschrift bereinigt.[641] Erst nachdem das klargestellt ist, darf auf die anderen Auslegungsmethoden eingegangen werden.

Aufgrund der vielen verschiedenen sprachlichen Fassungen des SDÜ kommt die systematische Auslegung zu keinem anderen Ergebnis.

Es ist deshalb auf Ziel und Zweck des SDÜ abzustellen: Dabei ist zwischen der objektiv-rechtlichen und der subjektiven Zielbestimmung zu unterscheiden. Auf der einen Seite dient Artikel 54 SDÜ einer effektiven Strafverfolgung in den Mitgliedstaaten und stellt deshalb eine Ausgleichsmaßnahme dar, die die mit dem Abbau der Grenzkontrollen einhergehenden Sicherheitsverluste kompensieren soll[642]; auf der anderen Seite soll der Einzelne bei der Durchsetzung seines Rechts auf Freizügigkeit unterstützt werden, indem er nicht mit einer erneuten Strafverfolgung durch einen anderen Mitgliedstaat rechnen muss.[643]

Zwar lassen sich beide Ziele großzügig verwirklichen, wenn von einer möglichst weiten Auslegung des Artikels 54 SDÜ ausgegangen wird, d.h. wenn auch behördliche Abschlussentscheidungen darunter gefasst werden. Allerdings werden die einzelnen Staaten nur bereit sein, solche Entscheidungen anzuerkennen, wenn eine ausreichende Richtigkeitsgewähr vorhanden ist. Das ist grundsätzlich bei richterlichen Entscheidungen der Fall. Doch auch eine Einstellungsverfügung durch die Staatsanwaltschaft ist nicht weniger „anerkennungsfähig".

Um diesen Konflikt zu lösen, ist weniger darauf abzustellen, was mit „Aburteilung" gemeint ist, sondern vielmehr festzulegen, was unter „rechtskräftig" fällt. Denn schon der EuGH formulierte einen weiten Entscheidungsbegriff, setzte aber voraus, dass die Entscheidung endgültig zu sein hat.[644]

---

[640] Pescatore, ZEuP 1998, 1, 7 und 10.

[641] Pescatore, ZEuP 1998, 1, 10.

[642] Landau, FS Söllner, 627, 635.

[643] Böse, GA 2003, 744, 750ff.; vgl. ferner Hailbronner/Thiery, EuR 1998, 583, 603.

[644] Entscheidend ist die Unterscheidung zwischen formeller und materieller Rechtskraft. Eine gerichtliche Entscheidung erlangt *formelle Rechtskraft*, wenn sie nicht mehr angefochten werden kann; sie ist Voraussetzung für die *materielle Rechtskraft*. Unter letzterer ist zu verstehen, dass der Inhalt einer Entscheidung sowohl für das Gericht als auch für die Parteien maßgeblich ist. Im Fall eines späteren Prozesses sind diese an die rechtskräftige Entscheidung gebunden, das materielle Recht bleibt jedoch unberührt. Über die rechtskräftig festgestellte Rechtsfolge darf auch nicht noch einmal und auf keinen Fall anders entschieden werden. Nur die *materielle Rechtskraft* bewirkt den Strafklageverbrauch. Beseitigt werden kann die Rechtskraft u.a. durch die Wiederaufnahme des Verfahrens. – Meyer-Goßner, StPO, Einl. Rn.164ff.

Dem EuGH scheint dem Urteil zufolge für eine „rechtskräftige Aburteilung" die formelle Rechtskraft ausreichend. Es genügt die endgültige Beendigung der Strafverfolgung durch eine Strafverfolgungsbehörde. Der Verbrauch der Strafklage ist jedoch nicht eine Folge der formellen Rechtskraft, sondern der materiellen. Für die Auslegung des Art.54 SDÜ muss das Augenmerk demnach auf den Umfang der materiellen Rechtskraft der verfahrensabschließenden Entscheidung gerichtet werden. – Vlg. dazu auch Radtke/Busch, NStZ 2003, 281, 284.

Es kommen mehrere Herangehensweisen zur Lösung dieses Problems in Betracht: Es könnte zunächst auf das Recht des Erstverurteilungsstaates abgestellt werden. Liegt nach dessen Recht eine „rechtskräftige Aburteilung" vor, ist jeder andere Staat gehindert, ein erneutes Strafverfahren durchzuführen. Einzig der Erstentscheidungsstaat legt fest, ob seiner Entscheidung Rechtskraftwirkung zukommt und ob deshalb ein erneutes Prozessieren unzulässig ist oder nicht. Zwar hängt es dann vom Zufall ab, welcher Staat als erster seine Strafgewalt ausübt und es besteht darüber hinaus die Gefahr, dass ein „Wettrennen" zwischen den Staaten entsteht, wer den Beschuldigten zuerst aburteilt.[645] Ein Abstellen auf den Zweit- oder Drittentscheidungsstaat würde jedoch willkürlich erscheinen. Es sind auch keine Gründe ersichtlich, welcher von beiden zu bevorzugen wäre.

Sollte es tatsächlich zu einem „Wettrennen" zwischen den Staaten kommen, könnten dadurch entstehende übereilte oder sogar „falsche" Verurteilungen durch die Heranziehung der Wiederaufnahmevorschriften des Erstverurteilerstaates vermieden werden.[646] Ergeben sich nach Verfahrensabschluss nach dem Recht des Staates der erstmaligen Verfolgung Anhaltspunkte für ein Wiederaufgreifen des Verfahrens, wäre das Verbot der Mehrfachverfolgung aufgehoben und auch der Zweitverfolgerstaat dürfte sich mit der Tat befassen.[647]

Weiterhin könnte auf das Recht des Zweitverfolgungsstaates abgestellt werden. Dessen nationales Recht ist entscheidend bei der Frage, ob es sich bei dem vorherigen Verfahren um eine „rechtskräftige Aburteilung" handelt oder nicht. Wo die erste Lösung auf Widerstand bei den Staaten stoßen könnte, die der Entscheidung des Erstverurteilerstaates nach ihrem Recht keine Rechtskraft zumessen, ist es bei der zweiten Lösung genau umgekehrt. Dem Erstverurteilerstaat wird seine Entscheidung „aus der Hand geschlagen", soweit der Zweitverfolgungsstaat sie nicht als rechtskräftig betrachtet. Probleme treten in diesem Zusammenhang auf, wenn das Aburteilungsinstrument des Erstverurteilerstaates dem Zweitverfolgungsstaat gar nicht bekannt ist und er somit gar nicht beurteilen kann, ob diesem nach seinem eigenen Recht Rechtskraft zukommt oder nicht. Er müsste eine Auskunft bei dem Erstverurteilerstaat einholen, und das liefe dann wieder auf die erste Möglichkeit hinaus, nämlich dass darauf abgestellt würde, ob der Entscheidung nach dem Recht des Erstverurteilerstaates Rechtskraft zukommt.

Außerdem könnte für den Fall, dass mehr als zwei Staaten die Strafgewalt zukommt, wie oben bereits erwähnt, nicht plausibel erklärt werden, warum ausgerechnet auf den Rechtskraftbegriff in dem Staat abgestellt wird, der als zweites seine Strafgewalt ausübt, und nicht auf den dritten oder vierten. Auch in dem Fall könnte es wieder zu „Wettrennen" kommen, was mit Hinblick auf übereilte und falsche Erkenntnisse zu vermeiden ist.

---

645 S. dazu auch oben C.IV.11.

646 Eine andere Möglichkeit, die Gefahr eines „Wettrennens" zu umgehen, ist eine Regelung darüber, welcher Staat in welcher Situation urteilsbefugt sein soll. – Vgl. oben C.IV.11.

647 Radtke/Busch, EuGRZ 2000, 421, 429; dies., NStZ 2003, 281, 286.

Eine andere Möglichkeit wäre, eine allseitige Rechtskraftwirkung zu fordern.[648] Aus der Sicht aller Staaten, die in einem bestimmten Fall ihre Strafgewalt ausüben könnten, oder sogar aus der Sicht aller EU-Staaten, muss der Entscheidung des Erstverurteilerstaates Rechtskraftwirkung zukommen; sollte aus der Sicht eines dieser Staaten keine Rechtskraftwirkung vorliegen, wäre ein erneutes Prozessieren zulässig. Es würde demnach nach dem „kleinsten gemeinsamen Nenner“ gesucht.

Diese Möglichkeit schränkt allerdings den „ne bis in idem“-Grundsatz zu weit ein. Der „kleinste gemeinsame Nenner“ würde sich nur auf einige wenige Entscheidungsformen beziehen und das liefe im Endeffekt darauf hinaus, dass nur gerichtlichen Urteilen strafklageverbrauchende Wirkung zukommt. Staaten, in denen Verfahren hauptsächlich durch andere Staatsorgane abgeschlossen werden, würden somit benachteiligt.

Als vierte Variante käme in Betracht, die ersten beiden Vorschläge zu vereinen und Rechtskraft immer dann anzunehmen, wenn eine Entscheidung entweder nach dem Recht des Erstentscheidungsstaates *oder* nach dem Recht des Zweitverfolgungsstaates in Rechtskraft erstarkt.[649] Es würde jeweils die Möglichkeit gewählt, die den Täter am meisten begünstigt.

Dagegen spricht jedoch, dass zum einen die Entscheidung, so wie sie im Erstentscheidungsstaat ergangen ist, in der Form vielleicht gar nicht im Zweitverfolgungsstaat existiert, so dass dieser gar nicht beurteilen kann, ob die ergangene Entscheidung nach seinem nationalen Recht in Rechtskraft erstarkt. Folge wäre, dass er sich an den Erstentscheidungsstaat wenden und diesen um Informationen bitten müsste, so dass dasselbe Ergebnis entstünde wie bei den ersten beiden Varianten, nämlich dass im Endeffekt nur auf die Entscheidung des Erstentscheidungsstaates abgestellt wird.

Außerdem hinge es wieder vom Zufall ab, welche Staaten in einem bestimmten Fall ihre Strafgewalt ausüben können und wie dementsprechend die Rechtskraft ausgestaltet ist, so dass der Schutz des Beschuldigten mal weiter und mal weniger weit ausfallen würde.

Zwar scheint dem ersten Anschein nach von den vier Varianten die erste, die auf die Rechtskraft im Erstentscheidungsstaat abstellt, vorzugswürdig. Andererseits liegt es so in der Hand der einzelnen Staaten die Reichweite des Verbotes der Doppelbestrafung zu bestimmen und dieses stark einzuschränken.

Schon oben bei der Auslegung des Tatbegriffs wurde festgestellt, dass das Gemeinschaftsrecht grundsätzlich autonom auszulegen ist. Um die Einheitlichkeit der Anwendung des „ne bis in idem“-Satzes zu gewährleisten, sollte davon auch hier nicht abgewichen werden. Zwar ist das Argument von *Radtke* und *Busch* richtig, dass entstehende Ungerechtigkeiten durch Wiederaufnahmevorschriften ausgeglichen werden können. Damit werden aber nur die Souveränitätsinteressen der einzelnen Staaten berücksichtigt und nicht die Belange des einzelnen, dessen Schutz vor Doppelbestrafung nach der ersten Variante davon abhängig ist, wo er zuerst verurteilt oder freigesprochen wird.

---

[648] Lagodny, NStZ 1997, 265.

[649] So ein „Denkmodell“ von Eicker, Transstaatliche Strafverfolgung, 175ff.

Außerdem kann die Gefahr des „Wettrennens zwischen den Staaten“ und dadurch erfolgende falsche oder übereilte Erkenntnisse nicht einfach mit dem Argument, es könnte ein Wiederaufnahmeverfahren erfolgen, entkräftet werden. Wichtigstes Ziel sollte sein, dass jede Person nur einmal für eine bestimmte Straftat verfolgt und bestraft wird. Die Bestrebungen eines Staates, seine Strafgewalt als erstes auszuüben, darf nicht zu Lasten des einzelnen gehen. Notwendig ist eine vollständige und korrekte Strafverfolgung, bei der alle relevanten Tatsachen und Beweise vorgebracht und aufgeklärt werden, so dass das Verfahren grundsätzlich ein und für alle Male beendet ist. Das Wiederaufnahmeverfahren sollte entsprechend seiner Funktion nur im Ausnahmefall zum Einsatz kommen.

*Bohnert* und *Lagodny*[650] schlagen deshalb vor, ein einheitliches Kriterium für die Anwendung des Artikels 54 SDÜ bereitzustellen, ab wann materielle Rechtskraft gegeben ist. Da sich der Umfang der materiellen Rechtskraft einer strafverfahrenserledigenden Entscheidung nach der Form des Verfahrens, innerhalb dessen der erledigte Prozess wieder aufgenommen werden kann, bestimmt[651], richten sie sich nach den strafverfahrensrechtlichen Regeln über die Wiederaufnahme des Verfahrens in allen Mitgliedstaaten.[652] Sie wollen jede abschließende Entscheidung eines Mitgliedstaates als „rechtskräftige Aburteilung“ bewerten, wenn in Bezug auf diese Entscheidung ein erneutes Strafverfahren in derselben Sache „nur (aber auch schon) bei Vorliegen neuer Tatsachen möglich ist“.[653] Es handelt sich dabei um die Festlegung auf den kleinsten gemeinsamen Nenner hinsichtlich der Wiederaufnahmevorschriften, eine weiter gehende Auffassung von Rechtskraft ist nicht mehr möglich. Wertungswidersprüche, welche aufgrund eines unterschiedlichen Rechtskraftverständnisses entstehen, werden deshalb aber auch vermieden.

Zwar entsteht so das Resultat, dass rein nationale Sachverhalte erneut behandelt werden können, im internationalen Bereich dies aber aufgrund des sehr weiten Rechtskraftverständnisses nicht möglich ist. Entstehen dennoch ausnahmsweise ungerechte Ergebnisse, weil sich z.B. ein Vergehen im Nachhinein als ein Verbrechen erweist, könnten diese über Wiederaufnahmevorschriften ausgeglichen werden. Das entspricht auch dem allgemeinen Rechtsgedanken, dass Grundrechte grundsätzlich erst einmal weit auszulegen sind[654] und dann im Nachhinein wieder eingeschränkt werden können. Das wird eher den Interessen des schützenswerten Individuums gerecht, als wenn der Schutz von vornherein zu sehr eingegrenzt wird.

Diese Auslegung korrespondiert auch mit der Aussage des EuGH, der in seinem Urteil darauf abstellt, dass der Strafklageverbrauch bei Einstellungen durch die Staatsanwaltschaft oder andere Behörden nur „für einige abschließend aufgezählte oder bezeichnete Straftaten (...), die im Allgemeinen nicht zu den schwersten zählen und für die nur

[650] NStZ 2000, 636, 640.

[651] Vgl. Radtke/Busch, NStZ 2003, 281, 287.

[652] Bohnert/Lagodny, NStZ 2000, 636, 640.

[653] Bohnert/Lagodny, NStZ 2000, 636, 640.

[654] Vgl. Sachs in: ders., Vor Art.1 Rn.45.

ein begrenzter Strafrahmen vorgesehen ist" eintritt.[655] Im Falle eines Verbrechens könnte die Tat wieder aufgenommen werden.

Eine so weitgehende Interpretation könnte auch die einzelnen Staaten anregen, ihr Strafrecht einander anzugleichen, so dass es eben nicht dazu kommt, dass ein Staat sich benachteiligt fühlt, weil eine bestimmte Straftat in seinem Rechtssystem viel härter bestraft wird als in einem anderen, er seine Strafgewalt jedoch nicht mehr ausüben kann.

Unter den Begriff „rechtskräftige Aburteilung" fallen demnach alle Entscheidungen eines Staates, die nur bei Vorliegen neuer Tatsachen wieder aufgenommen werden können. Dieser Umstand ist für einen Zweitverfolgerstaat auch viel leichter nachvollziehbar und lässt sich durch eine Nachfrage klären, wohingegen die Regelungen, welche Entscheidungen nach nationalem Recht in Rechtskraft erstarken, oft ohne Kenntnis des gesamten Rechtssystems schwer überprüfbar sind. Entstehende Lücken müssen über Wiederaufnahmevorschriften geschlossen werden.

### VI. Vorbehalte

Artikel 55 SDÜ eröffnet den Vertragsparteien des SDÜ (bzw. heute den Mitgliedstaaten der EU) die Möglichkeit, eine Erklärung darüber abzugeben, dass in bestimmten, fest umrissenen Fällen Artikel 54 SDÜ nicht auf sie anwendbar ist[656].[657] Im Folgenden wird der Inhalt des Artikels 55 SDÜ dargestellt und kritisch beleuchtet. Daran anschließend wird die Frage geklärt, ob einseitige Erklärungen zu diesem Artikel nach dem Inkrafttreten des Amsterdamer Vertrages fortgelten.

---

[655] Rn.39 des Urteils.

[656] Deutschland hat das SDÜ am 19. Juni 1990 unterzeichnet, am 1. September 1993 ist es in Kraft getreten. Deutschland hat von der Möglichkeit des Art.55 SDÜ Gebrauch gemacht, Vorbehalte zu den Regelungen des SDÜ anzubringen (BGBl. II 1994, 631).

Dementsprechend sieht sich Deutschland nicht an die Regelung in Art.54 SDÜ gebunden, wenn die Tat, die dem ausländischen Urteil zugrunde lag, ganz oder teilweise auf deutschem Hoheitsgebiet begangen wurde oder wenn die Tat, welche dem ausländischen Urteil zugrunde lag, bestimmte vorgeschriebene Strafvorschriften erfüllt hat. Dabei handelt es sich um: (a) Vorbereitung eines Angriffskrieges (§ 80 StGB) und Aufstacheln zum Angriffskrieg (§ 80a StGB); (b) Hochverrat (§§ 81 bis 83 StGB); (c) Gefährdung des demokratischen Rechtsstaates (§§ 84 bis 90b StGB); (d) Landesverrat oder Gefährdung der äußeren Sicherheit (§§ 94 bis 100a StGB); (e) Straftaten gegen die Landesverteidigung (§§ 109 bis 109k StGB); (f) Straftaten nach §§ 129, 129a StGB; (g) Die in § 129a Abs. 1 Nr. 1-3 StGB aufgeführten Straftaten, sofern durch die Tat die innere Sicherheit der Bundesrepublik Deutschland gefährdet worden ist; (h) Straftaten nach dem Außenwirtschaftsgesetz; (i) Straftaten nach dem Gesetz über die Kontrolle von Kriegswaffen.

Frankreich hat das SDÜ genauso wie Deutschland am 19. Juni 1990 unterzeichnet und es ist dort ebenso am 1. September 1993 in Kraft getreten. Frankreich hat bei Hinterlegung seiner Genehmigungsurkunde keinerlei Vorbehalte zum SDÜ abgegeben. (vgl. BGBl. II 1994, 631, 633.)

[657] Kritisch zu Art.55 SDÜ: Bartsch, RIDP 2002, 1163, 1168.

**1. Darstellung des Artikels 55 SDÜ**

**a. Artikel 55 Absatz I lit.a SDÜ – Territorialvorbehalt**

Nach Artikel 55 I a SDÜ ist ein Staat bei entsprechender Erklärung nicht durch Artikel 54 SDÜ gebunden, wenn die dem ausländischen Urteil zugrundeliegende Tat teilweise in seinem eigenen Hoheitsgebiet begangen wurde. Diese Ausnahme greift allerdings nicht ein, wenn die Tat teilweise im Hoheitsgebiet des Urteilsstaates begangen wurde.

Den Staaten wird somit ermöglicht, das auch heute noch für das wichtigste Anknüpfungsprinzip gehaltene Territorialitätsprinzip[658] durchzusetzen. Dass der territorial zuständige Staat das Recht behält, einen Täter erneut zu verfolgen, wird mit Wahrung der Sicherheit und Ordnung und mit Rücksichtnahme auf die öffentliche Meinung am Tatort begründet; schließlich braucht und darf sich „ein Staat (...) sein originäres Recht, Inlandstaten abzuurteilen, nicht nehmen lassen".[659] Es wird damit deutlich, dass der Verzicht auf die Ausübung eigener Staatsgewalt für Taten, die zumindest teilweise auf dem eigenen Hoheitsgebiet begangen wurden, einen nicht ohne weiteres von den Staaten hinzunehmenden Souveränitätsverlust bedeutet.[660]

Schon die Erklärung allein dieser Ausnahme bewirkt eine große Einschränkung des „ne bis in idem"-Prinzips, welches nicht mehr eingreift, sobald der Erstentscheidungsstaat seine Strafgewalt durch das (aktive oder passive) Personalitätsprinzip, das Schutzprinzip oder das Weltrechtsprinzip begründet hat. Zwar lässt sich für die Annahme des Territorialitätsprinzips anführen, dass dieses die Beweisführung erleichtert und dass vielleicht ein größeres Sühnebedürfnis in dem Tatortstaat besteht. Dagegen spricht jedoch, dass die einzelnen Vertragsstaaten durch das SDÜ sowieso zur Zusammenarbeit und zum Austausch von Informationen verpflichtet sind.[661] Der Tatortstaat muss seine erlangten „Beweise" freigeben, so dass die Beweisführung auch für die anderen Staaten erleichtert wird. Das Streben nach Sühne kann auch nicht zu Lasten des Angeschuldigten gehen. Im Fall des Artikels 55 I a SDÜ hat dieser bereits einen Strafprozess durchlaufen und seine Strafe vielleicht schon zum Teil oder ganz verbüßt.

Außerdem kann es sein, dass die Auswirkungen der Tat in einem anderen als dem Tatortstaat viel größer sind und dort ganz besonders Sühne gefordert wird. Als Beispiel sind grenzüberschreitende Umweltdelikte anzuführen[662] oder ein terroristischer Anschlag in Land A, bei dem die Teilnehmer einer Reisegruppe aus Land B getötet werden. Oft ist es vom Zufall abhängig, ob eine Handlung an dem einen oder anderen Ort begangen wird, sich an dem einen oder anderen Ort auswirkt oder sich gegen Staatsangehörige des einen oder anderen Landes richtet.

Problematisch an dem Territorialvorbehalt ist weiterhin, dass die Frage, was genau als Tatort zu bewerten ist, von den einzelnen Vertragsparteien unterschiedlich beurteilt

---

658 S.o. C.II.1.

659 Oehler, Internationales Strafrecht, Rn.961.

660 Hein, Zuständigkeitskonflikte, 99.

661 Vgl. Art.39 und 92ff. SDÜ.

662 Thomas, Einmaligkeit, 323.

wird.[663] Nach einer Verfolgung durch einen Staat, der seine Strafgewalt nicht auf das Territorialitätsprinzip gestützt hat, könnte im Zweifel nicht nur ein Staat eine erneute Verfolgung aufnehmen, sondern - sollten Handlungs- und Erfolgsort in zwei verschiedenen Ländern liegen, oder sollte die Handlung in mehreren Staaten begangen worden sein - sogar zwei oder mehr Staaten, so dass der Angeschuldigte im Endeffekt drei oder mehr Verfolgungen ausgesetzt sein könnte.

Dagegen ist einzuwenden, dass Artikel 55 I lit.a 2.Hs. SDÜ eine Mehrfachverfolgung von zwei Staaten, deren Staatsgewalt aufgrund des Territorialitätsprinzips eingreift, ausschließt. Es könnte also nur entweder der Staat, in dem die Handlung begangen wurde, oder der Staat, in dem sich der Erfolg ausgewirkt hat, eine erneute Verfolgung anstrengen, nicht aber beide. So sind zumindest drei oder mehr Verfolgungen einer Person wegen derselben Straftat ausgeschlossen.

Dennoch wird eine Doppelverfolgung durch den in Artikel 55 I lit.a SDÜ verankerten Territorialvorbehalt allzu leicht ermöglicht. Aufgrund der gegenseitigen Verpflichtungen zur Zusammenarbeit und zum Informationsaustausch lässt sich dieser Vorbehalt nicht mehr durch Souveränitätserwägungen rechtfertigen und ist für die Verwirklichung eines umfassenden Verbots der Doppelbestrafung nur hinderlich.

### b. Artikel 55 Absatz I lit.b SDÜ - Sicherheitsvorbehalt

In Artikel 55 I b SDÜ ist geregelt, dass sich ein Staat vorbehalten kann, Artikel 54 SDÜ nicht zu beachten, wenn die Tat eine Straftat darstellt, die sich gegen seine Sicherheit oder andere gleichermaßen wesentliche Interessen richtet. Nach Absatz II der Vorschrift hat der Staat die Straftaten abschließend zu bezeichnen, bei denen die Ausnahme eingreift. Damit ist es in das Ermessen der einzelnen Staaten gestellt, welche Interessen sie als „gleichermaßen wesentlich" ansehen.

Mit dieser Ausnahme wird das Schutzprinzip hervorgehoben. Sie bringt ebenfalls die Souveränitätsbestrebungen der Staaten zum Ausdruck. Das eigentlich durch Artikel 54 SDÜ angestrebte gegenseitige Vertrauen der Staaten untereinander wird durch diese Ausnahme wieder zurückgenommen. Anscheinend ist das Vertrauen in andere Staaten, dass diese fremde Staatsinteressen genauso schützen wie die eigenen, recht gering.

*Grotz*[664], der dazu das Beispiel der Bundesrepublik Deutschland anführt, welche eine ganze Reihe von Straftaten benannt hat, hält diese Ausnahme für wenig problematisch, da seines Erachtens gerade bei den Staatsschutzdelikten wegen des anderweitigen Schutzzwecks der Normen kaum Fälle vorstellbar seien, in denen eine andere Vertragspartei Gerichtsbarkeit besitzt und deshalb Verurteilungen im Ausland erfolgen. Dabei übersieht er jedoch, dass sobald die Straftat durch einen ausländischen Staatsbürger ausgeführt oder die Handlung in einem anderen Staat vorgenommen wurde, die Strafgewalt anderer Staaten eingreift. Gerade in dem Zeitalter des stetig zunehmenden Terrorismus wird es immer wahrscheinlicher, dass solche Fälle eintreten.

---

[663] Ebensperger, ÖJZ 1999, 171, 184.

[664] StraFo 1995, 102, 103.

Ob das Argument des mangelnden Vertrauens ausreicht, um eine weitere Einschränkung des „ne bis in idem“-Prinzips zu rechtfertigen, ist ebenfalls fraglich. Anderen Staaten ist es nicht verwehrt, drittschützend tätig zu werden und die Staaten sind zudem gehalten, sich bei der Strafverfolgung gegenseitig zu unterstützen. Der in seiner Sicherheit betroffene Staat kann „ein Auge“ auf die Strafverfolgung in dem anderen Staat haben und durch eigene Ermittlungen sicherstellen, dass dem Täter eine angemessene Strafe auferlegt wird. Eine zweite Strafverfolgung kann dadurch jedoch nicht gerechtfertigt werden.

Möglich wäre auch, eine Prioritätenregelung hinsichtlich der Ausübung der Strafgewalt in das SDÜ einzufügen. Dabei könnte dem in seiner Sicherheit verletzten oder bedrohten Staat der Vorrang eingeräumt werden.[665] Dessen Interesse an einer Strafverfolgung ist weitaus größer als dasjenige eines anderen Staates, dessen Strafgewalt nur eingreift, weil die Handlung vielleicht durch Zufall auf seinem Staatsgebiet stattgefunden oder sich dort ausgewirkt, oder durch Zufall einen seiner Staatsangehörigen betroffen hat.

**c. Artikel 55 Absatz I lit.c SDÜ - Amtsträgervorbehalt**

Nach Artikel 55 I lit.c SDÜ besteht die Möglichkeit einer Ausnahmeerklärung, wenn die dem ausländischen Urteil zugrundeliegende Tat von einem Bediensteten des betroffenen Staates in Verletzung seiner Amtspflichten begangen wurde. Diese Ausnahme begründet sich darin, dass die einzelnen Staaten besondere Straftatbestände für ihre eigenen Amtsträger vorsehen. Wird dieses besondere Vertrauensverhältnis zwischen dem Staat und seinen Bediensteten verletzt, wird zum Teil ein schwereres Strafmaß angewandt als bei der Verletzung eines Strafgesetzes durch einen „einfachen“ Staatsangehörigen. Es besteht zum Beispiel ein Unterschied, ob jemand wegen einer einfachen Körperverletzung oder wegen einer „Körperverletzung im Amt“ verurteilt wird. Es ist demnach durchaus verständlich, wenn einem einmal verurteilten Täter, der seine „einfache“ Strafe vielleicht schon verbüßt hat, auch noch die durch das Anrechnungsprinzip berechnete zusätzliche Strafe auferlegt wird, um damit die besondere Verletzung des Vertrauensverhältnisses zu seinem Staat hervorzuheben. In keiner Rechtsordnung eines Staates findet sich schließlich der Straftatbestand der Verletzung „fremder Amtspflichten“.

Dennoch ließe sich auch in diesem Fall ebenso wie bei dem Sicherheitsvorbehalt ein erneuter Prozess mit Prozesskosten, großem Aufwand für den Staat und physischen und seelischen Strapazen für den Angeschuldigten vermeiden, indem bei der Bestimmung der Strafgewalt dem Staat, dessen Bediensteter unter Verletzung seiner Amtspflichten eine Straftat begangen hat, der Vorrang bei der Strafverfolgung eingeräumt wird.

---

[665] So auch Thomas, Einmaligkeit, 325; vgl. auch die Prioritätenregelung in Art.26 II Corpus Juris 2000 oder das Gutachten von Lagodny für das BMJ zu der Frage „Empfiehlt es sich, eine europäische Gerichtskompetenz für Strafgewaltskonflikte vorzusehen?“, indem er eine Prioritätenregelung vorschlägt (im Internet zu finden unter http://www.sbg.ac.at/ssk/lago.pdf).

### d. Artikel 55 Absatz III und IV SDÜ

Der dritte Absatz des Artikels 55 SDÜ regelt, dass die erklärten Ausnahmen nach Absatz I jederzeit wieder zurückgenommen werden können und Absatz IV stellt dar, dass die erklärten Ausnahmen keine Anwendung finden, wenn die betreffende Vertragspartei die andere Partei wegen derselben Tat um Verfolgung ersucht hat oder die Auslieferung des Angeschuldigten bewilligt hat.

Es scheint, als ob durch Absatz III eine Rechtfertigung für die in Absatz 1 sehr weitreichende Möglichkeit zur Erklärung von Ausnahmen geschaffen werden sollte. Einerseits darf jeder Staat aus Souveränitätserwägungen die oben aufgezählten Ausnahmen für sich in Anspruch nehmen und damit den „ne bis in idem"-Grundsatz – je nach Ingebrauchnahme der Ausnahmen – fast seiner gesamten Geltung berauben. Sollte das der Fall sein, ist fraglich, an welchem Punkt ein solcher Staat von seinen Erwägungen absieht und die Ausnahmen zurücknimmt. Gewährt man ihm Souveränität oder die Möglichkeit, diese zu behalten, aus welchem Grund sollte er freiwillig wieder darauf verzichten? Eine solche Rücknahme erscheint demnach recht unwahrscheinlich. Andererseits erklärten sich durch die weite Ausnahmeregelung einige Staaten vielleicht eher dazu bereit, dem SDÜ beizutreten. Durch Absatz III sollte dann der Weg freigeräumt werden für eine immer weitergehende schrittweise Europäisierung des Verbots der Doppelbestrafung.

Absatz IV erscheint überflüssig – denn warum sollte ein Staat, der seinerseits die Auslieferung eines Straftäters bewilligt hat oder eben einen anderen Staat um die Verfolgung des Straftäters ersucht hat, auf einmal auf die Idee kommen, nun doch seine eigene Strafgewalt auszuüben? Weil er übersehen hat, dass er ursprünglich eine Ausnahme nach Absatz I erklärt hat?

Auf der anderen Seite kann durch die Statuierung des Verbots des *venire contra factum proprium* Rechtsmissbrauch verhindert werden. Im Zweifel sollte also widersprüchliches Verhalten von vorneherein ausgeschlossen werden.

### e. Bewertung

Jede Ausnahmeregelung für sich betrachtet, schränkt das Verbot der Doppelbestrafung erheblich ein. Sollten jedoch einige Staaten nicht nur eine, sondern gleich mehrere Ausnahmen für sich beanspruchen, kann es nicht nur zu Zweifach- sondern auch zu Drei- oder Vierfachverfolgungen kommen. Schon allein das Szenario, dass ein Täter mit der Staatsangehörigkeit des Staates A (aktives Personalitätsprinzip) in Staat B eine Straftat begeht (Territorialvorbehalt), die die Sicherheit von Staat C betrifft (Sicherheitsvorbehalt), Staat A zunächst seine Strafgewalt ausübt, Staat B und C, welche die entsprechenden Vorbehalte erklärt haben, aber auch nicht auf ihre Strafgewalt verzichten wollen, ist leicht vorstellbar.

Auch wird es jedem Staat allzu leicht ermöglicht, seine eigene Strafgewalt erneut auszuüben, indem er eine ganze Reihe von Straftaten als „gegen seine wesentlichen Interessen gerichtet" darstellt.

Abgesehen vom Amtsträgervorbehalt, für den gute Gründe sprechen, sind die anderen Ausnahmen gerade im Rahmen der EU, in der die Staaten durch das SDÜ und den

EUV zu einer gemeinsamen Zusammenarbeit in Strafsachen angehalten werden und die – wie bereits mehrfach beschrieben – einen ähnlichen strafrechtlichen Standard besitzen, obsolet. Sie konterkarieren die Ziele von Artikel 54 SDÜ und sollten deshalb gestrichen oder zumindest modifiziert werden. Als Ausgleich käme vielmehr die schon oben erwähnte Prioritätenregelung in Betracht.

## 2. Fortgeltung der Erklärungen nach Aufnahme des SDÜ in den Rahmen der EU durch den Amsterdamer Vertrag?

Fraglich ist, ob Erklärungen, die zu Artikel 55 SDÜ abgegeben wurden, nach dessen Aufnahme in den Rahmen der EU weiterhin gelten oder ob diese erneut abgegeben werden müssen.

Einige Autoren[666] sind der Ansicht, dass die einseitigen Vorbehaltserklärungen der Staaten zu Artikel 55 SDÜ bei der Überführung des Schengen-Besitzstandes in die EU nicht mitübernommen wurden. Demnach besteht in der EU seit Inkrafttreten des Amsterdamer Vertrages ein vorbehaltloses Verbot der Doppelbestrafung; die Vorbehalte müssen erst erneut erklärt werden.

Zu dieser Erkenntnis gelangen die Autoren durch Heranziehung der Vorschriften zur Bestimmung des Schengen-Besitzstandes: Nach dem Ratsbeschluss zur Bestimmung des Schengen-Besitzstands zwecks Festlegung der Rechtsgrundlagen für jede Bestimmung und jeden Beschluss, die diesen Besitzstand bilden, nach Maßgabe der einschlägigen Bestimmungen des Vertrags zur Gründung der Europäischen Gemeinschaft und des Vertrags über die Europäischen Union[667] werden nur *gemeinsame* Erklärungen zum SDÜ sowie die Erklärungen zu den Beitrittsprotokollen und –übereinkommen übernommen; es gehe daraus nicht hervor, dass die einseitigen Erklärungen zu Artikel 55 SDÜ in den Rahmen der EU überführt werden sollten. Außerdem widerspräche die Übernahme der Vorbehalte dem Ziel, welches mit der Überführung des Schengen-Acquis in den Rahmen der EU bezweckt wurde: Der Vertiefung der europäischen Integration und der schnelleren Entwicklung der EU zu einem Raum der Freiheit, der Sicherheit und des Rechts.

Dagegen lässt sich jedoch einwenden, dass in den Beitrittsprotokollen, welche in dem o.g. Ratsbeschluss zur Bestimmung des Schengen-Acquis enthalten sind, festgesetzt ist, dass sich das jeweilige Beitrittsland den in dem SDÜ enthaltenen gemeinsamen Erklärungen anschließt und die darin enthaltenen *einseitigen Erklärungen* entgegennimmt. Somit zählen auch die einseitigen Erklärungen zum Schengen-Besitzstand.

Zwar ist der Einwand richtig, dass durch die Vorbehalte die Europäische Integration gehemmt wird, dennoch können den ursprünglichen Vertragsstaaten des SDÜ die erklärten Vorbehalte nicht einseitig durch Ratsbeschluss genommen werden. Richtiger Ansatzpunkt wäre eher eine Änderung oder sogar Abschaffung des Artikels 55 SDÜ.

---

[666] Leidenmühler, EuLF 2002, 253, 255; Plöckinger/Leidenmühler, wistra 2003, 82f.; im Ergebnis ebenso: Rübenstahl/Krämer, HRR-Strafrecht, 04/2003, http://www.hrr-strafrecht.de.

[667] Ratsbeschluss 1999/435/EG v. 20.5.1999, in: Abl. EG L 176 v. 10.7.1999, 1ff., Abl. EG L 239 v. 22.9.2000, 1ff.

Vorerst muss jedoch davon ausgegangen werden, dass die bisher erklärten Vorbehalte weiterhin in Kraft sind.

## VII. Wiederaufnahme des Verfahrens

Die Wiederaufnahme des Verfahrens ist im SDÜ nicht geregelt, was darauf hindeutet, dass selbst bei dem Vorliegen neuer Anhaltspunkte, die nach dem Recht des Erstentscheidungsstaates ein Wiederaufgreifen des Falles erlauben würden, ein solches ausgeschlossen ist. Das könnte die Zurückhaltung vieler Staaten gegenüber dem Artikel 54 SDÜ erklären. Als Beispiel sei nur folgender Fall angeführt:

Der Franzose A wurde beschuldigt, in Deutschland die französische Touristin B überfallen und beraubt zu haben. Nach dem in Deutschland durchlaufenen Strafverfahren wurde er aufgrund der entlastenden Aussage des Zeugen C freigesprochen. Er reiste nach Frankreich und wurde dort erneut verhaftet, da sich herausgestellt hat, dass C bei seiner Aussage die Unwahrheit gesprochen hat. Nach dem SDÜ bewirkt der rechtskräftige Freispruch jedoch Strafklageverbrauch. Obwohl nach deutschem Recht gemäß § 362 Nr.2 StPO die Voraussetzungen für eine Verfahrenswiederaufnahme vorliegen, ist eine solche nicht möglich.

*Radtke* und *Busch*[668] schlagen für einen solchen Fall eine teleologische Reduktion des Artikels 54 SDÜ vor: Verfolge man die Intention des Artikels 54 SDÜ – die weitestgehende Anerkennung ausländischer rechtskräftiger Verfahrensabschlussentscheidungen – konsequent, so müssten auch die nationalen Wiederaufnahmeregelungen nach einem rechtskräftig abgeschlossenen Verfahren in die Betrachtung miteinbezogen werden. Lägen die materiellen Wiederaufnahmevoraussetzungen des Verfahrens nach dem Recht des Erstentscheidungsstaates vor, sei eine erneute Strafverfolgung durch einen anderen Staat möglich. Praktisch müsste der Wiederaufnahmestaat nur eine Bewertung über das Vorliegen von Wiederaufnahmegründen beim Erstentscheidungsstaat einholen. Das neue Verfahren würde dann den Regeln des Wiederaufnahmestaates folgen. Nur die Beseitigung der „Verfolgungssperre" richte sich nach dem Recht des Erstentscheidungsstaates.

Das ermögliche auch, dass rein nationale Sachverhalte und solche mit europäischem Bezug nicht unterschiedlich behandelt werden. Es würden keine Situationen mehr entstehen, in denen ein Täter bei einer ansonsten gleichbleibenden Konstellation seiner Tat in einem nationalen Fall schlechter gestellt ist, als wenn seine Tat einen europäischen Bezug aufwiese oder umgekehrt.[669]

Die Möglichkeit einer Wiederaufnahme des Verfahrens würde es vielen vielleicht auch erleichtern, andere als gerichtliche Entscheidungen als „rechtskräftige Aburteilungen" anzuerkennen. Die dadurch erfolgte Ausweitung des Artikels 54 SDÜ würde – beim Vorliegen bestimmter Voraussetzungen – zumindest teilweise wieder eingeschränkt werden.

---

[668] EuGRZ 2000, 421, 429f.

[669] Radtke/Busch, NStZ 2003, 281, 286.

## VIII. Rechtsfolge

Liegen alle der oben genannten Voraussetzungen vor und greift auch keine der in Artikel 55 SDÜ genannten Ausnahmen, so sieht Artikel 54 SDÜ als Rechtsfolge vor, dass die betroffene Person nicht ein weiteres Mal *„verfolgt werden"* darf (*„may not be prosecuted"; „ne peut être poursuivie"; „niet worden vervolgd"*). Der Wortlaut ist damit eindeutig. Es scheidet eine erneute *„Verfolgung"* und nicht erst eine weitere *„Bestrafung"* aus.

Das entspricht auch dem Sinn und Zweck des SDÜ: Der Einzelne wird vor den psychischen und physischen Strapazen einer erneuten Strafverfolgung geschützt und außerdem ist die Effizienz der Strafverfolgungsorgane gesichert, wenn vermieden wird, dass der gesamte Prozess einer Verfolgung erneut durchlaufen wird; schließlich wäre es widersprüchlich, eine wiederholte Verfolgung durchzuführen, dann aber die Bestrafung zu versagen.

## IX. Artikel 56, 57 und 58 SDÜ

Artikel 56 SDÜ berücksichtigt den Fall, dass eine Ausnahme nach Artikel 55 SDÜ erklärt wurde und tatsächlich eine erneute Strafverfolgung stattgefunden hat. Eine bereits erfolgte Freiheitsentziehung ist demnach zwingend auf eine zu verhängende Sanktion anzurechnen; soweit es durch das nationale Recht gestattet ist, sind andere als freiheitsentziehende Strafen – nach Vollstreckung – ebenfalls anzurechnen.[670]

Damit wird der Nachteil, den der Einzelne dadurch erleidet, dass in Artikel 55 SDÜ die Souveränitätsinteressen der Staaten über den Individualschutz gestellt werden, zumindest teilweise wieder ausgeglichen. Zwar unterliegt der bereits einmal Verurteilte den Strapazen einer erneuten Verfolgung, und für den Fall dass seine Straftat im Zweitverfolgungsstaat härter bestraft wird als im Erstentscheidungsstaat, muss er eine erneute Bestrafung auf sich nehmen. Zumindest steht aber die Sanktion durch das in Artikel 56 SDÜ verankerte Anrechnungsprinzip nicht außer Verhältnis zu der Straftat.

Da jedoch die Verfolgungsbeschwerden nicht außer acht gelassen werden dürfen, wäre zu überlegen, ob der Anwendungsbereich des Artikels 55 SDÜ – wie schon oben angesprochen – nicht zu verkleinern ist.

Artikel 57 SDÜ setzt eines der Ziele der Artikel 54 ff. SDÜ – eine effizientere Zusammenarbeit der Strafverfolgungsbehörden der Mitgliedstaaten – praktisch um. Sobald eine Vertragspartei Grund zu der Annahme hat, dass ein Angeschuldigter für eine ihm zur Last gelegte Tat schon einmal durch eine andere Vertragspartei verfolgt wurde, hat sie dementsprechende Auskünfte bei der anderen Vertragspartei einzuholen. Damit wird sichergestellt, dass sich kein Mitgliedstaat aus Souveränitätserwägungen auf sein Nichtwissen berufen kann und den Angeschuldigten deshalb ein weiteres Mal nach seiner eigenen Rechtsordnung verfolgt und bestraft.

---

[670] In Deutschland folgt dieses Anrechnungsgebot bereits aus dem Grundsatz der Verfahrenseinheit. In § 51 StGB wird dem Rechnung getragen.

Damit die Anwendung des „ne bis in idem"-Grundsatzes sichergestellt ist, dürfen sich die Auskünfte nicht nur auf tatsächliche Fragen beschränken, sondern müssen auch Rechtsauskünfte ermöglichen.[671]

Problematisch an Artikel 57 SDÜ ist allerdings, dass die Pflicht zur Nachfrage erst entsteht, wenn eine Vertragspartei „Grund zu der Annahme" eines anderorts durchgeführten Strafverfahrens hat.[672] Dieser Ausdruck ist viel zu vage. Um die eigene Strafgewalt auszuüben, könnten Staaten einfach diesen Grund verneinen. Nachzuweisen, dass sie tatsächlich Kenntnis davon hatten, wäre dann schwierig.

Besser wäre es, bei jedem Sachverhalt, der vor einem nationalstaatlichen Gericht aufgerollt wird und der mehr als einen Staat betrifft, sofort die anderen betroffenen Länder zu benachrichtigen[673] oder stattdessen direkt eine internationale Stelle einzurichten, die informiert werden muss, bei der Anfragen gestellt werden können und die grundsätzlich alle Staaten, deren Strafgewalt in einem bestimmten Fall eingreifen könnte, informiert.

In Artikel 58 SDÜ ist geregelt, dass die vorgehenden Regelungen zum Verbot der Mehrfachverfolgung der Anwendung darüber hinausgehender Bestimmungen im nationalen Recht der Mitgliedstaaten bezüglich ausländischer Justizentscheidungen nicht entgegenstehen. Diese Regelung ist – wie bereits oben mehrfach erwähnt – gerade im Zusammenhang mit der systematischen Auslegung mehreren Deutungsmöglichkeiten zugänglich. Dennoch ist sie zu begrüßen, da sie die Möglichkeit eröffnet, die „ne bis in idem"-Gewährleistung möglichst weitreichend auszudehnen.[674]

## X. Zusammenfassung und weiterführende Gedanken

In dem vorherigen Abschnitt wurde eine erste Auslegung der Artikel 54 ff. SDÜ versucht. Dabei wurde sowohl die bereits dazu bestehende Rechtsprechung als auch die dazu ergangene Literatur mitberücksichtigt. Bei der Auslegungsmethode waren nicht die völkerrechtlichen Auslegungsregeln der Artikel 31 ff. WVK heranzuziehen, sondern die vom EuGH entwickelten Auslegungsrichtlinien.

Regelungssubjekte sind zum einen die Staaten der EU, bzw. die Mitgliedstaaten des SDÜ, geschützt werden Personen jeder Staatsangehörigkeit. Hinsichtlich des Tatbegriffes wurde vorerst auf den Tatbegriff des EG-Wettbewerbsrechts abgestellt. Das muss durch einen Rechtsvergleich aber noch bestätigt werden. Unproblematisch ist das Vollstreckungselement – unter den Begriff Sanktion fallen dabei sowohl Verwaltungs- als auch Kriminalstrafen; auch zur Bewährung ausgesetzte Strafen werden gerade vollstreckt. Ob eine Strafe bereits vollstreckt wurde oder nicht mehr vollstreckt werden

---

671 Schomburg/Lagodny, IRG, Art.57 SDÜ, Rn.1f.

672 Kritisch dazu ebenfalls: Guzik Makaruk, ZStW 2004, 372, 373.

673 Guzik Makaruk, ZStW 2004, 372, 373.

674 Solange in Deutschland nach Art.103 III GG ausländischen Urteilen kein Strafklageverbrauch zugemessen wird, besteht kein über Art.54 SDÜ hinausgehender Anwendungsbereich. Von Bedeutung ist die Vorschrift jedoch, sollte im Rahmen des SDÜ ein engumfasster Tatbegriff angenommen werden. Der auf den Lebenssachverhalt abstellende deutsche Tatbegriff ginge darüber hinaus.

kann, lässt sich mit einer Nachfrage bei dem Erstentscheidungsstaat oder einer speziell zu diesem Zweck eingerichteten Stelle herausfinden.

Der Begriff „rechtskräftige Aburteilung" wurde (zumindest in Deutschland) vor dem Urteil des EuGH zu den Rechtssachen Gözütok und Brügge von der Rechtsprechung und einem Teil der Literatur hauptsächlich eng ausgelegt, in dem Sinne, dass nur gerichtliche Entscheidungen davon umfasst werden. Der EuGH dehnte den Begriff auch auf behördliche abschließende Entscheidungen aus. Die eigene Auslegung führt zu dem Ergebnis, dass jede verfahrensabschließende Entscheidung unter den Begriff „rechtskräftige Aburteilung" fällt, soweit sie nur wiederaufgegriffen werden kann, wenn zumindest neue Tatsachen oder Beweise vorliegen. Diese Auslegung ist im Rahmen des Rechtsvergleichs zu überprüfen.

Die Vorbehaltsmöglichkeiten des Artikels 55 SDÜ wurden analysiert und – abgesehen vom Amtsträgervorbehalt – als zu weitgehend angesehen. Der Territorialitäts- und der Sicherheitsvorbehalt betonen zu stark die Souveränitätsinteressen der einzelnen Staaten und schränken dadurch das Verbot der Doppelbestrafung zu sehr ein. Als Möglichkeit, die Interessen der Staaten und der zu schützenden Individuen in einen Ausgleich zu bringen, wurde vorgeschlagen, Wiederaufnahmeregelungen in die Artikel 54 ff. SDÜ aufzunehmen. Ob ein solcher Schritt sinnvoll ist, soll ebenfalls in dem Rechtsvergleich überprüft werden. Keine große Kritik erfuhren die Artikel 56 bis 58 SDÜ.

Deutlich wurde das Bedürfnis nach einer überstaatlichen Koordinierungsstelle, bei der die einzelnen Staaten hinsichtlich des Rechtssystems anderer Staaten Nachfragen anstellen können, sowie nach einer Prioritätenregelung, welche festlegt, welcher Staat bei transnationalen Straftaten als erstes seine Strafgewalt ausüben darf.

Die Besprechung der einzelnen Voraussetzungen des Artikels 54 SDÜ und auch der Artikel 55 bis 58 SDÜ zeigt offenkundig, dass noch ein großer Klärungs- und vielleicht sogar auch Veränderungsbedarf besteht. Die Artikel 54 bis 58 des Schengener Durchführungsübereinkommens wurden 1990, also bereits vor 17 Jahren (!), formuliert und seitdem nicht mehr verändert. Zwar kann argumentiert werden, dass 1999 dessen Einbeziehung in den Rahmen der EU erfolgte, was Anlass zu Veränderungen hätte sein können, die jedoch nicht erfolgt sind. Das kann als Anschein dafür gelten, dass ein Änderungsbedarf der Vorschriften nicht bestand.

Allerdings hat sich auch in den letzten acht Jahren die EU weiterentwickelt: Sie wurde von 15 auf 27 Staaten vergrößert und der aufgrund der negativen Volksabstimmungen in Frankreich und den Niederlanden zur Zeit auf Eis gelegte, aber in der Zukunft wahrscheinlich in Kraft tretende Verfassungsvertrag ruft zu einer stärkeren Integration und Zusammenarbeit auf. Ob die Regelungen des SDÜ zum Verbot der Doppelbestrafung mit ihren weitgefassten Ausnahmeregelungen mithalten können, ist fraglich.

An den verschiedenen Urteilen und auch an den vielen Meinungen in der Literatur wird deutlich, dass der große Stein des Anstoßes immer wieder der Wortlaut der betreffenden Vorschriften ist. Wie bereits vorher angeklungen ist, beziehen sich juristische Begriffe, auch wenn sie in den einzelnen Sprachen deckungsgleich sind, doch immer nur auf ihr nationales Rechtssystem. Eine einfache Gleichstellung, wie es von vielen Autoren vorgenommen wird, ist nicht möglich. Das ausländische Rechtssystem muss immer im Auge behalten werden, wenn herausgefunden werden will, was sich hinter einem bestimmten Terminus tatsächlich verbirgt.

Gerade bei solchen präzisionsbedürftigen Texten wie den Artikeln 54 ff. SDÜ in einem immer weiter zusammenwachsenden Europa wird die Sprachenproblematik besonders deutlich.[675] Von einigen Seiten wird deshalb die Forderung laut nach der Entwicklung einer einheitlichen Rechtsterminologie im europäischen Raum, die verbindlich ist für offizielle Dokumente.[676] Einwenden lässt sich gegen eine allgemeine Rechtssprache, dass eine Rückkehr zum Latein, welches die gemeineuropäische Rechtswissenschaft des ius commune verband, in Europa sicher nicht möglich ist und eine Übernahme des Englischen zwar im Trend der Wissenschaftssprachen läge, es allerdings auf dem europäischen Kontinent in keinem Land als rechtswissenschaftliche Sprache verwendet wird.[677] Es muss dazu bezweifelt werden, ob gerade die englische Sprache in der Lage wäre, den Begriffsreichtum kontinentaler Rechtssprachen aufzunehmen.[678] Zumindest als Ausgangspunkt könnte es jedoch dienen, um bei Diskussionen oder Vertragsabschlüssen grobe Missverständnisse zu vermeiden.

*Kühl*[679] schlägt die Gründung einer europäischen Strafrechtszeitschrift oder die umfassende Schaffung von Rechtsliteratur vor, welche das europäische Strafrecht als einheitliches Thema mit Variationen darstellt. Darüber hinaus könnten auch nationale strafrechtliche Urteile mit europarechtlichem Bezug umfassend dokumentiert werden. Gerade mit Hinblick auf Artikel 54 SDÜ würde im Laufe der Zeit ein Katalog entstehen, der dokumentiert, welchen Entscheidungen in welchen Staaten strafklageverbrauchende Wirkung zukommt bzw. welche Entscheidungen nur unter der Voraussetzung, dass neue Tatsachen vorliegen, wiederaufgenommen werden können, so dass langwierige Anfragen irgendwann gänzlich unterbleiben können. Zwar handelt es sich bei diesem Vorschlag um einen immerhin recht einfach zu vollziehenden Schritt hinsichtlich der gegenseitigen Anerkennung von Strafentscheidungen. Es kann sich dabei aber nur um ein ergänzendes Hilfsmittel handeln; die Auslegungsprobleme der Artikel 54 ff. SDÜ werden nicht beseitigt. Es ist deshalb in einem nächsten Abschnitt auf die rechtsvergleichende Untersuchung abzustellen.

---

[675] Schomburg/Lagodny, IRG, SDÜ, Rn.13; allg. zu dem Problem einer europäischen Rechtssprache: Reinhardt, NJW 2003, 3449ff.

[676] Schomburg/Lagodny, IRG, SDÜ, Rn.13.

[677] Kühl, FS Söllner, 613, 619.

[678] Kühl, FS Söllner, 613, 619f.

[679] FS Söllner, 613, 621 – Sein Vorschlag bezieht sich allerdings auf die Europäisierung des Strafrechts. Nichtsdestotrotz kann er aber ebenso für die Lösung der „ne bis in idem"-Problematik herangezogen werden, die sich als Teilproblem dessen darstellt.

### F. Rechtsvergleichende Untersuchung des „ne bis in idem"-Grundsatzes

Der EuGH stellt in seiner Entscheidung zu den Rechtssachen Gözütok und Brügge fest, dass weder Bestimmungen des SDÜ noch solche des VI. Titels des EUV die Anwendung des Artikels 54 SDÜ von einer Harmonisierung oder Angleichung der Strafrechtssysteme der Mitgliedstaaten auf dem Gebiet der zum Strafklageverbrauch führenden Verfahren abhängig machen und schließt deshalb aus Artikel 54 SDÜ, dass zwischen den verschiedenen Mitgliedstaaten ein gegenseitiges Vertrauen in die jeweiligen Strafrechtssysteme bestehe. Die vielen verschiedenen Stimmen in der Literatur, die vorhandenen Gerichtsentscheidungen der nationalstaatlichen Gerichte und auch die vielfach erklärten Vorbehalte im Rahmen des Artikels 55 SDÜ widersprechen dem jedoch.

Zwar versucht der EuGH in seinem Urteil dem zentralen Auslegungsproblem bei Artikel 54 SDÜ Abhilfe zu verschaffen, indem er Kriterien dafür aufstellt, was unter eine „rechtskräftige Aburteilung" fällt, aber selbst diese Kriterien werfen noch Fragen auf. Andere Kriterien wie z.B. den Tatbegriff oder die nicht vorhandene Möglichkeit eines Wiederaufnahmeverfahrens lässt der EuGH in seinem Urteil offen.

Ein Problem, welches viele Staaten wohl mit der durch den EuGH erfolgten Auslegung des Artikels 54 SDÜ haben werden, könnte sein, dass die „ne bis in idem"-Gewährleistungen in ihren innerstaatlichen Rechtsordnungen völlig unterschiedlich ausgestaltet sind. Bis zur Einbeziehung des SDÜ in den Rahmen der EU war das insofern unproblematisch, da die nationalen Gerichte die Vorschrift in eigenem Ermessen und ihrer Rechtsordnung entsprechend auslegen konnten. Eine dafür zuständige, alle anderen Gerichte bindende supranationale Instanz existierte nicht. Andererseits ermöglichte gerade diese individuelle Auslegung große Unterschiede bei der Anwendung des Artikels 54 SDÜ, so dass die Nachfrage nach einer einheitlichen Auslegung entstand.

Da aber an der Auslegung durch den EuGH durchaus Kritikpunkte bestehen und noch einige Fragen hinsichtlich der Artikel 54 bis 58 SDÜ offen sind, ist nach einer eigenen Lösung zu suchen. Dafür werden die Auffassungen einiger Mitgliedstaaten der EU herangezogen; denn erst die Kenntnis anderer Rechtsordnungen und deren Lösungsansätze bietet die erforderliche Entscheidungsgrundlage zur Bewältigung international auftretender Probleme. Ziel ist, durch die „wertende Rechtsvergleichung", wie sie auch der EuGH zum Teil bei seiner Auslegung vornimmt[680], festzustellen, inwiefern eine einheitliche Auslegung des Artikels 54 SDÜ durch den EuGH tatsächlich dessen Intentionen verwirklicht oder ob ein Änderungs- oder Präzisierungsbedarf an dieser Auslegung besteht. Die bereits oben angedachten Lösungswege werden bestätigt oder widerlegt und es wird eine einheitliche Lösung für die Interpretation der Artikel 54 ff. SDÜ gefunden. Für den Fall, dass nicht alle Problempunkte durch Auslegung gelöst werden können, erfolgt ein Vorschlag für ergänzende Regelungen.

Zwar liegt die Ausrichtung bei dem Rechtsvergleich eindeutig bei den Artikeln 54 ff. SDÜ, da es sich bei diesen Regelungen zurzeit um das einzige umfassende Verbot der Doppelbestrafung im Rahmen der EU handelt. Ziel soll aber im Endeffekt sein, dass die gefundenen Lösungen auch für die Auslegung des Verbotes der Doppelbestrafung

---

[680] S.o. E.I.3.d.

im künftigen Verfassungsvertrag herangezogen werden oder sogar für die Auslegung des Artikels 4 7.ZP zur EMRK oder des Artikels 14 VII IPbpR. Vielleicht entsteht dann in der Zukunft nicht nur ein zwischenstaatliches Verbot der Doppelbestrafung im Rahmen der EU, sondern auch zwischen sämtlichen Staaten des Europarates oder sogar innerhalb der gesamten internationalen Gemeinschaft.

Da ein Vergleich der Rechtsordnungen aller 27 EU-Mitgliedstaaten den Rahmen dieser Arbeit sprengen würde, fiel die Wahl der miteinander zu vergleichenden Rechtsordnungen auf Deutschland, England[681] und Frankreich.[682] Da sich Europa in zwei verschiedene Rechtskulturen aufteilt – die erste und älteste Rechtskultur, die lateinische, welche vor mehr als zweitausend Jahren aus dem römischen Recht hervorging und die anglo-amerikanische Rechtswelt, die ins 16. Jahrhundert zurück reicht[683] –, liegt es nahe, bei einem Rechtsvergleich exemplarisch Länder aus beiden Rechtskulturen heranzuziehen. Zudem handelt es sich bei der englischen, der französischen und der deutschen um die wichtigsten Strafverfahrensordnungen Europas, welche das Strafprozessrecht in der ganzen Welt beeinflussen.[684]

In England beanspruchen die Artikel 54 ff. SDÜ zwar zurzeit noch keine Geltung, England hat aber bereits einen Antrag auf Anwendung dieser Vorschriften gestellt und es ist nur eine Frage der Zeit, bis der dazu erforderliche Ratsbeschluss ergeht.[685] Deutschland und Frankreich waren bereits Vertragspartner des Schengener Abkommens von 1985. In beiden Ländern ist das SDÜ unmittelbar geltendes Recht.

## I. Rechtliche Grundlagen

Um die einzelnen Tatbestandsmerkmale der jeweiligen nationalen „ne bis in idem"-Gewährleistungen miteinander vergleichen zu können, ist es unabdingbar, vorab deren rechtliche Grundlagen darzustellen. Zum besseren Verständnis der Zusammenhänge erfolgt zudem für Frankreich und England eine kleine Einführung in das entsprechende Strafverfahrensrecht.

---

[681] Zur englischen Rechtsordnung wird auch Wales gezählt. Schottland hat demgegenüber eine eigene Rechtsordnung.

[682] Es werden allerdings nur die Regelungen hinsichtlich der Mehrfachbestrafung im strafrechtlichen Bereich beleuchtet. Wie sich eine rechtskräftige Strafentscheidung auf das Zivil- oder Verwaltungsrecht auswirkt, soll nicht Gegenstand der Betrachtung sein. Schließlich verhindert auch Art.54 SDÜ lediglich eine strafrechtliche Verfolgung und hindert keine zivilrechtliche Klage z.B. auf Ersatz des erlittenen Schadens. – EuGH, Urt. Rs. *Gözütok und Brügge* (Fn.469), Slg. 2003-I, 1345 Rn.47.

[683] Pescatore, ZEuP 1998, 1, 3.

[684] Hatchard/Huber/Vogler, Comparative Criminal Procedure, 7; Roxin, Strafverfahrensrecht, § 73 Rn.1.

[685] Abl. EG L 131 v. 1.6.2000, 43ff.

**1. Deutschland**

In Deutschland hat der „ne bis in idem"-Grundsatz erst durch Artikel 103 III GG Einzug in die Verfassung erhalten[686], obwohl er schon 1880 von der Rechtsprechung des Reichsgerichts der StPO als selbstverständlich anerkannt wurde.[687] Neben dem Grundgesetz ist er auch in einigen Landesverfassungen vorhanden.[688]

Bei dem Verbot der mehrfachen Bestrafung handelt es sich um eine notwendige Folge, soweit die Rechtskraft im Strafprozess anerkannt ist.[689] Der Grundsatz findet seine Grundlage im Rechtsstaatsprinzip und ist dort im Spannungsfeld zwischen Rechtssicherheit und materieller Gerechtigkeit angesiedelt.[690]

Als Grundrecht sichert der „ne bis in idem"-Satz das subjektive Recht des Einzelnen, wegen derselben Straftat nicht erneut verfolgt bzw. bestraft zu werden, auf der anderen Seite handelt es sich um ein negatives Abwehrrecht, welches den materiellen Freiheitsrechten nahe ist.[691] Durch den Ausschluss der Möglichkeit, ein Strafverfahren jederzeit wieder aufzunehmen, sollen die Strafverfolgungsbehörden zu sorgfältiger tatsächlicher Erforschung und rechtlicher Würdigung der Tat angehalten werden.[692] Aus systematischen Gesichtspunkten handelt es sich um ein Prozessgrundrecht.[693]

Der Verfassungsgrundsatz bezieht sich nicht auf ausländische Verurteilungen, er betrifft grundsätzlich allein das Verbot der mehrfachen Strafverfolgung durch deutsche Gerichte.[694] Ausländische Verurteilungen verbrauchen nicht die Strafklage für deutsche Gerichte.[695] Das ist sogar dann nicht der Fall, wenn auf eine Straftat das Weltrechtsprinzip anwendbar ist.[696]

Allein über Artikel 54 SDÜ sind ausländische Gerichtsentscheidungen anderer EU-Mitgliedstaaten beachtlich.

Aufgrund der Ratifizierung des IPbpR[697] gilt der in diesem Übereinkommen enthaltene „ne bis in idem"-Grundsatz in Deutschland. Dieses völkerrechtliche Übereinkommen hat nach seiner gemäß Artikel 59 II GG erforderlichen Transformation die Stellung

---

686 BVerfGE 12, 62, 66.

687 RGSt 2, 347, 348f.; 8, 135, 137f.; Schulze-Fielitz in: Dreier, GG, Art.103 III Rn.3.

688 Art.104 II BayLVerf.; Art.53 III BrandenbLVerf.; Art.7 II BremLVerf.; Art.22 III HessLVerf.; Art.6 IV 1 Rheinl-PfLVerf.; Art.22 II Sachsen-AnhLVerf.; Art. 88 III ThürLVerf.

689 Rüping in: Dolzer/Vogel/Graßhof, BK, Art.103 III Rn.8.

690 Schmidt-Aßmann in: Maunz/Dürig, GG, Art.103 III Rn.258f.; Jarass/Pieroth, GG, Art.103 Rn.56; Schulze-Fielitz in: Dreier, GG, Art.103 III Rn.13; s. auch bereits oben B.II.

691 Schmidt-Aßmann in: Maunz/Dürig, GG, Art.103 III Rn.271; Landau, FS Söllner, 627, 631f.

692 Roxin, Strafverfahrensrecht, § 50 Rn.8.

693 Fliedner, AöR 1974, 242, 246.

694 BVerfGE 12, 62, 66; 75, 1, 15; Leibholz/Rinck/Hesselberger, GG, Art.103 Rn.1646ff.

695 BGHSt 24, 54, 57; BGH, StV 86, 292.

696 Schmidt-Aßmann in: Maunz/Dürig, GG, Art.103 III Rn.303 Fn.132; Tröndle/Fischer, StGB, § 51 Rn. 16.

697 Der IPbpR ist in Deutschland am 23. März 1976 in Kraft getreten.

eines einfachen Gesetzes. Da die Geltung des Grundsatzes in dem Übereinkommen allerdings nur auf das innerstaatliche Recht beschränkt ist[698], entfaltet er keine über Artikel 103 III GG hinausgehende Wirkung. Das 7. Zusatzprotokoll zur EMRK, in dessen Artikel 4 der „ne bis in idem"-Grundsatz ebenfalls enthalten ist, hat Deutschland zwar unterzeichnet[699], aber bisher noch nicht ratifiziert.

Ein für Deutschland geltendes internationales „ne bis in idem" lässt sich auch nicht aus Artikel 25 GG i.V.m. einer allgemeinen Regel des Völkerrechts ableiten. Wie bereits oben festgestellt wurde, besteht zurzeit noch keine allgemeine Regel des Völkerrechts, welche ein zwischenstaatliches „ne bis in idem" begründet.

## 2. Frankreich

### a. Grundlagen des französischen Strafverfahrensrechts

Geregelt wird das Strafverfahren in Frankreich[700] durch den Code de Procedure Pénale (CPP).[701] Zunächst ermittelt die Police Judiciaire, die Polizei, welche sich im Dienste der Staatsanwaltschaft befindet, gegen den Straftäter. Bei Straftaten wird je nach Schwere unterschieden zwischen „contraventions" - Ordnungswidrigkeiten[702], „délits" - Vergehen[703] und „crimes" - Verbrechen[704]. Die Staatsanwaltschaft[705] entscheidet dann, ob das Verfahren eingestellt oder die Verfolgung fortgesetzt wird. Dabei kann sie entweder einen Antrag stellen, dass das Verfahren durch eine Ordonnance Pénale, eine Art Strafbefehl, eingestellt wird.[706] Oder sie erhebt Anklage vor dem Tribunal de Police[707] oder dem Tribunal Correctionnel[708], was zur Hauptverhandlung führt. Mög-

---

[698] S.o. D.III.2.a.cc.

[699] Am 19. März 1985. – Zum Ratifikationsstand des 7.ZP zur EMRK s. http://conventions.coe.int.

[700] Zum französischen Strafverfahren ausführlich in deutscher Sprache: Kühne, Strafprozessrecht, Rn.1206ff.

[701] Einige den „ne bis in idem"-Grundsatz betreffende wichtige Regelungen befinden sich auch im Code Penal (CP).

[702] „Contraventions" sind Delikte, die mit einer Geldstrafe bis ca. 3000 Euro bestraft werden, Art.521 CPP: *„Le tribunal de Police connaît des contraventions. Sont des contraventions les infractions que la loi punit d'une peine d'amende n'exédant pas 3000 euros.".*

[703] „Délits" werden mit Geldstrafen ab 3750 Euro, Sozialarbeit und Freiheitsstrafen sanktioniert, Art.381 CPP: *„Le tribunal correctionnel connaît des délits. Sont les délits les infractions que la loi punit d'une peine d'emprisonnement ou d'une peine d'amende supérieure ou égale à 3750 euros."*

[704] „Crimes" sind solche Straftaten, die mit Freiheitsstrafe von mindestens 10 Jahren bestraft werden. Vgl. Art.131-1 CP: „.... *La durée de la réclusion criminelle ou de la détention criminelle à temps est de dix ans au moins."*

[705] Die Staatsanwaltschaft, die Ministère Publique oder Parquet genannt wird, ist Teil des Justizministeriums, an deren Spitze der Justizminister, der Garde des Sceaux, steht. – S. dazu ausführlich Lemoine, Juris-Classeur Proc. Pén., Art.31-44 Rn.1ff.

[706] Entschieden wird darüber durch den Juge du Tribunal de Police.

[707] Auch Tribunal Judiciaire genannt. Zuständig ist dort ein Einzelrichter, der Juge de Police, für geringe Gesetzesübertretungen. – Art.521 CPP.

lich ist das allerdings nur bei Ordnungswidrigkeiten und Vergehen; bei Verbrechen wird eine Instruction Préparatoire, ein untersuchungsgerichtliches Verfahren vor dem Juge d'Instruction, dem Untersuchungsrichter, angeordnet, die bei Ordnungswidrigkeiten und Vergehen gemäß Artikel 79 CPP lediglich fakultativ ist. Der Form nach handelt es sich dabei um ein Vorverfahren, wobei der Schwerpunkt allerdings bei der Beweisaufnahme liegt. Der Untersuchungsrichter kann das Verfahren entweder einstellen oder zur Hauptverhandlung an die Cour d'Assises, das Geschworenengericht[709], weiterverweisen.[710]

Berufung kann lediglich gegen Urteile der Cour d'Assises eingelegt werden, wobei das Berufungsgericht ebenfalls eine Cour d'Assises ist, welche von der Chambre Criminelle der Cour de Cassation festgelegt wird. Gegen Urteile eines Tribunal de Police oder eines Tribunal Correctionnel ist keine Berufung möglich.

Cassation, zu deutsch Revision, kann wegen Rechtsfehlern gegen alle Tatsachenurteile bei der Chambre Criminelle der Cour de Cassation eingelegt werden. Diese kann entweder selber entscheiden oder an die vorherige Instanz zurückverweisen.

Auch eine Wiederaufnahme des Verfahrens ist bei Vorliegen von einem von vier Wiederaufnahmegründen möglich; bezeichnet wird die Wiederaufnahme für Deutsche irreführend als „révision".

### b. Grundlagen des französischen „ne bis in idem"

Eine strafgerichtliche Entscheidung erstarkt in Frankreich in Rechtskraft – *l'autorité de la chose jugée* – und wird vollstreckbar, sobald sie durch den Ablauf der Rechtsmittelfrist oder durch eine abschließende Entscheidung des Rechtsmittelgerichts unanfechtbar geworden ist.[711] Die öffentliche Klage darf nicht ein zweites Mal erhoben werden, eine erneute Strafverfolgung desselben Täters wegen derselben Tat ist ausgeschlossen; der Strafanspruch des französischen Staates erlischt[712] – ne bis in idem[713].[714] Es handelt sich dabei um ein Prinzip des *ordre public*.[715]

---

[708] Dieses ist zuständig für Vergehen, die mit einer Freiheitsstrafe oder einer Geldbuße von 3750 Euro oder höher geahndet werden. – Art.381 CPP. Es verhandelt je nach Schwere mit einem bis vier Richtern.

[709] Dieses verhandelt nur alle drei Monate mit drei Berufsrichtern und neun Geschworenen und ist zuständig für Verbrechen.

[710] Bei der Cour d'Assises erfolgt keine erneute Beweisaufnahme, sondern es werden lediglich die Beweise des Untersuchungsgerichts diskutiert und gewürdigt.

[711] Caron, Juris-Classeur Proc. Pén., Art.6 Rn.1; Najarian, L'autorité de la chose jugée, 11f.; Merle/Vitu, Traité de droit criminel II, Rn.884; Stefani/Levasseur, Procédure Pénale, Rn.970; Larguier, Procédure pénale, 251; Garcin, Procédure Pénale, Rn.304; Soyer, Droit Pénal, Rn.657; Grebing, Wiederaufnahme, 297, 305.

[712] Art. 6 I CPP.

[713] Grundlegend zu „ne bis in idem" in Frankreich: Najarian, L'autorité de la chose jugée; Gavalda, JCP 1957 I, 1372; Gassin, R.S.C. 1963, 239ff.; Bouzat, R.S.C. 1964, 359ff.

Hergeleitet wird der „ne bis in idem"-Grundsatz auch in Frankreich aus dem starken Bedürfnis nach Rechtssicherheit im Strafrecht und dem Schutz des einzelnen vor einer erneuten Verfolgung in der gleichen Sache, auch wenn das Urteil fehlerhaft war.[716] Eine Differenzierung zwischen formeller und materieller Rechtskraft existiert nicht.[717] Die Rechtskraft wird als Ausdruck der Wahrheit angesehen – *res iudicata pro veritate accipitur.*[718]

Gesetzlich verankert wurde der Schutz vor einer wiederholten Strafverfolgung erstmals in Artikel 9 des 5. Kapitels der Verfassung von 1791, später in den Artikeln 246 und 360 des *Code d'instruction criminelle* von 1808 und heute findet er sich in Artikel 6 I Code de Procédure Pénale (CPP)[719] und in Artikel 368 CPP[720] wieder.[721]

Voraussetzung für das Eingreifen der „ne bis in idem"-Regelung sind *„l'identité d'objet*", *„l'identité des parties*" und *„l'identité de cause*";[722] als Vorbild dient dafür Artikel 1351 Code Civil[723].[724] Von diesen drei Voraussetzungen sind hinsichtlich des

---

[714] Cass. Crim., 13.12.1990, Bull. Crim. Nr.433; Caron, Juris-Classeur Proc. Pén., Art.6 Rn.1; Pradel, Procédure Pénale, Rn.975; Merle/Vitu, Traité de droit criminel II, Rn.885; Stefani/Levasseur, Procédure Pénale, Rn.970f.; Hammerstein, Strafurteile, 125.

[715] Crim., 14.5.1880, S., 1880, I, 482; Merle/Vitu, Traité de droit criminel II, Rn.887; Stefani/Levasseur, Procédure Pénale, Rn.971.

[716] Crim., 10.2.1986, Bull. Crim., Nr.49; Donnedieu de Vabres, Droit Criminel, Rn.1550; Fossereau, Chose Jugée, Rn.6; Pradel, Procédure Pénale, Rn.976; Merle/Vitu, Traité de droit criminel II, Rn.884; Garcin, Procédure Pénale, Rn.305; Najarian, L'autorité de la chose jugée, 12; Levasseur/Chavanne/Montreuil/Bouloc, Droit pénal, Rn.862; Grebing, Wiederaufnahme, 297, 305; ferner Caron, Juris-Classeur Proc. Pén., Art.6 Rn.5ff.

[717] Grebing, Wiederaufnahme, 297, 305.

[718] Pradel, Procédure Pénale, Rn.975; Stefani/Levasseur, Procédure Pénale, Rn.970; Roland/Boyer, Adages, 396; Soyer, Droit Pénal, Rn.657.

[719] *« L'action publique pour l'application de la peine s'éteint part la mort du prévenu, la prescription, l'amnistie, l'abrogation de la loi pénale et la chose jugée.*

*Toutefois, si des poursuites ayant entraîné condamnation ont révélé la fausseté du jugement ou de l'arrêt qui a déclaré l'action publique éteinte, l'action publique pourra être reprise ; la prescription doit alors être considérée comme suspendue depuis le jour où le jugement ou arrêt était devenu définitif jusqu'à celui de la condamnation du coupable de faux ou usage de faux.*

*Elle peut, en outre, s'éteindre par transaction lorsque la loi en dispose expressément ou par l'exécution d'une composition pénale ; il en est de même en cas de retrait de plainte, lorsque celle-ci est une condition nécessaire de la poursuite. »*

[720] *« Aucune personne acquittée légalement ne peut plus être reprise ou accusée à raison des mêmes faits, même sous une qualification différente. »*

[721] Die Rechtskraft des Strafurteils wirkt sich zudem noch auf Zivilurteile (*„autorité de la chose jugée au criminel sur le civil*") und auf Verwaltungsentscheidungen aus. Vgl. statt vieler Pradel, Procédure Pénale, Rn.989 m.w.N. und Merle/Vitu, Traité de droit criminel II Rn.896 und 904.

[722] Cass. Crim., 2.4.1990, Bull. Crim. Nr.141; Crim. 5.10.1972, Bull Crim. Nr.270.

[723] *« L'autorité de la chose jugée n'a lieu qu'à l'égard de ce qui a fait l'objet du jugement. Il faut que la chose demandée soit la même ; que la demande soit fondée sur la même cause ; que la demande soit entre les mêmes parties, et formées par elles et contre elles en la même qualité. »*

„ne bis in idem"-Grundsatzes allerdings nur die beiden letzteren von Bedeutung. Die *„identité d'objet"*, die im Zivilrecht einige Probleme hervorruft, ist im Strafrecht immer gegeben, da alle strafrechtlichen Verfolgungen dasselbe Ziel zum Gegenstand haben: die Verhängung einer gesetzlich vorgeschriebenen repressiven Strafe.[725] Zu beachten ist diesbezüglich jedoch, dass keine Identität gegeben ist, wenn jemand zugleich wegen einer Straftat und einem Disziplinarvergehen verfolgt wird.[726] Unerheblich ist, ob vor Verhängung der Strafe die Strafverfolgung von der Staatsanwaltschaft oder von dem Opfer initiiert wurde.[727]

In Artikel 113-9 CP ist der Strafklageverbrauch von ausländischen Entscheidungen geregelt. Danach ist trotz des Eingreifens der französischen Strafgewalt eine Strafverfolgung ausgeschlossen, sofern im Ausland nachweislich über dieselben Taten rechtskräftig entschieden wurde und bei einer Verurteilung die Strafe verbüßt wurde oder verjährt ist.[728] Dasselbe ist in Artikel 692 CPP niedergelegt, der sich auf die Artikel 689 ff. CPP bezieht.[729]

Wurde eine Straftat jedoch in Frankreich begangen, bzw. tritt der Erfolg in Frankreich ein oder greift das in Artikel 113-10 CP geregelte Schutzprinzip ein, kommt einem ausländischen Urteil, das sich mit dieser Sache befasst hat, keinerlei Rechtskraftwirkung zu.[730] Herleiten lässt sich das durch einen Negativschluss aus dem Code Pénal, der mit einem Verweis auf die Artikel 113-6 und 113-7 CP die Fälle aufzählt, in denen ein ausländisches Urteil in Rechtskraft erwächst. Derselbe Schluss lässt sich auch aus Artikel 692 CPP ziehen. Grund für diese Einschränkung der Rechtskraftwirkung ausländischer Urteile ist die Überzeugung Frankreichs, dass dessen öffentliche Ordnung nur durch französische Gerichte verteidigt werden kann.[731]

---

[724] Pradel, Procédure Pénale, Rn.981; Roland/Boyer, Adages, 535; Merle/Vitu, Traité de droit criminel II, Rn.891; Larguier, Procédure pénale, 253; Garcin, Procédure Pénale, Rn.307; Stefani/Levasseur, Procédure Pénale, Rn.973; Grebing, Wiederaufnahme, 297, 306.

[725] Art.1 CPP; Caron, Juris-Classeur Proc. Pén., Art.6 Rn.12; Pradel, Procédure Pénale, Rn.981; Roland/Boyer, Adages, 535; Merle/Vitu, Traité de droit criminel II, Rn.891; vgl. auch Najarian, L'autorité de la chose jugée, 98.

[726] Fossereau, Chose jugée, Rn.38; Pradel, Procédure Pénale, Rn.982 – Allerdings darf das Disziplinargericht dem Strafgericht hinsichtlich der festgestellten Tatsachen und der Schuld bezüglich der Straftat nicht widersprechen.

[727] Fossereau, Chose jugée, Rn.37.

[728] *« Dans les cas prévus aux articles 113-6 et 113-7, aucune poursuite ne peut être exercée contre une personne justifiant qu'elle a été jugée définitivement à l'étranger pour les mêmes faits et, en cas de condamnation, que la peine a été subie ou prescrite. »*

[729] *« Dans les cas prévus au chapitre précédent, aucune poursuite ne peut être exercée contre une personne justifiant qu'elle a été jugée définitivement à l'étranger pour les mêmes faits et, en cas de condamnation, que la peine a été subie ou prescrite. »*

[730] Crim., 26.6.1963, Bull. Crim. Nr. 231; Merle/Vitu, Traité de droit criminel I, Rn.306; Hammerstein, Strafurteile, 104.

[731] Merle/Vitu, Traité de droit criminel I, Rn.306; vgl. auch Huet/Koering-Joulin, Droit pénal international, Rn.152.

Frankreich hat Artikel 4 des 7.ZP zur EMRK ratifiziert[732] ebenso wie den IPbpR[733]. Gemäß Artikel 55 der französischen Verfassung vom 4.10.1958 gehen völkerrechtliche Verträge den einfachen Gesetzen vor, stehen jedoch im Rang noch unter der Verfassung. Sie haben somit eine Zwischenstellung.[734]

Die in den oben genannten Verträgen festgelegten „ne bis in idem"-Regelungen stehen also über jenen, die im Code de Procédure Pénale verankert sind. Da sie jedoch keine darüber hinausgehenden Gewährleistungen enthalten, kommt ihnen hinsichtlich des Verbotes der Doppelbestrafung keine weitere Bedeutung zu.

Ein zwischenstaatliches Verbot der Doppelbestrafung gilt lediglich innerhalb der Grenzen der Artikel 54 ff. SDÜ.

### 3. England

#### a. Grundlagen des englischen Strafverfahrensrechts

Im Vergleich zu Deutschland und Frankreich existiert in England keine geschriebene Verfassung. Das einfache Recht setzt sich zusammen aus einer Mischung von – zum Teil sehr alten – Gesetzen, Common Law, welches in der Rechtsprechung zum Ausdruck kommt, und Verwaltungsrichtlinien. Die wesentlichen Teile des englischen Strafverfahrensrechts sind in drei Gesetzen enthalten: dem Police and Criminal Evidence Act 1984 (PACE), dem Criminal Justice and Public Order Act 1994 (CPOA) und dem Criminal Procedure and Investigation Act 1996 (CPIA). Ergänzt werden diese Gesetze durch Codes of practice, die administrative Ausführungsvorschriften enthalten.[735] Zu beachten ist, dass diese Gesetze zum Teil auf zuvor ergangenen Versionen aufbauen, von denen einige Teile auch heute noch gelten. Teile der Gerichtsverfassung sind im Magistrates' Court Act 1980 und Jury's Act 1974 enthalten, ebenso im Criminal Appeal Act 1968, der aber auch Teile des Strafprozessrechts umfasst.

Das englische Strafverfahren vollzieht sich je nach Schwere der Straftat in drei bzw. vier Schritten[736]: Die Einleitung und Durchführung des Ermittlungsverfahrens obliegt zunächst der Polizei. Dabei ist sie mit eigener Opportunität ausgestattet und handelt unabhängig ohne Aufsicht durch die Staatsanwaltschaft. Nach Abschluss ihrer Ermittlungen kann die Polizei entweder das Verfahren einstellen, indem sie keine weiteren Schritte vornimmt oder eine Verwarnung ausspricht und ein Bußgeld verhängt

---

[732] Das 7.ZP zur EMRK ist in Frankreich am 1. November 1988 in Kraft getreten. Zur EMRK, deren Wirkung und Geltung in Frankreich, s. Stefani/Levasseur, Procédure Pénale, Rn.107.

[733] Der IPbpR ist in Frankreich am 4. Februar 1981 in Kraft getreten.

[734] Damit hat sich Frankreich, im Gegensatz zu Deutschland, bei der Anwendung des Völkerrechts für die monistische Theorie entschieden.

[735] Kühne, Strafprozessrecht, Rn.1150.

[736] Ausführlich dazu in deutscher Sprache: Kühne, Strafprozessrecht, Rn.1154ff.

oder sie kann den Crown Prosecution Service (CPS), die englische Staatsanwaltschaft, an deren Spitze der Attorney General steht[737], informieren.

Die Staatsanwaltschaft entscheidet daraufhin, ob sie das Verfahren einstellt oder Anklage erhebt. Sie muss sich dabei nicht an den von der Polizei ermittelten Tatverdacht halten, sondern kann auch wegen einer geringeren Tat Klage erheben.[738]

Erhebt die Staatsanwaltschaft die öffentliche Klage, hängt das weitere Verfahren davon ab, ob ein Fall schwerer Kriminalität oder nur eine leichtere Straftat vorliegt. Bei letzteren Straftaten folgt ein summarisches Verfahren vor dem Magistrates Court[739], bei dem der Befund über Schuld und Strafmaß des Angeklagten in der Hand einer Gruppe von Laienrichtern oder eines Berufsrichters liegt. Gericht zweiter Instanz ist entweder der Divisional Court of the Queen's Bench Division of the High Court oder der Crown Court.

Wurde eine schwere Straftat begangen, kommt es nach Klageerhebung zu den Committal Proceedings, einem Zwischenverfahren, welches ebenfalls vor dem Magistrates' Court stattfindet. Dabei bringen die Parteien ihre Beweise vor und verhandeln mündlich. Die Magistrates entscheiden dann, ob das Verfahren an den Crown Court überwiesen wird. Es besteht mit Zustimmung der Parteien zudem die Möglichkeit, die Committal Proceedings auszulassen und den Fall direkt an den Crown Court zu überweisen.

Im Anschluss an die Committal Proceedings kann die Staatsanwaltschaft das Verfahren entweder einstellen oder es kommt zur Hauptverhandlung, wobei eine Jury anwesend ist. Diese entscheidet schließlich über die Schuld oder Unschuld des Angeklagten. Das Strafmaß wird vom Richter festgesetzt.

In zweiter Instanz gehen hier die Fälle an die Criminal Division des Court of Appeal. Rechtsfragen von allgemeinem öffentlichen Interesse, die vor dem Court of Appeal entstehen, gehen an das House of Lords. Die Wiederaufnahme des Verfahrens wird vor der Criminal Division des Court of Appeal behandelt.

### b. Grundlagen des englischen „ne bis in idem"

Der „ne bis in idem"-Grundsatz[740], welcher in England durch die Einreden „autrefois acquit" und „autrefois convict"[741], aber auch durch die „rule against double jeopardy"

---

[737] Diesem kommt allerdings nur eine allgemeine Aufsichtspflicht und Leistungsbefugnis zu. Auf Arbeitsebene fungiert als Behördenleiter der Director of Public Prosecutions (DPP). Gesetzlich geregelt ist die Staatsanwaltschaft im Prosecution of Offences Act 1985.

[738] Auch die Erhebung einer Privatklage ist möglich, jedoch nur in den Fällen, in denen die Staatsanwaltschaft nicht zur Strafverfolgung verpflichtet ist. – Section 6 Prosecution of Offences Act 1985.

[739] Es handelt sich um ein Amtsgericht für kleinere Strafsachen, teilweise Zivilansprüche wegen Unterhalts, Bagatellansprüche und Ordnungswidrigkeiten.

[740] Grundlegend zu „ne bis in idem" bzw. „double jeopardy" in England: Connelly v. DPP [1964] 48 Cr.App.R. 183; Friedland, Double Jeopardy; Choo, Abuse of Process, 18ff.; Hawkins, Pleas of the Crown II, 368ff.; Kielwein, ZStW 1956, 163ff.; einen guten Überblick gibt auch die Law Commission in ihren Consultation Papers Nr.156 (Double Jeopardy) und Nr.267 (Double Jeopardy and Prosecution Appeals).

ausgedrückt wird, ist dort bis in das 13. Jahrhundert nachweisbar[742] und wurde erstmals 1721 schriftlich durch *Hawkins*[743] formuliert:

> *„That a Man shall not be brought into Danger of his Life for one and the same Offence, more than once. From whence it is generally taken, by all the Books, as an undoubted Consequence, that where a Man is once found Not guilty on an Indictment or Appeal free from Error, and well commenced before any Court which hath Jurisdiction of the Cause, he may by the Common Law, in all Cases whatsoever plead such Acquittal in Bar of any subsequent Indictment or Appeal for the same Crime."*

Da diese Aussage jedoch bald nicht mehr ausreichte, bemühten sich zunächst Rechtsprechung und Wissenschaft um eine Klärung der Rechtskraft, was später zu der Entscheidung des House of Lords in der Rechtssache *Connelly*[744] führte, in der sich *Lord Morris of Borth-y-Gest* umfassend mit der bisherigen Rechtsprechung und den Grundsätzen zum Strafklageverbrauch auseinandersetzte und neun Thesen dazu aufstellte. Diese werden heutzutage allgemein als Grundlage der englischen „ne bis in idem"-Gewährleistung angesehen.[745]

1. *„Niemand darf wegen einer Straftat vor Gericht gestellt werden, von der er bereits freigesprochen oder deretwegen er bereits verurteilt worden ist."*[746]

Hierbei handelt es sich um die direkte Anwendung der „autrefois"-Regel: Sobald eine Person wegen einer Tat strafrechtlich verfolgt wird, die sowohl hinsichtlich der Fakten als auch des rechtlichen Delikts identisch ist mit einer Tat, wegen der sie bereits verurteilt oder freigesprochen wurde, greift dieser Grundsatz ein.[747]

2. *„Niemand darf wegen einer strafbaren Handlung vor Gericht gestellt werden, wenn er bereits in einem früheren Verfahren wegen dieser Straftat hätte verurteilt werden können."*[748]

---

741 Es handelt sich bei diesen Einreden um sog. „special pleas in bar". Eine weitere solche „special plea" ist die „plea of pardon", mit der eine vor dem Urteil erfolgte Begnadigung geltend gemacht werden kann. Diese wird heutzutage allerdings nicht mehr ausgeübt, da Begnadigungen nur noch nach der Verurteilung ausgesprochen werden. – Blackstone, Laws of England, 329; Stephen's, Laws of England, 254f.; Ward, English Legal System, 515.

742 Zur Geschichte des englischen „ne bis in idem" ausführlich Friedland, Double Jeopardy, 5ff.; Sigler, AJLH 1963, 283ff.; Pütz-Kücking, Dieselbe Tat, 4ff.; vgl. auch Stuckenberg, Double Jeopardy, 1ff. m.w.N.

743 Hawkins, Pleas of the Crown II, 368; ähnlich formulierte es auch Blackstone 1769 im vierten Band der Commentaries on the Laws of England, 329f.

744 Connelly v. D.P.P. [1964] A.C., 1254, 1305; [1964] 48 Cr.App.R. 183, 212f.

745 Blackstone's Criminal Practice, D 11.39.

746 *„(1) that a man cannot be tried for a crime in respect of which he has previously been acquitted or convicted".*

747 Blackstone's Criminal Practice, D 11.39; Sprack, Criminal Procedure, Rn.16.46; de Than/Shorts, Journal of Criminal Law 2000, 624, 628.

748 *"(2) that a man cannot be tried for a crime in respect of which he could on some previous indictment have been convicted".*

In England ist dieser Zusatz zu dem ersten Prinzip von großer Bedeutung und Folge davon, dass für die Jury die Möglichkeit besteht, den Angeklagten wegen der ihm vorgeworfenen Straftat für nicht schuldig zu erklären, dann aber dennoch ein Schuldurteil hinsichtlich einer in dieser Straftat enthaltenen geringeren Straftat zu fällen.[749] Könnten also die Juroren in einem Prozess den Angeklagten statt der vorgebrachten Straftat wegen einer geringeren Straftat für schuldig befinden und sprechen sie ihn aber stattdessen frei, wird damit indiziert, dass sie ihn weder der einen noch der anderen Straftat für schuldig erachten; so kann z.B. nach einem Freispruch wegen Mordes an X kein erneutes Verfahren wegen Totschlags an X durchgeführt werden.[750]

3. *„Das Verbot ist auch dann anzuwenden, wenn die zur Last gelegte Straftat dieselbe oder im Wesen dieselbe ist wie entweder die Haupttat oder eine andere Straftat, von der der Angeklagte bereits freigesprochen worden ist oder deretwegen er hätte verurteilt werden können oder deretwegen er bereits verurteilt worden ist.“*[751]

Dieses Prinzip greift u.a. ein, wenn eine bestimmte Straftat Voraussetzung für die Anklage wegen einer anderen Straftat ist, der Beschuldigte jedoch wegen der ersten Straftat freigesprochen wurde.[752] Ein Beispiel dafür ist der Fall, dass jemand wegen Mordes angeklagt wird, obwohl er bereits vorher hinsichtlich desselben Sachverhaltes wegen Totschlags freigesprochen wurde. Da Totschlag eine zwingende Voraussetzung für eine Verurteilung wegen Mordes ist, kann die autrefois-Einrede erhoben werden.[753]

Die Frage, wann „im Wesen dieselbe“ Straftat vorliegt, ist nicht abschließend geklärt, die Rechtsprechung variiert in dieser Hinsicht.

Die weiteren von *Lord Morris* aufgestellten Prinzipien lauten:

4. *„Ein Kriterium für die Anwendung der Regel ist es, ob die zur Unterstützung der zweiten Anklage notwendigen Beweise oder die die zweite Anklage begründenden Tatsachen ausgereicht hätten, um eine rechtmäßige Verurteilung wegen der in der ersten Anklageschrift zur Last gelegten Straftat oder wegen einer Straftat, deretwegen der Angeklagte hätte schuldig befunden werden können, herbeizuführen.“*[754]

5. *„Das genannte Kriterium ist davon abhängig, dass die in der zweiten Anklage zur Last gelegte Straftat bereits zurzeit der ersten Anklage begangen*

---

[749] Blackstone's Criminal Practice, D 11.39.

[750] Sprack, Criminal Procedure, Rn.16.46; de Than/Shorts, Journal of Criminal Law 2000, 624, 629.

[751] *"(3) that the same rule applies if the crime in respect of which he is being charged is in effect the same or substantially the same as either the principal or a different crime in respect of which he has been acquitted or could have been convicted or has been convicted".*

[752] Blackstone's Criminal Practice, D 11.39; Sprack, Criminal Procedure, Rn.16.46.

[753] S. dazu Wrote v. Wigges (1591) 4 Co Rep 45b.

[754] *"(4) that one test as to whether the rule applies is whether the evidence which is necessary to support the second indictment, or whether the facts which constitute the second offence, would have been sufficient to procure a legal conviction upon the first indictment either as to the offence charged or as to an offence of which, on the indictment, the accused could have been found guilty".*

*worden war; Strafverfolgung und Verurteilung wegen eines Angriffs schließen daher eine weitere Anklage wegen Mordes nicht aus, wenn die verletzte Person später stirbt.“*[755]

6. *„Bei Erhebung der Einrede autrefois acquit oder autrefois convict ist der Angeklagte nicht auf den Vergleich zwischen der ersten und der zweiten Anklageschrift oder auf die Hinzuziehung der Protokolle des Gerichts beschränkt; er kann vielmehr Beweis zur Identität von Personen, Daten und Tatsachen antreten, um darzulegen, dass die ihm zur Last gelegte Tat dieselbe oder im Wesen die gleiche ist wie diejenige, von der er bereits freigesprochen oder deretwegen er bereits verurteilt worden ist.“*[756]
7. *„Es muss untersucht werden, ob die in der späteren Anklage zur Last gelegte Straftat dieselbe oder im Wesen die gleiche Tat ist wie diejenige, deretwegen er bereits früher angeklagt worden war oder hätte verurteilt werden können; hierbei ist es unwesentlich, dass die zu prüfenden Tatsachen schon im früheren Verfahren vorgetragen oder die zu hörenden Zeugen bereits früher gehört worden waren.“*[757]
8. *„Außer der Einrede des autrefois acquit und autrefois convict kann dargetan werden, dass ein anderes zuständiges Gericht bereits in der Sache entschieden hat, so dass die Einrede des res iudicata durchgreift.“*[758]
9. *Der Grundsatz, dass niemand zweimal wegen derselben Tat („offence“) verfolgt werden soll, gilt auch für Verfahren, die nicht einer förmlichen Anklage bedürfen.*[759]*“*[760]

---

[755] *"(5) that this test must be subject to the proviso that the offence charged in the second indictment had in fact been committed at the time of the first charge; thus if there is an assault and a prosecution and conviction in respect of it, there is no bar to a charge of murder if the assaulted person later dies".*

[756] *"(6) that on a plea of autrefois acquit or autrefois convict a man is not restricted to a comparison between the later indictment and some previous indictment or to the records of the court, but that he may prove by evidence all such questions as to the identity of persons, dates and facts as are necessary to enable him to show that he is being charged with an offence which is either the same or is substantially the same as one in respect of which he has been acquitted or convicted or as one in respect of which he could have been convicted".*

[757] *"(7) that what has to be considered is whether the crime or offence charged in the later indictment is the same or is in effect or is substantially the same as the crime charged (or in respect of which there could have been a conviction) in a former indictment and that it is immaterial that the facts under examination or the witnesses being called in the later proceedings are the same as those in some earlier proceedings".*

[758] *"(8) that apart from circumstances under which there may be a plea of autrefois acquit, a man may be able to show that a matter has been decided by a court competent to decide it, so that the principle of res judicata applies".*

[759] *"(9) that, apart from cases where indictments are preferred and where pleas in bar may therefore be entered, the fundamental principle applies that a man is not to be prosecuted twice for the same crime."*

Das Common Law zum Verbot der Doppelbestrafung wird durch zwei gesetzliche Regelungen ergänzt:

***Sections 44 und 45 des Offences against the Person Act 1861***[761] sehen vor, dass dem Beschuldigten nach einem Freispruch wegen Gewaltanwendung oder Körperverletzung ein Zertifikat ausgehändigt werden soll, welches diesen Freispruch bestätigt. Nach diesem Zertifikat wird der ehemals Beschuldigte von jeder weiteren zivilrechtlichen und strafrechtlichen Verfolgung „*for the same cause*" befreit.[762] Problematisch an der Regelung ist, dass die Klage „*by or on behalf of the party aggrieved*", also entweder vom Opfer selber oder in dessen Interesse erhoben werden muss, damit ein solches Zertifikat ausgestellt werden kann. Wird das Verfahren demgegenüber von der Polizei eingeleitet, liegt kein Handeln im Interesse des Opfers vor[763], so dass ein Zertifikat nicht ausgestellt werden kann. Das Eingreifen der Vorschrift hängt also mehr oder weniger vom Zufall ab, je nachdem, ob das Opfer direkt Klage erhebt oder einfach „nur" Anzeige bei der Polizei erstattet und diese dann das Verfahren einleitet.

Ein Zertifikat, welches ausgestellt wird, weil die Anklage vor der mündlichen Verhandlung zurückgezogen bzw. eingestellt wurde, stellt kein Hindernis für eine erneute Strafverfolgung hinsichtlich derselben Gewaltanwendung dar, es lag kein „hearing upon the merits vor".[764] Ein „hearing upon the merits" fehlt ebenfalls, wenn die Richter nach einem Schuldeingeständnis des Angeklagten feststellen, dass die Gewaltanwendung keine Bestrafung verdient.[765] Ebenfalls verhindert ein solches Zertifikat keine erneute Strafverfolgung wegen Totschlags oder Mordes, wenn das Opfer der Gewaltanwendung später stirbt.[766]

Außerdem findet sich der Grundsatz in ***Section 18 des Interpretation Act 1978***[767]. Dieser besagt:

---

[760] Übersetzung der neun Thesen übernommen aus: Huber, Wiederaufnahme, 261, 265f. Zu *Connelly v. DPP* und den einzelnen Thesen von *Lord Morris* s. auch Spencer-Bower/Turner, Res Judicata, 271ff.

[761] Section 44: *"If the justices, upon the hearing of any case of assault or battery upon the merits, where the complaint was preferred by or on behalf of the party aggrieved, shall deem the offence not to be proved, or shall find the assault or the battery to have been justified, or so trifling as not to merit any punishment, and shall accordingly dismiss the complaint, they shall forthwith make out a certificate under their hands stating the fact of such dismissal, and shall deliver such certificate to the party against whom the complaint was preferred."*

Section 45: *"If any person against whom any such complaint as is mentioned in section 44 of the Act shall have been preferred by or on behalf of the party aggrieved, shall have obtained such certificate, or, having been convicted, shall have paid the whole amount adjudged to be paid, or shall have suffered the imprisonment with hard labour awarded, in every such case he shall be released from all further or other proceedings, civil or criminal, for the same cause."*

[762] Blackstone's Criminal Practice, D 11.40.

[763] Blackstone's Criminal Practice, D 11.40.

[764] Reed v. Nutt (1890) 24 Q.B.D. 669.

[765] Ellis v. Burton [1975] 1 W.L.R. 386.

[766] R v. Morriss (1867) L.R. 1 C.C.R. 90.

[767] Dieser ersetzt *Section 33 des Interpretation Act 1889*.

*"Where an act or omission constitutes an offence under two or more Acts, or both under an Act and at common law, the offender shall, unless the contrary intention appears, be liable to be prosecuted and punished under either or any of those Acts or at common law, but shall not be liable to be punished more than once for the same offence."*

Zwar wird damit der „ne bis in idem"-Grundsatz ausdrücklich gesetzlich geregelt, es ändert aber nichts an der bestehenden Rechtslage im Common Law.[768]

Als Grundgedanken der „double jeopardy"-Gewährleistung hat die Law Commission kürzlich vier Punkte herausgefiltert: Das Risiko einer falschen Verurteilung, die Belastungen eines Strafprozesses, das Bedürfnis nach Endgültigkeit von gerichtlichen Entscheidungen und das Bedürfnis, effiziente und umfassende Ermittlungen zu fördern.[769]

Auch ausländische Freisprüche werden in England berücksichtigt.[770] Der Beschuldigte muss eine beglaubigte Abschrift von seinem ausländischen Freispruch beibringen.[771] Gleiches gilt für ausländische Verurteilungen eines zuständigen Gerichts.[772] Verurteilungen *in absentia* werden jedoch nicht beachtet.[773] Im Verhältnis zu inländischen Urteilen muss bei einem ausländischen Urteil zumindest die Gefahr einer Bestrafung bestanden haben.[774]

Hinsichtlich internationaler Übereinkommen hat England zwar den IPbpR ratifiziert[775], das 7.ZP zur EMRK hat England jedoch noch nicht einmal unterzeichnet.[776] Da der IPbpR nicht über die in England geltende „ne bis in idem"-Gewährleistung hinausgeht, ist Artikel 14 VII IPbpR von keiner großen Bedeutung.[777]

---

768 R v. Thomas [1950] 1 K.B. 26, 33 Cr.App.R. 200.

769 Law Commission, Double Jeopardy, 30ff.; ausführliche und kritische Diskussion dieser Punkte auch bei Dennis, Crim.L.R. 2000, 933, 939ff.

770 R v. Roche (1775), 1 Leach 134; R v. Aughet (1918) 13 Cr.App.R. 101; Treacy v. D.P.P. [1971] A.C. 537.

771 R v. Roche (1775), 1 Leach 134.

772 R v. Lavercombe and Murray [1988] Crim.L.R. 435; s. allgemein zur Wirkung ausländischer Urteile in England: Friedland, Double Jeopardy, 357ff.

773 R v. Thomas [1985] Q.B. 604, 79 Cr.App.R. 200.

774 R v. Thomas [1985] Q.B. 604, 79 Cr.App.R. 200; Archbold, Criminal Pleading, § 4-130.

775 Der IPbpR ist in England am 20. August 1976 in Kraft getreten.

776 Die Regierung plant jedoch eine Unterzeichnung und Ratifizierung. – Law Commission, Double Jeopardy, 16.

GB hat zwar die EMRK bereits 1951 ratifiziert und durch den Human Rights Act 1998, welcher Ende 2000 in Kraft getreten ist, Art.2 bis 18 EMRK zu englischem Recht gemacht, da jedoch ein zwischenstaatlicher „ne bis in idem"-Grundsatz nicht in Art.6 EMRK hineingelesen werden kann (s.o. D.III.2.a.ff.), ist das für die hier behandelte Problematik ohne Bedeutung. Die restlichen Artikel der EMRK sind nicht unmittelbar anwendbar, sondern gelten lediglich als völkerrechtliche Verpflichtungen. – S. dazu auch Kühne, Strafprozessrecht, Rn.1153.

777 S. allgemein zu den Auswirkungen internationaler „ne bis in idem"-Gewährleistungen in England: Law Commission, Double Jeopardy, 15ff.

Artikel 54 ff. SDÜ werden zurzeit noch nicht auf England angewandt, es wurde aber bereits ein Antrag darauf gestellt.[778]

## 4. Zusammenfassung

Gleich sind in allen drei Ländern die Grundgedanken des Verbotes der Doppelbestrafung: Es wird jeweils sowohl das Bedürfnis nach Rechtssicherheit als auch der Schutz des einzelnen sowie das effektive Handeln der Strafverfolgungsbehörden geltend gemacht.

Ansonsten fallen hinsichtlich der rechtlichen Grundlagen ganz signifikante Unterschiede auf: In Deutschland ist die Vorschrift mit ihrer Verankerung in Artikel 103 III GG Teil der Verfassung und damit nur unter den engen Voraussetzungen des Artikels 79 GG veränderbar. In Frankreich findet sich die Regelung im einfachen Recht, im Code de Procédure Pénale. Eine Gesetzesänderung kann jederzeit erfolgen. Ebenso sieht es in England aus: Einmal findet sich eine grundsätzliche Verankerung im Interpretation Act 1978, die aber auch nur eine Statuierung des Common Law darstellt. Die umfassendste und auch ausführlichste Regelung des „ne bis in idem"-Satzes wurde in der Rechtssache *Connelly v. DPP* dargestellt. Da es sich dabei jedoch „nur" um Richterrecht handelt, ist dieses theoretischerweise jederzeit änderbar.

Hinsichtlich der Anerkennung ausländischer Urteile geht das englische Recht am weitesten. Es wird lediglich gefordert, dass sich ein zuständiges Gericht mit der Sache befasst hat und dass die Gefahr einer Bestrafung bestand. Liegen diese beiden Voraussetzungen vor, kann keine erneute Strafverfolgung in England stattfinden. In Frankreich können ausländische Urteile zwar ebenfalls berücksichtigt werden, jedoch nur unter der Voraussetzung, dass die Tat nicht auf französischem Territorium begangen wurde oder der Erfolg dort eingetreten ist oder dass das Schutzprinzip eingreift. Damit verzichtet Frankreich auf die Ausübung der „ne bis in idem"-Gewährleistung nur, wenn das aktive oder passive Personalitätsprinzip oder das Weltrechtsprinzip eingreift und Begehungs- und Erfolgsort im Ausland lagen. In Deutschland besteht demgegenüber die engste Auffassung hinsichtlich der Behandlung ausländischer Urteile. Diese fallen nämlich gar nicht unter den Verfassungssatz, sondern werden lediglich im Rahmen des § 51 III und IV 2 StGB mitberücksichtigt, der ein Anrechnungsgebot beinhaltet, soweit die Strafe schon vollstreckt wurde.

Die Gewährleistungen in internationalen Verträgen, die die drei Staaten zum Teil ratifiziert haben, wirken sich im Gegensatz zu den nationalen Regelungen nicht weiter aus, da sie keine darüber hinausgehende Wirkungen entfalten.

Interessant ist, dass die engste Gewährleistung des Verbotes der Doppelbestrafung am stärksten verankert ist, die weitestgehende Gewährleistung durch richterliches Urteil am ehesten verändert werden kann[779].

---

[778] S. Fn.259.

[779] *Thomas* weist jedoch darauf hin, dass sich in Anbetracht der Kontinuität englischer Gerichtsentscheidungen in dem Bereich des „ne bis in idem" die Gefahr abweichender Entscheidungen relativiert. Zumal der Satz – wenn auch nur in Grundzügen – ebenfalls im Interpretation Act 1978 festgehalten

## II. Geltendmachung und Rechtsfolgen

### 1. Deutschland

Auch wenn der Wortlaut von Artikel 103 III GG nur eine mehrmalige Bestrafung verbietet, besteht der Schutz bei Vorliegen einer rechtskräftigen Entscheidung ebenfalls für jede weitere Strafverfolgung.[780] Artikel 103 III GG begründet demnach ein Verfahrenshindernis.[781] Ansonsten würde der Sinn des Grundrechts verfehlt, eine Person davor zu bewahren, erneut der existentiellen Unsicherheit eines Strafverfahrens ausgesetzt zu werden.[782] Sowohl der Rechtsklarheit als auch einem effektiven Grundrechtsschutz wird gedient, wenn Artikel 103 III GG jede erneute wiederholte Strafverfolgungsmaßnahme, also auch Maßnahmen von Staatsanwaltschaft und Polizei mitumfasst und damit ein Verfahrenshindernis schafft, welches von Amts wegen zu beachten ist.[783] Was die Maßnahmen durch die Strafverfolgungsbehörden anbelangt, kann jedoch nur erwartet werden, dass sie sich nach ihrem jeweiligen Kenntnisstand richten.[784] Als objektive Verfahrensnorm wirkt Artikel 103 III GG bei der Struktur von Strafverfahren und Strafrechtspflege mit und strahlt u.U. auch auf Auslieferungsverfahren aus.[785]

Zulässig ist die Verhängung mehrerer Sanktionen in einem Strafverfahren, wie z.B. die Anordnung von Maßregeln zur Besserung und Sicherung neben einer Strafe.[786] Ebenso können gleichzeitig eine Vertragsstrafe und die Verhängung von Ordnungsmitteln erfolgen.[787]

Lassen sich die Voraussetzungen des Artikels 103 III GG nicht klären, müssen sie mit Rücksicht auf den Rang der Gewährleistung und mit Hinblick auf den „in dubio pro reo"-Grundsatz zugunsten des Betroffenen angenommen werden.[788]

---

ist, so dass zumindest eine Abschaffung der Gewährleistung durch die Rechtsprechung ausgeschlossen ist. – Thomas, Einmaligkeit, 59; so auch Friedland, Double Jeopardy, 110f.

[780] BVerfGE 12, 62, 66; BGHSt 38, 54, 57; Meyer-Goßner, StPO, Einl. Rn.171; Schmidt-Aßmann in: Maunz/Dürig, GG, Art.103 III Rn.301; Leibholz/Rinck/Hesselberger, GG, Art.103 Rn.1631; Jarass/Pieroth, GG, Art.103 Rn.63; Schulze-Fielitz in: Dreier, GG, Art.103 III Rn.25 und 30; Degenhart in: Sachs, GG, Art.103 Rn.83; Rüping in: Dolzer/Vogel/Graßhof, BK, Art.103 III Rn.25; Rieß in: Löwe-Rosenberg, StPO, Einl. Abschn. J Rn.83.

[781] BVerfGE 56, 22, 32; BGHSt 20, 292, 293; Nolte in: v. Mangoldt/Klein/Starck, GG, Art.103 III Rn.226; Schmidt-Aßmann in: Maunz/Dürig, GG, Art.103 III Rn.272; Jarass/Pieroth, GG, Art.103 Rn.63.

[782] Nolte in: v. Mangoldt/Klein/Starck, GG, Art.103 III Rn.215.

[783] BGHSt 20, 292, 293; 38, 37, 43; Nolte in: v. Mangoldt/Klein/Starck, GG, Art.103 III Rn.215 m.w.N.; Schmidt-Aßmann in: Maunz/Dürig, GG, Art.103 III Rn.301; Rüping in: Dolzer/Vogel/Graßhof, BK, Art.103 III Rn.72.

[784] Schmidt-Aßmann in: Maunz/Dürig, GG, Art.103 III Rn.301.

[785] Schmidt-Aßmann in: Maunz/Dürig, GG, Art.103 III Rn.272; Rüping in: Dolzer/Vogel/Graßhof, BK, Art.103 III Rn.75.

[786] BVerfGE 55, 28, 30; Jarass/Pieroth, GG, Art.103 Rn.64.

[787] Jarass/Pieroth, GG, Art.103 Rn.64.

[788] BayObLGSt 1968, 75, 77; Rüping in: Dolzer/Vogel/Graßhof, BK, Art.103 III Rn.72.

Eine Entscheidung, die gegen Artikel 103 III GG verstößt, ist nicht nichtig[789], sondern kann mit den ordentlichen Rechtsmitteln angefochten werden. Als außerordentlicher Rechtsbehelf steht die Verfassungsbeschwerde nach Artikel 93 I Nr.4 a GG zur Verfügung.

## 2. Frankreich

Sobald eine rechtskräftige Entscheidung vorliegt verhindert auch die in Artikel 368 und Artikel 6 I CPP verankerte „ne bis in idem"-Regelung sowohl eine wiederholte Strafverfolgung als auch eine erneute Bestrafung.

Aufgrund der wichtigen Bedeutung, die dem „ne bis in idem"-Grundsatz zukommt, muss bei einer erneuten Strafverfolgung desselben Täters wegen desselben Sachverhaltes die prozesshindernde Einrede der „autorité de la chose jugée" von Amts wegen – entweder durch die Staatsanwaltschaft oder das Gericht – geltend gemacht werden.[790] Auch der Beschuldigte, der wegen desselben Sachverhalts bereits verurteilt oder freigesprochen wurde, kann die Einrede erheben.[791] Das kann zu jedem Zeitpunkt des Strafverfahrens geschehen.[792]

Sollte bereits eine erneute Verurteilung erfolgt sein und diese erstarkt in Rechtskraft, ohne dass die erste Verurteilung bekannt geworden ist, so muss die zweite Verurteilung aufgehoben werden.[793] Sie ist nicht per se nichtig, sondern muss im Wege der Revisionseinlegung nach Artikel 620 oder 621 CPP für ungültig erklärt werden.[794]

## 3. England

Besteht nach einem rechtskräftig ergangenen Urteil oder Freispruch die Gefahr einer erneuten Verurteilung, kann der Beschuldigte die Einreden „autrefois acquit", für den Fall dass er bereits freigesprochen wurde, oder „autrefois convict" bei einer vorangegangenen Verurteilung, erheben. Diese Gefahr entsteht jedoch erst, wenn die Jury einen ersten Schuld- oder Freispruch gefällt hat und das Gericht die Bestrafung ausgesprochen hat[795].[796]

---

789 So aber die früher herrschende Meinung: Kunig in: v. Münch/Kunig, GG, Art.103 Rn.36.

790 Crim., 3.5.1860; D., 1860, I, 519; Caron, Juris-Classeur Proc. Pén., Art.6 Rn.11; Merle/Vitu, Traité de droit criminel II, Rn.887; Roland/Boyer, Adages, 534f.; Stefani/Levasseur, Procédure Pénale, Rn.971; Pradel, Procédure Pénale, Rn.977.

791 Crim., 1.4.1998, Bull. Crim., Nr.123; Merle/Vitu, Traité de droit criminel II, Rn.887 und 891; Stefani/Levasseur, Procédure Pénale, Rn.971; Grebing, Wiederaufnahme, 297, 306.

792 Caron, Juris-Classeur Proc. Pén., Art.6 Rn.10; Roland/Boyer, Adages, 534; Stefani/Levasseur, Procédure Pénale, Rn.971.

793 Merle/Vitu, Traité de droit criminel II, Rn.887.

794 Crim., 14.11.1968, Bull.Crim., Nr. 299; Merle/Vitu, Traité de droit criminel II, Rn.887.

795 Halsbury's, Criminal Law, §§ 970ff.

796 In England besteht eine Trennung zwischen dem „verdict", dem Schuldspruch durch die Jury und der „sentence", dem Urteil des Richters, in dem die Höhe der Strafe festgesetzt wird.

Die prozesshemmende Einrede[797] des „autrefois acquit" oder des „autrefois convict" wird nicht von Amts wegen berücksichtigt, sondern muss vom Beschuldigten in der Verhandlung vorgebracht werden, am besten unter gleichzeitiger Vorlage einer Urkunde darüber, dass der erste Prozess in derselben Sache bereits durch ein gerichtliches Urteil beendet wurde.[798] Die Beweislast, dass bereits eine Verurteilung oder ein Freispruch wegen derselben Tat erfolgt ist, liegt nämlich beim Beschuldigten.[799] Kann er keine Urkunde vorlegen, reicht es aus, wenn er andere Beweise anbringen kann, die mit überwiegender Wahrscheinlichkeit eine bereits erfolgte Verurteilung annehmen lassen.[800] Die Einrede kann zu jeder Zeit des Verfahrens, also bereits vor Eröffnung des Verfahrens, aber auch erst später, erhoben werden.[801]

Die Einrede kann mündlich vorgebracht werden, muss dann aber noch schriftlich nachgereicht werden.[802] Der korrekte Wortlaut sollte sein *„[The accused] says that the Queen ought not further to prosecute the indictment against him, because he has been lawfully acquitted / convicted of the offence charged therein".*[803]

Sie kann auch bei einem summarischen Verfahren vor dem Magistrates' Court vorgebracht werden, obwohl dort keine bestimmte Form für Einreden besteht wie bei einem ordentlichen Verfahren.[804]

Die Einrede ist sogar von so großer Bedeutung, dass der Crown Court als Rechtsmittelinstanz nach einem Urteil des Magistrates' Court sie auch trotz eines dort erfolgten Schuldeingeständnisses des Angeklagten berücksichtigen muss.[805]

Nachdem die Einrede des „autrefois acquit" bzw. „convict" erhoben wurde, entscheidet der Richter ohne Anwesenheit der Jury darüber.[806] Entscheidet er negativ, so bleibt das Recht des Angeklagten, sich „nicht schuldig" zu bekennen, unberührt.[807]

---

[797] R v. Thomas [1950] 1 K.B. 26, 28.

[798] Vgl. Section 73 des Police and Criminal Evidence Act 1984; Halsbury's, Criminal Law, § 972; Kielwein, ZStW 1956, 37, 38.

[799] R v. Coughlan and Young [1976] 63 Cr.App.R. 33; Stephen's, Laws of England, 256; Halsbury's, Criminal Law, § 971.

[800] R v. Caughlan and Young [1976] 63 Cr.App.R. 33.

[801] Connelly v. DPP [1964] 48 Cr.App.R. 183; R v. Tonks [1916] 1 K.B. 443; Archbold, Criminal Pleading, § 4-151; Sprack, Criminal Procedure, Rn.16.44; Spencer-Bower/Turner, Res Judicata, 277 und 395.

[802] Halsbury's, Criminal Law, § 970.

[803] Blackstone's Criminal Practice, D.11.48.

[804] Sprack, Criminal Procedure, Rn.16.46; Blackstone's Criminal Practice, D.19.22.

[805] Cooper v. New Forest District Council [1992] Crim.L.R. 877.

[806] Section 122 Criminal Justice Act 1988: *„When an accused pleads autrefois acquit or autrefois convict it shall be for the judge, without the presence of a jury, to decide the issue.".* Vor dieser Zeit entschied die Jury über die Einrede. – Stephen's, Laws of England, 256.

[807] Section 6 I a Criminal Law Act 1967.

Grundsätzlich ist nicht erst ein weiteres Gerichtsverfahren ausgeschlossen, sondern die Staatsanwaltschaft ist bereits an der Aufnahme neuer Strafverfolgungsmaßnahmen gehindert.[808]

## 4. Zusammenfassung und Bedeutung für die Auslegung des Verbotes der Doppelbestrafung

In allen drei Ländern verhindert der „ne bis in idem"-Grundsatz nach einem rechtskräftigen Urteil oder Freispruch nicht erst eine erneute Bestrafung, sondern bereits eine wiederholte Strafverfolgung.

In Deutschland und Frankreich kann die Einrede, dass Strafklageverbrauch eingetreten ist, vom Beschuldigten erhoben werden, zugleich muss sie jedoch immer von Amts wegen beachtet werden. In England liegt es allein am Beschuldigten, sich gegen eine erneute Strafverfolgung zur Wehr zu setzen. Die Einrede kann überall zu jedem Zeitpunkt des Verfahrens geltend gemacht werden.

Artikel 54 SDÜ spricht bereits davon, dass keine erneute Strafverfolgung stattfinden darf. Voraussetzung dafür ist, dass bereits eine erste Entscheidung über dieselbe strafbare Handlung getroffen wurde. Fraglich ist diesbezüglich, ob auch bereits eingeleitete Strafverfolgungsmaßnahmen oder die Anhängigkeit eines Verfahrens bei Gericht die Einleitung einer erneuten Strafverfolgung verhindert. Schließlich entfalten auch verurteilende, aber noch nicht rechtskräftige Erkenntnisse eine vorläufige Wirkung.[809] Soll der Beschuldigte nicht nur vor einer erneuten Bestrafung, sondern auch vor einem erneuten Durchlaufen der Strapazen eines Prozesses geschützt werden, muss das Verbot der Doppelbestrafung schon vor Eintritt der Rechtskraft Geltung erlangen. Ansonsten könnten bis zur Rechtskraft eines Urteils mehrere ergehen.

In den drei miteinander verglichenen Rechtsordnungen ist für das Eingreifen des Verbotes der Doppelbestrafung jeweils eine erste Entscheidung notwendig. Bereits ergriffene Strafverfolgungsmaßnahmen oder die Anhängigkeit eines Strafverfahrens werden nicht erwähnt. Zumindest im rein nationalen Recht stellt sich aber auch nicht das Problem von mehreren parallel laufenden Strafverfolgungsmaßnahmen oder mehreren anhängigen Strafverfahren in derselben Sache, da die nationalen Gerichte nur einer Rechtsordnung angehören.[810] Im internationalen Rechtsverkehr sind solche Konflikte bei staatenübergreifenden Straftaten schon deshalb denkbar, weil mehrere Strafgewalten eingreifen und u.U. die Strafverfolgungsbehörden mehrerer Staaten gleichzeitig mit den Ermittlungen beginnen, ohne voneinander Kenntnis zu haben. Werden die Strafverfolgungsbehörden und Gerichte aber unabhängig voneinander tätig, ist das wenig effektiv.

---

808 R v. Dabhade [1993] Q.B. 329.

809 OLG Karlsruhe, NJW 1985, 2906; Thomas, Einmaligkeit, 289f.

810 Lagodny, FS Trechsel, 253, 262. In Deutschland sind Kompetenzkonflikte bei den Staatsanwaltschaften über § 143 bzw. § 147 GVG zu lösen, bei der Kriminalpolizei über die länderrechtliche Dienstaufsicht oder über das Bundeskriminalamt. – Vgl. auch Lagodny, Gutachten BMJ, 100.

Den Schutz vor mehrfacher Strafverfolgung auf den Beginn der Einleitung der Ermittlungen vorzuverlagern und damit die Strafverfolgung auf nur einen Staat zu beschränken, wäre nicht sinnvoll, da somit wertvolle Informationen, die nur in einem Staat vorhanden und in einem anderen nicht bekannt sind, verloren gingen. Vielmehr müsste eine gemeinsame unter einem ständigen Austausch von Informationen erfolgende Strafverfolgung stattfinden. In welchem Land der Beschuldigte dann angeklagt wird, könnte in einem Prioritätensystem geregelt werden. Dieses darf nicht den Staat bevorzugen, welcher die betroffene Person zuerst aufgreift, da es ansonsten zu einem „Zugriffswettbewerb“ kommen würde, sondern müsste objektive Regelungen enthalten, die unabhängig sind vom Handeln der nationalen Behörden.[811]

Es darf jedoch nicht außer Acht gelassen werden, dass Artikel 54 SDÜ ein Vollstreckungselement beinhaltet (im Falle einer Verurteilung muss die Sanktion vollstreckt worden sein, gerade vollstreckt werden oder nicht mehr vollstreckt werden können). Das setzt zwingend eine rechtskräftige Entscheidung voraus.

In den Rechtsordnungen Deutschlands, Englands und Frankreichs ist ein solches Vollstreckungselement überflüssig, da nach einem Urteil in einem rein nationalen Fall grundsätzlich nicht die Gefahr besteht, dass der Täter seiner Strafe entgeht. Selbst für den Fall, dass er ins Ausland flüchten sollte und erst später wieder aufgegriffen oder ausgeliefert wird, kann die Strafe immer noch vollzogen werden, das Erfordernis eines erneuten Strafverfahrens, welches es zu verhindern gälte, bestünde gar nicht. Das Urteil des Staates wird in jedem Fall (früher oder später) vollstreckt.

Im Rahmen des SDÜ stellt sich demgegenüber das Problem, dass in einem Fall die Strafgewalt mehrerer Staaten bestehen kann und allein die Verkündung eines Urteils durch einen Staat nicht als ausreichend dafür erachtet wird, dass andere Staaten auf die Ausübung ihres Strafanspruches verzichten. Es besteht vor allem die Gefahr, dass ein Täter durch Flucht in ein anderes Land gänzlich seiner Bestrafung entgeht. In diese Richtung geht auch die englische Regelung zu ausländischen in-absentia-Entscheidungen: Sie werden nur anerkannt, wenn zumindest die Gefahr einer Vollstreckung bestanden hat.

Das Vollstreckungserfordernis des Artikels 54 SDÜ ist letztlich aber auch nicht zu beanstanden. Zwar kann der bereits Verurteilte, dessen Strafvollstreckung noch nicht begonnen hat, der Gefahr eines erneuten Strafverfahrens ausgesetzt sein, das liegt jedoch in seinem eigenen Ermessen. Flüchtet er in ein anderes Land und wird dort erneut angeklagt, ist er auch nicht schützenswert. Schließlich hätte er die Strafvollstreckung im Erstentscheidungsstaat über sich ergehen lassen können, woraufhin ein erneutes Verfahren endgültig ausgeschlossen gewesen wäre.

Es bleibt bei der Auslegung des Artikels 54 SDÜ also dabei, dass eine erneute Strafverfolgung erst verhindert wird, wenn eine erste Entscheidung vorliegt.

Unabhängig davon könnte aber durch eine Prioritätenregelung und ein verbessertes System für den Austausch von Informationen eine mehrfache Strafverfolgung vor einer ersten Entscheidung vermieden werden.

---

[811] S. dazu beispielsweise Art.26 II Corpus Juris 2000 oder das Gutachten von Lagodny für das BMJ.

In prozessualer Hinsicht ist es Sache des nationalen Rechts, festzulegen, ob Artikel 54 SDÜ bereits von Amts wegen beachtet wird oder vom Beschuldigten auf eigene Initiative hin geltend gemacht werden muss. Eine Beachtung von Amts wegen ist jedoch vorzuziehen. Die Rechte des Angeklagten müssen weitestgehend geschützt werden und durch eine Beachtung von Amts wegen wird auch der Fall eingeschlossen, dass der Angeklagte die Möglichkeit dieser Einrede übersieht.

## III. Berechtigte und Verpflichtete

### 1. Deutschland

Bei Artikel 103 III GG handelt es sich um ein sog. Jedermanngrundrecht. Das bedeutet, dass dem Schutz der „ne bis in idem"-Regelung alle natürlichen Personen unterfallen, also Deutsche, Ausländer und Staatenlose, unabhängig von Wohnsitz und ständigem Aufenthalt.[812]

Verpflichtet werden alle Strafverfolgungsorgane, durch deren Handeln der Schutzbereich des Grundrechts betroffen werden kann – das sind neben Gerichten und Gesetzgeber auch die Polizei und die Staatsanwaltschaft als Strafverfolgungsbehörden.[813]

### 2. Frankreich

Voraussetzung für die Geltung des „ne bis in idem"-Grundsatzes ist in Frankreich unter anderem *„l'identité des parties"*, d.h. wird ein erneutes Strafverfahren angeregt und stehen sich dieselben Parteien gegenüber, die über dieselbe Sache streiten wie in einem vorherigen Strafverfahren, so kann die Einrede der *„autorité de la chose jugée"* erhoben werden.

Der Grundsatz gilt nur gegenüber derjenigen Person, gegen die die Anklage erhoben und die auch abgeurteilt wurde.[814] Vor allem muss der Beschuldigte in derselben Position vor Gericht stehen wie bevor. Wurde er z.B. als Täter einer Straftat verurteilt oder freigesprochen steht einer erneuten Verfolgung wegen Beihilfe oder Anstiftung zu derselben Tat nichts im Wege.[815]

Hinsichtlich der Staatsangehörigkeit der Person, die in der Gefahr einer erneuten Strafverfolgung schwebt, schweigt das Gesetz. Es spricht lediglich von *„aucune personne"*. Es ist davon auszugehen, dass damit Personen jeder Staatsangehörigkeit gemeint sind.

---

[812] Nolte in: v. Mangoldt/Klein/Starck, GG, Art.103 III Rn.224; Schulze-Fielitz in: Dreier, GG, Art.103 III Rn.24.

[813] Nolte in: v. Mangoldt/Klein/Starck, GG, Art.103 III Rn.224; Schmidt-Aßmann in: Maunz/Dürig, GG, Art.103 III Rn.73.

[814] Roland/Boyer, Adages, 535; Stefani/Levasseur, Procédure Pénale, Rn.975; Hammerstein, Strafurteile, 125f.

[815] Fossereau, Chose jugée, Rn.42; Pradel, Procédure Pénale, Rn.975; Roland/Boyer, Adages, 535; Merle/Vitu, Traité de droit criminel II, Rn.892.

Auf der anderen Seite steht stets der Staat bzw. die Öffentlichkeit, unabhängig davon, ob die Staatsanwaltschaft oder das Opfer die öffentliche Klage erhoben hat.[816]

### 3. England

In England wird der Kreis der durch die „ne bis in idem"-Gewährleistung Begünstigten ebenfalls nicht auf bestimmte Personen beschränkt. *Lord Morris* spricht in der Entscheidung Connelly v. DPP von *„that a man..."* und der Interpretation Act 1978 erwähnt lediglich *„... the offender..."*. Die Einrede kann demnach von Staatsbürgern jeder Nationalität erhoben werden.

Gebunden werden die Strafverfolgungsorgane. Da die Einrede jedoch nicht von Amts wegen zu beachten ist, müssen diese erst von dem Begünstigten darauf hingewiesen werden.

### 4. Zusammenfassung und Bedeutung für die Auslegung des Verbotes der Doppelbestrafung

Die von dem Verbot der Doppelbestrafung umfassten Regelungssubjekte sind in allen drei Staaten gleich. Hinsichtlich des von der Regelung Begünstigten wird nicht auf die Staatsangehörigkeit abgestellt, jedermann darf sich darauf berufen. Auf der anderen Seite steht stets der Staat, bzw. dessen Strafverfolgungsorgane.

Dass das Verbot der Doppelbestrafung in allen drei Ländern unabhängig von der Staatsangehörigkeit des Betroffenen gilt, entspricht auch der allgemeinen Logik. Schließlich richten sich die Strafgesetze unabhängig von der Staatsangehörigkeit an jeden, der sich zumindest auf nationalem Territorium befindet. Im Rahmen von Artikel 54 SDÜ wurde diese Frage behandelt, da das SDÜ nur für EU-Bürger Anwendung findet, auf der anderen Seite spricht aber nichts dagegen, den Schutz vor einer erneuten Strafverfolgung möglichst weit auszudehnen und auch Nicht-EU-Bürgern zukommen zu lassen.

Somit sind die Artikel 54 ff. SDÜ dahingehend auszulegen, dass Personen jeglicher Staatsangehörigkeit ihrem Schutz unterfallen. Auf der anderen Seite steht stets die Staatsanwaltschaft, allerdings muss es sich um die Anklagebehörde eines EU-Staates handeln. Die Staatsanwaltschaft eines Drittstaates, welche Anklage erheben will, kann daran nicht gehindert werden, da das SDÜ nur Mitgliedstaaten der EU bindet.[817]

## IV. Der Tatbegriff

### 1. Deutschland

Eine Definition über den Tatbegriff ist im Grundgesetz nicht vorhanden. Somit ist der Begriff aus sich selbst heraus zu bestimmen. Erkenntnisse zum einfachen Recht kön-

---

[816] Caron, Juris-Classeur Proc. Pén., Art.6 Rn.54; Fossereau, Chose jugée, Rn.41; Najarian, L'autorité de la chose jugée, 98; Pradel, Procédure Pénale, Rn.983; Stefani/Levasseur, Procédure Pénale, Rn.975; Roland/Boyer, Adages, 535.

[817] Außerdem bindet es noch die zwei assoziierten Staaten Island und Norwegen, s.o. Fn.258.

nen dafür Anhaltspunkte bieten, entscheidend sind jedoch der Schutzzweck der Norm und ihr verfassungsrechtlicher Zusammenhang.[818] Wichtig ist, dass die Sperrwirkung des Artikels 103 III GG nicht durch eine zu enge Auffassung über den Tatbegriff praktisch beseitigt wird; es dürfen aber auch nicht durch eine zu vage Deutung beliebige Durchbrechungen gestattet werden.[819]

Als „Tat" wird in Deutschland nicht die Erfüllung eines bestimmten rechtlichen Tatbestandes durch einen Täter verstanden, sondern derjenige geschichtliche und damit zeitlich und sachverhaltlich begrenzte Vorgang, auf den Anklage- und Eröffnungsbeschluss hinweisen und innerhalb dessen der Angeklagte als Täter oder Teilnehmer einen Tatbestand verwirklicht haben soll.[820] Dafür maßgeblich ist laut Rechtsprechung der „nach natürlicher Lebensauffassung zu beurteilende einheitliche Lebensvorgang"[821]; dazu gehört alles, was bei „getrennter Würdigung und Aburteilung als unnatürliche Aufspaltung eines einheitlichen Lebensvorgangs empfunden würde"[822]. Als Kriterien zu dessen Konkretisierung werden angeführt: „Tatort, Tatzeit, Tatobjekt, Täterverhalten und die diesem Verhalten zugrundeliegende Angriffsrichtung".[823] Daraus lässt sich ein sog. Tatbild erstellen – sind Abweichungen davon unerheblich, liegt Tatidentität vor, sind sie erheblich, muss eine neue prozessuale Tat angenommen werden.[824]

Angeknüpft wird damit an den verfahrensrechtlichen Tatbegriff, der schon im „vorverfassungsrechtlichen Gesamtbild" Geltung beanspruchte[825] und der den §§ 155, 264 StPO zugrunde liegt.[826] Die Verweisung auf die StPO bedeutet jedoch nicht, dass somit „alle Verästelungen der Strafprozessrechtsdogmatik verfassungsrechtlich verbürgt sind"; durch Artikel 103 III GG wird lediglich der Kerninhalt von „ne bis in idem" garantiert.[827] Der prozessrechtliche Tatbegriff wird nur als Anknüpfungspunkt benutzt,

[818] Schmidt-Aßmann in: Maunz/Dürig, GG, Art.103 III, Rn.281.

[819] Rüping in: Dolzer/Vogel/Graßhof, BK, Art.103 III Rn.59.

[820] BVerfGE 23, 191, 202; 56, 22, 28; BGHSt 29, 288, 292; 23, 141, 145; Nolte in: v. Mangoldt/Klein/Starck, GG, Art.103 III Rn.201f.; Schulze-Fielitz in: Dreier, GG, Art.103 III Rn.17; Degenhart in: Sachs, GG, Art.103 Rn.79.

[821] BVerfGE 56, 22, 28; vgl. auch BGHSt 23, 141, 145; Nolte in: v. Mangoldt/Klein/Starck, GG, Art.103 III Rn.202; Rüping in: Dolzer/Vogel/Graßhof, BK, Art.103 III Rn.58; Schulze-Fielitz in: Dreier, GG, Art.103 III Rn.17; Meyer-Goßner, StPO, § 264, Rn.2.

[822] BGHSt 29, 288, 292f.

[823] Beulke, Strafprozessrecht, Rn.513; ders., FS BGH, 781, 783.

[824] Beulke, FS BGH, 781, 783.

[825] BVerfGE 56, 22, 28; RGSt 56, 324, 325; 61, 236, 237.

[826] BGHSt 32, 146, 150; 38, 172, 173; Schmidt-Aßmann in: Maunz/Dürig, GG, Art.103 III Rn.282; zum Tatbegriff der §§ 155, 264 StPO: Ranft, JuS 2003, 417.

[827] BVerfGE 56, 22, 34f.; Degenhart in: Sachs, GG, Art.103 Rn.78; Jarass/Pieroth, GG, Art.103 Rn.57 und 65; Leibholz/Rinck/Hesselberger, GG, Art.103 Rn.1674; Schulze-Fielitz in: Dreier, GG, Art.103 III Rn.18; Landau, FS Söllner, 627, 631.

und es wird eigenständig nachgefragt, ob ein individualisierter Sachverhalt im Sinne eines einheitlichen Lebensvorganges vorliegt.[828]

Von dem Tatbegriff des Artikels 103 III GG ist der strafrechtliche Begriff der Tateinheit zu unterscheiden.[829] Es kann z.B. eine Tat im prozessualen Sinne vorliegen, obwohl die verwirklichten Tatbestände zueinander in Tatmehrheit stehen[830], andererseits muss bei Tateinheit i.S.d. § 52 StGB nicht zwingend nur eine Tat im prozessualen Sinn vorliegen[831].

Die Tateinheit des § 52 StGB und die Tat des Artikels 103 III GG verfolgen unterschiedliche Zwecke, da die „Tateinheit" die Bewertungseinheit für die Strafzumessung herstellt, während die „Tat" die Reichweite der Rechtskraft regelt.[832]

„Tateinheit" i.S.d. § 52 StGB liegt vor, wenn durch eine Handlung mehrere Strafgesetze oder dasselbe Strafgesetz mehrmals verletzt wird. Bei diesen Gesetzesverstößen wird nur auf eine einzige Strafe anerkannt, welche sich nach dem Straftatbestand richtet, der die schwerste Strafe vorsieht.[833] Verwirklichen mehrere, voneinander unabhängige Handlungen mehrere Straftatbestände, ist Tatmehrheit i.S.d. § 53 StGB gegeben. Die Strafen werden zu einer Gesamtstrafe zusammengefasst, die jedoch in ihrer Höhe die Summe der Einzelstrafen nicht übersteigen darf.[834]

Die „Tat" des Artikels 103 III GG umfasst demgegenüber den in der Anklage bezeichneten und individualisierten Sachverhalt, der sowohl aus einer als auch aus mehreren Handlungen bestehen kann.

In Einzelfällen wurde z.B. entschieden, dass nur „eine Tat" i.S.d. Artikel 103 III GG vorlag, obwohl die Zeugen Jehovas als anerkannte Kriegsdienstverweigerer wiederholten Aufforderungen zur Leistung von Zivildienst nicht nachgekommen sind. Die Weigerung beruhte nach Auffassung des Bundesverfassungsgerichts auf einer einheitlichen „ein für allemal getroffenen" Gewissensentscheidung.[835] Für das Verständnis der Einheitlichkeit wurde Artikel 4 III GG herangezogen.

Abgelehnt wurde demgegenüber eine einheitliche Tat bei der wiederholten Befehlsverweigerung eines nicht anerkannten Kriegsdienstverweigerers, da nicht von einer fortwirkenden, sondern von einer erneuten Gewissensentscheidung ausgegangen wur-

---

[828] Schmidt-Aßmann in: Maunz/Dürig, GG, Art.103 III, Rn.283.

[829] BVerfGE 45, 434, 435; 56, 22, 29f.; BGHSt 35, 60, 61; Degenhart in: Sachs, GG, Art.103 Rn.80; Meyer-Goßner, StPO, § 264, Rn.6; Rieß in: Löwe-Rosenberg, StPO, Einl. Abschn. J Rn.72; Gollwitzer in: Löwe-Rosenberg, StPO, § 264 Rn.3; Beulke, FS BGH, 781, 783f.; Ranft, JuS 2003, 417ff.

[830] BVerfGE 56, 22, 29; Leibholz/Rinck/Hesselberger, GG, Art.103 Rn.1669.

[831] BVerfGE 56, 22, 34; Jarass/Pieroth, GG, Art.103 Rn.57; Schulze-Fielitz in: Dreier, GG, Art.103 III Rn.18.

[832] BVerfGE 56, 22, 29ff.; Nolte in: v. Mangoldt/Klein/Starck, GG, Art.103 III Rn.204.

[833] § 52 I StGB

[834] §§ 53 I, 54 II 1 StGB.

[835] BVerfGE 23, 191, 203ff.; Nolte in: v. Mangoldt/Klein/Starck, GG, Art.103 III Rn.209; Jarass/Pieroth, GG, Art.103 Rn.58.

de[836] sowie in dem zweiten RAF-Beschluss des Bundesverfassungsgerichts – dort stand die Verurteilung wegen einer Mitgliedschaft in einer kriminellen Vereinigung nach § 129 StGB einer weiteren Verurteilung wegen einer zur Förderung der Zwecke der Vereinigung begangenen Straftat nicht im Wege[837].

## 2. Frankreich

Der Tatbegriff war in Frankreich früher lange Zeit umstritten[838]: Die Cour de Cassation verstand darunter über ein Jahrhundert lang nicht nur den gleichen Sachverhalt sondern auch die Identität der rechtlichen Qualifikation – *„l'identité du fait juridique ou de la qualification"* – , so dass dieselbe Tat erneut unter einer anderen rechtlichen Würdigung verfolgt werden konnte, was die Rechtskraft stark einschränkte.[839] Die Ansicht wurde auf Artikel 360 Code d'instruction criminelle (CIC) gestützt, welcher besagte: *« Toute personne acquittée légalement ne pourra plus être requise ou accusée à raison du même fait ». « Le fait »* war demnach „die rechtliche Qualifikation".[840] Grund für diese einschränkende Auslegung war der Wunsch, zu milde oder falsche Urteile eines niedrigeren Gerichts möglichst einfach „korrigieren" zu können.[841]

Die rechtswissenschaftliche Lehre fasste demgegenüber die „Tat" als dasselbe historische Geschehen – *„l'identité du fait matériel"* – auf.[842] 1956 schloss sich die Cour de Cassation dem an, indem sie hinsichtlich eines Freispruches durch eine Cour d'Assises entschied, dass ein Freispruch wegen Totschlags eine erneute Strafverfolgung wegen fahrlässiger Tötung ausschließt.[843] Die Ursache dafür lag darin, dass 1941 Artikel 360 CIC durch den neuen Artikel 359 CIC ersetzt wurde, welcher jetzt nicht mehr von *„le même fait"* sondern von *„les mêmes faits"* sprach. Der Wechsel vom Singular in den Plural wurde so gedeutet, dass nun die gesamten Tatsachen, also der vollständige Sachverhalt von der Norm umfasst werden und nicht mehr nur eine einzelne Tatsache, die rechtliche Qualifikation.[844] Heute ist die Situation eindeutig in Artikel 368 CPP verankert.[845] Dieser besagt ausdrücklich, dass eine freigesprochene Person nicht erneut verfolgt werden darf *„à raison des mêmes faits, même sous une qualification différente"*.

---

[836] BVerfGE 28, 264, 279f.; Schulze-Fielitz in: Dreier, GG, Art.103 III Rn.20.

[837] BVerfGE 56, 22, 29; Nolte in: v. Mangoldt/Klein/Starck, GG, Art.103 III Rn.203.

[838] Najarian, L'autorité de la chose jugée, 99f.; Caron, Juris-Classeur Proc. Pén., Art.6 Rn.58; Fossereau, Chose jugée, Rn.46ff.; Pradel, Procédure Pénale, Rn.984ff.; Stefani/Levasseur, Procédure Pénale, Rn.976; vgl. auch Donnedieu de Vabres, Droit Criminel, Rn.1559.

[839] Pradel, Procédure Pénale, Rn.985; Stefani/Levasseur, Procédure Pénale, Rn.976; Grebing, Wiederaufnahme, 297, 306.

[840] Pradel, Procédure Pénale, Rn.985.

[841] Pradel, Procédure Pénale, Rn.985.

[842] Stefani/Levasseur, Procédure Pénale, Rn.976.

[843] Crim., 20.3.1956, D. 1957, 33; Bull. Crim. Nr.283.

[844] Fossereau, Chose jugée, Rn.50.

[845] Merle/Vitu, Traité de droit criminel II, Rn.895; Grebing, Wiederaufnahme, 297, 306.

In der Literatur wird jedoch zum Teil darauf hingewiesen, dass sich Artikel 368 CPP nur auf die Cour d'Assises – das französische Schwurgericht, welches für Verbrechen zuständig ist – bezieht und deshalb nicht ganz klar ist, ob dieser weite Tatbegriff nur hinsichtlich des Verbots einer erneuten Verfolgung von Fällen, die vor diesem Gericht abgeurteilt wurden, verwendet werden soll oder ob ihm eine allgemeine Geltung zukommt.[846] Fraglich ist demnach, wie Urteile der Tribunaux de Police oder der Tribunaux Correctionelles behandelt werden sollen, zumal für diese Regelungen mit der Aussage des Artikels 368 CPP fehlen und die Vorschriften für diese Gerichte systematisch unter den Regelungen für die Cour d'Assises stehen. Interessant ist, dass einige Autoren zwar bemerken, dass diese Frage noch ungeklärt ist, auf der anderen Seite dieses Problem aber nicht näher beleuchten, sondern lediglich darauf hinweisen, dass auch die Rechtsprechung noch unentschlossen ist.[847]

Die Cour de Cassation hat in ihrer Rechtsprechung hinsichtlich der erneuten Verfolgung eines Täters wegen desselben Sachverhalts durch die Tribunaux Correctionelles und die Tribunaux de Police tatsächlich keine einheitliche Linie gewahrt: Einmal verwehrte sie eine erneute Verfolgung derselben Straftat unter einer anderen rechtlichen Qualifikation[848], ein anderes Mal stand eine Verurteilung wegen fahrlässigen Totschlags einer erneuten Verurteilung wegen vorsätzlichen Totschlags nicht im Wege, da sowohl unterschiedliche Delikte als auch verschiedene Tatsachen – Vorsatz und Fahrlässigkeit – vorlagen[849].

Für eine Ausdehnung des Artikels 368 CPP auf die Tribunaux de Police und die Tribunaux Correctionnelles spricht, dass in den Napoleonischen Strafgesetzen keine eindeutige Systematik erkennbar ist und es viele Beispiele für Regelungen gibt, die sich an einer bestimmten Stelle eines Gesetzes finden, dennoch aber eine generelle Wirkung ausstrahlen.[850] Zwar ist der Code de Procédure Pénale sehr rationell aufgebaut, aber gerade das lässt den Schluss zu, dass jede Regelung auch für die später folgenden Geltung erlangt, solange sie ihnen nicht widerspricht.[851]

Außerdem wird noch angeführt, dass die Regelungen des Code de procédure pénale analog angewandt werden können, insbesondere dann, wenn es dem Schutz des Beschuldigten zugute kommt und auch Artikel 6 CPP spricht nur generell von der „autorité de la chose jugée" und beschränkt sie nicht auf die Urteile bestimmter Gerichte.[852]

*Stefani* und *Levasseur* weisen demgegenüber darauf hin, dass eine solche Trennung gerechtfertigt ist, da die Cour d'Assises gemäß Artikel 351 CPP die Tatsachen hin-

[846] Stefani/Levasseur, Procédure Pénale, Rn.976; Garcin, Procédure Pénale, Rn.307; Soyer, Droit Pénal, Rn.661; vgl. auch Bouzat, JCP, 1966, II, 14725.

[847] Garcin, Procédure Pénale, Rn.307; Merle/Vitu, Traité de droit criminel II, 895; vgl. dazu auch den Rechtsprechungsüberblick bei Caron, Juris-Classeur Proc. Pén., Art.6 Rn.59ff.

[848] Crim., 8.10.1959, Bull.Crim. 1959, Nr.418 – Affaire Meyer.

[849] Crim., 19.5.1983, Bull.Crim. 1983, Nr.149 – Affaire Laurent.

[850] Rassat, Procédure Pénale, 838.

[851] Rassat, Procédure Pénale, 838.

[852] Pradel/Varinard, Crim., 8.10.1959, Meyer, Grands arrêts, 388, 392.

sichtlich aller möglichen rechtlichen Qualifikationen begutachten muss, wohingegen eine solche Verpflichtungen für die Tribunaux de Police und die Tribunaux Correctionnelles nicht existiert.[853]

Auf der anderen Seite betrachten auch die Richter der Tribunaux Correctionnelles bzw. der Tribunaux de Police die Handlung unabhängig von einer solchen Regelung unter allen rechtlichen Aspekten, da sie, falls die Handlung einen schweren Straftatbestand erfüllt, der nicht in ihren Kompetenzbereich fällt, den Fall weiterverweisen müssen (Artikel 469 und 540 CPP).[854]

Gegen die Ausdehnung des Artikels 368 CPP auf die Tribunaux Correctionelles und die Tribunaux de Police spricht zudem, dass in Frankreich erst kürzlich eine Reform der StPO[855] stattgefunden hat, im Zuge derer über 400 Artikel des CPP geändert wurden. In Kenntnis der Problematik wäre es ein leichtes für den Gesetzgeber gewesen, entsprechende Vorschriften in den 2. und 3. Titel des 2. Buches des CPP, welche die Entscheidungen der Tribunaux Correctionelles und der Tribunaux de Police behandeln, einzufügen.

Es kann schließlich spekuliert werden, dass mit einer engen Interpretation des Tatbegriffes bei Urteilen der Tribunaux Correctionelles und der Tribunaux de Police bezweckt wird, dass bei fehlerhaften Freisprüchen, die grundsätzlich nicht wieder aufgenommen werden dürfen, die Möglichkeit bestehen bleiben soll, diese dennoch zu korrigieren.[856]

*Pradel*[857] setzt sich näher mit diesem Problem auseinander und stellt für Fälle der Tribunaux de Police und der Tribunaux Correctionelles darauf ab, ob der Sachverhalt exakt derselbe ist oder ob die Tatsachen nur teilweise identisch sind. Handelt es sich um genau denselben Sachverhalt, so soll keine erneute Verfolgung, auch nicht unter einer anderen rechtlichen Qualifikation, möglich sein.

Liegen nicht genau dieselben Tatsachen vor, soll eine erneute Verfolgung nach bereits erfolgter Verurteilung durchgeführt werden können. *Pradel*[858] weist darauf hin, dass dadurch auch nicht gegen Artikel 4 7.ZP zur EMRK – an die das französische einfache Recht gebunden ist - verstoßen wird, da dieser ja nur eine erneute Verfolgung wegen einer *Straftat*, wegen der eine Person bereits rechtskräftig verurteilt oder freigesprochen wurde, verbietet.[859]

---

[853] Stefani/Levasseur, Procédure Pénale, Rn.976; so auch Rassat, Procédure Pénale, 838f.; eindeutig für eine Ausdehnung des Art.368 CPP sind Levasseur/Chavanne/Montreuil/Bouloc, Droit pénal, Rn.870.

[854] Fossereau, Chose jugée, Rn.55.

[855] Gesetz Nr. 2004-204 v. 9.3.2004.

[856] Stein, SDÜ, 164.

[857] Pradel, Procédure Pénale, Rn.986ff.; ebenso in Pradel/Varinard, Crim., 25.3.1954, *Thibaud*, Grands arrêts, 382, 384; so auch Caron, Juris-Classeur Proc. Pén., Art.6 Rn.59ff.

[858] Pradel, Procédure Pénale, Rn.988.

[859] Die Rechtsprechung des EGMR ist hierzu jedoch nicht ganz einheitlich. Vgl. allein die Fälle *Gradinger* (EGMR Urt. v. 23.10.1995, S. A Nr. 328-C) – in dem auf das Verhalten abgestellt wurde – und *Oliveira* (EGMR Urt. v. 30.7.1998, Rep. 1998-V) – wobei die rechtliche Qualifikation maßgeblich

Es existieren zudem drei weitere Möglichkeiten, in denen eine erneute Strafverfolgung durchgeführt werden kann:

(1) Nach einer Verurteilung setzt der Straftäter seine strafbaren Handlungen fort. Es liegt eine fortgesetzte Straftat vor.[860] Gleiches gilt bei Gewohnheitsverbrechen, wenn nach der Verurteilung mindestens zwei neue Tatsachen auftauchen.

(2) Liegt eine Gesamtheit von Straftaten vor, die nicht weiter verfolgt wurden, nachdem eine Straftat dieser Gesamtheit abgeurteilt wurde, spricht nichts dagegen, später den Verurteilten oder Freigesprochenen auch noch wegen dem Rest der Straftaten zu verfolgen. Nach einer Verurteilung wegen Betruges, der durch Urkundenfälschung begangen wurde, ist demnach eine weitere Strafverfolgung wegen Urkundenfälschung möglich. Bei der Herstellung der falschen Urkunde und der späteren Nutzung handele es sich nämlich um zwei völlig verschiedene Handlungen.[861]

(3) Nach einer Verurteilung wird ein Umstand bekannt, der die strafbare Handlung insofern in einem anderen Licht darstellt, als dass sie jetzt eine sehr viel schwerere Straftat darstellt. Als Beispiel dafür wird die *Affaire Thibaud*[862] angeführt: Thibaud war wegen fahrlässigen Totschlags an seiner Frau verurteilt worden, weil er sich dem Bett mit seiner darin schlafenden Gattin mit einer Lampe genähert hat, welche explodierte. Die Frau verbrannte daraufhin. Später stellte sich heraus, dass er vorsätzlich gehandelt hat, indem er Petroleum auf der Bettdecke verteilt und diese in Brand gesetzt hatte. Er wurde deshalb erneut und zwar diesmal wegen Mordes verurteilt. Die Cour de Cassation führte in dem Fall an, dass es sich bei fahrlässigem Totschlag, der auf Nachlässigkeit oder Unvorsicht beruht, und Mord, der vorsätzlich, also wissentlich begangen wird, aufgrund des mangelnden bzw. vorhandenen Vorsatzelementes sowohl in tatsächlicher als auch in rechtlicher Hinsicht um zwei gänzlich verschiedene Delikte handelt.[863]

Zusammenfassend kann also festgehalten werden, dass sich der Tatbegriff in Frankreich bei allen Straftaten, die vor der Cour d'Assises behandelt werden, auf denselben geschichtlichen Sachverhalt bezieht. Allein das ist gesetzlich geregelt und kann mit Bestimmtheit gesagt werden.

Hinsichtlich der Urteile der Tribunaux Correctionelles und der Tribunaux de Police fehlt eine gesetzliche Regelung. Sowohl in der Literatur als anscheinend auch in der Rechtsprechung bestehen große Unsicherheiten. Soweit derselbe Täter wegen exakt desselben Sachverhalts verfolgt wird, kann aber davon ausgegangen werden, dass eine erneute Strafverfolgung ausgeschlossen ist. Insofern unterscheiden sich die beiden Situationen nicht. Weicht der Sachverhalt jedoch in einigen Punkten von dem Sachver-

---

war. Grundsätzlich scheint der EGMR den Tatbegriff jedoch eher eng zu fassen und auf die rechtliche Qualifikation abzustellen.

[860] Crim., 5.10.1972, D., 1974, 113.

[861] Crim., 20.2.1931, S., 1932, I, 273.

[862] Pradel/Varinard, Crim., 25.3.1954, Thibaud, Grands arrêts, 382ff.; s.a. die Anm. zu dem Fall von Verdier, JCP, 1954, II, 8272.

[863] S. dazu auch Crim., 19.5.1983, Bull.Crim. 1983, Nr.149 – *Affaire Laurent*; Anm. dazu von Jeandidier, JCP, 1985, II, 20385.

halt der bereits abgeurteilten Tat ab, ist eine erneute Verfolgung unter bestimmten Voraussetzungen möglich. Der rechtlichen Qualifikation kommt bei der Frage nach derselben Tat somit eine größere Bedeutung zu.

Es wird also je nachdem, welches Gericht zuständig ist und ob exakt derselbe Sachverhalt vorliegt, entweder auf einen engen oder einen weiten Tatbegriff abgestellt.

### 3. England

In England wird unter der Tat nicht der historische Lebenssachverhalt, wie in Deutschland und zum Teil auch in Frankreich, verstanden, sondern die „*offence*", das jeweilige Delikt und zwar in dem Umfang, in dem die Prozessgrundsätze von Common Law bzw. Statute Law sie im Augenblick der Gerichtsentscheidung genehmigen.[864]

Dargelegt wurde das ausdrücklich in *R. v. Thomas*[865]. Es ging um Section 18 des Interpretation Act 1978, welche das Verbot der Doppelbestrafung „*for the same offence*" regelt. In dem Urteil hieß es ausdrücklich, dass die Worte „*same offence*" weder den gleichen „*act*" noch die gleiche „*cause*" bezeichneten.[866]

Damit die Einrede des „autrefois acquis" bzw. „convict" eingreifen kann, muss die identische „offence" gegeben sein, wie in einem vorherigen Verfahren.[867] In *Connelly* wurde allerdings dargelegt, dass eine erneute Strafverfolgung ebenfalls ausgeschlossen ist, wenn das Delikt „substantially the same" ist, wie ein bereits vorher abgeurteiltes Delikt.[868] Es muss demnach keine eins zu eins Übereinstimmung der Delikte bestehen.

Hat jemand z.B. durch dieselbe natürliche Handlung das gleiche Rechtsgut gegenüber verschiedenen Personen mehrmals verletzt – tötet also jemand durch einen Sprengstoffanschlag mehrere Personen oder bestiehlt jemand durch die Wegnahme einer Geldkasse gleichzeitig mehrere Personen – so kann wegen jeder einzelnen Verletzung getrennt Anklage erhoben werden und der Straftäter kann gleich mehrfach verurteilt werden.[869] Allerdings ordnet das Gericht in solchen Fällen den gleichzeitigen Vollzug der mehrfach ausgesprochenen Strafen an, so dass die Strafe nicht die Dauer oder Höhe der schwersten Einzelstrafe übersteigt.

Wird jemand bei einer mehrfachen, durch eine Handlung begangenen Tötung nur wegen einer Tat angeklagt und deswegen freigesprochen, tritt kein Strafklageverbrauch

---

[864] Kielwein, ZStW 1956, 37, 51.

[865] R v. Thomas [1950] 1 K.B. 26, 33 Cr.App.R. 200.

[866] *„(...) it was submitted, that "act", "cause" and "offence" all mean the same thing. In our view, that is not correct. It is not the law that a person shall not be liable to be punished twice for the same act."* R v. Thomas [1950] 1 K.B. 26, 33 Cr.App.R. 200; vgl. auch Archbold, Criminal Pleading, § 4-123.

[867] Archbold, Criminal Pleading, § 4-119.

[868] Connelly v. DPP [1964] 48 Cr.App.R. 183, 184.

[869] Kielwein, ZStW 1956, 37, 46.

wegen aller Tötungen ein, sondern die Anklagebehörde kann erneut Anklage erheben, wegen Tötung des zweiten, dritten etc. Opfers.[870]

Ebenso schützt das Verbot der Doppelbestrafung den Beschuldigten nicht vor einer erneuten Verurteilung wegen Straftaten, die sich aus dieser Straftat ergeben. Z.B. stellt eine Verurteilung wegen Körperverletzung bei danach eintretendem Tod des Opfers kein Hindernis für eine spätere Verurteilung wegen Mordes dar. Das ergibt sich eindeutig aus dem 5. Prinzip von *Lord Morris*.

An dieser Stelle ist auch das bereits oben beschriebene 2. Prinzip von *Lord Morris* zu erwähnen. Danach kann nach einer Verurteilung oder einem Freispruch wegen eines bestimmten Deliktes ein darin enthaltenes weniger schweres Delikt nicht mehr abgeurteilt werden, soweit die Jury keinen Vorbehalt diesbezüglich anbringt.[871] Eine Verurteilung wegen Mordes schließt also bei fehlendem Vorbehalt automatisch eine weitere Verurteilung wegen Totschlages aus.[872]

Weiterhin ist in diesem Zusammenhang auch die Frage von Bedeutung, ob im englischen Strafrecht der aus dem englischen Zivilrecht bekannte Gedanke des „***issue estoppel***" angewendet werden kann.[873] Im Zivilrecht darf niemand zweimal „*on the same ground*" verklagt werden. Damit wird im Zivilrecht der Beschluss eines Gerichts als endgültig angesehen, eine Wiederaufnahme des Verfahrens ist ausgeschlossen.[874] Im Strafverfahren kann nach dieser Doktrin entweder die Staatsanwaltschaft oder die Verteidigung die andere Seite von der Wiederaufnahme einer bestimmten Tatfrage abhalten, wenn diese Frage bereits in einem vorangegangenen Verfahren zwischen denselben Parteien entschieden wurde.[875]

In *DPP v. Humphrys*[876] wurde jedoch entschieden, dass das zivilrechtliche „*issue estoppel*" keinen Raum im Strafrecht findet. Humphrys wurde von der Straftat freigesprochen, dass er – obwohl es ihm während eines gesamten Jahres untersagt war – mit dem Auto gefahren war. Er konnte dennoch nicht verhindern, dass er später wegen Meineides verurteilt wurde, nachdem sich herausstellte, dass er tatsächlich gefahren war.

Diese Entscheidung beinhaltete die Gefahr, dass nun Freisprüche durch eine Strafverfolgung wegen Falschaussage oder Meineides stets rückgängig gemacht werden könnten. In solchen Fällen sollen aber die Richter ihr Ermessen dahingehend ausüben, dass

---

[870] Kielwein, ZStW 1956, 37, 47.

[871] DPP v. Nasralla [1967] 2 A.C. 238, [1967] 2 All E.R. 161; Archbold, Criminal Pleading, § 4-131; Blackstone's Criminal Practice, D 11.39; vgl. auch Thomas, Einmaligkeit, 194f.

[872] So wurde bereits 1578/79 im Holfcroft's Fall, 76 E.R. 996 entschieden.

[873] Ausführlich dazu: Spencer-Bower/Turner, Res Judicata, 283ff. Diese Ausführungen entstanden allerdings vor der Entscheidung DPP v. Humphrys [1977] A.C. 1, welche das issue estoppel im Strafrecht ablehnt; weiterhin s. Choo, Abuse of Process, 28 ff.; Pütz-Kücking, Dieselbe Tat, 125ff.; vgl. auch Archbold, Criminal Pleading, § 4-157ff.

[874] Hampton, Criminal Procedure, 196.

[875] Blackstone's, Criminal Practice, D 11.49; Sprack, Criminal Procedure, Rn.16.51.

[876] DPP v. Humphrys [1977] A.C. 1.

eine erneute Verfolgung verhindert wird, da ansonsten von einem Verfahrensmissbrauch ausgegangen werden kann. In *DPP v. Humphrys* lag nur deshalb kein Verfahrensmissbrauch vor, da Humphry wegen Fahrens an einem bestimmten Tag freigesprochen wurde, die Verurteilung wegen Meineides bezog sich jedoch auf seine Aussage, dass er während des gesamten Jahres nicht gefahren war.[877]

Die Wiederaufnahme des Verfahrens wird im Strafrecht also lediglich durch die autrefois-Einrede ausgeschlossen – ein „*issue estoppel*“ existiert nicht.[878]

Die enge Sichtweise des Tatbegriffs, die zu einem sehr begrenzten Anwendungsbereich der Regel „ne bis in idem“ führt, entspricht auch den einleitenden Worten *Lord Reids*, die dieser zur Rechtssache Connelly fand: „ *...many generations of judges have seen nothing unfair in holding that the plea of autrefois acquit must be given a limited scope*“[879].

In den letzten Jahren wurde diese sehr enge Sichtweise des Tatbegriffs jedoch gelockert. In der Rechtssache *Beedie*[880] wurde die Rechtssache *Connelly* insofern präzisiert, dass in den Fällen, in denen zwar keine erneute Verfolgung wegen derselben Straftat sondern wegen derselben Tatsachen droht, das richterliche Ermessen dahin ausgeübt werden kann, dass eine weitere Strafverfolgung ausgeschlossen ist. Ansonsten läge Verfahrensmissbrauch vor.[881] Bei Vorliegen derselben Tatsachen kann dennoch eine Verfolgung wegen einer schwereren Straftat ausgeschlossen werden, soweit nicht besondere Umstände vorliegen, die dennoch eine erneute Verfolgung rechtfertigen.[882] Die „besonderen Umstände“ werden allerdings nicht genauer ausformuliert; es müssten sowohl die Interessen des Angeklagten, des Opfers und dessen Familie als auch die Interessen der Öffentlichkeit gleichermaßen berücksichtigt werden. Daraus ergebe sich dann, inwieweit „besondere Umstände“ ein erneutes Verfahren erlauben oder ob ein solches einen Verfahrensmissbrauch darstellen würde. Rechtsprechung existiert zu dieser Frage kaum; lediglich der Court of Appeal von Gibraltar entschied, dass unter „besondere Umstände“ Beweise fallen, die zur Zeit des ersten Prozesses noch nicht vorhanden waren.[883]

---

877 Sprack, Criminal Procedure, Rn.16.51.

878 DPP v. Humphrys [1977] A.C. 1; neuerdings auch R v. Z. [2000] 3 WLR 117; Hampton, Criminal Procedure, 196f.

879 Connelly v. DPP [1964] A.C. 1254, 1295; [1964] 48 Cr.App.R. 183, 200.

880 Beedie [1997] 2 Cr.App.R. 167; [1998] Q.B. 356; ausführliche Besprechung des Falls: Dingwall, Modern Law Review 2000, 268, 270ff.

881 Ein solches richterliches Ermessen war zuvor schon von Lord Reid in *Connelly* gefordert, jedoch von *Lord Morris* mit dem Argument, die Einreden „autrefois acquit“ und „autrefois convict“ seien abschließend, abgelehnt worden. – Connelly v. DPP [1964] 48 Cr.App.R. 183.

882 Sprack, Criminal Procedure, Rn.16.47.

883 Attorney General for Gibraltar v. Leoni, 19.3.1999 n.v., aus Dingwall, Modern Law Review 2000, 268, 277.

## 4. Zusammenfassung und Bedeutung für die Auslegung des Verbotes der Doppelbestrafung

Die Tatbegriffe in den drei Rechtsordnungen sind recht unterschiedlich ausgestaltet. Der deutsche Tatbegriff hat den größten Umfang. Er bezieht sich auf den gesamten geschichtlichen Vorgang, auf den sich die strafbare Handlung erstreckt und auf den Anklage- und Eröffnungsbeschluss hinweisen. Wurde dieser umgrenzte Zeitraum einmal vor Gericht behandelt und alle die in diesem Zeitraum begangenen Handlungen, die eines oder mehrere Strafgesetze verletzten, abgeurteilt, kann keine erneute Strafverfolgung, die eine Handlung aus diesem Sachverhalt betrifft, stattfinden.

In Frankreich wird demgegenüber danach differenziert, welches Gericht die Erstentscheidung ausgesprochen hat. Bei Urteilen der Cour de Cassation wird ebenso wie in Deutschland auf den geschichtlichen Vorgang abgestellt. Bei Urteilen der Tribunaux Correctionnelles und der Tribunaux de Police ist strittig, ob auf die rechtliche Qualifikation oder den Sachverhalt abgestellt werden soll. Die geschichtliche Entwicklung zeigt aber, dass in Frankreich lange Zeit die Tendenz für eine reine Betrachtung der rechtlichen Qualifikation bestand und dass auch heute noch die überwiegenden Argumente für einen engen Tatbegriff im Rahmen der Entscheidungen der Tribunaux Correctionnelles und der Tribunaux de Police sprechen, es sei denn, es liegt exakt derselbe Sachverhalt vor.

Obwohl sich die Rechtsprechung in England dahingehend zu entwickeln scheint, den dort geltenden Tatbegriff etwas auszuweiten, ist allgemein anerkannt, dass sich dieser auf die rechtliche Qualifikation und nicht auf den Sachverhalt bezieht. Damit herrscht in England das strengste Verständnis und erleichtert dementsprechend eine erneute Strafverfolgung hinsichtlich derselben Tatsachen.

Grund für die Anwendung des engen Tatbegriffs in Frankreich scheint zu sein, dass den Tribunaux Correctionnelles und den Tribunaux de Police nicht dasselbe Vertrauen entgegengebracht wird, wie der Cour de Cassation. Außerdem ist in Frankreich und war bis vor kurzem in England die Wiederaufnahme eines Verfahrens nach einem Freispruch grundsätzlich ausgeschlossen. Tauchen neue Tatsachen auf, ist selbst bei einem dann offensichtlich fehlerhaften Freispruch in Frankreich kein erneutes Verfahren möglich, in England nur unter sehr eng umrissenen Voraussetzungen. Durch die Annahme eines enggefassten Tatbegriffes können neue Tatsachen zu einem erneuten Verfahren führen.

Das erklärt auch, warum in Deutschland nicht die Notwendigkeit eines engen Tatbegriffes besteht: Es existieren Wiederaufnahmeregelungen, die sowohl nach Verurteilung als auch nach einem Freispruch eine abermalige Behandlung eines bestimmten Falles ermöglichen.

Es ist fraglich, wie diese unterschiedlichen Konzeptionen für die Bedeutung des Tatbegriffes des Artikels 54 SDÜ verwertet werden können. Die Anwendung beider Tatbegriffe, wie in Frankreich, wo darauf abgestellt wird, welches Gericht mit dem Fall befasst war, ist abzulehnen. In den 27 EU-Staaten herrschen vollkommen unterschiedliche Strafverfahrenssysteme, so dass eine solche Regelung nur zu Verwirrung und zu Rechtsunsicherheit führen würde. Eine Entscheidung entweder für einen weiten oder einen engen Tatbegriff würde die rechtlichen Konzeptionen jeweils anderer Staaten missachten. Es muss also eine Symbiose gefunden werden. Dafür kann der bereits oben erwähnte Tatbegriff aus dem EG-Wettbewerbsrecht herangezogen werden.[884] Dieser stellt zwar nicht auf den Sachverhalt ab, besteht aber gleichzeitig auch nicht auf einen festgeschriebenen Straftatbestand, sondern lässt vielmehr dessen Unrechtsgehalt ausreichen. Damit muss also nicht genau dasselbe Delikt, sondern lediglich im wesentlichen dasselbe vorliegen. Das ist der Fall, wenn Identität hinsichtlich des Täters, des Sachverhalts und des betroffenen Rechtsguts gegeben ist.[885] Dadurch wird berücksichtigt, dass einige Straftatbestände nicht in allen Ländern existieren oder vielleicht bestimmte Tatumstände bei der Strafverfolgung in einem Land nicht bekannt sind. Wird eine Person in einem Land wegen mehrerer Straftaten abgeurteilt, kann sie diesbezüglich in keinem anderen Land erneut verfolgt werden. Da davon auszugehen ist, dass grundsätzlich die betreffenden Gerichte einen bestimmten Sachverhalt unter jeder möglichen rechtlichen Würdigung begutachten, ist davon auszugehen, dass alle in Frage kommenden Straftaten behandelt werden und der Fall somit erledigt ist. Besteht gleichzeitig die Strafgewalt eines Staates, in dessen nationaler Rechtsordnung im Gegensatz zur Rechtsordnung des Erstentscheidungsstaates ein Strafgesetz existiert, welches durch dieselbe Handlung verletzt wurde, ist nichts dagegen einzuwenden, dass eine erneute Strafverfolgung stattfindet. Zwar entsteht somit das eigentlich zu vermeidende Ergebnis, dass der Beschuldigte zweimal den Strapazen einer Strafverfolgung und eines Strafverfahrens ausgesetzt wird, andererseits kann aber auch nur so das Sühnebedürfnis in diesem Staat getilgt werden, der sich ansonsten übergangen fühlen könnte und nur so können vielleicht die Vorbehalte vieler Staaten eingeschränkt werden, die diese im Rahmen des Artikels 55 SDÜ erklären. Außerdem muss ein Täter, welcher seine illegalen Tätigkeiten grenzüberschreitend betreibt, damit rechnen, wegen aller Straftaten belangt zu werden, die er durch seine Handlungen begeht. Eine Bestrafung wegen der Verletzung eines bestimmten Strafgesetzes kann nicht ausgeschlossen sein, nur weil es im Erstentscheidungsstaat nicht existiert. Um den Straftäter dennoch nicht unverhältnismäßig hart zu bestrafen, muss dann aber die zusätzliche Strafe an die bereits verhängte Strafe angerechnet werden. Ein solches Anrechnungsgebot existiert bereits in Artikel 56 SDÜ.

Zwar besteht bei einem normativen Tatbegriff weiterhin das Problem von unterschiedlichem Strafmaß in verschiedenen Ländern; bei der wesentlich gleichen Straftat ist aber in der Regel davon auszugehen, dass das Strafmaß nicht allzu großen Schwankungen unterliegt, und sollte das doch einmal der Fall sein, wie z.B. im Rahmen der Drogenkriminalität[886], ist das im Hinblick auf Rechtssicherheit und Rechtsfrieden hinzunehmen.

Ungerechtigkeiten, die entstehen, weil eine Straftat zur Zeit der Aburteilung einer gewissen Handlung nicht bekannt war – ein Beispiel dafür ist der Bankräuber, welcher nach dem Raub aus Frankreich flüchtet und dann in Deutschland wegen Geschwindigkeitsüberschreitung erfasst und verurteilt wird – werden dadurch vermieden. Zwar ist

---

[884] S.o. E.III.4.

[885] EuGH, Schlussanträge des Generalanwalts Dámaso Ruiz-Jarabo Colomer, Rs. *Italcementi SpA/Kommission* (Fn.494), Slg. 2004, Rn.89.

[886] S.o. C.IV.5.

durch ein Abstellen auf „im wesenlichen dasselbe Delikt“ noch nicht der Fall geklärt, dass im nachhinein Tatsachen bekannt werden, die eine weitaus schwerere Bestrafung rechtfertigen würden, wie z.B. der fahrlässige Totschlag, der eigentlich einen Mord darstellte. Sollte eine solche sog. Ergänzungsklage überhaupt zugelassen werden, könnte sie aber im Rahmen von Wiederaufnahmegründen behandelt werden.

Der Begriff „dieselbe Tat“ in Artikel 54 SDÜ ist demnach dahingehend auszulegen, dass die Strafverfolgungsbehörden desjenigen Staates, der eine erneute Strafverfolgung begehrt, darauf abstellen müssen, ob Sachverhalt, Täter und das betroffene Rechtsgut identisch sind.

## V. Die „rechtskräftige Aburteilung“

Wann eine Entscheidung als „rechtskräftige Aburteilung“ angesehen werden kann, wann sie in Rechtskraft erstarkt, ist nicht nur ein großes Problem bei der Auslegung des Artikels 54 SDÜ, sondern auch im nationalen Recht. Im Folgenden sind zunächst die Entscheidungsformen der einzelnen Länder darzustellen. Es wird untersucht, wie sich die Entscheidung des EuGH in den jeweiligen Ländern auswirkt und anschließend ist zu prüfen, ob die Auslegung des EuGH zum Merkmal der „rechtskräftigen Aburteilung“ ausreichend ist oder ob sie weitergehender Präzisierung bedarf.

In seinem Urteil vom 11.2.2003 stellt der EuGH drei Voraussetzungen dafür auf, wann eine „rechtskräftige Aburteilung“ vorliegt, so dass Artikel 54 SDÜ eingreift:

1. Es muss ein zum endgültigen Strafklageverbrauch führendes Verfahren vorliegen.[887]
2. Es ist ausreichend, wenn die Strafverfolgung durch eine Entscheidung einer Behörde beendet wird, welche zur Mitwirkung bei der Strafrechtspflege in der betreffenden nationalen Rechtsordnung berufen ist[888]; die Mitwirkung eines Gerichts ist nicht erforderlich.
3. Der Beschuldigte muss bestimmte, durch diese Behörde festgesetzte Auflagen erfüllt haben, durch die das dem Beschuldigten vorgeworfene Verhalten geahndet wird.[889]

Nach dem oben gewonnenen Ergebnis[890] ist zusätzlich auf den Vorschlag von *Bohnert* und *Lagodny* abzustellen, der als endgültig alle Entscheidungen anerkennt, die nur unter bestimmten Voraussetzungen (wenn – zumindest – neue Tatsachen oder Beweise vorliegen) wieder aufgenommen werden, so dass eine andere rechtliche Würdigung des Falles ermöglicht wird.

---

[887] Rn.30 des Urteils.

[888] Rn.28 des Urteils.

[889] Rn.29 des Urteils.

[890] S.o. E.V.3.

### 1. Deutschland

Damit eine Entscheidung in Deutschland in materielle Rechtskraft erstarken kann, muss das Verfahren vollständig abgeschlossen sein. Vorher besteht lediglich Rechtshängigkeit.[891]

#### a. Darstellung

##### aa. Sachurteile

Die umfänglichste materielle Rechtskraft besteht in Deutschland bei Sachurteilen nach § 264 StPO, welche aufgrund einer mündlichen Hauptverhandlung zustandegekommen sind.[892] Es ist unwesentlich, ob das Urteil auf öffentliche Klage oder auf Privatklage hin ergangen ist.[893] Auch als Freispruch begründen sie volle Sperrwirkung.[894] Ein nichtiges Urteil bewirkt keinen Strafklageverbrauch.[895]

Wichtig ist, dass nur der Tenor in Rechtskraft erwächst – den ermittelten Tatsachen kommt keine Feststellungswirkung zu.[896]

##### bb. Andere gerichtliche verfahrensabschließende Entscheidungen

##### (1) Der rechtskräftige Strafbefehl nach §§ 407-412 StPO

In den §§ 407 bis 412 StPO ist das Strafbefehlsverfahren geregelt. Danach können bei einem Vergehen auf Antrag der Staatsanwaltschaft die Rechtsfolgen der Tat durch Strafbefehl – also ohne eine mündliche Hauptverhandlung und Urteil – festgesetzt werden.

Bei dem Strafbefehlsverfahren handelt es sich somit um ein summarisches Verfahren.[897] Es unterliegt der Zuständigkeit des Amtsgerichts und dient der Entlastung der Gerichte durch die Ermöglichung einer vereinfachten Aburteilung von Kleinkriminalität. Aufgrund des Verzichts auf Hauptverhandlung und Urteil muss die Schuld des Täters nicht zur Überzeugung des Gerichts feststehen – ausreichend ist ein hinreichender Tatverdacht.[898]

---

[891] Meyer-Goßner, StPO, Einl. Rn.171.

[892] Rieß in: Löwe-Rosenberg, StPO, Einl. Abschn. J Rn.75; Radke/Busch, EuGRZ 2000, 421, 428; vgl. auch Meyer-Goßner, StPO, Einl. Rn.172ff.

[893] LG Hamburg, NJW 1948, 352; Schmidt-Aßmann in: Maunz/Dürig, GG, Art.103 III Rn.295.

[894] BVerfGE 12, 62, 66; BGH NStZ 1991, 539f.; Nolte in: v. Mangoldt/Klein/Starck, GG, Art.103 III Rn.215; Schmidt-Aßmann in: Maunz/Dürig, GG, Art.103 III Rn.295; Jarass/Pieroth, GG, Art.103 Rn.60; Schulze-Fielitz in: Dreier, GG, Art.103 III Rn.25f.; Rüping in: Dolzer/Vogel/Graßhof, BK, Art.103 III Rn.25.

[895] Schmidt-Aßmann in: Maunz/Dürig, GG, Art.103 III Rn.295; Roxin, Strafverfahrensrecht, § 50 Rn.27ff.

[896] Schmidt-Aßmann in: Maunz/Dürig, GG, Art.103 III Rn.295.

[897] BVerfGE 3, 248, 253.

[898] Meyer-Goßner, StPO, Vorb. § 407 Rn.1

Nach § 410 III StPO erstarkt der Strafbefehl in Rechtskraft, wenn der Angeklagte nicht innerhalb von zwei Wochen nach Zustellung bei Gericht Einspruch erhoben oder auf einen Einspruch verzichtet hat. Er wird damit einem Urteil gleichgestellt.

Früher war die Rechtskraftwirkung des Strafbefehls umstritten.[899] Dem Strafbefehl wurde lange Zeit wegen der lediglich summarischen Prüfung des Sachverhalts nur eine beschränkte Rechtskraft zuerkannt und eine wiederholte Strafverfolgung unter einem anderen straferhöhenden Aspekt jederzeit zugelassen, wenn dieser bisher noch nicht berücksichtigt worden war.[900] 1953 hat das Bundesverfassungsgericht diese Einschränkung als mit Artikel 103 III GG vereinbar anerkannt.[901] 1983 entschied es jedoch dahingehend, dass die Strafklage auch dann bereits verbraucht ist, wenn ein straferschwerender Umstand, der die Bestrafung wegen eines schweren Vergehens begründen würde, nach rechtskräftiger Erledigung des Strafbefehlsverfahrens eintritt.[902] Begründet wurde das damit, dass später auftretende Umstände nicht zu den typischen Fehlerquellen des summarischen Verfahrens zählen.

1987 wurde § 373 a StPO entsprechend § 153 a II StPO neu geregelt, so dass er nun das Wiederaufgreifen eines durch rechtskräftigen Strafbefehl abgeschlossenen Verfahrens zuungunsten des Verurteilten zulässt, soweit neue Tatsachen oder Beweise auftauchen, welche geeignet sind, die Verurteilung wegen eines Verbrechens zu begründen. Eine unrichtige rechtliche Beurteilung soll demgegenüber kein Wiederaufgreifen ermöglichen können.[903]

Diese Einschränkung der materiellen Rechtskraft des Strafbefehls im Verhältnis zum Sachurteil trägt der Sachlage Rechnung, dass die richterliche Überzeugung von der Schuld des Angeklagten nur aufgrund der Aktenlage und nicht durch die zuverlässigere mündliche Hauptverhandlung gewonnen wurde.[904] In Hinblick auf die weiteren Kriterien der materiellen Rechtskraft steht der Strafbefehl dem Sachurteil aber nicht nach.

Verfassungsrechtlich ist gegen § 373 a StPO nichts einzuwenden, da die Vorschrift die Verurteilung wegen eines Verbrechens behandelt und damit Straftaten betrifft, die von vornherein nicht vom Strafbefehlsverfahren umfasst werden.[905]

Der Strafbefehl kann somit für Vergehen in Rechtskraft erstarken.[906] Gerade im Hinblick auf die erhebliche Bedeutung, die das Strafbefehlsverfahren in der Praxis der

---

[899] Schmidt-Aßmann in: Maunz/Dürig, GG, Art.103 III Rn.297; Jarass/Pieroth, GG, Art.103 Rn.61; Meyer-Goßner, StPO, § 410 Rn.11; Gössel in: Löwe-Rosenberg, StPO, § 410 Rn.20f.

[900] BGHSt 3, 13ff.; 28, 69ff.; Schmidt-Aßmann in: Maunz/Dürig, GG, Art.103 III Rn.297; Meyer-Goßner, StPO, § 410 Rn.11.

[901] BVerfGE 3, 248, 252ff.

[902] BVerfGE 65, 377, 382ff.; vgl. auch Schmidt-Aßmann in: Maunz/Dürig, GG, Art.103 III Rn.298.

[903] Schmidt-Aßmann in: Maunz/Dürig, GG, Art.103 III Rn.299.

[904] Radke/Busch, EuGRZ 2000, 421, 428.

[905] Schmidt-Aßmann in: Maunz/Dürig, GG, Art.103 III Rn.299.

[906] Schulze-Fielitz in: Dreier, GG, Art.103 III Rn.26; Meyer-Goßner, StPO, Vorbm. § 407 Rn.4; Beulke, Strafprozessrecht, Rn.529; Radke/Busch, EuGRZ 2000, 421, 428.

Strafverfolgungsbehörden mittlerweile erlangt hat[907], würde ansonsten der Schutzzweck des Artikels 103 III GG verfehlt.[908]

**(2) Das Einstellungsurteil nach § 260 III StPO**

Liegt ein Verfahrenshindernis vor, ist das Verfahren durch das Gericht gemäß § 260 III StPO einzustellen. Das Einstellungsurteil gemäß § 260 III StPO bewirkt keinen Strafklageverbrauch.[909] Es handelt sich um ein Prozessurteil, welches sachlich keine Stellung bezieht[910], sondern lediglich das Bestehen eines Prozesshindernisses feststellt, dessen Art sich aus den Urteilsgründen ergibt.[911] Es beendet das Verfahren zwar genauso wie ein Sachurteil und erstarkt ebenso in formelle Rechtskraft, dennoch verbraucht es nicht die Strafklage, da nach Behebung des Prozesshindernisses durch die Staatsanwaltschaft erneut Anklage erhoben werden kann.[912]

Anerkannt wird die Rechtskraftwirkung jedoch, wenn ein unbehebbares Verfahrenshindernis vorliegt.[913]

**(3) Der Beschluss nach § 206 a StPO**

Nach § 206 a I StPO kann das Gericht das Verfahren durch Beschluss außerhalb der Hauptverhandlung einstellen, wenn sich nach Eröffnung des Hauptverfahrens ein Verfahrenshindernis herausstellt. Das Verfahren kann jedoch jederzeit fortgesetzt bzw. es kann ein neues Verfahren eingeleitet werden, sobald das festgestellte Verfahrenshindernis beseitigt ist.[914]

Ansonsten entfaltet der Einstellungsbeschluss nach § 206 a StPO die gleichen Wirkungen wie das Einstellungsurteil nach § 260 III StPO[915], da zwar ein Unterschied in der Form gegeben ist, nicht jedoch in der Art der für die Rechtskraft wesentlichen Aspekte.[916] Der Beschluss ergeht zwar nicht in einer mündlichen Hauptverhandlung, bezüglich der Feststellung von Prozessvoraussetzungen liegt aber kein Unterschied zwischen den strengbeweislichen Aufklärungsmöglichkeiten der Hauptverhandlung und den freibeweislichen, welche außerhalb der Hauptverhandlung erfolgen.[917] Der Be-

---

[907] Vgl. dazu Heinz, FS Müller-Dietz, 271ff.

[908] Degenhart in: Sachs, GG, Art.103 Rn.85.

[909] Nolte in: v. Mangoldt/Klein/Starck, GG, Art.103 III Rn.216; Schmidt-Aßmann in: Maunz/Dürig, GG, Art.103 III Rn.295; Meyer-Goßner, StPO, Einl. Rn.172 und § 260 Rn.48.

[910] Schulze-Fielitz in: Dreier, GG, Art.103 III Rn.29.

[911] Meyer-Goßner, StPO, § 260 Rn.47.

[912] Meyer-Goßner, StPO, § 260 Rn.47f.

[913] Meyer-Goßner, StPO, § 260 Rn.48; Roxin, Strafverfahrensrecht, § 50 Rn.20; Radtke/Busch, EuGRZ 2000, 421, 428.

[914] Meyer-Goßner, StPO, § 206 a Rn.11.

[915] Meyer-Goßner, StPO, § 206 a Rn.11.

[916] Radtke/Busch, EuGRZ 2000, 421, 429.

[917] Radtke/Busch, EuGRZ 2000, 421, 429.

schluss nach § 206 a StPO löst somit ebenso wie das Prozessurteil dann einen Strafklageverbrauch aus, wenn ein unbehebbares Verfahrenshindernis gegeben ist.[918]

### (4) Gerichtliche Einstellungsentscheidungen nach §§ 153 ff. StPO

Liegt ein Vergehen vor, ist die Schuld des Täters als gering einzustufen und besteht kein öffentliches Interesse an der Verfolgung, kann das Gericht nach Klageerhebung das Verfahren gemäß **§ 153 II iVm I 1 StPO** jederzeit einstellen. Durch diese Verfahrenseinstellung wird eine eingeschränkte Sperrwirkung ausgelöst.[919]

Es ist eine Frage der Auslegung, ob der Strafklageverbrauch nur dann durchbrochen werden kann, wenn nachträglich der Verdacht eines Verbrechens oder einer fortgesetzten Handlung entsteht oder ob eine Durchbrechung bereits dann vorliegt, wenn neue Tatsachen oder Beweismittel bekannt werden, die eine erhöhte Strafbarkeit begründen oder der Verfahrenseinstellung die Grundlage entziehen.[920] Der BGH hat kürzlich entschieden, dass ein Wiederaufgreifen des Verfahrens nach dem Rechtsgedanken des § 153 a I 5 StPO immer dann möglich sein soll, wenn sich die Tat nachträglich als Verbrechen darstellt.[921] Es darf allerdings nicht das Vertrauen des Betroffenen hinsichtlich des Verfahrensgegenstandes außer acht gelassen werden.[922]

Weiterhin besteht für das Gericht nach Klageerhebung noch die Möglichkeit bei einem Vergehen das Verfahren nach **§ 153 a II 1 StPO** einzustellen und dem Beschuldigten Auflagen und Weisungen zu erteilen. Erfüllt der Beschuldigte diese Auflagen, so ist seine Tat gem. § 153 a II 2 iVm I 5 StPO nicht mehr als Vergehen verfolgbar. Allerdings ist eine weitere Verfolgung der Tat als Verbrechen nicht ausgeschlossen. Eine neue Strafverfolgung ist zulässig, sobald der Verdacht eines Verbrechens vorliegt. Deshalb besteht lediglich beschränkte Rechtskraft.[923] Der Strafklageverbrauch ist stärker als bei § 153 II StPO, da es sich um eine Verfahrensbeendigung mit einer Sanktion handelt.[924]

Nach **§ 154 II i.V.m. I StPO** kann das Gericht nach Erhebung der öffentlichen Klage ein Verfahren vorläufig einstellen, wenn die Sanktion, zu der die Verfolgung führt, neben einer anderen Sanktion, die gegen den Beschuldigten wegen einer anderen Tat

---

918 Rieß in: Löwe-Rosenberg, StPO, Einl. Abschn. J Rn.95; Radtke/Busch, EuGRZ 2000, 421, 429.

919 Nolte in: v. Mangoldt/Klein/Starck, GG, Art.103 III Rn.217; Jarass/Pieroth, GG, Art.103 Rn.60; Schulze-Fielitz in: Dreier, GG, Art.103 III Rn.27; Rüping in: Dolzer/Vogel/Graßhof, BK, Art.103 III Rn.65; Beulke in: Löwe-Rosenberg, StPO, § 153 Rn.88; Beulke, Strafprozessrecht, Rn.336; Loos, JZ 1978, 592, 596.

920 Schmidt-Aßmann in: Maunz/Dürig, GG, Art.103 III Rn.296; Nolte in: v. Mangoldt/Klein/Starck, GG, Art.103 III Rn.217; Meyer-Goßner, StPO, § 153 Rn.38; vgl. auch Beulke in: Löwe-Rosenberg, StPO, § 153 Rn.88ff.

921 BGH, Beschl. v. 26.8.2003 – 5 StR 145/03, in: NJW 2004, 375.

922 Nolte in: v. Mangoldt/Klein/Starck, GG, Art.103 III Rn.217.

923 Schmidt-Aßmann in: Maunz/Dürig, GG, Art.103 III Rn.296; Jarass/Pieroth, GG, Art.103 Rn.60; Schulze-Fielitz in: Dreier, GG, Art.103 III Rn.27.

924 Meyer-Goßner, StPO, § 153 a Rn.52.

verhängt wird oder wurde, nicht deutlich ins Gewicht fällt oder wenn ein Urteil in einer bestimmten Frist nicht zu erwarten ist und eine Sanktion wegen einer anderen Tat als ausreichend erscheint.

Im Gegensatz zur § 154 I StPO ist die vorläufige Einstellung durch Gerichtsbeschluss endgültig gemeint und hat beschränkte materielle Rechtskraft.[925] Ein Wiederaufgreifen des Verfahrens ist unter den Voraussetzungen des § 154 V i.V.m. III oder IV StPO möglich.

**(5) Der die Eröffnung des Hauptverfahrens ablehnende Beschluss nach §§ 204, 211 StPO**

Eingeschränkte Rechtskraft kommt dem gerichtlichen Beschluss zu, welcher nach § 204 StPO die Eröffnung des Hauptverfahrens ablehnt.[926] Gemäß § 211 StPO kann die Klage nur aufgrund neuer Tatsachen oder Beweismittel wieder aufgenommen werden.

Der Unterschied zu der Rechtskraftwirkung eines Sachurteils ist darin zu sehen, dass bei der Wiederaufgreifung keine gerichtliche Überzeugungsbildung über die Schuld des Beschuldigten verlangt wird; es muss lediglich ein hinreichender Tatverdacht vorliegen, die §§ 359 ff. StPO werden nicht angewandt.[927] Es handelt sich bei der Vorschrift um eine zulässige Einschränkung des Artikels 103 III GG.

**(6) Gerichtliche Sachbeschlüsse nach § 174 I StPO**

Strafklageverbrauch entsteht ebenfalls nach § 174 I StPO bei der Verwerfung des Antrags im Klageerzwingungsverfahren, wenn nach Ansicht des Gerichts kein Anlass zur Klageerhebung besteht. Allerdings gilt auch dieser Strafklageverbrauch nur eingeschränkt, da die Staatsanwaltschaft die Klage gemäß § 174 II StPO bereits aufgrund neuer Tatsachen und Beweismittel erheben kann.[928] Es entsteht somit die gleiche Wirkung wie bei der Ablehnung der Eröffnung des Hauptverfahrens nach §§ 204, 211 StPO. Das zeigt sich bereits darin, dass die §§ 211 und 174 II StPO wörtlich miteinander übereinstimmen.

**(7) Die Verwerfung der Revision**

Die Verwerfung der Revision durch Beschluss als offensichtlich unbegründet gemäß § 349 II StPO kann einem Sachurteil gleichgesetzt werden und hat deshalb unbeschränkte Rechtskraft.[929]

---

[925] Meyer-Goßner, StPO, § 154 Rn.17.

[926] Jarass/Pieroth, GG, Art.103 Rn.60; Meyer-Goßner, StPO, § 211 Rn.1; Rieß in: Löwe-Rosenberg, StPO, § 204 Rn.17; Roxin, Strafverfahrensrecht, § 50 Rn.21.

[927] Rieß in: Löwe-Rosenberg, StPO, § 211 Rn.1; Radtke/Busch, EuGRZ 2000, 421, 428.

[928] Meyer-Goßner, StPO, § 174 Rn.6.

[929] BGHSt 17, 94, 97; Rüping in: Dolzer/Vogel/Graßhof, BK, Art.103 III Rn.66; Hanack in: Löwe-Rosenberg, StPO, § 349 Rn.27f.

Keine Rechtskraft erlangt demgegenüber der Beschluss nach § 349 I StPO, die Revision als unzulässig zu verwerfen[930]: Bei Irrtum über die tatsächlichen Grundlagen soll er rücknehmbar sein.[931]

### cc. Verfahrensabschlüsse durch die Staatsanwaltschaft

Vor Klageerhebung besteht in einigen Fällen für die Staatsanwaltschaft die Möglichkeit, das Verfahren wieder einzustellen. Nach **§ 153 I 2 StPO** kann sie von dieser Möglichkeit Gebrauch machen, wenn ein als geringfügig anzusehendes Vergehen vorliegt. Eine Einstellung nach **§ 170 II StPO** erfolgt, wenn nach dem Ermittlungsergebnis nicht zu erwarten ist, dass das Gericht im Zwischenverfahren einen hinreichenden Tatverdacht annimmt oder wenn angenommen werden kann, dass das Verfahren aus rechtlichen Gründen nicht eröffnet wird.[932]

Diese Einstellungsverfügungen lösen keinen Strafklageverbrauch aus[933] - auch dann nicht, wenn sie wie bei § 45 II 1 JGG obligatorisch werden[934]. Die Ermittlungen können jederzeit wieder aufgenommen werden, wenn Anlass dazu besteht.[935] Neue Tatsachen oder Beweismittel sind nicht erforderlich.[936] Taucht nach einer Einstellung gemäß § 170 II StPO erneut ein Tatverdacht auf, besteht nach dem Legalitätsprinzip sogar die Pflicht zu einem Wiederaufgreifen.[937]

Auch die mit Zustimmung des Gerichts erfolgende staatsanwaltschaftliche Einstellung nach **§ 153 I 1 StPO** bei geringfügigen Vergehen, welche jedoch im Verhältnis zu den Vergehen nach § 153 I 2 StPO mit einer Mindeststrafe bedroht sind, löst keinen Strafklageverbrauch aus.[938] Die Zuständigkeit der Verfahrensbeendigung wird nicht inhaltlich auf das Gericht verlagert, sondern sie bleibt auf der Ebene der Strafverfolgungsbehörde.[939] Außerdem kann die gerichtliche Zustimmung jederzeit wieder zurückgenommen werden; somit tritt auch hier kein Strafklageverbrauch ein.[940]

Nach **§ 153 a I 1 StPO** kann bei einem Vergehen die Strafverfolgung durch den Staatsanwalt eingestellt werden, sofern das Gericht zustimmt und dem Beschuldigten

---

930 Hanack in: Löwe-Rosenberg, StPO, § 349 Rn.27f.

931 RGSt 59, 419, 420; Meyer-Goßner, StPO, § 349 Rn.23a.

932 Vgl. Kühne, Strafprozessrecht, Rn.580.

933 Nolte in: v. Mangoldt/Klein/Starck, GG, Art.103 III Rn.216; Schulze-Fielitz in: Dreier, GG, Art.103 III Rn.29; Meyer-Goßner, StPO, § 153 Rn.37 und § 170 Rn.9; Radtke/Busch, EuGRZ 2000, 421, 429; Loos, JZ 1978, 592, 594f.; zur Bestandskraft der Einstellungsverfügung nach § 170 II 1 StPO: Neu-Berlitz, Bestandskraft, 1ff.

934 BGHSt 10, 104, 106f.; Rüping in: Dolzer/Vogel/Graßhof, BK, Art.103 III Rn.64.

935 Zu § 170 II StPO s. Radtke, NStZ 1999, 481ff.

936 Beulke, Strafprozessrecht, Rn.334.

937 Loos, JZ 1978, 592, 594.

938 Beulke, Strafprozessrecht, Rn.334.

939 Radtke/Busch, EuGRZ 2000, 421, 429; Loos, JZ 1978, 592, 594f.

940 Meyer-Goßner, StPO, § 153 Rn.37.

bestimmte Auflagen und Weisungen erteilt werden. Von der erforderlichen Zustimmung des Gerichts kann abgesehen werden, wenn es sich um Verstöße handelt, deren Strafe nicht über die im Gesetz angedrohte Mindeststrafe hinausgeht und die Höhe des entstandenen Schadens gering ist. Werden die Auflagen ordnungsgemäß erfüllt, kann die Tat nicht mehr als Vergehen verfolgt werden. Somit entsteht hinsichtlich des Vergehens Strafklageverbrauch. Einschränkungen für eine erneute Strafverfolgung können sich aber aus dem Gedanken des allgemeinen rechtsstaatlichen Vertrauensschutzes ergeben.[941] Besteht der Verdacht eines Verbrechens, kann die Verfolgung wieder aufgenommen werden. Neue Tatsachen oder Beweise sind dafür nicht Voraussetzung.[942]

Seit einiger Zeit besteht die Möglichkeit von sogenannten **Absprachen** oder auch „**Deals**" im Strafprozess[943]. Dazu gehört vor allem die Zusage des Angeklagten, ein volles oder ein Teilgeständnis abzulegen, von der Stellung von Beweisanträgen abzusehen oder gestellte Anträge zurückzunehmen; im Gegenzug erhält er die Zusage einer geringeren Strafe.[944] Sinn und Zweck ist eine Entlastung der Gerichte.[945] Eine „Zusage" durch die Staatsanwaltschaft, eine bestimmte Tat nicht zu verfolgen, bewirkt keinen Strafklageverbrauch.[946]

Die Einstellung des Verfahrens durch die Staatsanwaltschaft nach **§ 154 I StPO** bewirkt ebenfalls keinen Strafklageverbrauch, da die Ermittlungen jederzeit wiederaufgenommen werden können, wenn es der Staatsanwaltschaft geboten erscheint.

### b. Auswirkung des EuGH-Urteils

Es stellt sich die Frage, wie sich die vom EuGH aufgestellten Voraussetzungen auf die oben genannten Einstellungsentscheidungen im deutschen Recht auswirken. Zunächst muss vorweggenommen werden, dass ein absolut endgültiger Strafklageverbrauch im deutschen Recht, aufgrund der Möglichkeit der Wiederaufnahme des Verfahrens sowohl zugunsten als auch zuungunsten des Angeklagten, überhaupt nicht existiert. Da aber die Möglichkeit der Verfahrenswiederaufnahme nicht in den Artikeln 54 SDÜ ff. vorgesehen ist, kann davon ausgegangen werden, dass der EuGH mit dem Wort „endgültig" die materielle Rechtskraft meint. Aber auch diese kann sowohl absolut als auch nur eingeschränkt gelten. Absolute Rechtskraft kommt nach deutschem Rechtsverständnis lediglich Sachurteilen nach § 264 StPO, dem Strafbefehl nach §§ 407 bis 412 StPO zu, dem Einstellungsurteil gem. § 260 III StPO und dem Beschluss nach § 206 a StPO, soweit ein unbehebbares Verfahrenshindernis vorliegt, sowie der Verwerfung der Revision nach § 349 II StPO. Bei staatsanwaltschaftlichen Einstellungen nach

---

[941] Schmidt-Aßmann in: Maunz/Dürig, GG, Art.103 III Rn.296; Loos, JZ 1978, 592, 594f.

[942] Beulke in: Löwe-Rosenberg, StPO, § 153a Rn.99.

[943] S. dazu Cramer, FS Rebmann, 145ff.; Weigend, FS BGH, 1011ff.; Beulke, Strafprozessrecht, Rn.394ff.; s. dazu auch die Pressemitteilung des BMJ vom 19.05.2006 über einen Referentenentwurf, wonach Absprachen im Strafverfahren demnächst gesetzlich geregelt werden sollen (Fn.633).

[944] Meyer-Goßner, StPO, Einl. Rn.119a.

[945] Meyer-Goßner, StPO, Einl. Rn.119b.

[946] BGHSt 37, 10, 11f.

§ 153 a StPO tritt der Strafklageverbrauch lediglich für die Verfolgung der Tat als Vergehen ein. Gleiches gilt für den gerichtlichen Einstellungsbeschluss gemäß § 153 II iVm I 1 StPO, auf den der Rechtsgedanke des § 153 a I 5 StPO angewandt wird.

Alle anderen gerichtlichen Einstellungsentscheidungen erlangen nur beschränkte, andere staatsanwaltschaftliche Einstellungen erlangen erst gar keine Rechtskraft. Wird also allein auf die Entscheidungen abgestellt, die im deutschen Recht mit absoluter Rechtskraft bedacht werden, ändert das Urteil nichts an der vorher bestehenden Rechtslage. Artikel 54 SDÜ würde hinsichtlich der rechtskräftigen Entscheidung nicht über Artikel 103 III GG hinausgehen. Die Möglichkeit, staatsanwaltschaftlichen Verfügungen oder gerichtlichen Einstellungen mit nur beschränkter Rechtskraftwirkung zwischenstaatlichen Strafklageverbrauch zukommen zu lassen, wäre nicht vorhanden.

Zieht man jedoch den Vorschlag von *Bohnert* und *Lagodny* hinzu, wonach Rechtskraft vorliegt, wenn eine Entscheidung bei Vorliegen neuer Tatsachen und Beweise wieder aufgenommen werden kann, fallen zumindest auch die Beschlüsse des Gerichts nach § 204 und § 174 I StPO, das Verfahren nicht zu eröffnen, unter Artikel 54 SDÜ. In diesen zwei Fällen ist ein Wiederaufgreifen nur bei Vorliegen neuer Tatsachen oder Beweise möglich.

Bei staatsanwaltschaftlichen Einstellungsverfügungen – abgesehen von der Einstellung nach § 153 a StPO – liegt nach deutschem Rechtsverständnis kein Strafklageverbrauch vor; zu groß sind die Divergenzen aller für die materielle Rechtskraftfähigkeit relevanter Kriterien im Verhältnis zum Sachurteil.[947] Auch nach dem hier angewandten Rechtskraftverständnis entsteht bei den Einstellungen nach §§ 153 I 2 und 170 II StPO kein Strafklageverbrauch, da ein Wiederaufgreifen jederzeit möglich ist und nicht von dem Vorliegen besonderer Voraussetzungen abhängig gemacht wird. Gleiches gilt für die Einstellungen nach §§ 153 I 1 und § 154 I StPO.

### 2. Frankreich

Damit eine Entscheidung in Frankreich in Rechtskraft erstarken kann, müssen drei Voraussetzungen erfüllt sein: Es muss sich um eine strafrechtliche Entscheidung handeln, welche unter Zugrundelegung der Strafgesetze zustandegekommen ist (eine disziplinarrechtliche Entscheidung ist nicht ausreichend), die Entscheidung ist grundlegend, d.h. sie behandelt nicht nur einzelne Sachfragen und sie ist unwiderruflich, d.h. der Rechtsweg ist erschöpft und alle Fristen für eine Berufung sind verstrichen.[948]

#### a. Darstellung

#### aa. Gerichtliche Einstellungen

Bei gerichtlichen Entscheidungen muss zwischen den Stadien der Voruntersuchung und der strafgerichtlichen Verurteilung unterschieden werden.[949] Es existieren einmal

---

[947] Radtke/Busch, EuGRZ 2000, 421, 429.

[948] Fossereau, Chose jugée, Rn.10ff.; vgl. ferner Vogler, Criminal Procedure in France, 14, 82.

[949] Pradel, Procédure Pénale, Rn.977; Grebing, Wiederaufnahme, 297, 307.

die Entscheidungen der Jurisdictions d'Instruction – der Ermittlungsgerichte, Gerichte im formalen Sinne, denen die Durchführung der Beweisaufnahme obliegt und welche aus drei Ermittlungsrichtern bestehen – und die Entscheidungen der Jurisdictions de Jugement, den erkennenden Strafgerichten.[950]

Gemäß Artikel 79 CPP ist eine Voruntersuchung bei Verbrechen obligatorisch, bei Vergehen oder geringen gesetzlichen Übertretungen ist sie fakultativ.

### (1) Einstellungen durch das Ermittlungsgericht

Nach Abschluss des Untersuchungsverfahrens stellt das Ermittlungsgericht entweder das Verfahren ein oder es verweist die Strafsache an das erkennende Strafgericht, d.h. entweder erfolgt ein Verweis durch eine „*ordonnance de renvoi*" an ein Tribunal Correctionnel oder ein Tribunal de Police oder eine „*ordonnance de mise en accusation*" an die Cour de Cassation. Erfolgt eine Einstellung, so ist diese endgültig und ergeht durch eine „*ordonnance bzw. arrêt de non-lieu*". Die Voraussetzungen dafür sind in den Artikeln 177[951] und 212 CPP[952] geregelt. Die Entscheidung kann sowohl aus rechtlichen als auch aus tatsächlichen Gründen getroffen werden. Die Rechtskraftwirkung hängt von den Gründen ab, auf der sie beruht.[953]

Bei der endgültigen Verfahrenseinstellung aus rechtlichen Gründen („*non-lieu par des raisons de droit*") – wie z.B. Verjährung oder aufgrund einer Amnestie[954] – ist eine neue Strafverfolgung grundsätzlich ausgeschlossen.[955] Die Verfahrenseinstellung erstarkt somit in Rechtskraft[956].[957]

Allerdings existiert dazu eine Ausnahme: Stellt sich heraus, dass es sich bei einem verjährten Vergehen tatsächlich um ein Verbrechen handelte und ist die Verjährungsfrist für das Verbrechen – im Gegensatz zu der Verjährungsfrist für das Vergehen – noch nicht abgelaufen, kann das Verfahren wieder aufgenommen werden.[958]

---

[950] Larguier, Procédure pénale, 251ff.; Garcin, Procédure Pénale, Rn.305; Soyer, Droit Pénal, Rn.659.

[951] Art.177 I: „*Si le juge d'instruction estime que les faits ne constituent ni crime, ni délit, ni contravention, ou si l'auteur est resté inconnu, ou s'il n'existe pas de charges suffisantes contre la personne mise en examen, il déclare, par une ordonnance, qu'il n'y a lieu à suivre.*"

[952] Art.212 I besagt dasselbe wie Art.177 I, nur dass er anstelle von „*le juge de l'instruction*" *von* „*la chambre de l'instruction*" spricht.

[953] Vogler, Criminal Procedure in France, 14, 82.

[954] Vgl. Art.6 CPP.

[955] Pradel, Procédure Pénale, Rn.979; Roland/Boyer, Adages, 535; Stefani/Levasseur, Procédure Pénale, Rn.972; Larguier, Procédure pénale, 252.

[956] Kühne, JZ 1998, 876, 877 meint, dass das streitig sei.

[957] Merle/Vitu, Traité de droit criminel II, Rn.889; Garcin, Procédure Pénale, Rn.210 und 305; Soyer, Droit Pénal, Rn.660; Najarian, L'autorité de la chose jugée, 250ff.; Stefani/Levasseur, Procédure Pénale, Rn.972; Grebing, Wiederaufnahme, 297, 307; Vogler, Criminal Procedure in France, 14, 82.

[958] Caron, Juris-Classeur Proc. Pén., Art.6 Rn.42; Pradel, Procédure Pénale, Rn.979; Roland/Boyer, Adages, 535; Merle/Vitu, Traité de droit criminel II, Rn.889; Larguier, Procédure pénale, 252; Najarian, L'autorité de la chose jugée, 251; Stefani/Levasseur, Procédure Pénale, Rn.972.

Auch eine Einstellung aus tatsächlichen Gründen („*non-lieu par des raisons de fait*") – also mangels ausreichender Belastungsmomente oder wenn der Täter unbekannt geblieben ist – steht einer erneuten Strafverfolgung wegen derselben Tatsachen im Wege.[959] Allerdings kann nach Artikel 188 CPP das Verfahren bei Auftauchen neuer belastender Tatsachen wiederaufgegriffen werden.[960] Welche Tatsachen als neu anzusehen sind, ist in Artikel 189 CPP geregelt.[961] Diese Aufzählung ist jedoch nicht abschließend; in der Rechtsprechung und Literatur erfolgt eine überaus weite Auslegung des Merkmals der „*charges nouvelles*".[962] Es besteht somit nur beschränkte Rechtskraft.[963]

Nach Artikel 190 CPP kann die Wiederaufnahme einzig auf Antrag der Staatsanwaltschaft erfolgen, nicht durch das Opfer. Dieses kann sich jedoch, sollten ihm neue Tatsachen bekannt werden, an die Staatsanwaltschaft wenden und ihr diese Tatsachen vortragen.[964]

### (2) Einstellungen durch das Strafgericht

Im Vergleich zu den Urteilen der Juridictions d'instruction kommt den Urteilen der Strafgerichte eine sehr viel stärkere, eine absolute Rechtskraft, zu.[965]

#### (a) Urteile

Verfahrensbeendende Urteile in der Hauptsache (*jugement du fond*) – durch Juridictions de Jugement – erlangen volle Rechtskraft[966], welche sich auf den Tenor des Urteils – „*dispositif*" – und die Entscheidungsgründe – „*motifs*" – erstreckt.[967] Eine erneute Strafverfolgung ist gänzlich ausgeschlossen.[968]

---

[959] Larguier, Procédure pénale, 252; Roland/Boyer, Adages, 535; Merle/Vitu, Traité de droit criminel II, Rn.889.

[960] Art.188 CPP : „ *La personne mise en examen à l'égard de laquelle le juge d'instruction a dit n'y avoir lieu à suivre ne peut plus être recherchée à l'occasion du même fait, à moins qu'il ne survienne de nouvelles charges.* "

[961] Art.189 CPP: „ *Sont considérées comme charges nouvelles les déclarations des témoins, pièces et procès-verbaux qui, n'ayant pu être soumis à l'examen du juge d'instruction, sont cependant de nature soit à fortifier les charges qui auraient été trouvées trop faibles, soit à donner aux faits de nouveaux développements utiles à la manifestation de la vérité.* "

[962] Crim., 9.11.1965, Bull. Crim. Nr.224; Levasseur/Chavanne/Montreuil/Bouloc, Droit pénal, Rn.864.

[963] Caron, Juris-Classeur Proc. Pén., Art.6 Rn.44; Pradel, Procédure Pénale, Rn.979; Garcin, Procédure Pénale, Rn.210; Najarian, L'autorité de la chose jugée, 255ff.; Stefani/Levasseur, Procédure Pénale, Rn.972; Grebing, Strafverfolgung, 13, 39.

[964] Najarian, L'autorité de la chose jugée, 255.

[965] Fossereau, Chose jugée, Rn.35; Donnedieu de Vabres, Droit Criminel, Rn.1558.

[966] Pradel, Procédure Pénale, Rn.981; Merle/Vitu, Traité de droit criminel II, Rn.891.

[967] Grebing, Wiederaufnahme, 297, 307.

[968] Crim., 20.11.1996, Bull.Crim., Nr.415.

Ein *„jugement d'incompétence"* – ein Urteil mit Feststellung der Unzuständigkeit des Gerichts – erwächst nicht in Rechtskraft.[969]

Ebensowenig ist ein *„jugement avant-dire droit"* – eine Zwischenentscheidung, welche nur einzelne Sachfragen behandelt – der Rechtskraft fähig.[970]

### (b) Die „ordonnance pénale" – der Strafbefehl

Die *„ordonnance pénale"*[971] – der französische Strafbefehl – ist nur möglich in Bezug auf *„contraventions"* und *„délits"*. Bei den *„contraventions"* handelt es sich um kleine Gesetzesübertretungen, die vor dem Tribunal de Police behandelt werden und die mit einer Geldstrafe von nicht über 3000 Euro geahndet werden.[972] Übertretungen können ebenfalls durch die Juridiction de proximité behandelt werden, die nach demselben Verfahren wie das Tribunal de Police vorgeht[973].

*„Délits"* sind Vergehen, mit denen sich das Tribunal correctionnel befasst und die das Gesetz mit einer Gefängnisstrafe bzw. einer Geldbuße über oder gleich 3750 Euro ahndet.[974]

Die *„ordonnance pénale contraventionnelle"* – das Strafbefehlsverfahren hinsichtlich der Übertretungen – ist in den Artikeln 524 bis 528-2 CPP geregelt. Sie kann bei jeder Übertretung angewandt werden, außer in drei Ausnahmefällen: Wenn die Übertretung durch den Code de Travail geregelt ist, wenn der Beschuldigte eine Übertretung der 5. Gruppe[975] begangen hat und am Tag der Begehung noch unter 18 Jahren alt war oder wenn das Opfer vor dem Strafbefehlsverfahren direkt das Gericht angerufen hat.

Die Einleitung eines Strafbefehlsverfahrens ist abhängig von einem Konsens des Staatsanwalts und des Richters beim Tribunal de Police oder bei der Juridiction de Proximité. Die Einleitung ist fakultativ, d.h. der Staatsanwalt kann entscheiden, ob er ein ordentliches Verfahren durchführen will oder das Strafbefehlsverfahren. Seinen Entschluss, einen Strafbefehl anzustrengen und die entsprechenden Anträge übermittelt er dem Richter des Tribunal de Police oder der Juridiction de Proximité, der daraufhin ohne vorausgehendes Verfahren den Beschuldigten durch einen Strafbefehl freisprechen oder ihn zu einer Geldbuße und einer oder mehreren zusätzlichen Strafen verurteilen kann. Hält er demgegenüber ein kontradiktorisches Verfahren für notwen-

---

[969] Crim., 15.10.1963, Bull.Crim., Nr.281; Crim., 1.10.1975, Bull.Crim. Nr.197; Merle/Vitu, Traité de droit criminel II, Rn.888.

[970] Merle/Vitu, Traité de droit criminel II, Rn.888.

[971] Auch *„procédure judiciaire simplifiée"*.

[972] S.o. F.I.2.a.

[973] Art.706-72 I CPP: *„ La juridiction de proximité est compétente pour juger des contraventions de Police dont la liste est fixée par décret en Conseil d'Etat. Elle statue alors selon la procédure applicable devant le tribunal de Police, conformément aux dispositions des articles 521 à 549."*

[974] S.o. F.I.2.a.

[975] Die Übertretungen sind in fünf Gruppen aufgeteilt, welche in einem Verordnungsteil zum Code Pénal geregelt sind.

dig, sendet er den Antrag zurück an die Staatsanwaltschaft, um mit einem ordentlichen Verfahren fortzufahren.

Das Strafbefehlsverfahren ist nicht kontradiktorisch und nicht öffentlich, der Strafbefehl muss nicht begründet werden. Um neben diesem vereinfachten und abgekürzten Verfahren jedoch die Rechte aller Beteiligten zu wahren, hat der Gesetzgeber bestimmte Regelungen erlassen: Die Staatsanwaltschaft kann sich innerhalb einer Frist von 10 Tagen nach Ausfertigung des Strafbefehls gegen seine Vollstreckung aussprechen, so dass ein ordentliches Verfahren vor dem Tribunal de Police oder der Juridiction de Proximité durchgeführt wird, ohne dass der Beschuldigte von dem Strafbefehlsverfahren Kenntnis erlangt.

Ebenso werden die Rechte des Beschuldigten gewahrt: Hat die Staatsanwaltschaft innerhalb der 10-Tages-Frist keinen Widerspruch eingelegt, wird ihm der Strafbefehl bekanntgegeben. Er kann dann innerhalb einer Frist von 30 Tagen entweder die ihm durch das Verfahren auferlegte Geldbuße begleichen. Er kann ebenso Widerspruch einlegen, so dass ein ordentliches Verfahren durchgeführt wird[976], oder er nimmt keine der beiden Alternativen wahr, was als Annahme des Strafbefehls gewertet wird, und nach Ablauf der dreißig Tage wird der Strafbefehl vollstreckbar.

Schließlich hat das Opfer die Möglichkeit, ein ordentliches Verfahren anzustrengen, bevor das Strafbefehlsverfahren eingeleitet wird.

Wird von keiner Seite Widerspruch gegen den Strafbefehl eingelegt, erlischt die öffentliche Klage und der Strafbefehl erstarkt in Rechtskraft.[977]

In den Artikeln 495 bis 495-6 CPP ist die *„ordonnance pénale correctionnelle“* – das Strafbefehlsverfahren für bestimmte Vergehen – festgehalten. Ausgeschlossen ist sie, wenn der Beschuldigte zur Zeit der Tat noch keine 18 Jahre alt war, wenn das Opfer Schadensersatz- oder Wiedergutmachungsansprüche gestellt oder direkt ein ordentliches Verfahren angestrengt hat, bevor ein Strafbefehl erlassen wurde oder wenn ein Straßenverkehrsdelikt gleichzeitig mit einer Übertretung oder einem fahrlässigen Totschlag oder einer fahrlässigen Körperverletzung begangen wurde.

Das Verfahren verläuft ähnlich wie vor dem Tribunal de Police oder der Juridiction de Proximité, mit der Ausnahme, dass der Strafbefehl begründet werden muss.

Auch die Strafbefehle des Tribunal correctionnel erstarken bei fehlendem Widerspruch in Rechtskraft.[978]

---

[976] Bis zur Eröffnung des Verfahrens kann der Beschuldigte seinen Widerspruch zurückziehen, so dass der Strafbefehl wieder auflebt. Ein erneuter Widerspruch ist dann jedoch nicht mehr möglich.

[977] Allerdings nur hinsichtlich strafgerichtlicher Entscheidungen. Eine zivilrechtliche Schadensersatzklage kann weiterhin angestrengt werden. Art.528-1 CPP: *„L'ordonnance pénale à laquelle il n'a pas été formé opposition a les effets d'un jugement passé en force de chose jugée.*

*Cependant, elle n'a pas l'autorité de la chose jugée à l'égard de l'action civile en réparation des dommages causés par l'infraction.“*

[978] Art.495-5 CPP: *„L'ordonnance pénale, à laquelle n'a pas été formé opposition ou qui n'a pas été portée par le ministère public à l'audience du tribunal correctionnel, a les effets d'un jugement passé en force de chose jugée.*

Es ist fraglich, ob sich die Rechtskraft der Strafbefehle der Tribunaux de Police bzw. Juridiction de Proximité und der Tribunaux Correctionnelles hinsichtlich der strafrechtlichen Beurteilung auf die Tatsachen, also auf denselben historischen Sachverhalt erstreckt oder ob eine weitere strafrechtliche Verfolgung unter einer anderen rechtlichen Qualifikation möglich ist.

Für die Erstreckung der Rechtskraft auf den gesamten Sachverhalt spricht, dass Artikel 528-2 CPP nach ergangenem Strafbefehl lediglich eine weitere zivilrechtliche Behandlung des Falles hinsichtlich „les mêmes faits" erlaubt; demnach könnte angenommen werden, dass eine erneute strafrechtliche Verurteilung in Bezug auf dieselben Tatsachen ausgeschlossen ist.[979]

Auf der anderen Seite ordnen sowohl Artikel 495-5 CPP für Vergehen als auch Artikel 528-1 CPP für Übertretungen an, dass dem Strafbefehl dieselbe Wirkung zukommt wie einem Urteil.[980] Wie bereits oben dargestellt wurde, wird der Tatbegriff bei Urteilen der Tribunaux Correctionnelles und der Tribunaux de Police größtenteils eng gefasst und bezieht sich nur auf die rechtliche Qualifikation. Kommt dem Strafbefehl also dieselbe Wirkung wie einem Urteil zu, muss sich diese Wirkung auch auf die Betrachtungsweise des Tatbegriffs beziehen.

Außerdem bezieht sich Artikel 528-2 CPP, der von „les mêmes faits" spricht, nur auf Übertretungen. Eine entsprechende Formulierung in Bezug auf Vergehen fehlt. Es erschiene seltsam, wenn geringe Gesetzesübertretungen die Strafklage für den gesamten Sachverhalt (und dementsprechend auch für eine Qualifikation der Tat als Vergehen oder sogar Verbrechen) ausschließen würden, ein Strafbefehl wegen eines Vergehens jedoch eine erneute Verfolgung unter einer anderen rechtlichen Qualifikation gestattet.

Für eine reine Inbetrachtziehung der rechtlichen Qualifikation spricht auch, dass im Gesetz nichts darüber ausgesagt wird, wie der Fall behandelt werden soll, dass im Nachhinein neue Tatsachen oder Beweise auftauchen, die die Strafbarkeit eines Verbrechens begründen.[981] Da in Frankreich grundsätzlich die Wiederaufnahme zuungunsten des Angeklagten ausgeschlossen ist, dieser Fall also auch nicht im Rahmen der Wiederaufnahme geklärt werden könnte, spricht viel dafür, gerade bei der Behandlung von leichteren Gesetzesverstößen durch ein vereinfachtes Verfahren die Möglichkeit der Beurteilung der Tat als Verbrechen nicht von vornherein gänzlich auszuschließen.

Demnach ist davon auszugehen, dass bei einem Strafbefehl die Strafklage nur hinsichtlich der in diesem bezeichneten rechtlichen Qualifikation verbraucht wird.

---

*Cependant, elle n'a pas l'autorité de la chose jugée à l'égard de l'action civile en réparation des dommages causés par l'infraction."*

[979] So z.B. Stein, SDÜ, 396.

[980] Art.495-5 I CPP/Art.528-1 I CPP: *„L'ordonnance pénale ... a les effets d'un jugement passé en force de chose jugée."*

[981] Im Gegensatz zu Deutschland, wo nach einer Einstellung gemäß § 153 a StPO nur eine erneute Verfolgung hinsichtlich Vergehen, nicht jedoch in Bezug auf Verbrechen ausgeschlossen ist.

### (c) Das „jugement par défaut" – das Abwesenheitsverfahren

Bis vor einiger Zeit bestand in Frankreich noch die Möglichkeit, ein Abwesenheitsurteil durch das damals in den Artikeln 627 bis 641 CPP geregelte sog. „*contumace*"-Verfahren zu erlassen. Wenn gewisse Voraussetzungen erfüllt waren, wurde der Abwesende als „*rebelle à la loi*" bezeichnet, er wurde zum „*contumax*" und konnte in Abwesenheit verurteilt werden.[982]

Dieses Verfahren wurde durch das Gesetz Nr.2004-204 vom 9. März 2004[983] abgeschafft[984] und durch ein weniger formalistisches und insgesamt effektiveres Verfahren ersetzt, welches sich nach den Anforderungen der EMRK richtet. Es ist im 8. Kapitel (Artikel 379-2 ff.) des CPP im Rahmen der Vorschriften , welche für die Cour d'Assises gelten, geregelt und mit „*Du défaut en matière criminelle*" überschrieben. Außerdem wird die Möglichkeit der Verurteilung in Abwesenheit in Artikel 270 CPP statuiert. Die neuen Regelungen sind seit dem 1. Oktober 2004 in Kraft.[985]

Befindet sich der Angeklagte auf der Flucht oder erscheint er ohne Entschuldigung nicht vor Gericht, kann er in Abwesenheit verurteilt werden. Das Verfahren verläuft ohne die Anwesenheit einer Jury[986]. Ist ein Anwalt anwesend, der den Abwesenden vertritt, verläuft das Verfahren wie jedes andere Gerichtsverfahren nach den Vorschriften der Artikel 306 bis 379-1 CPP. Ansonsten wird ein Abwesenheitsverfahren durchgeführt, welches lediglich auf Grundlage der Tatsachen, die in den Akten enthalten sind, ergeht, Zeugen werden nicht gehört. Ergeht ein Urteil, welches eine Freiheitsstrafe vorsieht, wird vom Gericht ein Haftbefehl erlassen. Eine Berufung gegen das Abwesenheitsurteil ist nicht möglich.

Wird der in Abwesenheit Verurteilte vor der Verjährung seiner Straftat gefasst oder stellt er sich freiwillig, ist das Abwesenheitsurteil nichtig und der Fall wird erneut in einem ordentlichen Verfahren vor Gericht behandelt.

---

982 Pradel, Procédure Pénale, Rn.920; Soyer, Droit Pénal, Rn.612f.; Merle/Vitu, Traité de droit criminel II, Rn.849.

983 J.O. n° 59 v. 10.3.2004.

984 Ursache war der Fall „*Krombach*" vor dem EGMR. Krombachs Verteidiger war zu dessen Abwesenheitsverfahren nicht zugelassen worden, was der EGMR als Verstoß gegen das in Art.6 III c EMRK statuierte Recht auf Beistand eines Verteidigers wertete. – EGMR, Urt. v. 13.2.2001, Nr.29731/96 (Krombach gegen Frankreich).

985 Das „jugement par défaut" existiert ebenso bei den Tribunaux correctionelles und den Tribunaux de Police. Geregelt ist das in den Art.487 und 488 CPP für die Tribunaux correctionelles und Art.545 CPP für die Tribunaux de Police, der aber auf die Art.487f. CPP verweist.

Danach kann jede Person, die zu einem bestimmten Zeitpunkt vor Gericht bestellt wurde und dort unentschuldigt nicht erscheint, in Abwesenheit verurteilt werden. Ist trotz Abwesenheit des Beschuldigten sein Anwalt anwesend, um dessen Rechte zu verteidigen, ist der Anwalt auf seinen Antrag hin zu hören.

986 Es sei denn, andere Angeklagte, die gleichzeitig abgeurteilt werden sollten, sind anwesend oder die Abwesenheit des Angeklagten wird erst nach Verfahrensbeginn festgestellt. Dann erfolgt das Verfahren mit einer Jury. – Art.379-3 I CPP.

Auch ein Abwesenheitsurteil kann in Rechtskraft erwachsen. Das ist allerdings erst dann der Fall, wenn die Verjährungsfrist abgelaufen ist und eine Wiederaufnahme des Verfahrens aufgrund des Auftauchens des Verurteilten nicht mehr möglich ist.[987]

### bb. Verfahrensabschlüsse durch die Staatsanwaltschaft

Aufgrund des in Frankreich geltenden Opportunitätsprinzips[988] hat die Staatsanwaltschaft viel mehr Spielraum als in Deutschland hinsichtlich der Frage, ob sie dem Verdacht einer Straftat weiter nachgeht oder nicht. Entscheidet sie sich allerdings einmal für eine Strafverfolgung gilt das Legalitätsprinzip, und die Anklage darf nicht mehr fallengelassen werden.[989]

#### (1) Décision de classement sans suite

Gemäß Artikel 40-1 CPP kann die Staatsanwaltschaft aufgrund des Opportunitätsprinzips nach Abschluss der Ermittlungen das Verfahren einstellen, sofern sie eine Strafverfolgung nicht für angemessen erachtet oder wenn einer der Gründe des Artikels 177 CPP gegeben ist.[990] Diese "*décision de classement sans suite*" – der Einstellungsbeschluss – stellt allerdings lediglich einen verwaltungsmäßigen Vorgang dar und keinen "jurisdiktionellen Akt"[991] und erstarkt auch nicht in Rechtskraft[992]; das Verfahren kann jederzeit wiederaufgenommen werden, auch ohne dass neue Tatsachen vorliegen.[993] Die "*décision de classement sans suite*" bewirkt demnach keinen Strafklageverbrauch. Gegen sie bestehen keine Rechtsmittelmöglichkeiten.

#### (2) Médiation pénale

Weiterhin besteht in Frankreich vor Erhebung der öffentlichen Klage seit einigen Jahren die Möglichkeit, ein Strafverfahren durch Mediation zu beenden.[994] Diese ist heute in Artikel 41-1 CPP geregelt und kann von dem Oberstaatsanwalt beantragt werden. Voraussetzung dafür ist, dass alle an dem Verfahren beteiligten Parteien damit einver-

---

[987] Vgl. zum „contumace"-Verfahren: Merle/Vitu, Traité de droit criminel II, Rn.852 u. 854.

[988] Das Opportunitätsprinzip gilt gewohnheitsrechtlich, es existiert keine ausdrückliche gesetzliche Vorschrift. – Grebing, Strafverfolgung, 13, 43ff.

[989] Merle/Vitu, Traité de droit criminel II, Rn.334.

[990] Merle/Vitu, Traité de droit criminel II, Rn.329; Grebing, Strafverfolgung, 13, 43ff.

[991] Crim. 5.12.1972, Bull.Crim., Nr.375; R.S.C., 1973, 716.

[992] Caron, Juris-Classeur Proc. Pén., Art.6 Rn.13; Merle/Vitu, Traité de droit criminel II, Rn.329 Fn.1; Rassat, Procédure Pénale, 456; Grebing, Strafverfolgung, 13, 43.

[993] Crim., 6.6.1952, Bull.Crim., Nr.142; Pradel, Procédure Pénale, Rn.546; Larguier, Procédure pénale, 252; Fossereau, Chose jugée, Rn.25.

[994] Gesetzlich verankert wurde diese Möglichkeit 1993. - Merle/Vitu, Traité de droit criminel II, Rn.330; ausführlich dazu Berg, Médiation Pénale, Rn.1ff.; Blanc, La Semaine Juridique (JCP) 1994, 211ff.

standen sind.[995] Ausgehandelt wird die Mediation mit einem unabhängigen Dritten.[996] Kommen die Parteien zu keiner Einigung oder hält sich der Beschuldigte nicht an die Vereinbarung, erhebt der Oberstaatsanwalt die öffentliche Klage.[997]

Haben sich alle Parteien erfolgreich geeinigt, erlässt der Staatsanwalt eine „décision de classement sans suite".[998, 999] Da die Médiation vor Erhebung der öffentlichen Klage erfolgt, kann kein Strafklageverbrauch eintreten, zumal es sich bei der „décision de classement sans suite" nur um einen administrativen und keinen jurisdiktionellen Akt handelt.[1000]

### cc. Verfahrenseinstellung durch andere Behörden

Bei bestimmten geringfügigen Vergehen besteht die Möglichkeit, dass der Beschuldigte eine gewisse Geldbuße an eine Behörde zahlt und daraufhin das Verfahren eingestellt wird, ohne dass eine Weiterleitung an die Staatsanwaltschaft oder an das Gericht erfolgt. Es handelt sich dabei um eine sog. „*amende forfaitaire*", welche in den Artikeln 529 bis 530-3 CPP und R. 49 bis R. 49-13 CPP geregelt ist.[1001] Diese wird unterteilt in die allgemeine „*amende forfaitaire*" der Artikel 529 bis 529-2 CPP und die „*indemnité forfaitaire*" der Artikel 529-3 bis 530-2 CPP, die sich auf den Bereich des Bahntransports und des öffentlichen Transports beschränkt.

Die allgemeine „*amende forfaitaire*" wird nur auf Gesetzesübertretungen (contraventions) der ersten vier Gruppen, welche vom Conseil d'Etat in einem Dekret festgesetzt wurden, angewandt. Ausgeschlossen ist sie, wenn gleichzeitig neben der Übertretung andere Straftaten begangen wurden, von denen zumindest eine nicht durch eine „amende forfaitaire" abgehandelt werden kann.

Die Geldbuße kann entweder direkt bei dem Agent verbalisateur – i.d.R. einem Polizeibeamten –, der die Übertretung festgestellt hat, oder innerhalb von 45 Tagen, nachdem der Gesetzesübertreter eine Benachrichtigung von der Straftat erhalten hat, bei einer in der Anzeige bezeichneten Stelle entrichtet werden. Anstatt zu zahlen kann der Beschuldigte auch einen Antrag auf Befreiung von der Geldbuße stellen. Dieser Antrag wird der Staatsanwaltschaft übermittelt und bewirkt eine Aufschiebung der Vollstreckung. Erfolgen weder Zahlung noch Antrag, so erhöht sich die „amende forfaitaire" automatisch und wird zugunsten der Staatskasse eingetrieben.

---

[995] Blanc, La Semaine Juridique (JCP) 1994, 211, 212f.

[996] Merle/Vitu, Traité de droit criminel II, Rn.330; Blanc, La Semaine Juridique (JCP) 1994, 211, 214; Berg, Médiation pénale, Rn.82.

[997] Merle/Vitu, Traité de droit criminel II, Rn.330.

[998] S.o. F.V.2.a.bb.(1).

[999] Merle/Vitu, Traité de droit criminel II, Rn.330.

[1000] Berg, Médiation pénale, Rn.64 und 111.

[1001] Dazu Lassalle, Amende pénale, Rn.30ff.

Nach einem Antrag auf Befreiung, entscheidet die Staatsanwaltschaft, ob sie das Verfahren durch ein „classement sans suite" einstellt oder ob sie mit einem ordentlichen Verfahren oder einem Strafbefehlsverfahren fortfährt.[1002]

Das Verfahren bei der „indemnité forfaitaire" im Bereich des öffentlichen Transports verläuft ähnlich wie das vorherige. Zahlt der Beschuldigte die ihm auferlegte Geldbuße sofort, erlischt die öffentliche Klage und – im Gegensatz zum vorherigen Verfahren – kommt die Geldbuße dem Opfer, in dem Fall also dem Transportunternehmen, zugute und nicht der Staatskasse.

Die Zahlung der „amende forfaitaire" bewirkt ein Erlöschen der öffentlichen Klage.[1003] Gemäß Artikel 529 I CPP und Artikel 529-3 I CPP bezieht sich dieses Erlöschen jedoch nur auf die von der Amende betroffenen Vergehen.[1004]

### dd. Beendigung des Verfahrens durch Vergleich

In Frankreich existiert – trotz der Tatsache, dass dort jährlich der Staatsanwaltschaft fünf Millionen Fälle vorgebracht werden – grundsätzlich nicht die Möglichkeit eines Vergleiches.[1005] Grund dafür ist das Festhalten an dem Prinzip, dass jeder Fall eingehend von der zuständigen Justizbehörde überprüft werden muss. Jede Art von Verurteilung soll grundsätzlich durch die Richter behandelt werden. Zudem hat die Staatsanwaltschaft kein Recht, die öffentliche Klage einzustellen, wurde sie einmal in Gang gesetzt[1006]; sie darf nicht frei darüber mit dem Beschuldigten verhandeln[1007].

Zwei Ausnahmen existieren zu diesem Grundsatz: die Transaction und die Composition Pénale.

### (1) Transaction

Nach Artikel 6 III CPP führt eine Transaction – eine Art Vergleich – zum Erlöschen der öffentlichen Klage.[1008] Sinn und Zweck der Transaction ist die Entlastung der Gerichte.[1009]

Möglich ist eine Transaction nur in den ausdrücklich vom Gesetz vorgesehenen Fällen. Entweder kann sie von bestimmten Behörden – unter Kontrolle und mit Zustimmung

---

[1002] Vgl. Crim., 12.3.2002, Bull.Crim., Nr.61.

[1003] Caron, Juris-Classeur Proc. Pén., Art.6 Rn.14; Stefani/Levasseur, Procédure Pénale, Rn.198.

[1004] Art.529 I CPP und 529-3 I CPP: *« Pour les contraventions des quatre premières classes ... l'action publique est éteinte par le paiement d'une amende forfaitaire ... ».*

[1005] Vogler, Criminal Procedure in France, 14, 84; Pradel, France, 105, 131.

[1006] Stefani/Levasseur, Procédure Pénale, Rn.198; Merle/Vitu, Traité de droit criminel II, Rn.65.

[1007] Rassat, Procédure Pénale, 491.

[1008] Ausführlich zur Transaction: Dupré, La transaction, 1ff.; Redon, Transaction, Rn.1ff.

[1009] Pradel, Procédure Pénale, Rn.236. Darin liegt auch der Unterschied zum englischen „plea bargaining", da sich das Gericht überhaupt nicht mit der Sache befasst. – Pradel, France, 105, 131f.

der Staatsanwaltschaft – gewährt werden[1010] oder neuerdings auch von der Staatsanwaltschaft selber.[1011]

Im ersten Fall wird dem Beschuldigten bei der Transaction von den entsprechenden Behörden vorgeschlagen, die Strafverfolgung einzustellen, wenn er sich schuldig bekennt und eine von den Behörden selber festgesetzte Geldbuße bezahlt.[1012] Akzeptiert der Beschuldigte und zahlt die festgesetzte Summe innerhalb eines bestimmten Zeitrahmens, wird die Anklage fallengelassen.[1013] Beispiele dafür finden sich in *Artikel L 249 Livre des procédures fiscales, Artikel 350 Code des douanes* und in *Artikel L 153-2 Code forestier pour les Eaux et Fôrets.* Früher wurde die Transaction auch auf Wirtschaftsdelikte ausgedehnt, was allerdings nicht ganz unumstritten war[1014] und heute abgeschafft ist[1015].

Eine einmal unterschriebene Transaction ist verbindlich, da sie nach Zahlung der Geldbuße jeder erneuten Verfolgung der Straftat entgegengehalten werden kann: Die Strafklage ist verbraucht, der „ne bis in idem"-Grundsatz greift ein.[1016]

Zu beachten ist, dass die öffentliche Klage grundsätzlich nur für die speziellen Delikte erlischt, die in den der Transaction zugrundeliegenden Gesetzen bezeichnet sind bzw. die dieselbe Natur innehaben; eine Strafverfolgung wegen eines anderen Delikts, welches auf denselben Tatsachen beruht, ist weiterhin möglich.[1017] Nicht möglich ist eine erneute Verfolgung wegen eines größeren Ausmaßes des behandelten Deliktes, wegen einer höheren oder einer niedrigeren Qualifikation derselben Natur.[1018]

Im Bereich des Zollrechts hat die Cour des Cassation allerdings (ausnahmsweise[1019]) entschieden, dass nach einer erfolgreichen Transaction eine erneute Verfolgung desselben Täters wegen desselben Sachverhalts „*sous une qualification différente*" ausgeschlossen ist.[1020] Damit erstreckt sich die Sperrwirkung auf den gesamten historischen Sachverhalt. Da es sich bei dieser Entscheidung bisher jedoch um eine Ausnahme handelt, ist vorerst davon auszugehen, dass bei Transactionen ein eingeschränkter Tatbegriff gilt, sich die „ne bis in idem"-Wirkung also nur auf die in der Transaction bezeichneten Delikte und ihre Qualifikationen bezieht.

---

[1010] Merle/Vitu, Traité de droit criminel II, Rn.65.

[1011] Pradel, Procédure Pénale, Rn.235.

[1012] Pradel, Procédure Pénale, Rn.236; Merle/Vitu, Traité de droit criminel II, Rn.65.

[1013] Pradel, Procédure Pénale, Rn.236; Merle/Vitu, Traité de droit criminel II, Rn.65.

[1014] Merle/Vitu, Traité de droit criminel II, 4.A. 1979, Rn.61.

[1015] Die Ordonnance Nr.86-1243 v. 1.12.1986, J.O. „Lois et Décrets" v. 9.12.1986 hat die Ordonnance Nr.45-1484 v. 30.6.1945, J.O. „Lois et Décrets" v. 8.7.1945 abgeschafft, welche die Transaction in Bezug auf Wirtschaftsdelikte vorsah.

[1016] Crim., 23.11.1954, Bull.Crim. Nr.341; 26.4.1955, Bull. Crim. Nr.201; 7.6.1956, Bull. Crim. Nr.446; Pradel, Procédure Pénale, Rn.237.

[1017] Crim., 20.2.1969, Bull.Crim., Nr.88; Pradel, Procédure Pénale, Rn.236.

[1018] Redon, Transaction, Rn.31.

[1019] Bisher hat sie erst einmal so entschieden. – Vgl. Stein, SDÜ, 382f.

[1020] Crim., 7.3.1984, Bull.Crim. Nr.96.

Außerdem erlischt sie nur hinsichtlich der Person, die die Transaction unterzeichnet hat und nicht in Bezug auf Mittäter oder Teilnehmer.[1021] Im Gegensatz zu einem Urteil ist eine Transaction von dem Beschuldigten nicht mehr angreifbar.[1022]

Weiterhin kann eine Transaction noch durch die Staatsanwaltschaft gewährt werden. Es besteht bei Drogendelikten nach *Artikel L 3423-1 Code de la santé publique* die Möglichkeit, dass der beschuldigte Drogenabhängige das Angebot der Staatsanwaltschaft annimmt, sich wegen seiner Drogenabhängigkeit behandeln zu lassen. Geht er darauf ein, erlischt die öffentliche Klage.[1023]

### (2) Composition pénale

Seit 1999 existiert zusätzlich die Composition Pénale, welche in den Artikeln 41-2 und 41-3 CPP verankert ist.[1024] Diese wird im Gegensatz zur Transaction auf eine große Anzahl von Delikten angewendet, welche abschließend aufgezählt sind. Die Ausübung der „Composition Pénale" liegt allein im Ermessen der Staatsanwaltschaft.[1025] Diese kann, muss sie aber nicht gewähren und sie ist nur vor Erhebung der öffentlichen Klage möglich.[1026] Die Staatsanwaltschaft schlägt dem Täter vor, die begangene Tat nicht weiter zu verfolgen, sollte er im Gegenzug in einem festgesetzten Zeitraum eine bestimmte Leistung erbringen. Stimmt dieser zu, muss ein Richter die Composition Pénale bewilligen.[1027] Rechtsmittel gegen diese Zustimmung sind nicht zulässig.[1028] Hält er es für notwendig, kann der Richter vor Ablehnung oder Bewilligung der Composition Pénale die Parteien, die gegebenenfalls durch ihre Anwälte unterstützt werden, anhören.[1029] Erfüllt der Täter daraufhin seine ihm auferlegten Verpflichtungen und erhebt auch nicht das Opfer die öffentliche Klage, erlischt diese.[1030] Erfüllt er sie nicht oder nur zum Teil, kann die Strafverfolgung erneut aufgenommen werden. Kommt es dann zu einer Verurteilung, werden bereits erbrachte Verpflichtungen berücksichtigt. Ebenso wie die Transaction kann die Composition Pénale nicht mehr angegriffen werden.[1031]

---

[1021] Crim., 8.3.1951, Bull.Crim. Nr.71; 22.1.1958, Bull.Crim. Nr.78; 26.11.1964, Bull.Crim., Nr. 314; 8.12.1971, Bull.Crim. Nr.343.

[1022] Dupré, La transaction, 148.

[1023] S. dazu auch Escande, Juris-Classeur Proc. Pén., Art.6 Rn.67ff.

[1024] Ausführlich dazu: Céré, Composition pénale, Rn.1ff.

[1025] Rassat, Procédure Pénale, 493.

[1026] Art.41-2 CPP: *„Le procureur de la République, tant que l'action publique n'a pas été mise en mouvement, peut proposer ... une composition pénale ..."*

[1027] Der Richter hat lediglich die Aufgabe der Bewilligung oder der Ablehnung der composition pénale. Er kann sie nicht inhaltlich verändern. – Céré, Composition pénale, Rn.20.

[1028] Rassat, Procédure Pénale, 493.

[1029] Merle/Vitu, Traité de droit criminel II, Rn.332.

[1030] Die Privatklage ist dennoch weiterhin möglich. - Merle/Vitu, Traité de droit criminel II, Rn.332; Rassat, Procédure Pénale, 493; Céré, Composition pénale, Rn.30.

[1031] Merle/Vitu, Traité de droit criminel II, Rn.332.

Es ist fraglich, ob sich der Strafklageverbrauch ebenso wie bei der Transaction lediglich auf die in der Composition Pénale bezeichneten Delikte erstreckt oder auf den gesamten historischen Sachverhalt. In Anbetracht der Ähnlichkeiten dieser beiden Erledigungsformen und auch in Hinblick darauf, dass die Composition Pénale nur auf einige bestimmte gesetzlich festgeschriebene Delikte anwendbar ist, kann davon ausgegangen werden, dass die „ne bis in idem"-Wirkung ebenso auf diese Delikte und ihre Qualifikationen beschränkt ist.[1032]

Verglichen werden kann die Composition Pénale mit dem deutschen Verfahren nach § 153 a StPO ff.

### b. Auswirkung des EuGH-Urteils

In absolute Rechtskraft erstarken Anwesenheits- und Abwesenheitsurteile der Strafgerichte. Nach der o.g. Definition von Rechtskraft fallen aber auch die Urteile der Ermittlungsgerichte unter Artikel 54 SDÜ, da diese entweder nur bei Auftauchen neuer Tatsachen oder Beweise (Tatsachenurteile) wieder aufgenommen werden können oder wenn sich ein Vergehen nachträglich als Verbrechen darstellt (Rechtsurteile). In Rechtskraft erstarken ebenso die Ordonnance Pénale, die Amende forfaitaire, die Transaction und die Composition pénale. Zwar erstreckt diese sich nur auf das jeweilige Delikt, das ist jedoch unerheblich, da auch im Rahmen des Artikels 54 SDÜ ein normativer Tatbegriff angenommen werden kann.[1033]

Verfahren, die durch die Staatsanwaltschaft mittels einer Décision de Classement sans Suite oder einer Médiation Pénale beendet werden, können jederzeit wieder aufgenommen werden und bewirken deshalb keinen Strafklageverbrauch im Sinne des Artikels 54 SDÜ.

Das EuGH-Urteil hat auf den Rechtskraftbegriff in Frankreich keine großen Auswirkungen, da auch Entscheidungen der Staatsanwaltschaft und anderer Behörden im nationalen Recht unangreifbar sind, mit der Einschränkung, dass sich eine erneute Verfolgung auf dasselbe Delikt bezieht.

## 3. England

Auch in England ist das Verbot der Doppelbestrafung erst von Bedeutung, wenn ein rechtskräftiges Urteil bzw. ein Freispruch vorliegt – erst dann kann die Einrede des „autrefois convict" bzw. „autrefois acquit" erhoben werden.[1034]

Bei einem Freispruch tritt Rechtskraft ein, sobald die Jury den Angeklagten für „nicht schuldig" befunden hat oder, für den Fall, dass das Recht auf Rechtsmittel eingeräumt

---

[1032] Vgl. auch Stein, SDÜ, 391f.

[1033] S.o. F.IV.4.

[1034] *„For an accused to be able to rely successfully on a plea of autrefois convict he must have been found guilty and sentenced. If, on the other hand, he has been acquitted and is subsequently indicted in respect of the same matter, he can successfully plead autrefois acquit because an acquittal is a final disposal of the case."* Richards v. The Queen (P.C.) [1993] A.C. 217, 221.

wurde, wenn die Rechtsmittelfrist abgelaufen ist oder das Rechtsmittel nicht erfolgreich war.

Verurteilungen erstarken in Rechtskraft, wenn sowohl die Jury ihren Schuldspruch als auch der Richter das Urteil gefällt hat[1035] und wenn die Frist, Rechtsmittel einzulegen, abgelaufen ist oder die Criminal Division des Court of Appeal oder das House of Lords das Rechtsmittelverfahren beenden.[1036]

**a. Darstellung**

**aa. Gerichtliche Einstellungen**

Damit die Einrede des „autrefois acquit" bzw. „autrefois convict" geltend gemacht werden kann, muss ein Urteil eines zuständigen Gerichts[1037] vorliegen und dieses darf nicht „ultra vires", d.h. außerhalb seiner Befugnisse[1038], gehandelt haben.[1039] Hatte das Gericht keine Rechtsprechungskompetenz, befand sich der Verurteilte oder Freigesprochene niemals „in jeopardy". Irrelevant ist es, ob der Urteilsspruch aufgrund eines summarischen oder aufgrund eines ordentlichen Verfahrens zustande kam.[1040] Weiterhin muss sich der Beschuldigte zumindest in der Gefahr einer Verurteilung befunden haben.

Ein Freispruch verhindert eine erneute Strafverfolgung wegen jeder (schwereren) Straftat, die die Tat, auf welche sich der Freispruch bezogen hat, beinhaltet.

Ebenso bewirkt jede Verurteilung eines nationalen oder ausländischen Gerichts einen Strafklageverbrauch. Lediglich ausländische in absentia-Entscheidungen scheiden aus, da verhindert werden soll, dass der Verurteilte einer Bestrafung entgeht.[1041]

Hinsichtlich der Rechtskraft und dementsprechend hinsichtlich der Möglichkeit, die autrefois-Einrede erfolgreich vorzubringen, muss zwischen Freisprüchen und Verurteilungen differenziert werden:

---

[1035] Die Verhängung der Strafe ist unerlässlich für das Eingreifen der Einrede „autrefois convict". Ansonsten könnte der für schuldig Befundene einer Bestrafung entgehen. Ein Beispiel dafür wäre der Fall, dass der vorsitzende Richter nach dem Schuldspruch der Jury verstirbt. Reichte allein ein Schuldspruch für die Erhebung der Einrede aus, könnte der Angeklagte bei einem erneuten Verfahren die Einrede anbringen, mangels eines Strafausspruches jedoch nicht bestraft werden. – de Than/Shorts, Journal of Criminal Law 2000, 624, 627.

[1036] Law Commission, Double Jeopardy, 16f.; de Than/Shorts, Journal of Criminal Law 2000, 624, 627.

[1037] S. dazu Friedland, Double Jeopardy, 315ff.; Archbold, Criminal Pleading, § 4-148ff.; Sprack, Criminal Procedure, Rn.16.48.

[1038] Vgl. dazu West [1964] 1 Q.B. 15.

[1039] Blackstone's Criminal Practice, D 11.43.

[1040] Connelly v. DPP [1964] 48 Cr.App.R. 183; Blackstone's Criminal Practice, D 19.22; Sprack, Criminal Procedure, Rn.16.48.

[1041] R v. Thomas [1985] Q.B. 604; 79 CrAppR 200.

Der Freispruch des Angeklagten im Rahmen der Committal Proceedings bewirkt keinen Strafklageverbrauch.[1042] Gleiches gilt für die Ablehnung der Eröffnung des Hauptverfahrens aufgrund eines Antrages auf Ablehnung[1043], für fehlerhafte Freisprüche nach den Sections 54 bis 57 des Criminal Procedure and Investigations Act 1996, wenn Zeugen oder Richter beeinflusst wurden oder wenn die Jury davon entbunden wurde, ein Urteil zu erlassen.[1044] Da der Schuld- oder Freispruch der Jury Minimalvoraussetzung für die Rechtskraft ist, kann ein Entlassen der Jury vor dem Wahrspruch keine Rechtskraft begründen. Das Verfahren wird angesehen, als ob es noch nicht beendet wäre, und kann jederzeit fortgesetzt werden.[1045] Ein Schuldspruch in einem Disziplinarverfahren erstarkt nicht in Rechtskraft.[1046]

Strafklageverbrauch tritt ein bei freisprechenden Urteilen durch ein nationales oder ausländisches zuständiges Gericht[1047], weiterhin nach *Lord Morris* zweiter These, wenn eine Tat innerhalb einer anderen Verurteilung abgewiesen wird und außerdem bei der Aufhebung des Schuldspruches durch den Court of Appeal, sofern nicht gleichzeitig eine Wiederaufnahme des Verfahrens angeordnet wird[1048].

In Bezug auf Verurteilungen kommt es – wie bereits mehrfach erwähnt – darauf an, dass nicht nur der Schuldspruch erfolgt ist, sondern auch die Verhängung einer Strafe.[1049]

### bb. Verfahrensabschlüsse durch die Staatsanwaltschaft

#### (1) Zurückziehung der Klage

Die Zurückziehung des Antrags auf Durchführung eines summarischen Verfahrens durch die Staatsanwaltschaft vor dem Magistrates' Court (mit Zustimmung der Richter), bevor sich der Beschuldigte geäußert hat, bewirkt keinen Strafklageverbrauch.[1050] Es besteht keinerlei Ähnlichkeit mit einem Freispruch, es kann jederzeit ein erneutes Verfahren durchgeführt werden.[1051]

---

[1042] R v. Manchester City Stipendiary Magistrate, ex parte Snelson [1977] 1 W.L.R. 911.

[1043] Vgl. R v. Newland [1988] Q.B. 402.

[1044] Blackstone's Criminal Practice, D 11.44.

[1045] Friedland, Double Jeopardy, 22ff.

[1046] R v. Hogan and Tompkins [1960] 2 Q.B. 513.

[1047] R v. Aughet (1918) 13 Cr.App.R. 101; Treacy v. D.P.P. [1971] A.C. 537.

[1048] Section 2 (3) des Criminal Appeal Act 1968: „*An order of the Court of Appeal quashing a conviction shall, except when ... the appellant is ordered to be retried, operate as a direction to the court of trial to enter, instead of the record of conviction, a judgment and verdict of acquittal.*" (heute enthalten in veränderter Form im Criminal Appeal Act 1995 s 2 (1)) ; R v. Barron [1914] 2 K.B. 570.

[1049] Richards v. The Queen [1993] A.C. 217.

[1050] R v. Grays Justices, ex parte Low [1990] 1 Q.B. 54.

[1051] Blackstone's Criminal Practice, D 19.20.

Gleiches gilt für die Einstellung des Verfahrens durch die Staatsanwaltschaft nach *Section 23* des *Prosecution of Offences Act 1985*, bevor die Magistrates (Richter des Magistrates' Court) mit der Beweisaufnahme beginnen.[1052]

**(2) Verfahrenseinstellung durch „Non suited"**

Stellt sich im Laufe des Verfahrens heraus, dass eine Klage aufgrund von Formmängeln nicht mehr zum Erfolg führen wird, kann die Staatsanwaltschaft mit Zustimmung des Gerichts beantragen, das Verfahren einzustellen. Aufgrund der Tatsache, dass die Einstellung durch prozessuale Mängel begründet wurde, kann die Staatsanwaltschaft jederzeit erneut Klage erheben.[1053] Es tritt somit kein Strafklageverbrauch ein.[1054]

**(3) Nolle Prosequi**

Nach Abschluss der "committal proceedings", einer Art Zwischenverfahren, bei dem nach Anklageerhebung vor dem Magistrates' Court die Beweise vorgetragen werden und mündlich verhandelt und entschieden wird, ob das Verfahren zur Hauptverhandlung an den Crown Court überwiesen wird, kann die Staatsanwaltschaft eine sogenannte „nolle prosequi" – eine Einstellung des Verfahren – erklären.[1055] Das erfolgt dadurch, dass die Staatsanwaltschaft kein Beweisangebot zur Vorbereitung der Hauptverhandlung unterbreitet oder dass sie einen Mangel an Beweismitteln geltend macht, sog. *no case to answer.*[1056] Eine Zustimmung des Gerichts ist nicht erforderlich, eine Kontrolle nicht möglich[1057], Gründe müssen nicht angegeben werden.[1058] Andere Gründe für eine „nolle prosequi" können sein, dass in der Sache, welche Verfahrensgegenstand ist, bereits ein Zivilprozess läuft oder schon ein anderes Strafverfahren anhängig ist. Ebenso kann sie gegen offensichtlich schikanöse Anklagen angeordnet werden[1059], oder wenn der Beschuldigte physisch oder psychisch nicht in der Lage ist, vor Gericht zu erscheinen und dieses Unvermögen von permanenter Dauer ist[1060]. Die „nolle prosequi" kann ohne Zustimmung des Gerichts von Amts wegen oder auf Antrag der Parteien erklärt werden.[1061]

---

[1052] *Section 23 (9): „The discontinuance of any proceedings by virtue of this section shall not prevent the institution of fresh proceedings in respect of the same offence."*

[1053] *„Where the withdrawal of a summons has been, not of the merits of the case, but on a preliminary point, the withdrawal is not equivalent to a dismissal or an aquittal."* – Owens v. Minoprio [1942] 1 K.B. 193, 194; vgl. auch Davis v. Morton [1913] 2 K.B. 479, 486.

[1054] Vgl. auch Thomas, Einmaligkeit, 237.

[1055] Friedland, Double Jeopardy, 30; Kühne, Strafprozessrecht, Rn.1158.

[1056] Kühne, Strafprozessrecht, Rn.1158.

[1057] R v. Comptroller-General of Patents, Designs, & Trade Marks [1899] 1 Q.B. 909.

[1058] Blackstone's Criminal Practice, D 2.36.

[1059] Kielwein, ZStW 1956, 37, 41.

[1060] Blackstone's Criminal Practice, D 2.36; Archbold, Criminal Pleading, § 1-251.

[1061] Kielwein, ZStW 1956, 37, 41.

Folge der „nolle prosequi" ist, dass das Verfahren endgültig beendet und somit der Entscheidung des Gerichts entzogen wird – es handelt sich jedoch nicht um einen Freispruch, ein Strafklageverbrauch tritt nicht ein: Es ist jederzeit möglich, dass der öffentliche oder der private Ankläger wegen derselben Sache eine erneute Anklage erhebt und das Verfahren bis zum Urteilsspruch durchführt.[1062] Die Einrede des autrefois kann dem nicht entgegengehalten werden.[1063]

### (4) Offering no evidence

Im summarischen Verfahren kann die Staatsanwaltschaft, um die Einstellung des Verfahrens zu bewirken, keine Beweismittel anbieten – offering no evidence.[1064] Voraussetzung dafür ist, dass sich der Angeklagte „nicht schuldig" bekennt. Ein solcher Freispruch bewirkt Strafklageverbrauch, so dass ein erneutes Verfahren unzulässig ist.[1065]

### (5) Einstellung des Verfahrens aufgrund Klageänderung

Die Staatsanwaltschaft kann – wenn sich Anhaltspunkte dafür ergeben – im Laufe des Verfahrens die einmal erhobene Klage durch eine andere ersetzen. Die Einstellung der ursprünglichen Klage bewirkt jedoch keinen Strafklageverbrauch, da für den Angeklagten keine Gefahr einer Verurteilung bestanden hat.[1066]

### cc. Verfahrenseinstellung durch die Polizei

Im Rahmen des Strafverfahrens geht der erste Schritt von der Polizei aus. Es liegt in ihrem Ermessen, ob sie gar nichts unternimmt, das Verfahren beendet oder weiterermittelt, so dass das Normalverfahren fortgeführt wird. Lediglich wenn sie sich entscheidet, das Verfahren fortzusetzen, wird die Staatsanwaltschaft informiert.

Beenden kann die Polizei das Verfahren, indem sie entweder keine weiteren Schritte einleitet oder indem sie eine Verwarnung oder eine „fixed penalty notice" verhängt. Bei der letzteren geschieht das in Form eines Strafzettels oder eines Bußgeldbescheides.

### (1) Verwarnung

Verwarnungen werden nur für leichtere Vergehen ausgesprochen und sind nicht mit Verurteilungen gleichzusetzen. Sie werden nur verhängt, wenn das Beweismaterial ausreichend ist, eine Strafverfolgung zu rechtfertigen und wenn der Rechtsbrecher sein Vergehen eingesteht. Außerdem muss die Verhängung der Verwarnung im öffentlichen Interesse sein. Grundsätzlich steht es im freien Ermessen der Polizei, ob sie in

---

[1062] Friedland, Double Jeopardy, 30; Halsbury's, Criminal Law, § 941; Sprack, Criminal Procedure, Rn.12.34; Kielwein, ZStW 1956, 37, 41f.

[1063] Kielwein, ZStW 1956, 37, 41.

[1064] Blackstone's Criminal Practice, D 19.21.

[1065] Pressick [1978] Crim.L.R. 377.

[1066] R v. Dabhade [1993] Q.B. 329.

einem bestimmten Fall die Strafverfolgung fortsetzt und sich an die Staatsanwaltschaft wendet oder ob sie eine Verwarnung ausspricht. Das wird u.a. von der Schwere des Vergehens und dem Verhalten des Täters abhängig gemacht.[1067]

Da die öffentliche Klage noch nicht erhoben wurde – das geschieht erst, wenn die Staatsanwaltschaft eingeschaltet wurde –, kann bei einer Einstellung des Verfahrens durch eine Verwarnung kein Strafklageverbrauch eintreten.

**(2) Fixed Penalty Notice**

Die „fixed penalty notice“, welche mit Strafzetteln oder der Verhängung eines Bußgelds vergleichbar ist, existiert für geringe Gesetzesübertretungen im Bereich des Straßenverkehrs. Bei Verhängung einer „fixed penalty notice“ wird durch Zahlung einer Geldbuße und gegebenenfalls nach Eintragung von Strafpunkten in den Führerschein eine Strafverfolgung vermieden. Sind die Auflagen erfüllt, wird die Strafverfolgung beendet.[1068]

Da auch hier die öffentliche Klage noch nicht erhoben wurde, tritt ebenfalls kein Strafklageverbrauch ein.

**dd. Beendigung des Verfahrens durch Vergleich**

In England gilt, wie in Frankreich, bei der Klageerhebung das Opportunitätsprinzip, das heißt, es liegt im Ermessen der Staatsanwaltschaft, ob sie Klage erhebt oder nicht. Das erleichtert die Möglichkeit, mit dem Beschuldigten gewisse Absprachen zu treffen und so eine Klage zu vermeiden. Vorteilhaft ist das für beide Seiten, da einerseits der Beschuldigte den Strapazen eines Strafprozesses und der Gefahr einer späteren Verurteilung entgeht und andererseits die Strafverfolgungsbehörden und Gerichte entlastet werden.

Die Beendigung des Strafverfahrens durch Absprachen oder Vergleich wird unter dem Begriff des „plea bargaining“[1069] zusammengefasst. Darunter ist eine Vereinbarung über den Austausch eines Schuldanerkenntnisses des Beschuldigten gegen eine Strafmilderung oder sonstige Vorteile zu sehen.[1070] Voraussetzungen dafür sind einmal die Möglichkeit des Beschuldigten, durch eine „guilty plea“ – ein Schuldeingeständnis – die Richtigkeit der Anklage einzuräumen und auf die Beweisaufnahme zu verzichten, zum anderen große Ermessensspielräume für die Staatsanwaltschaft hinsichtlich der Anklage und der Richter hinsichtlich der Strafzumessung.[1071]

---

[1067] S. allg. dazu Sprack, Criminal Procedure, Rn.4.06ff.

[1068] Sprack, Criminal Procedure, Rn.4.15f.

[1069] Ausführlich dazu Blackstone's Criminal Practice, D 11.53ff.; Zander, Cases, 307ff.; Sprack, Criminal Procedure, Rn.16.29ff; Ashworth, Criminal Process, 276ff.; Darbyshire, Crim.L.R. 2000, 895ff.

[1070] Weigend, Absprachen, 96.

[1071] Weigend, Absprachen, 96.

Es wird unterschieden zwischen dem „charge bargaining", wobei der Ankläger – ein Vertreter des Crown Prosecution Service[1072] – auf bestimmte Anklagepunkte verzichtet[1073], und dem „sentence bargaining", bei dem der für die Strafzumessung zuständige Richter und der Anwalt des Beschuldigten über die Höhe des Strafmaßes verhandeln.[1074]

Das „charge bargaining" ist auch bereits vor der Polizei möglich, die bei einem Geständnis entweder die Verhöre beendet, auf die Geltendmachung bestimmter Anklagepunkte verzichtet oder eine günstige Stellungnahme hinsichtlich der Untersuchungshaft abgibt; von großer Bedeutung sind insbesondere Geständnisse über nicht aufgeklärte Straftaten, welche dann nicht formell angeklagt und abgeurteilt werden, sondern lediglich bei der Strafzumessung wegen der eigentlich angeklagten Tat mitberücksichtigt werden, sog. „taking into consideration".[1075] Die „mitberücksichtigten" Straftaten sind jedoch nicht Gegenstand des Schuldurteils, es tritt kein Strafklageverbrauch ein.[1076] Es ist dennoch nicht wünschenswert, dass eine Person für eine solche „mitberücksichtigte Straftat" verfolgt wird, da sie dann in die Gefahr gerät, zweimal wegen derselben Straftat bestraft zu werden.[1077] In der Praxis findet also grundsätzlich keine erneute Verfolgung statt, ansonsten würde das als Verfahrensmissbrauch gewertet werden.[1078] Eine andere Möglichkeit besteht darin, die „mitberücksichtigten Straftaten" zwar zur Anklage zu bringen, bei dem Urteil jedoch nur eine Nominalstrafe, wie ein Tag Gefängnis oder eine Geldstrafe in Höhe von einem Cent, zu verhängen.[1079] Die Straftaten, welche „mitberücksichtigt werden", müssen von ähnlicher Natur sein wie die Straftaten, deretwegen der Beschuldigte angeklagt ist, und außerdem darf ein Gericht nur solche Straftaten in Betracht ziehen, die in seine Zuständigkeit fallen.[1080] Faktisch verhindert das „taking into consideration" also doch eine erneute „richtige" Bestrafung.

Da Einstellungen durch die Staatsanwaltschaft keine Rechtskraftwirkung zukommt, bewirken auch die hier genannten Absprachemöglichkeiten keinen Strafklageverbrauch. Insbesondere wenn das Verfahren schon vor Klageerhebung eingestellt wird, besteht kein Anlass einen Strafklageverbrauch anzunehmen, da noch nicht einmal eine Klage existiert hat. Das „taking into consideration" verhindert nur faktisch

---

[1072] Vor 1985 war Anklagebehörde die Polizei.

[1073] Vor Klageerhebung ist das informell möglich, danach ist die Zustimmung eines Richters erforderlich.

[1074] Weigend, Absprachen, 86; vgl. zum „charge bargaining" auch Ashworth, Criminal Process, 271ff.

[1075] R v. Batchelor, 36 Cr.App.R. 64; Archbold, Criminal Pleading, § 5-24ff.; Sprack, Criminal Procedure, Rn.20.42ff.; Zander, Cases, 306; Weigend, Absprachen, 87; Huber, Funktion und Tätigkeit des Anklägers, 545, 568.

[1076] R v. Nicholson (1947) 32 Cr.App.R. 98; Sprack, Criminal Procedure, Rn.20.46; Huber, Funktion und Tätigkeit des Anklägers, 545, 568.

[1077] Archbold, Criminal Pleading, § 4-129.

[1078] Archbold, Criminal Pleading, § 4-129.

[1079] Kielwein, ZStW 1956, 37, 50.

[1080] Hampton, Criminal Procedure, 252; Huber, Funktion und Tätigkeit des Anklägers, 545, 568.

eine erneute Bestrafung, ein erneutes Verfahren ist jedoch hinsichtlich der mitberücksichtigten Taten jederzeit möglich. Auch die ansonsten nach Klageerhebung aufgrund Schuldeingeständnisses fallengelassene Weiterverfolgung von bestimmten Straftaten verhindert keine erneute Strafverfolgung. Zu beachten ist jedoch, dass es zumindest als rechtsmissbräuchlich angesehen wird, wenn eine erneute Verfolgung stattfindet, obwohl vorher die Nichtverfolgung eines Deliktes aufgrund von bestimmten Zugeständnissen des Beschuldigten zugesichert wurde.[1081]

### b. Auswirkung des EuGH-Urteils

In England herrscht das engste Verständnis von Rechtskraft. Strafklageverbrauch bewirken nur gerichtliche Urteile. Einzig wenn die Staatsanwaltschaft vor Gericht keine Beweise anbietet (offering no evidence) kann sie so einen Strafklageverbrauch herbeiführen.

Aber auch nach der Definition des EuGH und dem Vorschlag von *Bohnert* und *Lagodny* kämen sonstigen verfahrensabschließenden Entscheidungen der Staatsanwaltschaft oder anderer Behörden keine strafklageverbrauchende Wirkung zu, da sie nicht nur bei Vorliegen bestimmter Voraussetzungen, sondern jederzeit wieder aufgenommen werden können.

## 4. Zusammenfassung und Bedeutung für die Auslegung des Verbotes der Doppelbestrafung

Gleich ist in allen drei Ländern, dass nur endgültigen gerichtlichen Urteilen absolute Rechtskraft zukommt und dass sich die Rechtskraft nur auf den Tenor des Urteils erstreckt. Einzelne Tatsachenfragen bleiben unberührt. In Frankreich ergibt sich die Besonderheit, dass die Art der Rechtskraft bei den Urteilen der Ermittlungsgerichte – im Gegensatz zu den Urteilen der Strafgerichte – davon abhängt, ob die Einstellung auf Tatsachen- oder Rechtsfragen beruht.

Hinsichtlich der Einstellungsentscheidungen durch die Staatsanwaltschaft und andere staatliche Behörden unterscheiden sich die Länder: In England kommt nur den staatsanwaltschaftlichen Einstellungen vor Gericht, die keine Beweise anbieten, Rechtskraft zu, in Deutschland nur den Einstellungen nach § 153 a I 1 StPO, in Frankreich hingegen bleiben Staatsanwaltschaft und anderen staatlichen Behörden diesbezüglich mehr Spielraum.

Hinsichtlich der endgültigen Verfahrensabschlüsse, die durch die Staatsanwaltschaft oder andere Behörden erfolgen können, bestätigt sich die Aussage des EuGH in seinem Urteil zu den Rechtssachen Gözütok und Brügge, dass solche Verfahren nur unter bestimmten Umständen bzw. nur für einige abschließend aufgezählte oder bezeichnete Straftaten erfolgen können, welche nicht zu den schwersten zählen und für die lediglich ein beschränkter Strafrahmen besteht.[1082]

---

[1081] Thomas, Einmaligkeit, 248.

[1082] EuGH, Urt. Rs. *Gözütok und Brügge* (Fn.469), Slg. 2003-I, 1345ff. Rn.39.

Für die Auslegung der „rechtskräftigen Aburteilung" ergibt sich, dass der EuGH in seinem Urteil gerade nicht zu weit gegangen ist. Fasst man die Rechtskraft in den jeweiligen Ländern so auf, dass solche Entscheidungen darunter fallen, die nur unter bestimmten Voraussetzungen wieder aufgenommen werden können, so ergibt das einen umfassenden Anwendungsbereich von Artikel 54 SDÜ. Es müsste nur die Möglichkeit der Wiederaufnahme des Verfahrens geschaffen werden (u.U. durch teleologische Reduktion des Artikels 54 SDÜ, wie es *Radtke* und *Busch* bereits vorgeschlagen haben[1083] oder durch Hinzufügung eines zweiten Absatzes), um etwaige ungerechte Ergebnisse zu vermeiden. Somit würden bestimmte staatsanwaltschaftliche Einstellungen zumindest erst einmal eine erneute Strafverfolgung behindern; tauchen jedoch neue Tatsachen und Beweise auf, die eine andere rechtliche Würdigung des Falles gebieten oder stellt sich die Tat nachträglich als Verbrechen dar, könnte das Verfahren erneut behandelt werden. Damit werden Ungerechtigkeiten vermieden, die aufgrund eines umfänglichen Verbotes der Wiederaufnahme entstünden, wodurch rein nationale und zwischenstaatliche Straftaten unterschiedlich behandelt würden. Außerdem kommt der Zweitverfolgungsstaat genauso zu seinem Recht, seinen Strafanspruch zu sühnen, wenn dazu Anlass besteht.

Natürlich darf nicht außer Acht gelassen werden, dass Entscheidungen, die nur durch ein gerichtliches formelles Wiederaufnahmeverfahren neu behandelt werden können (gerichtliche Entscheidungen mit absoluter Rechtskraft) auch schwereren Wiederaufnahmevoraussetzungen unterliegen als Entscheidungen, die aufgrund des Vorliegens neuer Tatsachen oder Beweise oder aufgrund der Qualifizierung der Tat als Verbrechen wieder aufgenommen werden können. Genauso werden aber auch die unterschiedlichen Stufen der Rechtskraft, wie sie sie in den einzelnen Ländern erhalten, individuell berücksichtigt. So werden auch die Kritiker eines weit gefassten „ne bis in idem" miteinbezogen. Tatsächlich sind so gerichtliche Entscheidungen am schwersten angreifbar; alle anderen Entscheidungen können leichter wieder angegriffen werden, aber nur, wenn ein Grund dazu besteht.

Es kann also festgehalten werden, dass die „rechtskräftige Aburteilung" aus Artikel 54 SDÜ so ausgelegt werden sollte, dass sie einen Zusammenschluss der vom EuGH aufgestellten Kriterien und dem Vorschlag von *Bohnert* und *Lagodny* darstellt. Eine Definition könnte demnach lauten:

> *„Bei der rechtskräftigen Aburteilung im Sinne des Artikels 54 SDÜ handelt es sich um eine Entscheidung, welche durch eine Behörde, die zur Mitwirkung bei der Strafrechtspflege in der betreffenden nationalen Rechtsordnung berufen ist, in einem zum endgültigen Strafklageverbrauch führenden Verfahren getroffen wurde. Die Mitwirkung eines Gerichts ist nicht erforderlich. Endgültig ist das Verfahren, wenn es gar nicht oder nur unter der Voraussetzung, dass zumindest neue Tatsachen oder Beweise vorliegen, wiederaufgenommen werden kann.*
>
> *Zusätzlich muss der Beschuldigte bestimmte, durch diese Behörde festgesetzte Auflagen erfüllt haben, durch die das dem Beschuldigten vorgeworfene Verhalten geahndet wird."*

---

[1083] S. E.VII.

### VI. Die Wiederaufnahme der Verfahren

Vorschriften über eine Wiederaufnahme des Strafverfahrens fehlen zwar in den Artikeln 54 ff. SDÜ, wie aber bereits oben erwähnt wurde, könnten solche notwendig sein, um mehr Staaten dazu zu bewegen, auf ihre Vorbehalte im Rahmen des Artikels 55 SDÜ zu verzichten, um dem Verbot der Doppelbestrafung generell einen weiteren Anwendungsbereich zu ermöglichen und um die Ungleichbehandlung von rein nationalen und zwischenstaatlichen strafrechtlichen Sachverhalten zu vermeiden.

Bei der Darstellung der einzelnen Wiederaufnahmemöglichkeiten in den jeweiligen Ländern sind sowohl die Wiederaufnahmevorschriften zuungunsten als auch zugunsten des Angeklagten zu berücksichtigen. Zwar handelt es sich bei einer Wiederaufnahme zugunsten des Angeklagten nicht um einen Verstoß gegen das Doppelbestrafungsverbot, allenfalls aufgrund der erneuten Durchführung eines Prozesses um einen Verstoß gegen das Doppelverfolgungsverbot. Es ist nicht davon auszugehen, dass sich ein Verurteilter auf eine Verletzung des „ne bis in idem"-Grundsatzes beruft, wenn seine Rechtsstellung verbessert werden soll. Andererseits könnte sich aber der Erstverurteilungsstaat auf einen Verstoß gegen Artikel 54 SDÜ berufen, wenn ihm durch eine Besserstellung des einmal Verurteilten sein Urteil „aus der Hand geschlagen wird". Somit sind auch Wiederaufnahmeregelungen zugunsten des Angeklagten zu betrachten und unter Umständen in die Regelung des Artikels 54 SDÜ mitaufzunehmen.

#### 1. Deutschland

Der Rechtsfrieden ist durch eine starre, unabänderliche Geltung von Urteilen ebensowenig gesichert, wie bei einer schrankenlosen Durchsetzung des materiellen Rechts.[1084] Deshalb kennt die deutsche Strafprozessordnung einige Durchbrechungen des „ne bis in idem"-Grundsatzes: Die in den §§ 359, 362 StPO geregelten Anlässe ermöglichen trotz Rechtskraft ein erneutes Verfahren. Ebenso besteht die Möglichkeit der Wiedereinsetzung in den vorherigen Stand nach § 44 StPO oder die Erstreckung einer erfolgreichen Revision auf Mitverurteilte nach § 357 StPO. Nach erfolgreicher Verfassungsbeschwerde kann das Bundesverfassungsgericht gemäß § 95 II BVerfGG eine Entscheidung aufheben.[1085]

#### a. Wiederaufnahme zuungunsten des Angeklagten

In Deutschland ist die Wiederaufnahme des Strafverfahrens zuungunsten des Angeklagten in § 362 StPO verankert. Dabei handelt es sich um einen Grundrechtseingriff.[1086] Ein solcher ist nur zulässig, soweit das Festhalten an der Rechtskraft des Urteils zu unerträglichen Ergebnissen führen würde und die Gründe für die Wiederauf-

---

[1084] Roxin, Strafverfahrensrecht, § 50 Rn.24.

[1085] Rüping in: Dolzer/Vogel/Graßhof, BK, Art.103 III Rn.12; Beulke, Strafprozessrecht, Rn.506.

[1086] Schmidt-Aßmann in: Maunz/Dürig, GG, Art.103 III Rn.270.

nahme exakt umgrenzt sind.[1087] § 362 StPO sieht vier klar umrissene Fälle vor, in denen eine Wiederaufnahme möglich sein soll:

(1) Wenn in der Hauptverhandlung eine zugunsten des Beschuldigten vorgebrachte Urkunde unecht oder verfälscht war,

(2) wenn ein Zeuge oder Sachverständiger zugunsten des Beschuldigten ausgesagt und dabei vorsätzlich oder fahrlässig gegen seine Eidespflicht verstoßen oder vorsätzlich falsch uneidlich ausgesagt hat,

(3) wenn ein Richter oder Schöffe, der bei dem Urteil mitgewirkt hat, hinsichtlich des Beschuldigten seine Amtspflichten verletzt hat oder

(4) wenn der Freigesprochene ein glaubwürdiges Geständnis der Straftat ablegt.

Somit handelt es sich bei § 362 StPO um einen *zulässigen* Grundrechtseingriff.[1088] Artikel 4 II 7.ZP zur EMRK schließt die Verfahrenswiederaufnahme nicht aus, falls neue oder neu bekanntgewordene Tatsachen vorliegen; dabei wird nicht darauf abgestellt, ob die Wiederaufnahme zugunsten oder zuungunsten des Angeklagten erfolgt. Demnach scheinen die Wiederaufnahmeregelungen im deutschen Recht vertretbar zu sein.

Dennoch sind die Wiederaufnahmegründe zuungunsten des Angeklagten im Lichte des Schutzzwecks des Grundrechtes einschränkend auszulegen, gerade hinsichtlich solcher Gründe, die er nicht persönlich zu vertreten hat.[1089] Deshalb besteht auch für die Strafverfolgungsorgane im Einzelfall die Pflicht, zwischen dem Anspruch des Angeklagten auf Rechtssicherheit und der Möglichkeit der Wiederaufnahme abzuwägen.[1090]

**b. Wiederaufnahme zugunsten des Angeklagten**

Die Wiederaufnahme des Strafverfahrens *zugunsten* des Angeklagten ist in § 359 StPO geregelt. Dort sind ebenso wie bei § 362 StPO einige klar umrissene (jedoch weiter als bei § 362 StPO gehende) Gründe aufgestellt, bei deren Vorliegen die Wiederaufnahme möglich sein soll:

(1) Wenn in der Hauptverhandlung eine zuungunsten des Verurteilten vorgebrachte Urkunde unecht oder verfälscht war,

(2) wenn ein Zeuge oder Sachverständiger bei einer Aussage zuungunsten des Verurteilten vorsätzlich oder fahrlässig gegen seine Eidespflicht verstoßen oder vorsätzlich uneidlich falsch ausgesagt hat,

(3) wenn ein an dem Urteil beteiligter Richter oder Schöffe hinsichtlich des Verurteilten seine Amtspflichten verletzt hat und diese Verletzung nicht von dem Verurteilten selber veranlasst wurde,

---

[1087] Schmidt-Aßmann in: Maunz/Dürig, GG, Art.103 III Rn.270.

[1088] Jarass/Pieroth, GG, Art.103 Rn.66; ausführlich dazu: Weber-Klatt, Wiederaufnahme, 163ff.

[1089] Nolte in: v. Mangoldt/Klein/Starck, GG, Art.103 III Rn.223; Degenhart in: Sachs, GG, Art.103 Rn.90.

[1090] Nolte in: v. Mangoldt/Klein/Starck, GG, Art.103 III Rn.223; vgl. ferner Schmidt-Aßmann in: Maunz/Dürig, GG, Art.103 III Rn.270.

(4) wenn ein dem Strafurteil zugrundeliegendes Zivilurteil durch ein anderes rechtskräftiges Urteil aufgehoben wird,

(5) wenn neue Tatsachen oder Beweise auftauchen, die dazu geeignet sind, einen Freispruch des Angeklagten, eine geringere Bestrafung oder eine wesentlich andere Entscheidung über eine Maßregel der Besserung und Sicherung zu begründen oder

(6) wenn der EGMR eine Verletzung der EMRK oder ihrer Protokolle festgestellt hat und die Verurteilung auf dieser Verletzung beruht.

**c. Wiedereinsetzung in der vorherigen Stand**

Die Rechtskraft kann ferner durchbrochen werden, wenn eine Wiedereinsetzung in den vorherigen Stand gemäß § 44 StPO gewährt wird. Eine solche Wiedereinsetzung erfolgt, wenn jemand ohne Verschulden daran gehindert wurde, eine Frist einzuhalten.

**d. Erstreckung der Revision auf einen Mitverurteilten**

Nach § 357 StPO besteht die Möglichkeit eines Wiederaufgreifens des Verfahrens, soweit zugunsten eines Angeklagten das Urteil wegen Gesetzesverletzung bei der Anwendung eines Strafgesetzes aufgehoben wird und sich dieses aufgehobene Urteil auch noch auf andere Angeklagte erstreckt. Diese sind daraufhin so zu behandeln, als hätten sie ebenfalls Revision eingelegt. Dadurch soll die „wirkliche Gerechtigkeit" gefördert und Ungleichheiten bei der Aburteilung einer Vielzahl von Personen vermieden werden.[1091]

**e. Aufhebung des Urteils durch das Bundesverfassungsgericht bei erfolgreicher Verfassungsbeschwerde**

Gegen rechtskräftige Urteile kann außerdem nach Rechtswegerschöpfung gemäß § 90 BVerfGG das Bundesverfassungsgericht angerufen werden, wenn der Beschwerdeführer der Ansicht ist, dass das gegen ihn ergangene Urteil seine Grundrechte verletzt. Nach § 95 II BVerfGG hebt das Bundesverfassungsgericht die Entscheidung auf, wenn die Verfassungsbeschwerde sich als begründet erweist. Gleichzeitig wird damit die vorher bestehende Rechtskraft beseitigt und der Schuldspruch entfällt; ein Wiederaufnahmeverfahren findet allerdings nicht statt, da einem erneuten Strafverfahren Artikel 103 III GG entgegensteht.[1092]

**f. Ergänzungsklage**

Es ist fraglich, ob ein Wiederaufgreifen des Verfahrens möglich sein soll, wenn später erschwerende Umstände auftreten, die dem Gericht im ersten Verfahren nicht bekannt

---

[1091] BGHSt 12, 335, 341; 24, 208, 210; Hanack in: Löwe-Rosenberg, StPO, 24.A., § 357 Rn.1.

[1092] Gössel in: Löwe-Rosenberg, StPO, Vor § 359 Rn.131.

sein konnten.[1093] Beispiele dafür sind folgende: A wird wegen fahrlässiger Körperverletzung verurteilt und das Unfallopfer stirbt später.[1094] B gibt im Wald einen Schuss ab, wird nach seiner Aussage wegen Wilderei verurteilt, später stellt sich heraus, dass der Schuss mit Tötungsvorsatz gegenüber einem anderen Menschen abgegeben und damit ein versuchtes oder vollendetes Tötungsdelikt begangen wurde.

Einige Autoren[1095] sprechen sich in diesem Zusammenhang für eine sog. „Ergänzungsklage" in Gestalt einer Berichtigungsklage aus: Es soll ein Verfahren folgen, in dem die erste Verurteilung nicht für ungültig erklärt, sondern unter Anrechnung der in ihr festgesetzten Strafe berücksichtigt wird.

Da in den o.g. Fällen die schwerere Tat unberücksichtigt bleibt, spricht einerseits das Rechtsgefühl für eine Anerkennung einer Ergänzungsklage, andererseits ergibt sich aus den §§ 155 II, 207 II Nr.3 und 264 II StPO unzweifelhaft, dass die Tat gänzlich unabhängig von ihrer juristischen Qualifikation in ihrer Identität feststeht und das Gericht sie in jeder Hinsicht rechtlich frei würdigen kann.[1096] Außerdem ist in den §§ 359 ff StPO streng festgelegt, unter welchen Voraussetzungen eine Wiederaufnahme des Verfahrens möglich sein soll. Die Wiederaufnahme des Verfahrens zuungunsten des Angeklagten aufgrund neuer Tatsachen und Beweise - mit Ausnahme der §§ 362 Nr.4 und 373a StPO – ist ausgeschlossen.[1097]

Andere nehmen an, dass zumindest in Fällen wie dem erstgenannten Beispiel - wenn der schwerere Erfolg im Zeitpunkt der Aburteilung noch nicht eingetreten war - eine ergänzende Verfolgung nicht versagt werden darf, weil die Verzehrwirkung die Tat nur in den Grenzen der Umgestaltungsmöglichkeit erfasst; deshalb sei eine Einbeziehung des späteren Erfolgs bei der Aburteilung begrifflich nicht möglich gewesen.[1098]

Dagegen spricht jedoch, dass ebenso die Spätfolgen noch zur Tat im prozessualen Sinne zählen, so dass die Rechtskraft sich auch auf diese bezieht.[1099] Die oben erwähnten Wiederaufnahmegründe dürfen auch in diesem Fall nicht analog angewandt werden.[1100]

Das Bundesverfassungsgericht[1101] und die herrschende Meinung in der Literatur[1102] lehnen eine solche sog. „Ergänzungsklage" grundsätzlich als unzulässig ab. Schließlich bewirkt das Urteil Strafklageverbrauch für den gesamten historischen Lebens-

---

1093 Zu der Problematik und zum Meinungsstand in der Literatur: Weber-Klatt, Wiederaufnahme, 140ff.

1094 Beulke, Strafprozessrecht, Rn.509.

1095 Achenbach, ZStW 1975, 74, 77 m.w.N.

1096 Roxin, Strafverfahrensrecht, § 50 Rn.16.

1097 Roxin, Strafverfahrensrecht, § 50 Rn.16.

1098 Roxin, Strafverfahrensrecht, § 50 Rn.17; Kühne, Strafprozessrecht, Rn.650; Busch, ZStW 1956, 11f.

1099 Beulke, Strafprozessrecht, Rn.509.

1100 Achenbach, ZStW 1975, 74, 95.

1101 BVerfGE 65, 377, 381.

1102 Leibholz/Rinck/Hesselberger, GG, Art.103 Rn.1672; Meyer-Goßner, StPO, Einl. Rn.171.

sachverhalt. Damit nimmt Artikel 103 III GG auch kriminalpolitisch unbefriedigende Ergebnisse in Kauf.[1103]

## 2. Frankreich

Nach Erschöpfung des Rechtsweges erstarkt auch in Frankreich das Urteil in Rechtskraft und ist nicht mehr angreifbar. Dennoch existieren mehrere Möglichkeiten, einen Fall wieder aufzunehmen.

Vor 1989 war für die Wiederaufnahme eines Verfahrens die Ermächtigung des Justizministeriums erforderlich.[1104] Heute wird durch die Initiative des Justizministeriums eine unabhängige Kommission gebildet, welche aus drei Direktoren des Justizministeriums und drei Beratern der Chambre Criminelle der Cour de Cassation besteht und über die Wiederaufnahme eines Verfahrens entscheidet.[1105]

Eine Wiederaufnahme ist möglich aufgrund des „pourvoi en révision“, den „pourvois dans l'intérêt de la loi“ und aufgrund einer Nachfrage auf Überprüfung nach einem Urteil des EGMR.[1106]

### a. Wiederaufnahme zuungunsten des Angeklagten

In Frankreich ist die Wiederaufnahme zuungunsten des zu einer Strafe Verurteilten oder des Freigesprochenen ausgeschlossen. Das ist historisch bedingt, da die „révision“ aus dem Gnadenrecht des Königs entwickelt wurde, welches sich sinngemäß nur zugunsten des Angeklagten auswirkte.[1107] Außerdem besteht ein dem Interesse sowohl des Angeklagten als auch der Justiz entsprechendes strenges Rechtskraftverständnis.[1108] Somit zielt die Wiederaufnahme nicht darauf ab, jeden tatsächlichen Irrtum der Strafjustiz zu beseitigen, sondern ausschließlich darauf, den unschuldig Verurteilten zu rehabilitieren.[1109]

Dass die Wiederaufnahme des Verfahrens zuungunsten des Angeklagten ausgeschlossen ist, ergibt sich auch aus dem Gesetz: Artikel 622 CPP, der die Wiederaufnahme regelt, erfordert ausdrücklich, dass dieser für schuldig befunden wurde („*reconnue coupable*“).

Einzig im Falle eines Justizirrtums ist gegenüber dem zu Unrecht Freigesprochenen im Wege des „pourvoi en cassation à l'ordre du garde de sceaux“ nach Artikel 620 CPP eine Durchbrechung der Rechtskraft möglich. Diese ist jedoch lediglich rein theoretischer Art, sie hat keine Auswirkungen auf den Freispruch.

---

[1103] Kunig in: v. Münch, GG, Art.103 Rn.40.

[1104] Vogler, Criminal Procedure in France, 14, 57.

[1105] Vogler, Criminal Procedure in France, 14, 57; Kühne, JZ 1998, 876, 878.

[1106] Larguier, Procédure pénale, 251.

[1107] Meyer, ZStW 1972, 909, 924f.

[1108] Meyer, ZStW 1972, 909, 925.

[1109] Frank, Wiederaufnahme, 3.

**b. Wiederaufnahme zugunsten des Angeklagten („Le pourvoi en révision")**

Die Regelungen über die Wiederaufnahme zugunsten des Angeklagten finden sich in den Artikeln 622 bis 626 CPP. Artikel 622 CPP enthält vier Gründe, bei deren Vorliegen ein Verfahren, welches bereits Rechtskraft entfaltet hat, erneut aufgenommen werden kann. Der Grund für die Regelung liegt darin, dass juristische Fehler beseitigt werden sollen; niemand darf unschuldig verurteilt werden.[1110] Hat jedoch ein juristischer Fehler (i.S.v. Tatsachenfehler) den Freispruch eines tatsächlich Schuldigen bewirkt, ändert sich an diesem Freispruch nichts; ist jemand zu Unrecht nicht hart genug bestraft worden, kann auch das nicht geändert werden - eine Wiederaufnahme zuungunsten des Angeklagten ist nicht möglich.[1111]

Möglich ist die Wiederaufnahme nur bei Tatsachenfehlern von Urteilen der Strafgerichte oder der Tribunaux Correctionnelles (und nicht z.B. bei Urteilen der Tribunaux de Police), die in Rechtskraft erwachsen sind.[1112]

Geltend gemacht werden können diese Gründe gemäß Artikel 623 CPP vom Justizminister oder von dem Angeklagten selber bzw. von dessen gesetzlichem Vertreter, sollte der Angeklagte selber dazu nicht in der Lage sein. Ist der Angeklagte verstorben oder verschollen, sind der Ehepartner, die Kinder, Verwandte, Erben oder ausdrücklich von dem Angeklagten Beauftragte zur Geltendmachung befugt.

Nach **Artikel 622 Nr.1 CPP** wird das Verfahren eines wegen eines Tötungsdelikts Verurteilten wiedereröffnet, wenn der Nachweis erbracht werden kann, dass das vermeintliche Opfer zur Zeit der Verurteilung noch lebte.

**Artikel 622 Nr.2 CPP** ermöglicht die Wiederaufnahme, wenn zwei verschiedene Urteile derart widersprüchlich sind, dass entweder der eine oder der andere Verurteilte unschuldig sein muss. Voraussetzung dafür ist, dass zwei Urteile in derselben Sache vorliegen, diese beiden Urteile unabhängig voneinander ergangen und sie miteinander unvereinbar sind.[1113]

Die Wiederaufnahme des Verfahrens aufgrund der Falschaussage eines Zeugen, der im Anschluss deswegen verurteilt wurde, sieht **Artikel 622 Nr.3 CPP** vor.

Schließlich erlaubt **Artikel 622 Nr.4 CPP** noch die Wiederaufnahme, wenn neue Tatsachen oder Beweismittel auftauchen, die in der Hauptverhandlung unbekannt waren (auf den Zeitpunkt der Entstehung soll es nicht ankommen[1114]) und die die Unschuld des Verurteilten beweisen.

Dieser letzte Wiederaufnahmegrund ist dominant in der gerichtlichen Praxis Frankreichs.[1115]

---

1110 Soyer, Droit Pénal, Rn.672.

1111 Pradel, Procédure Pénale, Rn.963; Merle/Vitu, Traité de droit criminel II, Rn.876; Stefani/Levasseur, Procédure Pénale, Rn.961; Garcin, Procédure Pénale, Rn.302; Soyer, Droit Pénal, Rn.672.

1112 Merle/Vitu, Traité de droit criminel II, Rn.877; Stefani/Levasseur, Procédure Pénale, Rn.960f.

1113 Grebing, Wiederaufnahme, 297, 321.

1114 Frank, Wiederaufnahme, 12.

1115 Merle/Vitu, Traité du droit criminel II, Rn.879; Kühne, JZ 1998, 876, 878.

Wird das Verfahren aufgrund einer der vier Wiederaufnahmegründe wiedereröffnet und führt diese Wiederaufnahme zu einem Freispruch, ist gemäß Artikel 626 CPP dem zu Unrecht Verurteilten Schadensersatz zu leisten – vorausgesetzt, dass er die zu Unrecht erfolgte Verurteilung nicht selber zu verschulden hat – und seine Unschuld ist in fünf Tageszeitungen sowie im Amtsblatt bekanntzugeben.

#### c. „Le pourvoi en cassation"

Das außerordentliche Rechtsmittel der *„pourvoi en cassation dans l'intérêt de la loi"* bzw. *„à l'ordre du Garde des Sceaux"* – die Revisionseinlegung durch die Staatsanwaltschaft – ist in den Artikeln 620 und 621 CPP geregelt. Sie obliegt dem Generalstaatsanwalt bei der Cour de Cassation gegen ein rechtskräftiges Urteil, für den Fall, dass die Verfahrensbeteiligten von der zulässigen normalen Cassation keinen Gebrauch gemacht, sie es also versäumt haben, Rechtsmittel einzulegen.[1116]

Sinn und Zweck des „pourvoi en cassation" ist es, durch das Verfahren unterinstanzliche Rechtsfehler zu beseitigen[1117] – im Gegensatz zu dem „pourvoi en révision", der sich mit Tatsachenfehlern beschäftigt – und durch die höchstrichterliche Gesetzesauslegung eine einheitliche Rechtsprechung zu ermöglichen.[1118]

##### aa. „Pourvoi en cassation à l'ordre du Garde des Sceaux"

Der „pourvoi en cassation à l'ordre du Garde des Sceaux" kann nach Artikel 620 CPP von dem Generalstaatsanwalt – allerdings nur auf schriftlichen Antrag des Justizministers hin – bei der Cour de Cassation eingelegt werden.[1119] Er richtet sich gegen alle Justizakte und ist unabhängig vom Eintritt der Rechtskraft und vom Vorgehen der Verfahrensbeteiligten.[1120]

Die Cour de Cassation kann den in Frage stehenden Justizakt kassieren und unter Umständen die Sache zur erneuten Entscheidung zurückverweisen.[1121] Aufgrund der Tatsache, dass in Frankreich eine Wiederaufnahme zuungunsten des Angeklagten nicht möglich ist, bleibt die Aufhebung eines Freispruchs ohne Folgen für den Freige-

---

[1116] Pradel, Procédure Pénale, Rn.959; Garcin, Procédure Pénale, Rn.300; Grebing, Wiederaufnahme, 297, 309.

[1117] Die Cour de Cassation ist in diesem Fall nur für Rechtsfehler zuständig. - Crim., 13.7.1949, Bull.Crim., Nr.240; Crim., 6.3.1968, Bull.Crim., Nr.76.

[1118] Stefani/Levasseur, Procédure Pénale, Rn.956; Pradel, Procédure Pénale, Rn.959; Merle/Vitu, Traité de droit criminel II, Rn.872; Garcin, Procédure Pénale, Rn.300; Soyer, Droit Pénal, Rn.669; Grebing, Wiederaufnahme, 297, 309.

[1119] Merle/Vitu, Traité de droit criminel II, Rn.874; Stefani/Levasseur, Procédure Pénale, Rn.958; Garcin, Procédure Pénale, Rn.301; Grebing, Wiederaufnahme, 297, 310.

[1120] Crim., 11.7.1990, Bull. Nr.280; Pradel, Procédure Pénale, Rn.961; Stefani/Levasseur, Procédure Pénale, Rn.958; Soyer, Droit Pénal, Rn.670; Merle/Vitu, Traité de droit criminel II, Rn.874; Grebing, Wiederaufnahme, 297, 310.

[1121] Pradel, Procédure Pénale, Rn.961; Garcin, Procédure Pénale, Rn.301; Grebing, Wiederaufnahme, 297, 310.

sprochenen, wohingegen die Aufhebung einer Verurteilung zur Zurückverweisung führen kann; bei der neuen Entscheidung darf jedoch keine reformatio in peius erfolgen.[1122]

### bb. „Le pourvoi en cassation dans l'intérêt de la loi"

Der „pourvoi en cassation dans l'intérêt de la loi" des Artikels 621 CPP geht auf die eigene Initiative des Generalstaatsanwalts bei der Cour de Cassation zurück; nur er allein darf dieses Rechtsmittel einlegen.[1123] Für die Einlegung des Rechtsmittels gilt keine Frist.[1124] Möglich ist das Rechtsmittel gegen jede letztinstanzliche Entscheidung, gegen die innerhalb der gesetzlichen Fristen keine Rechtsmittel eingelegt wurden und die eine Rechtsverletzung darstellt.[1125]

Nach Artikel 621 S.3 CPP hat eine Cassation des Urteils im Gegenzug zu der Cassation nach Artikel 620 CPP keinen Einfluss auf das rechtskräftig abgeschlossene Verfahren und seine Folgen, so dass ihr nur theoretische Bedeutung zukommt; die Rechtskraftdurchbrechung ist nur formeller Art.[1126]

### d. Wiederaufnahme aufgrund eines Urteils des EGMR

Seit Juni 2000 existiert ein weiterer Wiederaufnahmegrund[1127]: Gemäß den Artikeln 626-1 bis 626-7 CPP kann ein Antrag auf Wiederaufnahme jeder endgültigen, in Rechtskraft erwachsenen Entscheidung zum Vorteil eines Verurteilten gestellt werden, wenn ein Urteil des EGMR ergangen ist, woraus hervorgeht, dass die Verurteilung gegen die EMRK oder ihre Zusatzprotokolle verstößt. Beantragt werden kann diese Wiederaufnahme gemäß Artikel 626-2 CPP von dem Justizminister, von dem Generalstaatsanwalt an der Cour de Cassation oder von dem Verurteilten selber. Der Antrag wird innerhalb eines Jahres nach dem Urteil des EGMR bei einer aus sieben Richtern der Cour de Cassation gebildeten Kommission eingereicht, die über die Wiederaufnahme entscheidet.

---

[1122] Pradel, Procédure Pénale, Rn.961; Stefani/Levasseur, Procédure Pénale, Rn.958; Merle/Vitu, Traité de droit criminel II, Rn.874; Soyer, Droit Pénal, Rn.671; Garcin, Procédure Pénale, Rn.301; Grebing, Wiederaufnahme, 297, 310f.

[1123] Crim., 20.11.1985, B.C., Nr.366; Pradel, Procédure Pénale, Rn.960; Garcin, Procédure Pénale, Rn.301.

[1124] Pradel, Procédure Pénale, Rn.960; Merle/Vitu, Traité de droit criminel II, Rn.873.

[1125] Stefani/Levasseur, Procédure Pénale, Rn.957.

[1126] Pradel, Procédure Pénale, Rn.960; Stefani/Levasseur, Procédure Pénale, Rn.957; Soyer, Droit Pénal, Rn.669; Garcin, Procédure Pénale, Rn.301; Merle/Vitu, Traité de droit criminel II, Rn.873; Grebing, Wiederaufnahme, 297, 309f.

[1127] Gesetz Nr. 2000-516 v. 15.Juni 2000, Art.89 J.O. v. 16.6.2000; s. dazu Koering-Joulin, A propos du réexamen, 705ff.; Stefani/Levasseur, Procédure Pénale, Rn.969.

### e. Ergänzungsklage

Eine Ergänzungsklage ist in Frankreich aufgrund des enggefassten Tatbegriffes bei Urteilen der Tribunaux Correctionnelles und der Tribunaux de Police möglich. Als Beispielsfall für eine Ergänzungsklage wird oft der bereits oben besprochene Fall „Thibaud" zitiert, in dem eine Verurteilung wegen fahrlässigem Totschlag einer erneuten Verurteilung wegen Mordes nicht im Wege stand.[1128]

Für die Cour de Cassation verbietet Artikel 368 CPP ausdrücklich jede erneute Strafverfolgung einer Person, aufgrund eines bereits behandelten Sachverhaltes und somit auch eine Ergänzungsklage.

## 3. England

Ursprünglich war im englischen Recht das Wiederaufnahmeverfahren im kontinentalen Sinne nicht bekannt. Die Wiederaufnahme eines rechtskräftig abgeschlossenen Verfahrens widersprach der englischen Auffassung von Rechtskraft.[1129] Das Beweisrecht ist stark zugunsten des Angeklagten ausgerichtet, und deshalb bestand die Überzeugung, dass ein Verurteilter oder Freigesprochener zu Recht verurteilt oder freigesprochen wurde.[1130] Dementsprechend existierte lange Zeit grundsätzlich keine Wiederaufnahme zuungunsten des Verurteilten im englischen Strafverfahren.[1131]

Es besteht allerdings oft die Möglichkeit aufgrund des eng gefassten Tatbegriffes ein Verfahren zuungunsten des Verurteilten neu aufzunehmen: In *H.M. Advocate v. Cairns*[1132] war der wegen Mordes Angeklagte freigesprochen worden. Später äußerte dieser sich gegenüber einer Zeitung, dass er das Verbrechen begangen hatte. Eine Verurteilung wegen Mordes war zwar nicht mehr möglich, er wurde daraufhin jedoch wegen Meineids verurteilt ("It is identity of the charges and not of the evidence that is the crucial factor").

In der letzten Zeit wurden die starren Ansichten über die Wiederaufnahme des Verfahrens jedoch gelockert. Nach Common Law können praktisch alle schweren Fehler zur Wiederaufnahme zugunsten des Angeklagten führen, wie beispielsweise Fälle, in denen das Verfahren mit so schweren Mängeln behaftet ist, dass es nicht mehr als Gerichtsverfahren gilt oder der Richter nicht für das bestimmte Gericht qualifiziert war oder wo die Endanträge der Parteien durch das Gericht falsch berücksichtigt werden.[1133]

Nach Section 7 des Criminal Appeal Act 1968, der durch Section 43 des Criminal Justice Act 1988 leicht verändert wurde, kann ein Verfahren wieder aufgenommen

---

[1128] S.o. F.IV.2.

[1129] Meyer, ZStW 1972, 909, 924.

[1130] Huber, Wiederaufnahme, 261, 263.

[1131] Huber, Wiederaufnahme, 261, 277; vgl. ferner Schmid, Strafverfahren, 15.

[1132] H.M. Advocate v. Cairns [1967] J.C. 37.

[1133] Archbold, Criminal Pleading, § 7-287ff.; Kühne, Strafprozessrecht, Rn.1168.

werden, wenn es „im Interesse der Gerechtigkeit“ ist und das Gericht die Wiederaufnahme deshalb für erforderlich hält.

Obwohl in England mit dem *Human Rights Act 1998* einige grundlegende Rechte der EMRK in das englische Recht übernommen wurden, zählt Artikel 4 II 7.ZP EMRK – der die Wiederaufnahme des Verfahrens bei Bekanntwerden von neuen Tatsachen oder falls das vorangegangene Verfahren an schweren Mängeln litt, vorsieht – nicht dazu.[1134]

Nach Section 53 II lit.d des Supreme Court Act 1981 ist die Criminal Division des Court of Appeal als Appelationsinstanz zuständig für die Entscheidung über die Wiederaufnahme des Verfahrens. Diese kann entweder das Urteil kassieren oder zur erneuten Verhandlung an ein zuständiges Gericht verweisen.[1135] Ein schriftlicher Antrag an den Court of Appeal ist als Wiederaufnahmeantrag ausreichend.[1136]

### a. Wiedereröffnung des Verfahrens durch den Magistrates Court, um eigene Fehler zu verbessern

Nach Section 142 des Magistrates‘ Courts Act 1980 kann ein Magistrates‘ Court - in dem Fall, dass er sein Urteil für fehlerhaft ansieht - eine von ihm verhängte Sanktion verändern, aufheben oder durch eine neue ersetzen. Eine solche „Verbesserung“ ist allerdings nur innerhalb von 28 Tagen nach Verhängung der Sanktion möglich.

Einschränkend gilt, dass eine Wiederaufnahme des Verfahrens zur Fehlerverbesserung nur bei Urteilen vorgenommen werden kann, in denen der Angeklagte für „schuldig“ befunden wurde.[1137]

### b. „Petition“ an den Innenminister

Sind die Rechtsmittel für den Verurteilten erschöpft, besteht für ihn die Möglichkeit beim Home Secretary (Innenminister) eine „petition“ einzureichen mit der Bitte um die Ausübung des königlichen Gnadenrechts oder um die Rücküberweisung des Falles an den Court of Appeal zur erneuten Überprüfung.[1138]

Der Innenminister entscheidet über die Anfechtung rechtskräftiger Urteile im Wege der „Wiederaufnahme“, da er die besseren Möglichkeiten zur Untersuchung der den Justizirrtum begründenden Umstände hat als die Gerichte.[1139] Die Begnadigung erfolgt durch die Königin auf Rat des Innenministers.[1140] Dabei liegt es im freien Ermessen des Innenministers, der Königin die Ausübung des Gnadenrechts vorzuschlagen. Vor-

[1134] Das 7. ZP zur EMRK wurde von England weder unterzeichnet noch ratifiziert.

[1135] Kühne, Strafprozessrecht, Rn.1168.

[1136] Kühne, Strafprozessrecht, Rn.1168.

[1137] R v. Gravesend Justices, ex parte Dexter [1977] Crim.L.R. 298, D.C.

[1138] Sanders/Young, Criminal Justice, 445ff.; Smith, England, 73, 102; Zander, Cases, 686ff.; Roxin, Strafverfahrensrecht, § 73 Rn.14.

[1139] Huber, Wiederaufnahme, 261, 269; Friedland, Double Jeopardy, 232.

[1140] Blackstone's Criminal Practice, D.27.5; Smith, England, 73, 102.

schlagen kann er einmal den *„free pardon"*, mit dem der Schuldspruch ausgelöscht wird, so dass das Urteil hinfällig ist.[1141] Der „free pardon" wird angewandt, wenn sich bei der Untersuchung durch das Innenministerium herausstellt, dass der Beschuldigte die Straftat nicht begangen hat. Allerdings obliegt diesem auch die Beweislast.[1142] Es ist zu beachten, dass ein „pardon" nicht das Urteil vernichtet, sondern lediglich die Bestrafung aufhebt.[1143]

Bei dem *„conditional pardon"* handelt es sich um eine bedingte Begnadigung, bei der lediglich eine Strafart durch eine andere ersetzt wird, der Schuldspruch jedoch ebenfalls unberührt bleibt.[1144]

Die *„remission"*, eine Art Straferlass, bewirkt, dass der Verurteilte nach Herabsetzung der Strafe freigelassen wird, ohne dass sich der Strafausspruch ändert.[1145]

Weiterhin besteht für den Innenminister noch die Möglichkeit, eine öffentliche Untersuchung eines Falles anzuordnen, wenn der Fall in die öffentliche Diskussion geraten ist.[1146]

Schließlich kann er einen Fall auch nach s. 17 des Criminal Appeal Act 1968 an den Court of Appeal überweisen, so dass eine erneute gerichtliche Verhandlung stattfindet.[1147]

Der „royal pardon" steht einer erneuten Strafverfolgung entgegen.[1148]

### c. Ergänzungsklage

Die Frage der Ergänzungsklage wurde in *R v. Tonks* behandelt.[1149] Tonks war wegen Körperverletzung verurteilt worden, später starb das Opfer an den Folgen der Verletzung. Die Verurteilung wegen Totschlags wurde nicht durch die vorher erfolgte Verurteilung wegen Körperverletzung behindert. Begründet wurde das damit, dass es nach dem Interpretation Act 1889 Section 33[1150] lediglich untersagt ist, eine Person zweimal "for the same offence" zu bestrafen und bei der Anklage wegen Totschlags liegen immer zusätzliche Umstände vor, die bei der Anklage wegen Körperverletzung noch nicht bekannt gewesen seien; es handele sich um eine andere "cause" und die Anklage

---

[1141] Hay v. Justices of the Tower Division (1890) 24 Q.B.D. 561.

[1142] Huber, Wiederaufnahme, 261, 272.

[1143] Der Begnadigte hat also immer noch die Möglichkeit, sich gegen die Verurteilung an den Court of Appeal zu wenden. - R v. Foster [1985] Q.B. 115, 79 Cr.App.R. 61; Halsbury's, Criminal Law, § 1449; Blackstone's Criminal Law, D 27.5; Sprack, Criminal Procedure, Rn.24.113.

[1144] Zander, Cases, 687; Huber, Wiederaufnahme, 261, 272.

[1145] Zander, Cases, 687; Huber, Wiederaufnahme, 261, 272.

[1146] Huber, Wiederaufnahme, 261, 272.

[1147] Zander, Cases, 687; Huber, Wiederaufnahme, 261, 273.

[1148] Hampton, Criminal Procedure, 198.

[1149] R v. Tonks [1916] 1 K.B. 443; Kielwein, ZStW 1956, 37, 44.

[1150] Section 33 des Interpretation Act 1889 wurde 1979 ersetzt durch Section 18 des Interpretation Act 1978 – Archbold, Criminal Pleading, § 4-123.

sei "based on new facts. (...) The characteristic new fact here is the death".[1151] Solange in einem Strafverfahren das Opfer noch am Leben ist, kann keine Anklage wegen Mordes erfolgen und der Beschuldigte kann sich auch nicht in der Gefahr befinden, wegen dieses Verbrechens bestraft zu werden.[1152]

Die Lösung dieses Problems wurde später in *Lord Morris* fünfter These in Connelly v. DPP verankert, wonach *„eine Strafverfolgung und Verurteilung wegen eines Angriffs ... eine weitere Anklage wegen Mordes nicht aus(-schließen), wenn die verletzte Person später stirbt"*.

Anders sieht es aus im Verhältnis von Körperverletzung zu schwerer Körperverletzung. Die Körperverletzung ist das Grunddelikt und bewirkt Strafklageverbrauch gegenüber jeder weiteren Anklage wegen jedweder Form von Körperverletzung; jede neue Anklage – soweit es sich nicht um Totschlag oder Mord handelt – ist unzulässig.[1153]

Ebenso kann nach einem Freispruch wegen Totschlags keine Verurteilung wegen Mordes aufgrund derselben Tatsachen erfolgen.[1154]

### d. Wiederaufnahme des Verfahrens zuungunsten des Freigesprochenen

In den letzten Jahren entstanden einige Regelungen, die von dem Grundsatz, dass ein Freispruch nicht mehr angegriffen werden kann, abwichen.[1155]

*Sections 54 bis 57* des *Criminal Procedure and Investigations Act 1996* beziehen sich auf fehlerhafte Freisprüche. Danach kann ein Freispruch aufgehoben werden, wenn drei Voraussetzungen vorliegen:

(1) Der Angeklagte wurde wegen einer Straftat freigesprochen,

(2) eine Person wurde wegen einer Straftat gegenüber der Rechtspflege durch Einschüchterung oder Beeinflussung eines Jurymitglieds oder eines Zeugen, verurteilt und

(3) das Gericht ist davon überzeugt, dass der Freispruch ohne die Einschüchterung oder Beeinflussung nicht erfolgt wäre.

Außerdem darf die Aufhebung des Freispruchs nicht dem Gerechtigkeitsinteresse widersprechen. Auf Antrag kann der High Court dann den Freispruch aufheben, wenn er die Voraussetzungen ebenfalls als gegeben ansieht.[1156]

---

[1151] R v. Thomas (1950), 1 K.B. 26, 35; vgl. dazu auch R v Barron (1914) 2 K.B. 570; Kielwein, ZStW 1956, 37, 44.

[1152] R v. Morris (1867) L.R. 1 C.C.R. 90; Kielwein, ZStW 1956, 37, 44.

[1153] Kielwein, ZStW 1956, 37, 45.

[1154] Wrote v. Wigges (1598) 4 Co.Rep. 45; R v. Tancock (1876) 13 Cox C.C. 217.

[1155] S. dazu ausführlich Blackstone's Criminal Practice, D 11.41f.; Dennis, Crim.L.R. 2000, 933ff.; James/Taylor/Walker, 5 Web JCLI 2000.

[1156] Angewandt werden können diese Regeln nur auf Straftaten, die nach dem 15.4.1997 begangen wurden.

Noch weiter gehende Regelungen sind in den *Sections 75 bis 97 des Criminal Justice Act 2003* enthalten.[1157] Diese beziehen sich hauptsächlich auf schwerste Straftaten, die eine lebenslange Freiheitsstrafe als höchstes Strafmaß vorsehen, wie z.B. Mord, Vergewaltigung, terroristische Akte oder Kriegsverbrechen. Nach Section 76 kann sich der Staatsanwalt an den Court of Appeal wenden, mit der Bitte, einen früheren Freispruch aufzuheben und den Fall erneut zu verhandeln, mit dem Ziel, eine Verurteilung wegen der damals vorgeworfenen oder einer geringeren Straftat zu erreichen.

Der Court of Appeal muss daraufhin ein erneutes Verfahren anordnen, sofern neue und zwingende Beweise aufgetaucht sind, die im ersten Verfahren noch nicht vorgebracht wurden, und eine Wiederaufnahme im Interesse der Gerechtigkeit ist. Zwingend sind die Beweise, wenn der Court of Appeal es als höchstwahrscheinlich ansieht, dass der Freispruch ungerechtfertigt war. Was als „im Interesse der Gerechtigkeit" angesehen wird, ist ausführlich, jedoch nicht abschließend, in Section 79 geregelt.

Die Regeln beziehen sich sowohl auf Freisprüche, die in England und Wales ergangen sind, als auch auf ausländische Freisprüche.[1158]

### 4. Zusammenfassung und Bedeutung für die Auslegung des Verbotes der Doppelbestrafung

Gerade im Hinblick auf die Wiederaufnahmegründe wird deutlich, dass lediglich in Frankreich im Gegensatz zu Deutschland und neuerdings auch im Gegensatz zu England die Möglichkeit besteht, dass eine Entscheidung endgültig in volle Rechtskraft erstarkt. Freisprechende Urteile können grundsätzlich nicht mehr angegriffen werden – es existiert nur die Wiederaufnahme zugunsten des Angeklagten. Zwar wird somit vollends dem Gedanken der Rechtssicherheit – zumindest für den ehemals Angeklagten – entsprochen, auf der anderen Seite ist nicht ersichtlich, warum für den Fall, dass sich eindeutige Beweise für einen falsch erfolgten Freispruch ergeben, der fälschlicherweise Freigesprochene geschützt werden soll. Zumal die Wiederaufnahmevoraussetzungen für diesen Fall sowohl in England als auch in Deutschland sehr eng gehalten sind und die Wiederaufnahme des Verfahrens nur unter ganz besonderen Voraussetzungen möglich ist.

In Deutschland und England existiert demnach, aufgrund der Wiederaufnahmemöglichkeit sowohl bei Urteilen als auch bei Freisprüchen, keine absolute Rechtskraft.

Hinsichtlich der Wiederaufnahmegründe zugunsten des Angeklagten gleichen sich die drei Länder. Es müssen jeweils bestimmte Voraussetzungen erfüllt werden.

Die Möglichkeit der Wiederaufnahme des Verfahrens nach einem Urteil des EGMR besteht zurzeit zwar erst in Deutschland und Frankreich, doch ist es als wahrscheinlich anzusehen, dass ein solcher Grund bald in England eingeführt wird.

---

[1157] Zur Entstehung und Geschichte dieser Regelung: Zander, Cases, 633ff.; zur Kritik daran: Fitzpatrick, Journal of Criminal Law 2003, 149ff.; Roberts, IJEP 2002, 197ff.; der Regelung vorangehend und ausführlich zu dem Thema: Law Commission, Double Jeopardy and Prosecution Appeals.

[1158] Section 75 (4) CJA 2003.

Obwohl in Deutschland die Möglichkeit eines Wiederaufgreifens des Verfahrens im Wege der Ergänzungsklage umstritten ist, wird dieses Institut von der Rechtsprechung und auch von einem Großteil der Literatur abgelehnt. In England wird sie ohne große Probleme angenommen, das liegt jedoch auch an dem engen Tatbegriff, der dort zugrundegelegt wird. Auch in Frankreich ist eine Ergänzungsklage aufgrund des engen Tatbegriffs bei Urteilen der Tribunaux Correctionnelles und der Tribunaux de Police möglich. Bei Urteilen der Cour de Cassation, bei denen ein weiter Tatbegriff zugrundegelegt wird, ist eine Ergänzungsklage nicht möglich. Insofern erklärt sich die Ergänzungsklage aus dem jeweiligen nationalen Tatbegriff.

Wird im Rahmen des Artikels 54 SDÜ ebenfalls auf einen engen Tatbegriff abgestellt, kann auch dort eine Ergänzungsklage angenommen werden, zumindest innerhalb der Grenzen dieses Tatbegriffs.

Wie bereits erwähnt, existieren im SDÜ keine Regelungen über ein Wiederaufgreifen des Verfahrens. Das könnte einen Teil der Vorbehalte erklären, die viele Staaten immer noch gegenüber der Regelung des Artikels 54 SDÜ hegen. Selbst wenn in einem Staat eine Person rechtskräftig abgeurteilt wurde, können in einem anderen Staat Gründe entstehen, die nach dem Recht des Erstentscheidungsstaates zu einer Wiederaufnahme des Verfahrens führen würden. Eine zweite Strafverfolgung ist nach dem SDÜ ausgeschlossen. So kommt es nicht nur zu Ungleichbehandlungen von rein innerstaatlichen und zwischenstaatlichen Sachverhalten, der Ausschluss eines Wiederaufnahmeverfahrens nach einem einmal rechtskräftig abgeschlossenen Verfahren auch bei Auftauchen neuer stichhaltiger Gründe mutet sehr ungerecht an. Deutlich wird das gerade im englischen Recht, welches Jahre lang die Wiederaufnahme von Freisprüchen kategorisch ausschloss, nun ist aber nach dem neuen CJA 2003 unter gewissen Voraussetzungen auch dort eine Wiederaufnahme möglich.

Aufgrund der vielfältigen Möglichkeiten einer Verfahrenswiederaufnahme in den drei Ländern, die als repräsentativ für alle EU-Länder angesehen werden können und aufgrund der bereits oben erläuterten Argumente, dass bei einem weitgehenden Verbot der Doppelbestrafung Wiederaufnahmemöglichkeiten unabdingbar sind, bestehen für das SDÜ zwei gangbare Wege: Bei der ersten Möglichkeit nimmt man eine teleologische Reduktion des Artikels 54 SDÜ vor und lässt eine erneute Aufnahme eines Verfahrens zu, wenn Umstände auftauchen, die nach dem Recht des Erstentscheidungsstaates eine Verfahrenswiederaufnahme rechtfertigen würden. Der Zweitverfolgerstaat müsste nur darlegen, dass die Wiederaufnahmevoraussetzungen des Erstentscheidungsstaates erfüllt sind und kann daraufhin ein zweites Verfahren durchführen.[1159]

Dagegen spricht jedoch, dass eine solche Methode zu erheblichen Rechtsunsicherheiten führen würde. Ist z.B. bei einer Straftat, bei der sowohl die deutsche als auch die französische Strafgewalt eingreifen, in Frankreich ein Freispruch erfolgt, und stellt sich später heraus, dass der Hauptentlastungszeuge gelogen hat, bleibt den deutschen Behörden dennoch eine Wiederaufnahme des Verfahrens versagt, da in Frankreich eine Wiederaufnahme des Verfahrens in einem solchen Fall nicht möglich ist.

---

[1159] Bohnert/Lagodny, NStZ 2000, 636, 640.

War demgegenüber Deutschland der Erstentscheidungsstaat und stellt sich hinterher die Aussage des Zeugen als unwahr dar, könnte in Frankreich ein erneutes Verfahren durchgeführt werden, weil die Wiederaufnahmevoraussetzungen in Deutschland gegeben sind. Es hinge demnach vom Zufall ab, in welchem Land der Angeklagte zuerst abgeurteilt wird und ob später eine Wiederaufnahme des Verfahrens möglich wäre.

Gegen eine teleologische Reduktion spricht zudem, dass eine „verdeckte Lücke" - also der Fall, dass eine gesetzliche Regelung, hier Artikel 54 SDÜ, entgegen ihrem Wortsinn aber dennoch gemäß der immanenten Teleologie des Gesetzes eingeschränkt werden muss und somit durch Hinzufügung einer sinngemäßen Einschränkung geschlossen werden soll[1160] -, zwar existiert, ihr Schließen aber zu Rechtsunsicherheit führen kann. Einfach eine neue Regelung zu Artikel 54 SDÜ hinzuzufügen, ohne sie allgemein kenntlich zu machen, verstieße wohl gegen den Bestimmtheitsgrundsatz.

Eine andere in Betracht zu ziehende Möglichkeit könnte deshalb die Aufnahme einer Wiederaufnahmeregelung in den Rahmen der Artikel 54 ff. SDÜ sein. Diese Regelung könnte als Absatz 2 zu Artikel 54 SDÜ hinzugefügt werden und würde definitiv festsetzen, in welchen Fällen ein Wiederaufgreifen des Verfahrens möglich ist.

Mit Hinblick darauf, dass das 7.ZP zur EMRK bereits in 22 der 27 EU-Mitgliedstaaten in Kraft getreten ist, wäre eine Anlehnung an Artikel 4 7.ZP EMRK denkbar. Dieser lautet:

> *„Absatz 1* (Verbot der Doppelbestrafung) *schließt die Wiederaufnahme des Verfahrens nach dem Gesetz und dem Strafverfahrensrecht des betreffenden Staates nicht aus, falls neue oder neu bekanntgewordene Tatsachen vorliegen oder das vorausgegangene Verfahren schwere, den Ausgang des Verfahrens berührende Mängel aufweist."*

Dieser Absatz erlaubt allerdings eine recht weitgehende Möglichkeit der Wiederaufnahme und differenziert auch nicht zwischen der Wiederaufnahme zugunsten und zuungunsten des Angeklagten. Es muss berücksichtigt werden, dass sich Artikel 4 7.ZP EMRK nur auf die wiederholte Strafverfolgung und die Wiederaufnahme des Strafverfahrens innerhalb eines Staates bezieht. Für eine zwischenstaatliche Anwendbarkeit könnte diese Regelung zu generell sein. Schließlich sollen auch die unterschiedlichen Konzeptionen hinsichtlich der Verfahrenswiederaufnahme der einzelnen Staaten nicht außer Acht gelassen werden.

Da sich die Wiederaufnahmemöglichkeiten zugunsten des Angeklagten weitgehend gleichen, kann teilweise auf Art. 4 II 7.ZP EMRK zurückgegriffen werden, da das Auftauchen neuer oder neu bekanntgewordener Tatsachen alle anderen Wiederaufnahmegründe mitumfasst. Artikel 54 II 1 SDÜ könnte demnach lauten:

> *„Absatz 1 schließt eine Wiederaufnahme des Verfahrens <u>zugunsten</u> des Angeklagten nicht aus, falls neue oder neu bekanntgewordene Tatsachen vorliegen oder das vorausgegangene Verfahren schwere, den Ausgang des Verfahrens berührende Mängel aufweist."*

---

[1160] Larenz, Methodenlehre, 375.

Hinsichtlich der Wiederaufnahme des Verfahrens zuungunsten des Angeklagten muss die Regelung etwas weiter präzisiert werden: Sie darf nicht so weitgehend wie in Deutschland, aber auch nicht gänzlich ausgeschlossen sein, wie in Frankreich. Es käme folgende Formulierung für Artikel 54 II SDÜ in Betracht:

> *„Eine Wiederaufnahme zuungunsten des Angeklagten ist nicht ausgeschlossen, falls eine Person wegen einer Straftat gegenüber der Rechtspflege durch Einschüchterung oder Beeinflussung eines Jurymitglieds oder eines Zeugen, verurteilt wurde oder wenn ein Richter oder Schöffe, der bei dem Urteil mitgewirkt hat, hinsichtlich des Beschuldigten seine Amtspflichten verletzt hat oder wenn in der Hauptverhandlung eine zugunsten des Beschuldigten vorgebrachte Urkunde unecht oder verfälscht war, und das Gericht davon überzeugt ist, dass der Freispruch oder ein mildes Urteil ohne die Einschüchterung oder Beeinflussung oder die unechte oder verfälschte Urkunde so nicht erfolgt wäre."*

Damit sind in der Regelung sowohl Elemente der englischen und deutschen Wiederaufnahmegründe zuungunsten des Angeklagten enthalten.

Zwar kann gegen eine solche Regelung angeführt werden, dass dadurch der Schutz des Einzelnen vor einer erneuten Strafverfolgung oder sogar einer erneuten Bestrafung erheblich verringert wird. Andererseits ist fraglich, warum der Schutz auf internationaler Ebene so viel weiter gehen sollte, als auf nationaler Ebene. Dort existieren nach einem rechtskräftig abgeschlossenen Urteil auch Wege zur Wiederaufnahme des Verfahrens. Schließlich bewegt sich eine solche Wiederaufnahmeregelung auch innerhalb der Grenzen der EMRK.

Die Regelung kann zudem als Ausgleich dafür gesehen werden, dass durch die Ausdehnung des Begriffes der „rechtskräftigen Aburteilung" umgekehrt vermieden wird, dass nach bestimmten behördlichen Einstellungen auf internationaler Ebene eine erneute Strafverfolgung stattfindet, ohne dass neue Tatsachen oder Beweise vorliegen müssen. Damit wird der Schutz auf internationaler Ebene dem Schutz auf nationaler Ebene angeglichen.

## VII. Schaffung einer Koordinierungsstelle und einer Prioritätenregelung

Was in dem Rechtsvergleich nicht berücksichtigt werden konnte, ist die Frage, wie die Artikel 55 bis 58 SDÜ zu behandeln sind. Es ging vorrangig um die Auslegung der umstrittenen Tatbestandsmerkmale des Artikels 54 SDÜ, der die „ne bis in idem"-Gewährleistung enthält. Aber auch die daran anschließenden Vorschriften dürfen nicht außer Acht gelassen werden. Oben wurden diese bereits ausführlich besprochen.[1161] Es ist fraglich, ob die nun erfolgte Auslegung des Artikels 54 SDÜ Auswirkungen auf die Folgeregelungen hat.

Die Bedeutung von Artikel 55 I a und b SDÜ bleibt zwar bestehen – bei Vorliegen von Wiederaufnahmeregelungen und eines Prioriätensystems könnten die Staaten aber eher dazu bereit sein, auf bestimmte Souveränitätserwägungen zu verzichten. Durch die Möglichkeit der Wiederaufnahme des Verfahrens wird eine erneute Strafverfolgung

---

[1161] E.VI. und E.IX.

zwar nur gestattet, wenn bestimmte Voraussetzungen vorliegen, so dass die Staaten im Endeffekt seltener ein Verfahren wiederaufgreifen können als bei der Durchsetzung ihrer Vorbehalte, andererseits ist das im Interesse der Gerechtigkeit und im Hinblick auf den Schutz des Einzelnen hinzunehmen. Artikel 55 I c SDÜ würde demgegenüber obsolet, stellt man auf den hier zugrunde gelegten engen Tatbegriff ab. Wie bereits oben erwähnt, existiert wohl in keinem Land der Straftatbestand „Verletzung der Amtspflichten in einem fremden Staat". Es handelt sich somit immer um einen Straftatbestand, der in keinem anderen Land besteht. Zwar wird es sich z.B. einmal um Körperverletzung und einmal um Körperverletzung im Amt handeln, einmal ist eine Privatperson verletzt und einmal der Staat, dessen Amtsträger der Beschuldigte ist. Der Straftäter könnte deshalb nach einem bereits erfolgten Strafverfahren erneut abgeurteilt werden. Artikel 55 Absatz III könnte somit durch folgenden Absatz ersetzt werden:

> *„Die Vertragsparteien werden dazu angehalten, nach und nach auf die nach Absatz I abgegebenen Erklärungen zu verzichten. Neue Vertragsparteien können keine Erklärungen mehr abgeben."*

Artikel 56 und 58 SDÜ waren nicht zu beanstanden. Ihnen kommt auch nach dem Rechtsvergleich keine andere Bedeutung zu.

An Artikel 57 SDÜ war bemängelt worden, dass eine Pflicht zur Nachfrage bei anderen Staaten – ob dort bereits in Bezug auf einen bestimmten Fall eine Aburteilung erfolgt ist – erst entsteht, wenn „Grund zur Annahme" solcher Strafverfolgungsmaßnahmen existiert. Da ein solcher aber leicht verneint werden kann, sollte eine zwischenstaatliche Stelle geschaffen werden, die bei jedem strafrechtlichen Sachverhalt mit zwischenstaatlichem Bezug konsultiert werden muss. Anstelle der Schaffung einer gänzlich neuen Einrichtung könnte einer der Aufgabenbereiche von Eurojust[1162] erweitert werden. Es handelt sich dabei um eine Einrichtung der EU, die die justizielle Zusammenarbeit zwischen den Mitgliedstaaten bei der Bekämpfung der schweren bzw. organisierten Kriminalität und die Koordinierung der nationalen Staatsanwaltschaften fördern soll. Außerdem soll durch sie die Erledigung internationaler Rechtshilfe- und Auslieferungsersuchen erleichtert werden. Ihr kommt jedoch keine Ermittlungskompetenz zu.

Der Aufgabenbereich könnte insofern erweitert werden, dass strafrechtliche Literatur und strafrechtliche Entscheidungen aus allen EU-Mitgliedstaaten gesammelt und dokumentiert werden, so dass bei einer Nachfrage eine zügige Antwort möglich ist. Außerdem sollten alle bekannntgewordenen Straftaten mit zwischenstaatlichem Bezug bei ihr gemeldet werden, so dass eine bessere Koordination, nicht nur hinsichtlich der schweren und organisierten Kriminalität sondern auch in Bezug auf leichtere Straftaten stattfinden kann. Zwar kann argumentiert werden, dass vorerst die Bekämpfung der schweren Kriminalität von größerer Bedeutung ist und die noch sehr junge Behörde

[1162] S. dazu den Beschluss des Rates vom 28.2.2002 über die Errichtung von Eurojust zur Verstärkung der Bekämpfung der schweren Kriminalität, Abl. EG L 63 v. 6.3.2002, 1ff.; s. außerdem die Homepage von Eurojust: http://www.eurojust.eu.int/.

nicht überlastet werden soll, andererseits sind aber auch gerade wenig gefährliche Straftäter vor einer Mehrfachverfolgung zu schützen.

Eine Nachfrage sollte außerdem nicht nur bereits abgeurteilte Straftaten betreffen, sondern gleichzeitig laufende Strafverfolgungsmaßnahmen, um diese effektiver auszugestalten und besser zu koordinieren. Artikel 57 I und II SDÜ könnten somit folgendermaßen modifiziert werden:

> *„Nehmen die Behörden einer Vertragspartei die Strafverfolgung eines Beschuldigten auf, welcher in Verdacht steht, eine grenzüberschreitende Straftat begangen zu haben, informieren sie Eurojust darüber. Sollte bereits eine andere Vertragspartei Strafverfolgungsmaßnahmen eingeleitet haben, so sind die erlangten Informationen auszutauschen und die Strafverfolgungsmaßnahmen zu koordinieren."*

Hinsichtlich der mehrmals geforderten Prioritätenregelung muss eine Regelung geschaffen werden, mit der bestimmt werden kann, welcher Staat als Erstverurteilerstaat seine Strafgewalt ausüben kann. Dadurch wird ein sogenannter Wettlauf vermieden, bei dem die Staaten möglichst schnell auf einen Beschuldigten zugreifen, nur um ihre eigene Strafgewalt zeitlich vor anderen Staaten auszuüben, und dabei womöglich rechtsstaatliche Erfordernisse außer acht lassen oder Urteile übereilt ergehen.

Außerdem würde eine solche Regelung dazu beitragen, Missbräuche zu verhindern. Zwar wurde bereits erwähnt, dass im Rahmen der EU nicht vorstellbar ist, dass ein Staat seine eigenen Staatsangehörigen in Scheinprozessen verurteilt, nur um sie vor einer Verurteilung in anderen Staaten zu schützen – durch eine starre Zuständigkeitsregelung gekoppelt mit dem Erfordernis der Zusammenarbeit der Staaten bei staatenübergreifenden Straftaten und der Zugrundelegung gewisser Mindestanforderungen für den Prozess oder der Überprüfungsmöglichkeit der jeweiligen Verfahren wäre aber ein Missbrauch von vorneherein ausgeschlossen.[1163] Gerade im Hinblick auf die Erweiterung der EU, in der nicht alle Staaten ein unbedingtes Vertrauen in die Beitrittskandidaten setzen, könnte eine solche Regelung auf viel Zustimmung stoßen.

Um ein Prioritätensystem festzulegen, dürfte jedoch nicht nur auf die Prinzipien des internationalen Strafrechts zurückgegriffen werden, sondern es müssten auch humanitäre Aspekte in Betracht gezogen werden. Es müsste ein Ausgleich gefunden werden zwischen den Souveränitätsgedanken der einzelnen Staaten und dem Wohl des Einzelnen. Berücksichtigt werden könnten dabei die Staatsangehörigkeit sowohl des Straftäters als auch des Opfers, deren Wohnsitz, der Staat, in welchem unter Umständen schon andere Verfahren gegen den Straftäter anhängig sind, der Staat, in dem das meiste Beweismaterial vorhanden ist, der Staat, in dem das Sühnebedürfnis am größten ist, weil seine Staatsinteressen betroffen sind etc.[1164]

Beispielhaft soll hier deshalb auf die Regelung in Artikel 26 II des Corpus Juris 2000[1165] als eine von vielen[1166] verwiesen werden. Dieser besagt:

---

[1163] S.o. Fn.483.

[1164] Vgl. van den Wyngaert, RIDP 1999, 133, 168f.

[1165] S.o. C.V.2.

*„Jedes Verfahren wird in dem Mitgliedsstaat abgeurteilt, dessen Gericht dafür im Interesse einer guten Rechtspflege am geeignetsten erscheint; Zuständigkeitsstreitigkeiten der Gerichte sind gemäß Artikel 28 zu lösen.*

*Die wichtigsten Auswahlkriterien sind:*

*a. der Staat, in dem sich der größte Teil der Beweise befindet,*

*b. der Staat des Aufenthaltsortes oder der Staatsangehörigkeit des Beschuldigten (oder der Hauptbeschuldigten),*

*c. der Staat, in dem die wirtschaftlichen Auswirkungen der Tat am größten sind."*

Diese Regelung könnte als Vorbild dienen für eine Prioritätenregelung im Rahmen der Artikel 54 ff. SDÜ. Sie berücksichtigt sowohl Effektivitätskriterien als auch die Belange des Einzelnen und die Interessen der Staaten. Zwar ist somit nicht zwingend gesagt, dass dem Staat, auf dessen Territorium die strafbare Handlung ausgeführt wurde oder sich ausgewirkt hat oder dessen Sicherheit beeinträchtigt wird, auch die Strafgewalt zukommt – es ist jedoch mehr als wahrscheinlich, dass sich der größte Teil der Beweise in einem solchen Staat befindet oder dass in einem solchen Staat die wirtschaftlichen Auswirkungen der Tat am größten sind.

Die Frage, wer im Endeffekt über die Zuständigkeitsfragen entscheidet, ist in Absatz II des Artikels 28 des Corpus Juris (Rechtsmittel zum EuGH) geregelt. Dieser besagt:

*„Wenn sich vor einem Gericht eines Mitgliedstaates (...) ein Zuständigkeitsstreit erhebt, kann das Gericht bei dem Gerichtshof beantragen, dass er jenen Punkt entscheide (...)."*

Somit wird die Zuständigkeit auf den EuGH übertragen. Das wäre auch für die Zuständigkeitsregelung im Rahmen der Artikel 54 SDÜ sinnvoll, da der EuGH auch für die Auslegung der Artikel 54 ff. SDÜ zuständig ist. Da allerdings Vorlagefragen oft über einen sehr langen Zeitraum hinweg behandelt werden[1167] und es gerade bei Strafsachen wichtig ist, z.B. die Frage nach einer weiteren Freiheitsstrafe zügig abzuklären, müsste ein zusätzlicher Weg gefunden werden, durch den es dem EuGH ermöglicht wird, mit einem Spezialspruchkörper für Strafsachen überlange Verfahrensdauern zu vermeiden, so dass die Belastungen für die jeweils Betroffenen so gering wie möglich gehalten werden.[1168]

Die Prioriätenregelung könnte systematisch vor Artikel 54 SDÜ gestellt werden.

---

[1166] S. nur Lagodny, Gutachten BMJ m.w.N.

[1167] EuGRZ 2000, 101, 102; vgl. auch Harms, FS Rieß, 725, 736.

[1168] Vgl. auch Hackner/Schomburg/Lagodny/Wolf, Internationale Rechtshilfe, Rn.277; Schomburg, NJW 1999, 540, 543; ders., NJW 2000, 1833, 1839; Harms, FS Rieß, 725, 736; Appl, FS Vogler, 109, 123.

## G. Zusammenfassung

Im ersten Teil der Arbeit wurde die Notwendigkeit eines zwischenstaatlichen „ne bis in idem" erörtert und als unabdingbar befunden. Daraufhin wurden das geschriebene und das ungeschriebene Gemeinschaftsrecht sowie das Völkerrecht dahingehend untersucht, ob bereits ein solcher Grundsatz im Rahmen der EU existiert. Dabei konnte herausgefiltert werden, dass die einzige bestehende zwischenstaatliche „ne bis in idem"-Gewährleistung, die zwischen fast allen Mitgliedstaaten der EU angewandt wird[1169], im Schengener Durchführungsübereinkommen verankert ist. Ein allgemeiner Rechtsgrundsatz mit dem Inhalt eines zwischenstaatlichen „ne bis in idem" existiert nicht. Auch im Völkergewohnheitsrecht ist ein solcher Rechtsgrundsatz noch nicht vorhanden.

Der zweite Teil der Arbeit befasste sich mit der Auslegung der Artikel 54 ff. SDÜ. Dabei konnten folgende Ergebnisse erzielt werden:

1. Artikel 54 SDÜ ist eine Prioritätenregelung voranzustellen.
2. Berechtigte und Verpflichtete der „ne bis in idem"-Gewährleistung sind die EU-Mitgliedstaaten sowie EU-Bürger und Drittstaatsangehörige.
3. Der Tatbegriff wird aus dem EU-Wettbewerbsrecht übernommen: Es muss Identität bezüglich des Täters, des Sachverhalts und des betroffenen Rechtsguts vorliegen.
4. Die Definition von „rechtskräftige Aburteilung" sollte lauten:

   „Bei der rechtskräftigen Aburteilung im Sinne des Artikels 54 SDÜ handelt es sich um eine Entscheidung, welche durch eine Behörde, die zur Mitwirkung bei der Strafrechtspflege in der betreffenden nationalen Rechtsordnung berufen ist, in einem zum endgültigen Strafklageverbrauch führenden Verfahren getroffen wurde. Die Mitwirkung eines Gerichts ist nicht erforderlich. Endgültig ist das Verfahren, wenn es gar nicht oder nur unter der Voraussetzung, dass zumindest neue Tatsachen oder Beweise vorliegen, wiederaufgenommen werden kann.

   Zusätzlich muss der Beschuldigte bestimmte, durch diese Behörde festgesetzte Auflagen erfüllt haben, durch die das dem Beschuldigten vorgeworfene Verhalten geahndet wird."
5. Artikel 54 SDÜ wird ein zweiter Absatz hinzugefügt:

   „Absatz 1 schließt eine Wiederaufnahme des Verfahrens zugunsten des Angeklagten nicht aus, falls neue oder neu bekanntgewordene Tatsachen vorliegen oder das vorausgegangene Verfahren schwere, den Ausgang des Verfahrens berührende Mängel aufweist.

   Eine Wiederaufnahme zuungunsten des Angeklagten ist nicht ausgeschlossen, falls eine Person wegen einer Straftat gegenüber der Rechtspflege durch Einschüchterung oder Beeinflussung eines Jurymitglieds oder eines Zeugen, verurteilt wurde oder wenn ein Richter oder Schöffe, der bei dem Urteil mitgewirkt hat, hinsichtlich des Beschuldigten seine Amtspflichten verletzt hat oder wenn

---

[1169] S.o. D.II.4.

in der Hauptverhandlung eine zugunsten des Beschuldigten vorgebrachte Urkunde unecht oder verfälscht war, und das Gericht davon überzeugt ist, dass der Freispruch oder ein mildes Urteil ohne die Einschüchterung oder Beeinflussung oder die unechte oder verfälschte Urkunde so nicht erfolgt wäre."

6. Artikel 55 Absatz III SDÜ wird folgendermaßen geändert:

   „Die Vertragsparteien werden dazu angehalten, nach und nach auf die nach Absatz I abgegebenen Erklärungen zu verzichten. Neue Vertragsparteien können keine Erklärungen mehr abgeben."

7. Die Absätze I und II von Artikel 57 werden zusammengefasst und modifiziert:

   „Nehmen die Behörden einer Vertragspartei die Strafverfolgung eines Beschuldigten auf, welcher in Verdacht steht, eine grenzüberschreitende Straftat begangen zu haben, informieren sie Eurojust darüber. Sollte bereits eine andere Vertragspartei Strafverfolgungsmaßnahmen eingeleitet haben, so sind die erlangten Informationen auszutauschen."

## H. Ausblick

Bei dem vorgeschlagenen Modell – eine einheitliche Auslegung und geringfügige Modifizierung der Artikel 54 ff. SDÜ zur Verbesserung der unionsweiten zwischenstaatlichen „ne bis in idem“-Regelung – handelt es sich um nur eines von vielen.[1170] Einige Autoren haben sich mit einem ähnlichen Modell auf europäischer Ebene befasst[1171], andere geben einen Vorschlag zu einem gänzlich internationalen „ne bis in idem“[1172]. Die umfangreiche Literatur und auch die Gesetzgebungsvorschläge, wie z.B. der Rahmenbeschluss über die Anwendung des „ne bis in idem“-Prinzips, aus der jüngsten Zeit zeigen, wie aktuell das Thema ist und vor allem, dass dringend ein Änderungsbedarf an der derzeit vorhandenen Situation besteht, sei es, dass die Artikel 54 ff. SDÜ einer Neuerung unterzogen werden oder dass ein gänzlich neues Instrument geschaffen wird.

Durch das vorläufige Scheitern der Europäischen Verfassung wurde die Chance vertan, das Prinzip auf alle Staaten der EU auszudehnen. Deshalb handelt es sich bei dem SDÜ immer noch um die einzige Gewährleistung eines zwischenstaatlichen „ne bis in idem“ in der EU und damit um einen ersten, sehr wichtigen Schritt, der, wird er korrekt ausgeführt, auch Nachahmung im Europarat und eines Tages vielleicht sogar in der gesamten internationalen Gemeinschaft finden könnte.

---

[1170] Vgl. u.a. Stein, SDÜ; Thomas, Einmaligkeit; Eicker, Transstaatliche Strafverfolgung; Mansdörfer, Das Prinzip des ne bis in idem; Kniebühler, Transnationales „ne bis in idem“.

[1171] Freiburg Proposal on Concurrent Jurisdictions and the Prohibition of Multiple Prosecutions in the European Union, MPI für ausl. und int. Strafrecht, 2003.

[1172] Thomas, Einmaligkeit, 347ff.

**Literaturverzeichnis**

*Achenbach, Hans:* Strafprozessuale Ergänzungsklage und materielle Rechtskraft, ZStW 1975, 74ff.

*Ambos, Kai:* Immer mehr Fragen im internationalen Strafrecht, NStZ 2001, 628ff.

*Ders.:* Internationales Strafrecht, München 2006 (zit.: Ambos, Internationales Strafrecht, § Rn.)

*Anagnostopoulos, Ilias G.:* Vom nationalen Strafrecht zum Strafrecht der Nationen, in: *Anagnostopoulos, Ilias G. (Hrsg.), Internationalisierung des Strafrechts*, Baden-Baden 2003, S.7ff. (zit.: Anagnostopoulos, Internationalisierung, S.)

*Anweiler, Jochen:* Die Auslegungsmethoden des Gerichtshofs der Europäischen Gemeinschaften, Frankfurt a.M. Berlin Bern u.a. 1997 (zit.: Anweiler, Auslegungsmethoden, S.)

*Appl, Ekkehard:* Die strafschärfende Verwertung von nach §§ 154, 154a StPO eingestellten Nebendelikten und ausgeschiedenen Tatteilen bei der Strafzumessung, Frankfurt a.M. u.a. 1987

*Ders.:* Ein neues „ne bis in idem“ aus Luxemburg, in: *Triffterer, Otto (Hrsg.), Gedächtnisschrift für Theo Vogler*, Heidelberg 2004, S.109ff. (zit.: Appl, FS Vogler, S.)

*Archbold (Hrsg.: Mitchell, Stephen, Richardson, P.J.):* Criminal Pleading, Evidence and Practice, Auflage 2004, London 2004 (zit.: Archbold, Criminal Pleading, § Rn.)

*Arnold, Rainer:* Die Übernahme des allgemeinen Völkerrechts in den internen Rechtsbereich der Europäischen Gemeinschaften, in: *Just, Manfred, Wollenschläger, Michael, Eggers, Philipp, Hablitzel, Hans (Hrsg.), Recht und Rechtsbesinnung, Gedächtnisschrift für Günther Küchenhoff*, Berlin 1987, S.165ff. (zit.: Arnold, Die Übernahme des allgemeinen Völkerrechts, S.)

*Ashworth, Andrew:* The Criminal Process, An evaluative Study, 2. Auflage, Oxford 1998 (zit.: Ashworth, Criminal Process, S.)

*Baauw, Peter:* Ne bis in idem, in: *Swart, Bert, Klip, André (Hrsg.), International Criminal Law in the Netherlands*, Freiburg i.B. 1997, S.75ff. (zit.: Baauw, Ne bis in idem, S.)

*Bartsch, Hans-Jürgen:* Council of Europe, Ne bis in idem: The european perspective, zu: XVIIth International Congress of Penal Law, Preparatory Colloquium, Section IV vom 1.-4.6.2003 in Berlin, RIDP 2002, 1163ff.

*Bassiouni, M. Cherif:* The Law of the International Criminal Tribunal for the Former Yugoslavia, New York 1996 (zit.: Bassiouni, ICTY, S.)

*Berg, Rémi:* Médiation pénale, in: Encyclopédie Dalloz; Pénal V; Paris, Stand: September 1999 (zit.: Berg, Médiation pénale, Rn.)

*Berner, Albert Friedrich:* Non bis in idem, Archiv für preußisches Strafrecht 1855, 472ff.

*Ders.:* Das Non bis in idem gegen auswärtige Strafurteile, Der Gerichtssaal 1866, 31ff.

*Bernhardt, Rudolf:* Die Auslegung völkerrechtlicher Verträge insbesondere in der neueren Rechtsprechung internationaler Gerichte, Köln u.a. 1963 (zit.: Bernhardt, Auslegung, S.)

*Beulke, Werner:* Der prozessuale Tatbegriff, Anmerkungen zur neueren Entwicklung des Verhältnisses des prozessualen zum materiell-rechtlichen Tatbegriff, in: *Canaris, Claus-Wilhelm u.a. (Hrsg.), 50 Jahre Bundesgerichtshof, Festgabe aus der Wissenschaft, Bd. IV Strafrecht, Strafprozeßrecht*, München 2000, S.781 ff. (zit.: Beulke, FS BGH, S.)

*Ders.:* Strafprozessrecht, 8. Auflage, Heidelberg 2005 (zit.: Beulke, Strafprozessrecht, Rn.)

*Beutler, Bengt:* Die Erklärung des Europäischen Parlaments über Grundrechte und Grundfreiheiten vom 12. April 1989, EuGRZ 1989, 185ff.

*Ders., Bieber, Roland/Pipkorn, Jörn/Streil, Jochen:* Die Europäische Union, Rechtsordnung und Politik, 5. Auflage, Baden-Baden 2001 (zit.: Beutler/Bieber/Pipkorn/Streil, EU, Rn.)

*Biancarelli, Jacques:* Does the Community Legal Order Have the Power to Institute Sanctions?, in: *Delmas-Marty, Mireille (Hrsg.), What Kind of Criminal Policy for Europe?*, Den Haag 1996, S.249ff. (zit.: Biancarelli in: What Kind of Criminal Policy, S.)

*Binding, Karl:* Handbuch des Strafrechts, Leipzig 1885 (zit.: Binding, Handbuch, S.)

*Birke, Rainer:* Strafverfolgung nach dem NATO-Truppenstatut, Baden-Baden 2004 (zit.: Birke, NATO-Truppenstatut, S.)

*Blackstone (Hrsg.: Murphy, Peter):* Blackstone's Criminal Practice 2005, 15. Auflage, Oxford 2004 (zit.: Blackstone's Criminal Practice, Buchstabe Rn.)

*Blackstone, William:* Commentaries on the Laws of England, Book the Fourth, Oxford 1769, Neudruck London 1966 (zit.: Blackstone, Laws of England, S.)

*Blanc, Gérard:* La médiation pénale (Commentaire de l'article 6 de la loi n.93-2 du 4 janvier 1993 portant réforme de la procédure pénale), La Semaine Juridique (JCP) 1994, 3760 ff.

*Bleckmann, Albert:* Europarecht, 6. Auflage, Köln Berlin Bonn München 1997 (zit.: Bleckmann, Europarecht, Rn.)

*Böse, Martin:* Landesbericht Deutschland, in: *Gleß, Sabine (Hrsg.), Auslieferungsrecht der Schengen-Vertragsstaaten,* Freiburg i.Br. 2002, S.124ff. (zit.: Böse, Auslieferungsrecht, S.)

*Ders.:* Der Grundsatz „ne bis in idem“ in der Europäischen Union (Art.54 SDÜ), GA 2003, 744ff.

*Ders.:* Die Zuständigkeit der Europäischen Gemeinschaft für das Strafrecht, Zugleich eine Besprechung von EuGH, Urteil vom 13.09.2005, GA 2006, 211ff.

*Bohlander, Michael:* Possible Conflicts of Jurisdiction with the *Ad Hoc* International Tribunals, in: *Cassese, Antonio, Gaeta, Paola, Jones, John R.W.D. (Hrsg.), The Rome Statute of the International Criminal Court: A Commentary*, Vol. I, Oxford 2002, S.687ff. (zit.: Bohlander, Conflicts, S.)

*Bohnert, Jean-Francois/Lagodny, Otto:* Art. 54 SDÜ im Lichte der nationalen Wiederaufnahmegründe – Zugleich Besprechung von BGH, Urteil vom 10.6.1999 – 4 Str 87/98, NStZ 2000, 636ff.

*Bouzat, Pierre:* A propos de l'article de M. Gassin „Les destinées du principe de l'autorité de la chose jugée au criminel sur le criminel dans le droit pénal contemporain“, R.S.C. 1964, 359 ff.

*Ders.:* Anm. zu Paris, 9e Ch. Corr., 26.5.1965, G. et R., JCP, 1966, II, 14725

*Bremer:* Die strafrechtliche Behandlung der im Ausland begangenen Delikte, Der Gerichtssaal 17 (1865), 418ff.

*Breukelaar, W./ Mulder, A.:* Das internationale Strafrecht als Mittel zu gerechter Bestrafung, in: *Oehler, Dietrich, Pötz, Paul-Günter (Hrsg.), Aktuelle Probleme des Internationalen Strafrechts – Heinrich Grützner zum 65. Geburtstag*, Hamburg 1970, S.30ff. (zit.: Breukelaar/Mulder, FS Grützner, S.)

*Brüner, Franz-Hermann/Hetzer, Wolfgang:* Nationale Strafverfolgung und Europäische Beweisführung?, NStZ 2003, 113ff.

*Bühler, Heinz:* Die Bedeutung ausländischer Strafurteile nach deutschem, französischem und schweizerischem Recht, Köln 1966 (zit.: Bühler, Die Bedeutung ausländischer Strafurteile, S.)

*Busch, Richard:* Zum Verbrauch der Strafklage bei späterer Erkenntnis anderweitiger Tatgestaltung, ZStW 1956, 11ff.

*Callies, Christian/Ruffert, Matthias (Hrsg.):* Kommentar des Vertrages über die Europäische Union und des Vertrages zur Gründung der Europäischen Gemeinschaft – EUV/EGV –, 2. Auflage, Neuwied, Kriftel 2002 (zit.: Bearbeiter in: Callies/Ruffert, EUV/EGV, Art. Rn.)

*Caron, Danièle:* Art. 6, Action Publique, Fasc.20, Juris-Classeur, Procédure Pénale, Stand 11.2.2003 (zit.: Caron, Juris-Classeur Proc. Pén., Art.6 Rn.)

*Céré, Jean-Paul:* Composition pénale, in: Encyclopédie Dalloz; Pénal II; Paris, Stand: Oktober 2004 (zit.: Céré, Composition pénale, Rn.)

*Choo, Andrew L.-T.:* Abuse of Process and Judicial Stays of Criminal Proceedings, Oxford 1993 (zit.: Choo, Abuse of Process, S.)

*Corstens, Geert/Pradel, Jean:* European Criminal Law, Den Haag London New York 2002 (zit.: Corstens/Pradel, European Criminal Law, S.)

*Cramer, Peter:* Absprachen im Strafprozeß, in: *Eyrich, Heinz u.a. (Hrsg.), Festschrift für Kurt Rebmann zum 65. Geburtstag,* München 1989, S.145 ff.(zit.: Cramer, FS Rebmann, S.)

*Dannecker, Gerhard/Fischer-Fritsch, Jutta*: Das EG-Kartellrecht in der Bußgeldpraxis, Köln u.a. 1989 (zit.: Dannecker/Fischer-Fritsch, EG-Kartellrecht, S.)

*Dannecker, Gerhard:* Strafrecht in der Europäischen Gemeinschaft, JZ 1996, 869ff.

*Ders.:* Community Fines and non-Member State Sanctions: the Effect of the Principle „ne bis in idem", in: *Eser, Albin, Rabenstein, Christiane (Hrsg.), Neighbours in Law, Are Common Law and Civil Law Moving Closer Together?, Papers in honour of Barabara Huber on her 65th birthday*, Freiburg i.B. 2001, S.153ff. (zit.: Dannecker, FS Huber, S.)

*Ders.:* Die Garantie des Grundsatzes „ne bis in idem" in Europa, in: *Hirsch, Hans Joachim u.a. (Hrsg.), Festschrift für Günther Kohlmann zum 70. Geburtstag*, Köln 2003, S.593ff. (zit.: Dannecker, FS Kohlmann, S.)

*Darbyshire, Penny:* The Mischief of Plea Bargaining and Sentencing Rewards, Criminal Law Review 2000, 895ff.

*Delmas-Marty, Mireille (Hrsg.):* Corpus Juris der strafrechtlichen Regelungen zum Schutz der finanziellen Interessen der Europäischen Union, Köln Berlin Bonn München 1998

*Dies.:* Le flou du droit, Paris 1986 (zit.: Delmas-Marty, Le flou du droit, S.)

*Dennis, Ian:* Rethinking Double Jeopardy: Justice and Finality in Criminal Process, Criminal Law Review 2000, 933ff.

*Díaz Pita, Mar:* Espana, in: XVII Congrès international de droit pénal, Colloque préparatoire, Section IV, Les compétences criminelles concurrentes nationales et internationales et le principe „ne bis in idem", RIDP 2002, 3. & 4. Trimester, 873ff.

*Dingwall, Gavin:* Prosecutorial Policy, Double Jeopardy and the Public Interest, Modern Law Review 2000, 268ff.

*Dölle, Hans:* Zur Problematik mehrsprachiger Gesetzes- und Vertragstexte, RabelsZ 1961, 4ff.

*Dörr, Oliver:* Das Schengener Durchführungsübereinkommen – ein Fall des Art.24 Abs.1 GG, DÖV 1993, 696ff.

*Dolzer, Rudolf/Vogel, Klaus/Graßhof, Karin (Hrsg.):* Bonner Kommentar zum Grundgesetz, 119. Lieferung, Heidelberg, September 2005 (zit.: Bearbeiter in: Dolzer/Vogel/Graßhof, BK, Art. Rn.)

*Donnedieu de Vabres, Henri:* Traité de droit criminel et de législation pénale comparée, 3. Auflage, Paris 1947 (zit.: Donnedieu de Vabres, Droit Criminel, Rn.)

*Dreier, Horst (Hrsg.):* Grundgesetz Kommentar, Band II, Art. 20-82, Tübingen 1998 (zit.: Bearbeiter in: Dreier, GG, Art. Rn.)

*Ders.:* Grundgesetz Kommentar, Band III, Art. 83-146, Tübingen 2000 (zit.: Bearbeiter in: Dreier, GG, Art. Rn.)

*Duisberg, Claus-Jürgen:* Das Völkergewohnheitsrecht nach der Rechtsprechung der Internationalen Gerichte, Bonn 1963 (zit.: Duisberg, Völkergewohnheitsrecht, S.)

*Dupré, Jean-Francois:* La transaction en matière pénale, Paris 1977 (zit.: Dupré, La transaction, S.)

*Ebensperger, Stefan:* Strafrechtliches „ne bis in idem" in Österreich unter besonderer Berücksichtigung internationaler Übereinkommen, ÖJZ 1999, 171ff.

*Eicker, Andreas:* Transstaatliche Strafverfolgung, Ein Beitrag zur Europäisierung, Internationalisierung und Fortentwicklung des Grundsatzes ne bis in idem, St. Gallen 2004 (zit.: Eicker, Transstaatliche Strafverfolgung, S.)

*Eilmansberger, Thomas:* „Ne bis in idem" und kartellrechtliche Drittstaatssanktionen, EWS 2004, 49ff.

*Endriß, Rainer/Kinzig, Jörg:* Ein Straftat – zwei Strafen, Nachdenken über ein erweitertes ne bis in idem, StV 1997, 665ff.

*Epp, Helmut:* Der Grundsatz „Ne bis in idem" im internationalen Rechtsbereich, ÖJZ 1979, 36ff.

*Erler, Adalbert/Kaufmann, Ekkehard:* Handwörterbuch zur Deutschen Rechtsgeschichte, III. Band: List – Protonotar, Berlin 1984 (zit: Bearbeiter in: Erler/Kaufmann, Rechtsgeschichte, Spalte)

*Escande, Pierre:* Art. 6, Action Publique, Fasc.10, Juris Classeur, Procédure Pénale, Stand 1997 (zit.: Escande, Juris-Classeur Proc. Pén., Art.6 Rn.)

*Eser, Albin:* Grundlagen und Grenzen „stellvertretender Strafrechtspflege" (§ 7 Abs.2 Nr.2 StGB), JZ 1993, 875ff.

*Ders.:* Das „Internationale Strafrecht" in der Rechtsprechung des Bundesgerichtshofs, in: *Roxin, Claus, Widmaier, Gunter (Hrsg.), 50 Jahre Bundesgerichtshof, Festgabe aus der Wissenschaft, Band IV Strafrecht, Strafprozeßrecht,* München 2000, S.3ff. (zit.: Eser, FS BGH, S.)

*Euler, August Martin:* Europäisches Beamtenstatut, Dritter Teilband, Köln Berlin Bonn München 1966 (zit.: Euler, Europäisches Beamtenstatut, S.)

*Everling, Ulrich:* Richterliche Rechtsfortbildung in der Europäischen Gemeinschaft, JZ 2000, 217ff.

*Feige, Konrad:* Der Gleichheitssatz im Recht der EWG, Tübingen 1973

*Feller, S.Z.:* Concurrent criminal jurisdiction in the international sphere, Israel Law Review 1981, 40ff.

*Fischer, Klemens H.:* Konvent zur Zukunft Europas, Texte und Kommentar, Baden-Baden 2003 (zit.: Fischer, Konvent, S.)

*Fischer-Lescano, Andreas:* Weltrecht als Prinzip, Die Strafanzeige in Deutschland gegen Donald Rumsfeld wegen der Folterungen in Abu Ghraib, KJ 2005, 72ff.

*Fitzpatrick, Ben:* Double Jeopardy: One Idea and Two Myths from the Criminal Justice Bill 2002, Journal of Criminal Law 2003, 149ff.

*Fliedner, Ortlieb:* Die verfassungsrechtlichen Grenzen mehrfacher staatlicher Bestrafung aufgrund desselben Verhaltens, AöR 1974, 242ff.

*Fockma Andreae:* Fockma Andrea's, Juridisch Woordenboek, Groningen 2004

*Fossereau, Joele:* Chose Jugée, in: Encyclopédie Dalloz; Pénal II; Paris, Stand: April 2004 (zit.: Fossereau, Chose Jugée, Rn.)

*Frank, Rainer:* Eine rechtsvergleichende Darstellung des französischen, italienischen, schweizerischen und österreichischen Rechts als Beitrag zu einer Reform des deutschen Wiederaufnahmerechts, Göttingen 1965 (zit.: Frank, Wiederaufnahme, S.)

*Friedland, Martin L.:* Double Jeopardy, Oxford 1969 (zit.: Friedland, Double Jeopardy, S.)

*Frowein, Jochen/Peukert, Wolfgang:* Europäische Menschenrechtskonvention, EMRK-Kommentar, 2. Auflage, Kehl Straßburg Arlington 1996 (zit. : Frowein/Peukert, EMRK, Art. Rn.)

*Garcin, Claude:* Procédure Pénale, Lyon 1993 (zit.: Garcin, Procédure Pénale, Rn.)

*Gartner, Irene:* Austria, in: XVII Congrès international de droit pénal, Colloque préparatoire, Section IV, Les compétences criminelles concurrentes nationales et internationales et le principe „ne bis in idem", RIDP 2002, 3. & 4. Trimester, 789ff.

*Gassin, Raymond:* Les destinées du principe de l'autorité de la chose jugée au criminel sur le criminel dans le droit pénal contemporain, R.S.C. 1963, 239ff.

*Ders.:* Les fondements juridiques de la réinsertion des délinquants en droit positif francais, I & II, R.S.C. 1996, 155ff. und 443ff.

*Gavalda, Christian:* Aspects actuels du problème de l'autorité de la chose jugée au criminel sur le criminel, JCP 1957 I, 1372

*Geiger, Andreas:* Strafrechtsharmonisierung aus Luxemburg?, EuZW 2002, 705ff.

*Glaser, Julius:* Der Verbrauch der Strafklage, Zeitschrift für das Privat- und Öffentliche Recht der Gegenwart, Bd. XII, 306, zitiert aus Lammasch, Der Gerichtssaal 1889, 1, 4f.

*Gleß Sabine/Biehler, Anke:* Rechtsvergleichender Querschnitt und rechtspolitischer Ausblick, in: *Gleß, Sabine (Hrsg.), Auslieferungsrecht der Schengen-Vertragsstaaten,* Freiburg i.Br. 2002, S.547ff. (zit.: Gleß/Biehler, Auslieferungsrecht, S.)

*Grabitz, Eberhard/Hilf, Meinhard:* Das Recht der Europäischen Union, Band I EUV/EGV, München, Stand: 27. Ergänzungslieferung Juni 2005 (zit.: Bearbeiter in: Grabitz/Hilf, EUV/EGV, Art. Rn.)

*Graefrath, Bernhard:* Verbrechen gegen den Frieden und die Sicherheit der Menschheit und das Verbot der Doppelbestrafung, NJ 1988, 60ff.

*Grebing, Gerhardt:* Die Wiederaufnahme des Strafverfahrens in Frankreich, in: *Jescheck, Hans-Heinrich, Meyer, Jürgen (Hrsg.), Die Wiederaufnahme des Strafverfahrens im deutschen und ausländischen Recht,* Bonn 1974, S.297ff. (zit.: Grebing, Wiederaufnahme, S.)

*Ders.:* Staatsanwaltschaft und Strafverfolgungspraxis in Frankreich, in: *Jescheck, Hans-Heinrich, Leibinger, Rudolf (Hrsg.), Funktion und Tätigkeit der Anklagebehörde im ausländischen Recht,* Baden-Baden 1979, S.13ff. (zit.: Grebing, Strafverfolgung, S.)

*Groeben, Hans von der:* Über das Problem der Grundrechte in der Europäischen Gemeinschaft, in: *von Caemmerer, Ernst, Schlochauer, Hans-Jürgen, Steindorff, Ernst (Hrsg.), Probleme des Europäischen Rechts, Festschrift für Walter Hallstein zum 65. Geburtstag,* Frankfurt a.M. 1966, S.226ff. (zit.: von der Groeben, Grundrechte in der EG, S.)

*Ders./ Schwarze, Jürgen:* Kommentar zum Vertrag über die Europäische Union und zur Gründung der Europäischen Gemeinschaft, Band 1, Art.1-53 EUV, Art.1-80 EGV, 6. Auflage, Baden-Baden 2003 (zit.: Bearbeiter in: von der Groeben/Schwarze, EUV/EGV, Art. Rn.)

*Dies.:* Kommentar zum Vertrag über die Europäische Union und zur Gründung der Europäischen Gemeinschaft, Band 4, Art.189-314 EGV, 6. Auflage, Baden-Baden 2004 (zit.: Bearbeiter in: von der Groeben/Schwarze, EUV/EGV, Art. Rn.)

*Grotz, Michael:* Das Schengener Durchführungsübereinkommen und der Grundsatz ne bis in idem, StraFo 1995, 102ff.

*Groux, Jean:* Convergences et conflits, dans l'interprétation du traité CEE, entre la pratique suivie par les Etats membres et la jurisprudence de la Cour de justice des Communautés européennes, in: *Capotorti, Francesco u.a. (Hrsg.), Du droit international au droit de l'intégration, Liber Amicorum Pierre Pescatore,* Baden-Baden 1987, S.275ff. (zit. : Groux, Convergences, S.)

*Grützner, Heinrich:* Die zwischenstaatliche Anerkennung europäischer Strafurteile, NJW 1969, 345ff.

*Grundmann, Stefan:* Berücksichtigung ausländischer Rechtsvorstellungen im Strafrecht – Zur „Datumtheorie" im internationalen Strafrecht, in: NJW 1985, 1251ff.

*Grundmann, Stephan M.:* Die Auslegung des Gemeinschaftsrechts durch den Europäischen Gerichtshof – Zugleich eine rechtsvergleichende Studie zur Auslegung im Völkerrecht und im Gemeinschaftsrecht –, Konstanz 1997 (zit.: Grundmann, Auslegung, S.)

*Gucht, Karel de (Hauptberichterstatter):* Bericht im Namen des Institutionellen Ausschusses über die Erklärung der Grundrechte und Grundfreiheiten, EuGRZ 1989, 207ff.

*Guzik Makaruk, Ewa M.:* „Ne bis in idem", Europäischer Haftbefehl und der Verfassungsentwurf für Deutschland aus polnischer Sicht, ZStW 2004, 372ff.

*Hackner, Thomas/Schomburg, Wolfgang/Lagodny, Otto/Wolf, Norbert:* Internationale Rechtshilfe in Strafsachen – Ein Leitfaden für die Praxis, München 2003 (zit.: Hackner/Schomburg/Lagodny/Wolf, Internationale Rechtshilfe, Rn.)

*Hahn, Carl:* Die gesamten Materialien zur Strafprozeßordnung und zum Einführungsgesetz derselben, I. Abt. 1880, II Abt. 1881

*Hailbronner, Kay/Thiery, Claus:* Amsterdam – Vergemeinschaftung der Sachbereiche Freier Personenverkehr, Asylrecht und Einwanderung sowie Überführung des Schengen-Besitzstands auf EU-Ebene, EuR 1998, 583ff.

*Halsbury's Laws of England:* Criminal Law, Evidence and Procedure, Band 11 (2), 4. Auflage, London 1990 (zit.: Halsbury's, Criminal Law, §)

*Hammerstein, Annemarie von:* Die Wirkung ausländischer Strafurteile im Inland – Dargestellt für das deutsche, französische und schweizerische Recht -, Freiburg i.Br. 1964 (zit.: Hammerstein, Strafurteile, S.)

*Hampton, Celia:* Criminal Procedure, 3. Auflage, London 1982 (zit.: Hampton, Criminal Procedure, S.)

*Harms, Monika:* Von transactien, ordonnances de non-lieu und anderen europäischen Besonderheiten – der lange Weg zu einer einheitlichen europäischen Strafrechtsordnung, in: *Hanack, Ernst-Walter (Hrsg.), Festschrift für Peter Rieß zum 70. Geburtstag am 4. Juni 2002*, Berlin u.a. 2002, S.725ff. (zit.: Harms, FS Rieß, S.)

*Hsiao-Wen, Wang:* Der universale Strafanspruch des nationalen Staates, Eine Untersuchung über das Weltrechtsprinzip im Internationalen Strafrecht, Frankfurt a.M. u.a. 2004

*Hatchard, John/ Huber, Barbara/Vogler, Richard:* Comparative Criminal Procedure, London 1996 (zit.: Hatchard/Huber/Vogler, Comparative Criminal Procedure, S.)

*Hawkins, William:* A Treatise of the Pleas of the Crown: or a System of the Principal Matters relating to that Subject, digested under their proper heads, Book II, Cornhill 1721, Wiederauflage durch Glazebrook, P.R. (Hrsg.), William Hawkins, Pleas of the Crown 1716 – 1721, Vol. II, London 1973 (zit.: Hawkins, Pleas of the Crown II, S.)

*Hecker, Bernd:* Das Prinzip „ne bis in idem" im Schengener Rechtsraum (Art.54 SDÜ), StV 2001, 306ff.

*Ders.:* Europäisches Strafrecht, Berlin Heidelberg 2005 (zit.: Hecker, Europäisches Strafrecht, S.)

*Heffter, August Wilhelm:* Non bis in idem im Hinblick auf den gedruckten Entwurf einer Deutschen Strafprocess-Ordnung, Berlin 1873 (zit: Heffter, Non bis in idem, S.)

*Hein, Lars:* Zuständigkeitskonflikte im internationalen Strafrecht, Berlin 2002 (zit.: Hein, Zuständigkeitskonflikte, S.)

*Heintschel-Heinegg, Bernd von/Rohlff, Daniel:* Der Europäische Haftbefehl, GA 2003, 44ff.

*Heinz, Wolfgang:* Der Strafbefehl in der Rechtswirklichkeit, in: *Britz, Guido, Jung, Heike u.a. (Hrsg.), Grundfragen staatlichen Strafens, Festschrift für Heinz Müller-Dietz zum 70. Geburtstag,* München 2001, S.271ff. (zit.: Heinz, FS Müller-Dietz, S.)

*Herdegen, Matthias:* Völkerrecht, 4. Auflage, München 2005 (zit.: Herdegen, Völkerrecht, § Rn.)

*Höpfel, Frank:* Das Freiwilligkeitselement bei der Diversion, in: *Moos, Reinhard, Machacek, Rudolf, Miklau, Roland, Müller, Otto F., Schroll, Hans Valentin (Hrsg.), Festschrift für Udo Jesionek zum 65. Geburtstag,* Wien Graz 2002, S.329ff. (zit.: Höpfel, Freiwilligkeitselement, S.)

*Huber, Barbara:* Die Wiederaufnahme des Strafverfahrens in England und Wales, in: *Jescheck, Hans-Heinrich, Meyer, Jürgen (Hrsg.), Die Wiederaufnahme des Strafverfahrens im deutschen und ausländischen Recht,* Bonn 1974, S.261ff. (zit.: Huber, Wiederaufnahme, S.)

*Dies.:* Funktion und Tätigkeit des Anklägers in England und Wales, in: *Jescheck, Hans-Heinrich, Leibinger, Rudolf (Hrsg.), Funktion und Tätigkeit der Anklagebehörde im ausländischen Recht,* Baden-Baden 1979, S.545ff. (zit.: Huber, Funktion und Tätigkeit des Anklägers, S.)

*Dies. (Hrsg.):* Das Corpus Juris als Grundlage eines europäischen Strafrechts, Freiburg i.B. 2000

*Huet, André/Koering-Joulin, Renée:* Droit pénal international, Paris 1994 (zit.: Huet/Koering-Joulin, Droit pénal international, Rn.)

*Ipsen, Knut:* Völkerrecht, 5. Auflage, München 2004 (zit.: Ipsen, Völkerrecht, § Rn.)

*Isensee, Josef/Kirchhof, Paul:* Handbuch des Staatsrechts der Bundesrepublik Deutschland, Band VI Freiheitsrechte, Heidelberg 1989 (zit.: Bearbeiter in: HStR Bd.6, § Rn.)

*Jäger, Herbert:* Makroverbrechen als Gegenstand des Völkerstrafrechts – Kriminalpolitisch-kriminologische Aspekte, in: *Hankel, Gerd, Stuby, Gerhard (Hrsg.), Strafge-*

*richte gegen Menschheitsverbrechen,* Hamburg 1995, S.325ff., (zit.: Jäger, Makroverbrechen, S.)

*James, Annabelle/Taylor, Nick/Walker, Clive:* The Reform of Double Jeopardy, 5 Web Journal of Current Legal Issues 2000, www.webjcli.ncl.ac.uk/2000/issue5/james5.html

*Jarass, Hans D./Pieroth, Bodo:* Grundgesetz für die Bundesrepublik Deutschland, Kommentar, 7. Auflage, München 2004 (zit: Jarass/Pieroth, GG, Art. Rn.)

*Jeandidier, Wilfrid:* Anm. zu Cass. Crim., 19.5.1983, Laurent, JCP, 1985, II, 20385

*Jescheck, Hans-Heinrich:* Die Vollstreckung ausländischer Straferkenntnisse in der Bundesrepublik Deutschland, in: *Welzel, Hans, Conrad, Hermann, Kaufmann, Armin, Kaufmann, Hilde (Hrsg.), Festschrift für Hellmuth von Weber zum 70. Geburtstag,* Bonn 1963, S.325ff. (zit.: Jescheck, FS von Weber, S.)

*Ders./Weigend, Thomas:* Lehrbuch des Strafrechts, Allgemeiner Teil, 5. Auflage, Berlin 1996 (zit.: Jescheck/Weigend, Strafrecht AT, S.)

*Jour-Schröder, Alexandra:* Justiz und Inneres in den mittel- und osteuropäischen Ländern, WiRO 2003, 193ff.

*Jung, Heike:* Strafverteidigung in Europa, StV 1990, 509ff.

*Ders.:* Zur „Internationalisierung" des Grundsatzes „ne bis in idem", in: *Albrecht, Peter-Alexis, Ehlers, Alexander P.F., Lamott, Franziska u.a., Festschrift für Horst Schüler-Springorum,* Köln Berlin Bonn München 1993, S.493ff. (zit.: Jung, FS Schüler-Springorum, S.)

*Kadelbach, Stefan:* Die Europäische Verfassung und ihr Stil, in: *Bröhmer, Jürgen, Bieber, Roland, Callies, Christian u.a. (Hrsg.), Internationale Gemeinschaft und Menschenrechte, Festschrift für Georg Ress zum 70. Geburtstag am 21. Januar 2005,* Köln Berlin München 2005, S.527ff. (zit.: Kadelbach, Europäische Verfassung, S.)

*Ders.:* Art.4 ZP 7 (ne bis in idem) EMRK, in: *Grote, G., Marauhn, T. (Hrsg.), Konkordanzkommentar zum europäischen und deutschen Grundrechtsschutz,* Tübingen 2005, i.E. (zit.: Kadelbach in: Konkordanzkommentar EMRK, Art.4 ZP 7 EMRK, i.E.)

*Karl, Wolfram/Birk, Rolf/Golsong, Heribert:* Internationaler Kommentar zur Europäischen Menschenrechtskonvention, Köln Berlin Bonn München 2002 (zit.: Bearbeiter in: Karl/Birk/Golsong, EMRK, Art. Rn.)

*Kielwein, Gerhard:* Der Verbrauch der Strafklage im englischen Strafverfahren, ZStW 1956, 163ff.

*Klip, André:* Harmonisierung des Strafrechts – eine fixe Idee?, NStZ 2000, 626ff.

*Kniebühler, Roland Michael:* Transnationales „ne bis in idem", Zum Verbot der Mehrfachverfolgung in horizontaler und vertikaler Dimension, Berlin 2005

*Köck, Heribert Franz:* Vertragsinterpretation und Vertragsrechtskonvention, Berlin 1976 (zit.: Köck, Vertragsinterpretation, S.)

*Koering-Joulin, Renée:* A propos du réexamen, en France, d'une décision pénale, consécutif au prononcé d'un arrêt de la Cour Européenne des Droits de l'Homme, in: *Donatsch, Andreas u.a. (Hrsg.), Strafrecht, Strafprozeßrecht und Menschenrechte, Festschrift für Stefan Trechsel zum 65. Geburtstag*, Zürich u.a. 2002, S.705 ff. (zit.: Koering-Joulin, A propos du réexamen, S.)

*Kort, Michael:* Zur europarechtlichen Zulässigkeit von Abkommen der Mitgliedstaaten untereinander, JZ 1997, 640ff.

*Kreß, Claus:* Völkerstrafrecht und Weltrechtspflegeprinzip im Blickfeld des Internationales Gerichtshofs, ZStW 2002, 818ff.

*Kühl, Kristian:* Europäisierung der Strafrechtswissenschaft, ZStW 1997, 777ff.

*Ders.:* Der Beitrag der Strafrechtswissenschaft zur Europäisierung des Strafrechts, in: *Köbler, Gerhard, Heinze, Meinhard, Hromadka, Wolfgang (Hrsg.), Europas universale rechtsordnungspolitische Aufgabe im Recht des dritten Jahrtausends, Festschrift für Alfred Söllner zum 70. Geburtstag*, München 2000, S.613ff. (zit.: Kühl, FS Söllner, S.)

*Kühne, Hans-Heiner:* Ne bis in idem in den Schengener Vertragsstaaten, JZ 1998, 876ff.

*Ders.:* Anmerkung zu BGH, Urteil vom 10.6.1999 – 4 StR 87/98 (LG Saarbrücken), in: StV 1999, 480f.

*Ders.:* Strafprozessrecht, Eine systematische Darstellung des deutschen und europäischen Strafverfahrensrechts, 6. Auflage, Heidelberg 2003 (zit.: Kühne, Strafprozessrecht, Rn.)

*Ders.:* Anmerkung zu EuGH, Urteil v. 11.2.2003 – C-187/01 u. C 385/01 Gözütok u. Brügge, in: JZ 2003, 305ff.

*Kuijper, P.J.:* Some legal problems associated with the communitarization of policy on visas, asylum and immigration under the Amsterdam Treaty and incorporation of the Schengen Acquis, CMLR 2000, 345ff.

*Kutscher, Hans:* Thesen zu den Methoden der Auslegung des Gemeinschaftsrechts, aus der Sicht eines Richters, in: *Gerichtshof der Europäischen Gemeinschaften (Hrsg.), Begegnung von Justiz und Hochschule 27. - 28. September 1976*, Luxemburg 1976, S.I-1ff. (zit.: Kutscher, Methoden, S.)

*Lagodny, Otto:* Grundkonstellationen des internationalen Strafrechts, ZStW 1989, 987ff.

*Ders.:* Teileuropäisches „ne bis in idem" durch Art.54 des Schengener Durchführungsübereinkommens, NStZ 1997, 265ff.

*Ders.:* Empfiehlt es sich, eine europäische Gerichtskompetenz für Strafgewaltskonflikte vorzusehen?, Gutachten im Auftrag des Bundesministeriums der Justiz, Berlin 2001, http://www.sbg.ac.at/ssk/lago.pdf (zit.: Lagodny, Gutachten BMJ, S.)

*Ders.:* Viele Strafgewalten und nur ein transnationales ne-bis-in-idem?, in: *Donatsch, Andreas, Forster, Marc, Schwarzenegger, Christian (Hrsg.), Strafrecht, Strafprozessrecht und Menschenrechte, Festschrift für Stefan Trechsel zum 65. Geburtstag*, Basel Genf 2002, S.253ff. (zit.: Lagodny, FS Trechsel, S.)

*Lahti, Raimo:* Finland, in: XVII Congrès international de droit pénal, Colloque préparatoire, Section IV, Les compétences criminelles concurrentes nationales et internationales et le principe „ne bis in idem“, RIDP 2002, 3. & 4. Trimester, 901ff.

*Lammasch, Heinrich:* Über die Wirksamkeit strafgerichtlicher Urteile des Auslandes, Der Gerichtssaal 41 (1889), 1ff.

*Landau, Herbert:* Verwirklichung eines europaweiten „ne bis in idem“ im Rahmen der Anwendung des § 153 c Abs.1 Nr.3 StPO, in: *Köbler, Gerhard, Heinze, Meinhard, Hromadka, Wolfgang (Hrsg.), Europas universale rechtsordnungspolitische Aufgabe im Recht des dritten Jahrtausends, Festschrift für Alfred Söllner zum 70. Geburtstag,* München 2000, S.627ff. (zit.: Landau, FS Söllner, S.)

*Landau, Peter:* Ursprünge und Entwicklung des Verbotes doppelter Strafverfolgung wegen desselben Verbrechens in der Geschichte des kanonischen Rechts, ZRG KA 56 (1970), 124ff.

*Larenz, Karl:* Methodenlehre der Rechtswissenschaft, Berlin Heidelberg u.a. 1983 (zit.: Larenz, Methodenlehre, S.)

*Larguier, Jean:* Procédure pénale, 19. Auflage 2003 (zit.: Larguier, Procédure pénale, S.)

*Lassalle, Jean-Yves:* Amende pénale – jour-amende, in: Encyclopédie Dalloz; Pénal I; Paris, Stand: Oktober 2003 (zit.: Lassalle, Amende pénale, Rn.)

*The Law Commission:* Double Jeopardy, Consultation Paper No 156, London 1999, verfügbar unter: http://www.lawcom.gov.uk (zit.: Law Commission, Double Jeopardy, S.)

*Dies.:* Double Jeopardy and Prosecution Appeals, LAW COM No 267, London 2001, verfügbar unter: http://www.lawcom.gov.uk (zit.: Law Commission, Double Jeopardy and Prosecution Appeals, S.)

*Lecheler, Helmut J.:* Die allgemeinen Rechtsgrundsätze in der Rechtsprechung des Europäischen Gerichtshofs, Bamberg 1967 (zit.: Lecheler, Rechtsgrundsätze, S.)

*Ders.:* Der Beitrag der allgemeinen Rechtsgrundsätze zur Europäischen Integration – Rückblick und Ausblick, ZeuS 2003, 337ff.

*Leibholz, Gerhard/Rinck, Hans-Justus/Hesselberger, Dieter:* Grundgesetz für die Bundesrepublik Deutschland, Kommentar, Bd. II, 7.A.Köln 1993 (zit.: Leibholz/Rinck/Hesselberger, GG, Art. Rn.)

*Leidenmühler, Franz:* Zur Übernahme des Schengen-Besitzstandes in den Rahmen der EU am Beispiel des „ne bis in idem"-Grundsatzes, European Legal Forum 2002, 253ff.

*Lemoine, Pascal:* Art. 31 à 44, Ministère Public, Fasc.20, Juris Classeur, Procédure Pénale, Stand 2003 (zit.: Lemoine, Juris-Classeur Proc. Pén., Art.31-44 Rn.)

*Levasseur, Georges/Chavanne, Albert/Montreuil, Jean/Bouloc, Bernard:* Droit pénal général et procédure pénale, 13. Auflage, Paris 1999 (zit.: Levasseur/Chavanne/Montreuil/Bouloc, Droit pénal, Rn.)

*Li, Haidong:* Die Prinzipien des internationalen Strafrechts – Eine vergleichende Untersuchung zwischen dem internationalen Strafrecht der Volksrepublik China und dem der Bundesrepublik Deutschland, Pfaffenweiler 1991 (zit.: Li, Internationales Strafrecht, S.)

*Liebau, Tobias:* „Ne bis in idem" in Europa, Zugleich ein Beitrag zum Kartellsanktionenrecht in der EU und zur Anrechnung drittstaatlicher Kartellsanktionen, Berlin Wien Zürich 2005 (zit.: Liebau, Ne bis in idem, S.)

*Liebs, Detlef:* Die Herkunft der „Regel" bis de eadem re ne sit actio, ZRG Rom. Abt. 84 (1967), 104ff.

*Linke, Robert:* Zwischenstaatliche Kompetenzkonflikte auf dem Gebiet des Strafrechts, in: *Oehler, Dietrich, Pötz, Paul-Günter (Hrsg.), Aktuelle Probleme des Internationalen Strafrechts, Heinrich Grützner zum 65. Geburtstag,* Hamburg 1970, S.85ff. (zit.: Linke, FS Grützner, S.)

*Liszt, Franz von:* Das Strafrecht der Staaten Europas, Berlin 1894 (zit.: Liszt, Das Strafrecht der Staaten Europas, S.)

*Löwe-Rosenberg:* Die Strafprozeßordnung und das Gerichtsverfassungsgesetz, 24. Auflage, Berlin u.a. 1989 (zit.: Bearbeiter in: Löwe-Rosenberg, StPO, 24.A., § Rn.)

*Ders.:* Die Strafprozeßordnung und das Gerichtsverfassungsgesetz, 25. Auflage, Berlin u.a. 1999 (zit.: Bearbeiter in: Löwe-Rosenberg, StPO, § Rn.)

*Loos, Fritz:* Probleme der beschränkten Sperrwirkung strafprozessualer Entscheidungen, JZ 1978, 592ff.

*Luther, Gerhard:* Zum Verbrauch der Strafklage im internationalen Strafrecht, NJW 1968, 1026ff.

*Luttermann, Claus:* Der Sinn für das europäische Recht, JZ 1998, 880ff.

*v. Mangoldt, Hermann/Klein, Friedrich/Starck, Christian :* Das Bonner Grundgesetz, Kommentar, Band 3: Art. 79-146, 4. Auflage, München 2001 (zit.: Bearbeiter in: v. Mangoldt/Klein/Stark, GG, Art. Rn.)

*Mansdörfer, Marco:* Anmerkungen zu EuGH , Urt. v. 11.2.2002 - C 187/01 u. C 385/01, StV 2003, 313ff.

*Ders.:* Das Prinzip des ne bis in idem im europäischen Strafrecht, Berlin 2004 (zit.: Mansdörfer, Das Prinzip des ne bis in idem, S.)

*Markees, Curt:* Mehrfache territoriale Gerichtsbarkeit, ne bis in idem und Auslieferung, Schweizerisches Jahrbuch für internationales Recht 1985, 121ff.

*Maunz, Theodor/Dürig, Günther (Hrsg.) :* Grundgesetz Kommentar, 46.Lieferung, München, Februar 2005 (zit.: Bearbeiter in: Maunz/Dürig, GG, Art. Rn.)

*Maur, Lothar:* Verletzung der Europäischen Konvention zum Schutze der Menschenrechte und Grundfreiheiten als neuer Wiederaufnahmegrund im Strafverfahren, NJW 2000, 338

*Mayer, Markus:* Ne-bis-in-idem-Wirkung europäischer Strafentscheidungen, Frankfurt a.M., Berlin, Bern u.a. 1992 (zit.: Mayer, Ne-bis-in-idem-Wirkung, S.)

*Meessen, Karl Matthias :* Zur Theorie allgemeiner Rechtsgrundsätze des internationalen Rechts: Der Nachweis allgemeiner Rechtsgrundsätze des Europäischen Gemeinschaftsrechts, Jahrbuch für internationales Recht 1974, 283ff.

*Merle, Roger/Vitu, André:* Traité de droit criminel, Tome I, Problèmes généraux de la science criminelle, Droit pénal général, 7. Auflage, Paris 1997 (zit.: Merle/Vitu, Traité de droit criminel I, Rn.)

*Dies.:* Traité de droit criminel, Tome II, Procédure Pénale, 4. Auflage, Paris 1979 (zit.: Merle/Vitu, Traité de droit criminel II, 4.A. 1979, Rn.)

*Dies.:* Traité de droit criminel, Tome II, Procédure Pénale, 5. Auflage, Paris 2001 (zit.: Merle/Vitu, Traité de droit criminel II, Rn.)

*Mestmäcker, Ernst-Joachim:* Parallele Geltung von Verbotsnormen des deutschen und des europäischen Rechts der Wettbewerbsbeschränkungen, BB 1968, 1297ff.

*Meyer, Jürgen:* Aktuelle Probleme der Wiederaufnahme des Strafverfahrens, ZStW 1972, 909ff.

*Ders. (Hrsg.):* Kommentar zur Charta der Grundrechte der Europäischen Union, Baden-Baden 2003 (zit.: Bearbeiter in: Meyer, Grundrechtecharta, Art. Rn.)

*Ders., Hölscheidt, Sven:* Die Europäische Verfassung des Europäischen Konvents, EuZW 2003, 613ff.

*Meyer, Peter:* Die Grundsätze der Auslegung im Europäischen Gemeinschaftsrecht, Jura 1994, 455ff.

*Meyer-Goßner, Lutz:* Strafprozessordnung, 48. Auflage, München 2005 (zit.: Meyer-Goßner, StPO, § Rn.)

*Müller-Graff, Peter-Christian:* Die Europäische Zusammenarbeit in den Bereichen Justiz und Inneres (JIZ) – Verbindungen und Spannungen zwischen dem dritten Pfeiler der Europäischen Union und der Europäischen Gemeinschaft, in: *Due, Ole, Lutter,*

*Marcus, Schwarze, Jürgen (Hrsg.), Festschrift für Ulrich Everling,* Baden-Baden 1995, S.924ff. (zit.: Müller-Graff, FS Everling, S.)

*Münch, Ingo von/Kunig, Philip (Hrsg.):* Grundgesetz-Kommentar, 3. Auflage, München 1996 (zit.: Bearbeiter in: von Münch/Kunig, GG, Art Rn.)

*Najarian, Krikor:* L'autorité de la chose jugée au criminel sur le criminel, Paris 1973 (Najarian, L'autorité de la chose jugée, S.)

*Nelles, Ursula:* Europäisierung des Strafverfahrens – Strafprozeßrecht für Europa? ZStW 1997, 727ff.

*Nestler, Cornelius:* Europäisches Strafprozessrecht, ZStW 2004, 332ff.

*Neu-Berlitz, Mechthild:* Bestandskraft der Einstellungsverfügung nach § 170 II 1 StPO, Münster 1983 (zit.: Neu-Berlitz, Bestandskraft, S.)

*Nickel, Dietmar:* Die Erklärung der Grundrechte und Grundfreiheiten des Europäischen Parlaments – Ein Schritt zur Verringerung des Grundrechtsdefizits der Europäischen Gemeinschaften, in: *Magiera, Siegfried (Hrsg.), Das Europa der Bürger in einer Gemeinschaft ohne Binnengrenzen*, Baden-Baden 1990, S.89ff. (zit.: Nickel, Erklärung, S.)

*Nowak, Manfred:* Neuere Entwicklungen im Menschenrechtsschutz des Europarates, EuGRZ 1985, 240ff.

*Ders.:* U.N. Covenant on Civil and Political Rights – CCPR Commentary, Kehl Straßburg Arlington 1993 (zit.: Nowak, CCPR, S.)

*Nuvolone, Pietro:* Die Kollisionsnormen auf dem Gebiete des Strafrechts in Europa, ZStW 1954, 545ff.

*Oehler, Dietrich:* Theorie des Strafanwendungsrechts, in: *Oehler, Dietrich, Pötz, Paul-Günter (Hrsg.), Aktuelle Probleme des Internationalen Strafrechts, Heinrich Grützner zum 65. Geburtstag,* Hamburg 1970, S.110ff. (zit.: Oehler, FS Grützner, S.)

*Ders.:* Anmerkung zu: Urteil des BGH v. 20.10.1976 – 3 StR 278/76, JR 1977, 424ff.

*Ders.:* Internationales Strafrecht, 2. Auflage, Köln Berlin Bonn München 1983 (zit.: Oehler, Internationales Strafrecht, Rn.)

*Oppermann, Thomas:* Europarecht, 2. Auflage, München 1999 (zit.: Oppermann, Europarecht, 2.A., Rn.)

*Ders.:* Europarecht, 3. Auflage, München 2005 (zit.: Oppermann, Europarecht, § Rn.)

*Ostertun, Dietrich:* Gewohnheitsrecht in der Europäischen Union, Frankfurt a.M. Berlin Bern u.a. 1996 (zit.: Ostertun, Gewohnheitsrecht, S.)

*Paliero, Carlo Enrico:* Grunderfordernisse des Allgemeinen Teils für ein europäisches Sanktionenrecht, Landesbericht Italien, ZStW 1998, 417ff.

*Papacharalambous, Charis:* Die Institution der internationalen ad hoc Gerichte und ihre Rechtsprechung, in: *Anagnostopoulos, Ilias G. (Hrsg.)*, Internationalisierung des Strafrechts, Baden-Baden 2003, S.35ff. (zit.: Papacharalambous, Internationalisierung, S.)

*Pappas, Claudia:* Stellvertretende Strafrechtspflege, Freiburg i.Br. 1996

*Paraskevopoulos, Nikolaos:* Die Minimalisierung des Strafübels als Zweck der Strafe, in: *Bemmann, Günter, Manoledakis, Ioannis (Hrsg.), Probleme des staatlichen Strafens unter besonderer Berücksichtigung des Strafvollzugs,* Baden-Baden 1989, S.19ff. (zit.: Paraskevopoulos, Zweck der Strafe, S.)

*Pauli, Franz-Josef:* Das Europäische Übereinkommen über die Internationale Gültigkeit von Strafurteilen aus der Sicht der Bundesrepublik Deutschland, Gießen 1978 (zit.: Pauli, Übereinkommen, S.)

*Pechstein, Matthias/Koenig, Christian:* Die Europäische Union, 2. Auflage, Tübingen 1998 (zit.: Pechstein/Koenig, EU, S.)

*Pernice, Ingolf:* Grundrechtsgehalte im Europäischen Gemeinschaftsrecht, Baden-Baden 1979 (zit.: Pernice, Grundrechtsgehalte, S.)

*Perron, Walter:* Sind die nationalen Grenzen des Strafrechts überwindbar?, ZStW 1997, 281ff.

*Pescatore, Pierre:* Le recours, dans la jurisprudence de la Cour de Justice des Communautés Européennes, à des normes déduites de la comparaison des droits des états membres, RIDC 1980, 337ff.

*Ders.:* Recht in einem mehrsprachigen Raum, ZEuP 1998, 1ff.

*Pieth, Mark:* Internationale Harmonisierung von Strafrecht als Antwort auf transnationale Wirtschaftskriminalität, ZStW 1997, 756ff.

*Plöckinger, Oliver:* Diversion und europäisches Ne bis in idem – Zugleich ein Beitrag zur Auslegung von Art. 54 SDÜ, ÖJZ 2003, 98ff.

*Ders./Leidenmühler, Franz:* Zum Verbot doppelter Strafverfolgung nach Art. 54 SDÜ, wistra 2003, 81ff.

*Potonnier, Brigitte/Potonnier, Georges (Hrsg.):* Potonnier, Wörterbuch für Wirtschaft Recht und Handel, Band 2, Französisch-Deutsch, Wiesbaden 1970

*Pradel, Jean:* France, in: *Van den Wyngaert, Christine (Hrsg.), Criminal Procedure Systems in the European Community*, London u.a. 1993, S.105ff. (zit.: Pradel, France, S.)

*Ders.:* Procédure Pénale, 11. Auflage, Paris 2002 (zit.: Pradel, Procédure Pénale, Rn.)

*Ders./Varinard, André:* Les grands arrêts de la procédure pénale, 4. Auflage, Paris 2003 (zit.: Pradel/Varinard, *Urteil*, Grands arrêts, S.)

*Pralus, Michel:* Etude en droit pénal international et en droit communautaire d'un aspect du principe non bis in idem : non bis, R.S.C. 1996, 551ff.

*Pütz-Kücking, Ingrid:* „Dieselbe Tat" im englischen Recht, Köln 1977 (zit.: Pütz-Kücking, Dieselbe Tat, S.)

*Radtke, Henning:* Bestandskraft staatsanwaltschaftlicher Einstellungsverfügungen und die Identität des wiederaufgenommenen Verfahrens, NStZ 1999, 481ff.

*Ders./Busch, Dirk:* Transnationaler Strafklageverbrauch in den sog. Schengen-Staaten?, EuGRZ 2000, 421ff.

*Ders.:* Anmerkung zu: BGH, Beschluss vom 28.2.2001 – 2 StR 458/00 (LG Gießen), in: NStZ 2001, 662ff.

*Ders./Busch, Dirk:* Transnationaler Strafklageverbrauch in der Europäischen Union – EuGH, Urt. v. 11.2.2003, NStZ 2003, 281ff

*Ranft, Otfried:* Der Tatbegriff des Strafprozessrechts, JuS 2003, 417ff.

*Rassat, Michèle-Laure:* Traité de procédure pénale, Paris 2001 (zit.: Rassat, Procédure Pénale, S.)

*Redon, Michel:* Transaction, in: Encyclopédie Dalloz; Pénal VII; Paris, Stand: Februar 2004 (zit.: Redon, Transaction, Rn.)

*Reichart, Matthias:* Die Bemühungen der Vereinten Nationen zur Schaffung eines „Weltstrafgesetzbuches", ZRP 1996, 134ff.

*Reinhardt, Michael:* Europäische Rechtssprache, NJW 2003, 3449ff.

*Rheingans, Horst:* Die Ausbildung der strafprozessualen Rechtskraftlehre von der Aufklärung bis zur Reichsstrafprozessordnung v. 1877, Breslau-Neukirch 1937 (zit.: Rheingans, Rechtskraftlehre, S.)

*Roberts, Paul:* Justice for all? Two bad arguments (and several good suggestions) for resisting double jeopardy reform, The International Journal of Evidence & Proof 2002, 197ff.

*Roggemann, Herwig:* Der Internationale Strafgerichtshof der Vereinten Nationen von 1993 und der Krieg auf dem Balkan, Berlin 1993 (zit.: Roggemann, Der Internationale Strafgerichtshof, S.)

*Ders.:* Die internationalen Strafgerichtshöfe, 2. Auflage, Berlin 1998 (zit.: Roggemann, Strafgerichtshöfe, S.)

*Rohlff, Daniel:* Der europäische Haftbefehl, Frankfurt a.M. 2003 (zit.: Rohlff, Der europäische Haftbefehl, S.)

*Roland, Henri/Boyer, Laurent:* Adages du droit francais, 4. Auflage, Paris 1999 (zit.: Roland/Boyer, Adages, S.)

*Rosswog, Eberhard:* Das Problem der Vereinbarkeit des aktiven und passiven Personalgrundsatzes mit dem Völkerrecht, Bonn 1965 (zit.: Rosswog, Das Problem der Vereinbarkeit, S.)

*Roxin, Claus:* Strafverfahrensrecht, 24. Auflage, München 1995 (zit.: Roxin, Strafverfahrensrecht, § Rn)

*Rübenstahl, Markus/Krämer, Ute:* Die Einstellung des Verfahrens durch die Staatsanwaltschaft und das Verbot der Doppelbestrafung gemäß Art. 54 SDÜ in der Rechtsprechung des EuGH, HRR-Strafrecht, 4/2003, Internetseite: http://www.hrr-strafrecht.de

*Rüßner:* Non bis in idem, Archiv für preußisches Strafrecht 1855, 198ff.

*Rüter, Christiaan Frederik:* Ein Grenzfall: Die Bekämpfung der internationalen Drogenkriminalität im Spannungsfeld zwischen den Niederlanden und der Bundesrepublik Deutschland, JR 1988, 136ff.

*Ders.:* 1990: Grenzenlos glücklich(er)?, in: *Jescheck, Hans-Heinrich, Vogler, Theo (Hrsg.), Festschrift für Herbert Tröndle zum 70. Geburtstag am 24. August 1989,* Berlin, New York 1989, S. 855ff. (zit.: Rüter, FS Tröndle, S.)

*Ders.:* Harmonie trotz Dissonanz – Gedanken zur Erhaltung eines funktionsfähigen Strafrechts im grenzenlosen Europa, ZStW 1993, 30ff.

*Sachs, Michael:* Grundgesetz Kommentar, 3.Auflage, München 2003 (zit.: Bearbeiter in: Sachs, GG, Art. Rn.)

*Sanders, Andrew/Young, Richard:* Criminal Justice, London u.a. 1994 (zit.: Sanders/Young, Criminal Justice, S.)

*Satzger, Helmut:* Die Europäisierung des Strafrechts, Köln München u.a. 2001 (zit.: Satzger, Europäisierung, S.)

*Ders.:* Internationales und Europäisches Strafrecht, Baden-Baden 2005 (zit.: Satzger, Internationales Strafrecht, § Rn.)

*Schermers, Henry G.,:* Non bis in idem, in: *F. Carpotorti, C.-D. Ehlermann u.a.* (Hrsg.), Du droit international au droit de l'integration, Baden-Baden 1987, S.601ff. (zit.: Schermers, Non bis in idem, S.)

*Scheschonka, Eva:* Der Grundsatz „ne bis in idem" im Völkerstrafrecht unter besonderer Berücksichtigung der Kodifizierung durch das ICTY-Statut und das IStGH-Statut, Münster 2005 (zit.: Scheschonka, Ne bis in idem, S.)

*Schmid, Niklaus:* Strafverfahren und Strafrecht in den Vereinigten Staaten, 2. Auflage, Heidelberg 1993 (zit.: Schmid, Strafverfahren, S.)

*Schmitz, Alexandra:* Das aktive Personalitätsprinzip im Internationalen Strafrecht, Zugleich ein kritischer Beitrag zur Legitimation der Ausdehnung der Strafgewalt auf Auslandstaten Deutscher, Frankfurt a.M. 2002

*Scholz, Rupert/Hofmann, Hans:* Perspektiven der europäischen Rechtsordnung, ZRP 1998, 295ff

*Schomburg, Wolfgang:* Strafrecht und Rechtshilfe im Geltungsbereich von Schengen II, NJW 1995, 1931ff.

*Ders.:* Internationales „ne bis in idem" nach Art. 54 SDÜ, StV 1997, 383ff.

*Ders./Lagodny, Otto:* Internationale Rechtshilfe in Strafsachen, Kommentar zum Gesetz über die Internationale Rechtshilfe in Strafsachen (IRG), 3. Auflage, München 1998 (zit.: Schomburg/Lagodny, IRG, Gesetz, Rn.)

*Ders.:* Die Rolle des Individuums in der Internationalen Kooperation in Strafsachen, StV 1998, 153ff.

*Ders.:* Strafsachen in der Europäischen Union, NJW 1999, 540ff.

*Ders.:* Die Europäisierung des Verbots doppelter Strafverfolgung – Ein Zwischenbericht, NJW 2000, 1833ff.

*Schorn, Hubert:* Zweifelsfragen zum räumlichen Geltungsbereich des Strafrechts (§§3-7 StGB), JR 1964, 205ff.

*Ders.:* Die Europäische Konvention zum Schutze der Menschenrechte und Grundfreiheiten und ihr Zusatzprotokoll in Einwirkung auf das deutsche Recht, Frankfurt a.M. 1965 (zit.: Schorn, EMRK, Art. Rn.)

*Ders.:* Der Grundsatz „ne bis in idem" im Verhältnis der ausländischen und Besatzungs-Gerichtsbarkeit zur deutschen Gerichtsbarkeit, in: NJW 1965, 1899ff.

*Schroeder, Friedrich-Christian:* Schranken für den räumlichen Geltungsbereich des Strafrechts, NJW 1969, 81ff.

*Ders.:* Die Rechtsnatur des Grundsatzes „ne bis in idem", JuS 1997, 227ff.

*Schroeder, Werner:* Die Auslegung des EU-Rechts, JuS 2004, 180ff.

*Schübel, Eva:* Wie gut funktioniert die Strafverfolgung innerhalb Europas? – Eine Bestandsaufnahme am Beispiel terroristischer Gewalttaten, NStZ 1997, 103ff.

*Schübel-Pfister, Isabel:* Sprache und Gemeinschaftsrecht, Die Auslegung der mehrsprachig verbindlichen Rechtstexte durch den Europäischen Gerichtshof, Berlin 2004 (zit.: Schübel-Pfister, Sprache, S.)

*Schünemann, Bernd:* Europäischer Haftbefehl und EU-Verfassungsentwurf auf schiefer Ebene, ZRP 2003, 185ff.

*Schultz, Hans:* Neue Entwicklungen im sogenannten internationalen Strafrecht, in: *Welzel, Hans, Conrad, Hermann, Kaufmann, Armin, Kaufmann, Hilde (Hrsg.), Festschrift für Hellmuth von Weber zum 70. Geburtstag*, Bonn 1963, S.305ff. (zit.: Schultz, FS von Weber, S.)

*Schulze, Reiner:* Vergleichende Gesetzesauslegung und Rechtsangleichung, ZfRV 1997, 183ff.

*Schwaighofer, Klaus/Ebensperger, Stefan:* Internationale Rechtshilfe in strafrechtlichen Angelegenheiten, Wien 2001 (zit.: Schwaighofer/Ebensperger, Internationale Rechtshilfe, S.)

*Schwarplies, Giesbert:* Die rechtsgeschichtliche Entwicklung des Grundsatzes „ne bis in idem" im Strafprozeß, Zürich 1970 (zit.: Schwarplies, Rechtsgeschichte, S.)

*Schwarzburg, Peter/Hamdorf, Kai:* Brauchen wir ein EU-Finanz-Strafgesetzbuch? – Materiell-rechtliche Folgerungen aus dem Vorschlag der EU-Kommission zur Schaffung einer Europäischen Staatsanwaltschaft, NStZ 2002, 617ff.

*Schwarze, Jürgen:* Das allgemeine Völkerrecht in den innergemeinschaftlichen Rechtsbeziehungen, EuR 1983, 1ff.

*Ders. (Hrsg.):* EU-Kommentar, Baden-Baden 2000 (zit.: Bearbeiter in: Schwarze, EU, Art. Rn.)

*Schweitzer, Michael:* Das Völkergewohnheitsrecht und seine Geltung für neuentstehende Staaten, Bad Homburg u.a. 1969 (zit.: Schweitzer, Völkergewohnheitsrecht, S.)

*Ders./Hummer, Waldemar:* Europarecht, 5. Auflage, Neuwied Kriftel Berlin 1996 (zit.: Schweitzer/Hummer, Europarecht, Rn.)

*Seidl-Hohenveldern, Ignaz/Stein, Torsten:* Völkerrecht, 10. Auflage, Köln Berlin Bonn München 2000 (zit.: Seidl-Hohenveldern/Stein, Völkerrecht, Rn.)

*Sieber, Ulrich:* Auf dem Weg zu einem europäischen Strafrecht, Einführung von Professor Dr. Ulrich Sieber, in: *Delmas-Marty, Mireille (Hrsg.), Corpus Juris der Strafrechtlichen Regelungen zum Schutz der finanziellen Interessen der Europäischen Union*, Köln Berlin Bonn München 1998, S.1ff. (zit. : Sieber, Corpus Juris, S.)

*Ders.:* Internationale Organisierte Kriminalität, Kriminalistik 1998, 97ff.

*Ders.:* Bekämpfung des EG-Betrugs und Perspektiven der europäischen Amts- und Rechtshilfe, ZRP 2000, 186ff.

*Siegert, Karl:* Die Rechtskraftwirkungen im künftigen Strafprozeß, DStR 2 (1935), 283ff.

*Sigler, Jay A.:* A History of Double Jeopardy, American Journal of Legal History 1963, 283ff.

*Smith, A.T.H.:* England and Wales, in: *Van den Wyngaert, Christine (Hrsg.), Criminal Procedure Systems in the European Community*, London u.a. 1993, S.73ff. (zit.: Smith, England, S.)

*Sommer, Ulrich:* Auswirkung des Schengener Übereinkommens für die Strafverteidigung, StraFo 1999, 37ff.

*Soyer, Jean-Claude:* Droit Pénal et Procédure Pénale, 8. Auflage, Paris 1990 (zit.: Soyer, Droit Pénal, Rn.)

*Specht, Britta:* Die zwischenstaatliche Geltung des Grundsatzes ne bis in idem, Heidelberg 1999 (zit.: Specht, Zwischenstaatliche Geltung, S.)

*Spencer-Bower, George/Turner, Alexander:* The Doctrine of Res Judicata, 2. Auflage, London 1969 (zit.: Spencer-Bower/Turner, Res Judicata, S.)

*Sprack, John:* A practical approach to criminal procedure, 10. Auflage, Oxford 2004 (zit.: Sprack, Criminal Procedure, Rn.)

*Stange, Falk/Rilinger, Nadine:* Art.54 des Schengener Durchführungsübereinkommens (SDÜ) – ne bis in idem?, StV 2001, 540f.

*Stefani, Gaston/Levasseur, Georges:* Procédure Pénale, 19. Auflage, Paris 2004 (zit.: Stefani/Levasseur, Procédure Pénale, Rn.)

*Stein, Sibyl:* Ein Meilenstein für das europäische „ne bis in idem", NJW 2003, 1162ff.

*Dies.:* Zum europäischen *ne bis in idem* nach Artikel 54 des Schengener Durchführungsübereinkommens, Zugleich ein Beitrag zur rechtsvergleichenden Auslegung zwischenstaatlich geltender Vorschriften, Frankfurt a.M., Berlin, Bern u.a. 2004 (zit.: Stein, SDÜ, S.)

*Stein, Torsten/Buttlar, Christian von:* Völkerrecht *(Hrsg.: Seidl-Hohenveldern, Ignaz von)*, 11. A. Köln München u.a. 2005 (zit.: Stein/von Buttlar, Völkerrecht, Rn.)

*Stella, Paolo:* The Purpose and Effects of Punishment, European Journal of Crime, Criminal Law and Criminal Justice 2001, 56ff.

*Stephen (Hrsg.: Winder, W.H.D./Warmington, L. Crispin):* Stephen's Commentaries on the Laws of England, Vol. 4, 21. Auflage, London 195 (zit.: Stephen's, Laws of England, S.)

*Streinz, Rudolf:* Europarecht, 5. Auflage, Heidelberg 2001 (zit.: Streinz, Europarecht, 5.A., Rn.)

*Ders.:* Europarecht, 7. Auflage, Heidelberg 2005 (zit.: Streinz, Europarecht, Rn.)

*Stuckenberg, Carl-Friedrich:* Double Jeopardy: Das Verbot doppelter Bestrafung und Strafverfolgung im US-amerikanischen Recht, Heidelberg 2001 (zit.: Stuckenberg, Double Jeopardy, S.)

*Tansey, Rock:* The rule against double jeopardy – Nemo Debet Bis Vexari Pro Eadem Causa, in: *Anagnostopoulos, Ilias G. (Hrsg.)*, Internationalisierung des Strafrechts, Baden-Baden 2003, S.115ff. (zit.: *Tansey in:* Anagnostopoulos, Internationalisierung des Strafrechts, S.)

*de Than, Claire/Shorts, Edwin:* Double Jeopardy – Double Trouble, Journal of Criminal Law 2000, 624 ff.

*Thienel, Rudolf/Hauenschild, Herwig:* Verfassungsrechtliches „ne bis in idem" und seine Auswirkung auf das Verhältnis von Justiz- und Verwaltungsstrafverfahren, 1. und 2. Teil, JBl 2004, 69ff. und 153ff.

*Thomas, Herbert:* Das Recht auf Einmaligkeit der Strafverfolgung, Baden-Baden 2002 (zit.: Thomas, Einmaligkeit, S.)

*Thwaites, Nadine:* Mutual Trust in Criminal Matters: the European Court of Justice gives a first interpretation of a provision of the Convention implementing the Schengen Agreement, German Law Journal 2003, 253ff.

*Tiedemann, Klaus:* Der Strafschutz der Finanzinteressen der Europäischen Gemeinschaft, NJW 1990, 2226ff.

*Ders.:* Europäisches Gemeinschaftsrecht und Strafrecht, NJW 1993, 23ff.

*Tolmein, Oliver:* Strafrecht als Instrument zur Schaffung von Frieden: Das Beispiel des ICTY, in: *Hasse, Jana, Müller, Erwin, Schneider, Patricia (Hrsg.)*, Humanitäres Völkerrecht, Baden-Baden 2001, S.493ff. (zit.: Tolmein, ICTY, S.)

*Tomuschat, Christian:* Obligations arising for states against their will, RdC 1993, 199ff.

*Ders.:* Das Strafgesetzbuch der Verbrechen gegen den Frieden und die Sicherheit der Menschheit, EuGRZ 1998, 1ff.

*Traub, Michael:* Das Universelle Schutzprinzip und das Prinzip der identischen Norm, als ein regulierender Faktor der staatlichen Strafkompetenz, Breslau 1913 (zit.: Traub, Das universelle Schutzprinzip, S.)

*Trechsel, Stefan:* Das verflixte Siebente? Bemerkungen zum 7. Zusatzprotokoll zur EMRK, in: *Nowak, Manfred* (Hrsg.), Festschrift für Felix Ermacora – Fortschritt im Bewusstsein der Grund- und Menschenrechte, Kehl, Stasbourg, Arlington 1988, S.195ff. (zit.: Trechsel, FS Ermacora, S.)

*Triffterer, Otto:* Commentary on the Rome Statute of the International Criminal Court, Baden-Baden 1999 (zit.: Bearbeiter in: Triffterer, ICC, Art. Rn.)

*Tröndle, Herbert/Fischer, Thomas:* Strafgesetzbuch und Nebengesetze, 52. Auflage, München 2004 (zit.: Tröndle/Fischer, StGB, § Rn.)

*Thym, Daniel:* Urteilsanmerkung zu: EuGH, Urteil vom 11.2.2003 – verb. Rs. C-187/01 u. C-385/01, NStZ 2003, 332ff.

*Vander Beken, Tom/Vermeulen, Gert/Lagodny, Otto:* Kriterien für die jeweils „beste" Strafgewalt in Europa – Zur Lösung von Strafgewaltskonflikten jenseits eines transnationalen Ne-bis-in-idem, NStZ 2002, 624ff.

*Vattel, Emer de:* Le droit des gens ou principes de la loi naturelle, Bd.2, London 1758

*Verdier, Jean-Maurice:* Anm. zu Cass. Crim., 25.3.1954, Thibaud, JCP, 1954, II, 8272

*Verdross, Alfred/Simma, Bruno:* Universelles Völkerrecht – Theorie und Praxis, 3. Auflage, Berlin 1984 (zit.: Verdross/Simma, Universelles Völkerrecht, Rn.)

*Vogel, Joachim/Norouzi, Ali B:* Europäisches „ne bis in idem" – EuGH, NJW 2003, 1173, JuS 2003, 1059ff.

*Vogler, Richard:* Criminal Procedure in France, in: *Hatchard, John, Huber Barbara, Vogler, Richard (Hrsg.), Comparative Criminal Procedure*, London 1996, S.14ff. (zit.: Vogler, Criminal Procedure in France, S.)

*Vogler, Theo:* Entwicklungstendenzen im internationalen Strafrecht unter Berücksichtigung der Konvention des Europarates, in: *Schroeder, Friedrich-Christian, Zipf, Heinz (Hrsg.), Festschrift für Reinhart Maurach zum 70. Geburtstag,* Karlsruhe 1972, S.595ff. (zit.: Vogler, FS Maurach, S.)

*Wagner, Harald:* Internationale Wirtschaftskriminalität, Kriminalistik 2000, 473ff.

*Ward, Richard:* Walker & Walker's English Legal System, 8. Auflage, London 1998 (zit.: Ward, English Legal System, S.)

*Wasmeier, Martin:* Stand und Perspektiven des EU-Strafrechts, ZStW 2004, 320ff.

*Weber-Klatt, Karin:* Die Wiederaufnahme von Verfahren zu Ungunsten des Angeklagten, Frankfurt a.M. 1997 (zit.: Weber-Klatt, Wiederaufnahme, S.)

*Weigend, Thomas:* Absprachen im ausländischen Strafverfahren, Eine rechtsvergleichende Untersuchung zu konsensualen Elementen im Strafprozeß, Freiburg i.Br. 1990 (zit.: Weigend, Absprachen, S.)

*Ders.:* Der BGH vor der Herausforderung der Absprachenpraxis, in: *Canaris, Claus-Wilhelm u.a. (Hrsg.), 50 Jahre Bundesgerichtshof, Festgabe aus der Wissenschaft, Bd. IV Strafrecht, Strafprozeßrecht*, München 2000, S.1011 ff. (zit.: Weigend, FS BGH, S.)

*Werle, Gerhard:* Völkerstrafrecht, Tübingen 2003 (zit.: Werle, Völkerstrafrecht, Rn.)

*Würz, Karl:* Das Schengener Durchführungsübereinkommen, Stuttgart, München, Hannover u.a. 1997 (zit.: Würz, Das Schengener Durchführungsübereinkommen, Rn.)

*Wyngaert, Christine van den:* Double Criminality as a requirement to jurisdiction, in: *Dugard, John, Wyngaert, Christine van den (Hrsg.), International Criminal Law and Procedure*, Dartmouth 1996, S.131ff. (zit.: Wyngaert, International Criminal Law and Procedure, S.)

*Dies.:* Anmerkung zu: BGH, Beschluss vom 13.5.1997 – 5 StR 596/96, in: NStZ 1998, 153ff.

*Dies.:* The Transformations of International Criminal Law in Response to the Challenge of Organized Crime, Revue International du Droit Pénal (79) 1999, 133ff.

*Dies./Stessens, Guy:* The international non bis in idem principle: Resolving some of the unanswered questions, International and Comparative Law Quarterly, Vol.48, 1999, 779ff.

*Dies./Ongena, Tom: Ne bis in idem* Principle, Including the Issue of Amnesty, in: *Cassese, Antonio, Gaeta, Paola, Jones, John R.W.D. (Hrsg.), The Rome Statute of the International Criminal Court: A Commentary*, Vol. I, Oxford 2002 (zit.: Van den Wyngaert/Ongena, Ne bis in idem, S.)

*Zander, Michael:* Cases and Materials on the English Legal System, 9. Auflage, London 2003 (zit.: Zander, Cases, S.)

*Zöller, Richard:* Zivilprozeßordnung, 17. Auflage, Köln 1991 (zit.: Bearbeiter in: Zöller, ZPO, Gesetz Rn.)

*Zweigert, Konrad:* Der Einfluss des Europäischen Gemeinschaftsrechts auf die Rechtsordnungen der Mitgliedstaaten, RabelsZ 1964, 601ff.

Kolibri 360 GmbH
Ferdinand-Jühlke-Straße 7
99095 Erfurt, Deutschland
produktsicherheit@kolibri360.de

Druck:
CPI Druckdienstleistungen GmbH
im Auftrag der
Kolibri 360 GmbH
Ferdinand-Jühlke-Str. 7
99095 Erfurt